SV

Titel der Originalausgabe:
Generalization in Ethics
An Essay in the Logic of Ethics, with the Rudiments of a System of Moral Philosophy
Aus dem Amerikanischen von
Claudia Langer und Brigitte Wimmer

Erste Auflage 1975

Druck: Wagner, Nördlingen
Printed in Germany

Inhalt

Für Blanche, die weiß, was es bedeutete,
wenn nicht, was es bedeutet.

Vorwort zur deutschen Übersetzung

Es ist mir eine große Genugtuung, daß dieses Buch in deutscher Sprache erscheint, der Sprache Immanuel Kants und der Sprache, in der so vieles von kultureller Bedeutung geschrieben wurde. Kant war natürlich ein starker Ansporn für mich, und von ihm gingen wesentliche Impulse aus; sein Einfluß auf dieses Buch ist nicht zu übersehen. Kant ist aber nur ein Grund dafür, daß ich mich über die Übersetzung freue. Der andere ist der, daß mit seiner Übersetzung dieses Buch weiteren Lesern zugänglich gemacht wird. Daß es verschiedene Sprachen gibt, schränkt die Möglichkeit der Kommunikation und des gegenseitigen Verstehens erheblich ein. Darin liegt aber auch eine Herausforderung. Und die Möglichkeit der Übersetzung zeugt von menschlicher Gemeinsamkeit und gemeinsamer Vernunft. Wahrheit ist nicht an eine bestimmte Sprache gebunden. Die Erkenntnis von Wahrheit mag das allerdings sein. Darum bin ich Brigitte Wimmer und Claudia Langer dafür dankbar, daß sie diese kleine Brücke geschlagen haben, und ich danke auch Ernst Tugendhat, der ihnen bei der Suche nach Äquivalenten geholfen hat.

Zweifellos wird man in dem übersetzten Buch dieselben Fehler finden, die man bereits im Original gefunden hat, vielleicht sogar einige, die bis jetzt noch nicht ans Licht gekommen sind. Es ist allerdings zu hoffen, daß bei seiner Interpretation nicht wieder dieselben Fehler unterlaufen. Vielleicht hilft ein warnender Hinweis, um der einen oder anderen der häufigsten Fehlinterpretationen vorzubeugen.

Das Mißverständnis, das mich am meisten verblüffte, ist, daß man mich unter die Utilitaristen eingereiht hat, und dieses Mißverständnis tauchte nicht nur gelegentlich, sondern ziemlich häufig auf. Ich bin kein Utilitarist, und ich dachte, ich hätte zumindest das klargemacht. Offenkundig habe ich mich da geirrt. Ein Grund für dieses Mißverständnis mag darin liegen, daß ich das von mir so genannte Prinzip der Folgen verteidigt habe. Man kann jedoch auf Folgen Bezug nehmen, ohne sich die utilitaristische Position zu eigen zu machen. Entscheidender ist zweifellos, daß neue Interpretationsmöglichkeiten des Utilitarismus entwickelt worden sind, die von D. Lyons und anderen Exponenten und Anhängern dieser zählebigen Doktrin verteidigt wurden. Es ist immer wieder verblüffend, wie philosophische Theorien, von denen man dachte, sie seien ein für allemal widerlegt, in regelmäßigen Abständen wieder aufblühen und wieder lebendig werden. Daß das besonders für den Utilitarismus gilt, und die große Vielfalt von utilitaristischen Positionen, mit denen wir in letzter Zeit konfrontiert wurden – sie reicht vom extremen, eingeschränkten, Handlungs- und Regelutilitarismus bis zu Varianten, die den Gedanken der Verallgemeinerung aufnehmen – ist zweifellos ein Zeichen, daß der Utilitarismus irgendwo und irgendwie einen Kern moralischer Wahrheit enthält. Ich bin bereit, das anzuerkennen, und würde sogar darauf bestehen. Nach wie vor bin ich jedoch nicht davon überzeugt, daß der Utilitarismus eine befriedigende Moralphilosophie ist. Ich muß vielmehr darauf beharren, daß er das nicht ist, und da hilft auch keine noch so einfallsreiche Neuordnung seiner Elemente, wenn man damit auch erfolgreich seine Schwächen zu verschleiern versteht.

Ein weiteres verbreitetes Mißverständnis ist die Überzeugung, der Kern dieses Buches läge in der Deduktion des Arguments der Verallgemeinerung aus zwei anderen Prinzipien, die ich (wie ich jetzt meine, irrigerweise) für logisch notwendig hielt. Der Paragraph, den ich »Die Anatomie des Arguments« (Kap. IV, § 1) genannt habe, hat folglich in verstärktem Maße kritische Aufmerksamkeit auf sich gezogen, und man hat auch angenommen, meine ganze Argumentation sei lediglich deduktiv. Auf Philosophen üben apriorische Beweise immer eine besondere Anziehungskraft aus, besonders, wenn es um fundamentale Prinzipien geht, so daß es vielleicht nicht so sehr überraschen sollte, wenn diesem Teil des Buches so viel kritische Aufmerksamkeit zuteil geworden ist. Dennoch hat mich das überrascht. Denn der »Beweis«, den ich in dem Paragraphen über die Anatomie des Arguments entwickelt habe, war weder mein einziges, noch mein gewichtigstes, noch mein zentrales Argument. Ich halte es in der Tat für untergeordnet. Und diese Fixierung kritischer Aufmerksamkeit auf ein apriori-

sches Argument, ebenso wie die vielen klugen Widerlegungen und Verbesserungsversuche haben anscheinend die Aufmerksamkeit davon abgelenkt, was ich jedenfalls für wichtiger hielt, nämlich die Entwicklung, Aufarbeitung und Interpretation des Arguments der Verallgemeinerung und seiner Funktion für die Entscheidung von Fragen, was richtig und was nicht richtig sei. Im Paragraphen 2 des ersten Kapitels habe ich zum Beispiel kurz ein aposteriorisches Argument skizziert, auf das ich mich das ganze Buch hindurch immer wieder bezogen habe und auf das ich im letzten Kapitel wieder zurückgekommen bin. Ich hatte auch ein Argument, das man jetzt vielleicht ein transzendentales Argument nennen würde – obwohl ich einen anderen Namen dafür vorzöge – das ich für das Prinzip der Verallgemeinerung in aller Deutlichkeit expliziert habe (besonders in Kapitel III) und für das Argument der Verallgemeinerung zwar nicht explizit entwikkelt, aber doch nahegelegt habe. Aus dem Kategorischen Imperativ ergab sich ein weiteres Argument (Kapitel IX, § 7), das, soviel ich weiß, vollkommen ignoriert wurde.
Aber wer das Glück hatte, ein philosophisches Buch zu schreiben, das über das übliche Maß hinaus beachtet, kommentiert, kritisiert und diskutiert wird, hat keinen Grund, sich zu beklagen. Seine Auffassungen mögen verdreht, falsch interpretiert und mißverstanden worden sein – aber zumindest sind sie nicht ignoriert worden, was das schlimmste ist, das ihm widerfahren kann. Mit der Veröffentlichung eines Buches setzt man seine Ansichten und folglich sich selbst der Diskussion, Kommentierung und Kritik aus und man muß auf Widerspruch, Mißbilligung und sogar auf Abneigung gefaßt sein. Das beste ist, wenn man der Diskussion ihren Lauf läßt und wenn der, von dem sie in Gang gebracht wurde, so wenig wie möglich eingreift. Stürzt man sich zu früh ins Getümmel, so besteht die Gefahr, und zwar die ernsthafte Gefahr, daß man dazu neigt, sich auf seine eigenen veröffentlichten Auffassungen zu fixieren, und meint, sie für immer gegen alle Widersacher verteidigen zu müssen. Das mag einem vielleicht Spaß machen, gute Philosophie ist es aber nicht, und es fördert sicherlich nicht die Entwicklung jener Distanz, die ein so wesentliches Ziel des Philosophen ist. Es wäre tatsächlich eine Ironie, wenn das Buch, das man in dem ernsthaften Versuch

geschrieben hat, seine Auffassung von der Wahrheit darzulegen, einen daran hindern würde, die Wahrheit zu erkennen, um deretwillen man es zunächst begonnen hat. Das ist zumindest ein Grund, warum ich mich bislang der Diskussion ferngehalten und ihr nicht einmal viel Aufmerksamkeit geschenkt habe. Zu viele Philosophen sind zu Ideologen geworden oder haben einen Glaubenskrieg für ihre eigene Philosophie geführt, als daß ich diese Gefahr zu leicht nehmen könnte.

Nichtsdestoweniger sollte ich zufrieden sein, daß man die zentrale These des Buches (nicht das Hauptargument, denn das gibt es nicht)wenigstens als solche erkannt hat. Ich würde sie hier gerne wiederholen, und sei es nur, um ihr mehr Nachdruck zu verleihen. Ich habe behauptet, daß das Argument der Verallgemeinerung (wie ich es möglicherweise willkürlich genannt habe) das fundamentale Prinzip der Moral ist. Aber ich habe hinzugefügt: »Es ist nicht das einzige Prinzip, und wenn man es angemessen verstehen will, so muß man es im Zusammenhang mit einer Anzahl anderer Prinzipien verstehen, die im Verlauf dieses Buches formuliert und entwickelt werden. Diese verschiedenen Prinzipien bilden zusammen ein System.« Ich meine, dieser Gesichtspunkt des Systems und der Interdependenz von Prinzipien ist allgemein ignoriert worden, und das überzeugt mich davon, daß noch mehr getan werden muß, um diesen Gesichtspunkt zu entwickeln und zu erklären.

Es wäre jedoch nicht aufrichtig, wenn ich die Zweifel, die mir im Verlauf der Zeit und infolge der Diskussionen gekommen sind, verheimlichte, Zweifel nämlich, ob die zentrale These des Buches schlüssig und wahr und ob die Argumentation zwingend ist. Um es etwas anders zu formulieren: ich bin nicht mehr so sicher, ob das Argument der Verallgemeinerung auf jeder Ebene ein adäquates Mittel ist, moralische Probleme zu lösen und moralische Zweifel und Auseinandersetzungen zu klären. Und ich habe heute etwas andere Vorstellungen davon, wie man an diese Probleme herangehen muß. Aber alle meine Zweifel sind vollkommen irrelevant – auch wenn ich mit dem ursprünglichen Autor des Buches noch in jeder Hinsicht identisch wäre. Die zentrale These kann richtig sein, auch wenn ich einige Zweifel an ihr habe, ebenso wie sie nicht richtig sein könnte, wenn ich von ihr so überzeugt wäre wie vor 14 Jahren.

Eine weitere Aufgabe des Buches war, Verfahren zu beschreiben, um die Prinzipien der Moral auf die Lösung der Frage anzuwenden, was in dem einen oder anderen konkreten Fall richtig oder nicht richtig ist. Der Erfolg dieses Unternehmens scheint mir heute fraglich. Heute neige ich eher zu der Annahme, daß die Anwendung von Prinzipien auf konkrete Probleme eine viel kompliziertere Angelegenheit ist, als ich mir vorgestellt hatte, und ich vermute, daß eine Berücksichtigung der moralischen Qualität von Institutionen und eine Theorie der Werte ebenso wie die Ausarbeitung des einen oder anderen Punktes, den ich im vierten Abschnitt des ersten Vorworts erwähnt habe, viel wesentlicher ist, als ich ursprünglich angenommen hatte. Aber seit ich das Buch geschrieben habe, bin ich jünger geworden und viel aufgeschlossener für Möglichkeiten, von denen ich früher nicht einmal geträumt hätte. Und ich bin heute eher geneigt, auf gesunden Menschenverstand, guten Willen und gutes Urteilsvermögen bei der Entscheidung von Einzelfällen und der Lösung von Problemen mehr Wert zu legen. Es fällt mir heute viel leichter, die Grenzen von Prinzipien und die Bedeutung von Urteilsvermögen, Diskussionen und Auseinandersetzungen – ja, auch von Intuition, Erfahrung und Sensibilität – für die Lösung von Problemen und Konflikten anzuerkennen.

So halte ich mich für den eigentlichen Nutznießer der ganzen Diskussion, die dieses Buch entfacht hat, und ich beklage mich über sie keineswegs, sondern zolle ihr Dankbarkeit und Respekt. Aber das Niveau der kritischen Diskussionen des Buches in Essays, Artikeln, Lehrbüchern, Abhandlungen und Dissertationen ist leider in den Rezensionen, die es in einigen Zeitschriften erhielt, nicht immer erreicht worden. Hier waren gelegentlich nicht das Buch oder seine These, sondern der Autor Gegenstand der Rezension. Das hat mich überrascht, und mir ist klar geworden, daß man auf so etwas anders reagiert, wenn man Angriffsziel ist als wenn man lediglich zum Publikum gehört. Glücklicherweise erscheinen Bemerkungen, die einem einst böswillig und verletzend vorkamen, im Verlauf eines Jahrzehnts lächerlich oder einfach dumm. Ich möchte doch gerne zumindest auf einen Fall eingehen. Die (nicht gezeichnete) Rezension in *Times Literary Supplement* (1963) zeugte von einer solchen Feindseligkeit, daß ich mich fragte, ob ihr Autor vielleicht der Autor eines Buches sei, das ich zu einem früheren Zeitpunkt einmal rezensiert habe. Es war ganz deutlich, daß er das Buch nicht mochte, was ihm ja zustand. Er fand es auch langweilig, was nicht uninteressant ist. Aber man kann sich des Eindrucks nicht erwehren, daß er auch den Autor nicht mochte, wenn man etwa den folgenden Passus liest:

»Man kann sich des Eindrucks nicht erwehren, daß die These von Professor Singer zwar ganz vernünftig ist, es sich aber nicht lohnt, daraus ein ganzes Buch zu machen ... Diese Art, philosophische Bücher zu schreiben, ist zutiefst zu bedauern, und zwar insbesondere auf dem Gebiet der Ethik. Denn Philosophen stehen häufig unter Beschuß, weil sie Zither spielen, während Rom brennt ... Teile des Buches von Professor Singer erscheinen ausgesprochen trivial, und das schadet ihrem Gegenstand ...«

Ich habe genug zitiert, um Ihnen einen Eindruck von dieser Art von Kritik zu vermitteln. Die Substanz der Kritik kann ich nicht wiederholen, weil sie gar keine hat. Heute finde ich sie amüsant – und zwar nicht allein wegen der ungekonnten Wiederholung der Feuermetapher (»unter Beschuß«). Wirklich traurig ist das Klischee von Nero. Es ist an der Zeit, daß Philosophen mit dieser ausgebrannten Metapher nicht mehr belästigt werden, und es ist gewiß an der Zeit, daß sie endlich aufhören, sie selbst zu gebrauchen. Der Vorwurf gegen Nero ist nicht der, daß er Zither spielte, während Rom brannte; er war nun einmal kein Feuerwehrmann. Der Vorwurf, den man Nero machen kann, ist, daß er das vernichtende Feuer selbst legte und dann der Feuerwehr nicht erlaubte, es zu löschen. Das Bild vom zitherspielenden Nero ist das Bild des Nero, der sich an einem Brandopfer ergötzt, für das er selbst verantwortlich war, und die Annahme, ein solcher Vorwurf träfe ein philosophisches Buch, ist einfach lächerlich.

In der angelsächsischen Philosophie herrscht eine Furcht vor Irrtümern, eine Angst und Abneigung gegenüber Fehlern, die wirklich pathologisch ist und in einer Phobie mündet – Errophobie ist ein guter Name für diesen Komplex. Diese Einstellung ist das genaue Gegenteil des risikobereiten Denkens von William James, der sie pointiert so charakterisiert hat: »Man soll lieber riskieren, die Wahrheit zu verlieren, als die

Gefahr eingehen, einem Irrtum zu verfallen.« »Unsere Irrtümer«, sagte James, »sind gewiß nicht eine so furchtbar gewichtige Sache. In einer Welt, in der sie uns trotz aller Vorsicht immer wieder unterlaufen, scheint eine gewisse Gelassenheit ihnen gegenüber viel zuträglicher als diese exzessive Nervosität, die man ihretwegen an den Tag legt.« Es ist traurig, daß diese vernünftige Einstellung, die James sowohl vertreten als auch praktiziert hat, heute so in Vergessenheit geraten ist. Das Resultat der Errophobie ist, daß man dazu neigt, die Fehler, die andere gemacht haben, ihnen als eine auszutreibende Sünde oder als verachtungswürdiges Vergehen anzulasten, und das Kreuzzugsdenken der Ideologie scheint das prüfende Denken der Philosophie abzulösen. Vielleicht enthält mein Buch etwas von dieser Tonart. Wenn das so ist, tut es mir leid. In den Jahren seit dem Erscheinen des Buches habe ich einiges dazugelernt, was wertvoll war – ich habe schon vorher gesagt, ich bin jünger geworden –: nämlich daß es größere Sünden gibt als die, Fehler zu machen; denn das ist gar keine Sünde, sondern gehört zur conditio humana.

Der große Fetisch deutscher Philosophie war die Tiefgründigkeit, der Fetisch der britischen und amerikanischen Philosophie die Exaktheit. Beide wirken der Klarheit, der Verständigung und dem gesunden Menschenverstand entgegen und letztlich auch der Wahrheit. Und beide resultieren aus einer unvernünftigen Furcht, nämlich der Furcht, sich zu irren oder bei einem Irrtum ertappt zu werden. Sowohl die kontinentale als auch die angelsächsische Philosophie bedürfen daher einer gemeinsamen neuen Ausrichtung. Das kann man zwar leicht vorschreiben, aber es ist nicht leicht zu beschreiben, wie das vor sich gehen soll. Eine Veränderung ihres typischen Philosophierens müßte nämlich eine Veränderung der Mentalität und Persönlichkeitsstruktur einschließen, und es ist nicht leicht zu sehen, wie man dies bewerkstelligen könnte. Durch Ermahnungen, Empfehlungen oder Erlasse kann man das sicher nicht zustande bringen. Vielleicht könnte man diese Veränderung durch komische Verzerrungen, Humor oder gutes Beispiel stimulieren.

Für den interessierten Leser – und trotz der Sprachbarrieren kann man annehmen, daß es interessierte Leser gibt – habe ich die Bibliographie um einige meiner Publikationen ergänzt, die mit dem Thema dieses Buches zusammenhängen und die ich nach seinem ersten Erscheinen geschrieben habe. Für interessierte Studenten, die mit den kritischen Kommentaren, auf die ich mich bezogen habe, nicht vertraut sind, habe ich ein Verzeichnis der wichtigsten, erhellendsten oder merkwürdigsten Kommentare hinzugefügt. (In manchen geht es um sehr spezifische Fragen, die für mit der Materie nicht vertraute Leser sehr schwierig sind; ich habe sie trotzdem, wenn auch nicht vollständig, angeführt. Sie sind ein Beispiel für die unglückliche Tendenz in der Philosophie, komplizierte Dinge dadurch noch komplizierter zu machen, daß man technische Hinweise gibt, die vermutlich dazu dienen sollten, die Sache zu vereinfachen – und die unter der Hand dazu führen, daß das Thema ein anderes wird.) Ist das Buch falsch dargestellt, mißverstanden oder falsch interpretiert worden; oder ist es richtig aufgenommen worden? Wenn ja, durch welche Art von Kritik? Vielleicht führt diese Frage nicht nur zu einer ersten Auseinandersetzung mit dem Buch, sondern im Licht der wichtigen, abwägenden, ergiebigen, provozierenden, vernichtenden oder erhellenden Kritik zu einer neuerlichen Auseinandersetzung. Und dann läßt sich vielleicht feststellen, ob das Resultat eine neuerliche Verallgemeinerung in der Ethik oder das Ende der Verallgemeinerung in der Ethik ist.

Aus diesem Grund habe ich nicht die Absicht, in der Art Sidgwicks dieses Buch zu revidieren; ich plane vielmehr, was mir zu diesem Thema noch einfällt, in anderer Version zu veröffentlichen. Aus Gründen, die nicht unbedingt mit seinen Vorzügen, sondern vielleicht mit seinen Schwächen zusammenhängen, hat das Buch so etwas wie ein Eigenleben entwikkelt. Wenn es sein Schicksal sein sollte, wegen seiner Trugschlüsse berühmt zu werden (was meiner Ansicht nach für ein Argument von Mill zutrifft), und wenn es dazu benutzt werden sollte, die logischen Fähigkeiten von Studenten zu schärfen, dann ist das ganz in Ordnung. Es gibt schlimmere Schicksale. Ich begehe jetzt keinen Vatermord, indem ich Irrtümer beseitige. Ich habe allerdings auch nicht die Absicht, das Buch zu verteidigen. Das hieße zu sehr, wie manche Diskussionspartner klug bemerkt haben, mich selbst zu verteidigen. Das habe ich nicht vor. Eine neuerliche Überprüfung meiner Position ist jedoch etwas anderes.

Ich erinnere mich an eine Stelle in der Forsyte Saga: »Er spricht nur, wenn er etwas zu sagen hat ... Aber wenn wir uns alle so verhalten würden, gäbe es keine Konversation«. Ich nehme das zum Anlaß, das Vorwort jetzt zu beenden, so daß Sie mit der Lektüre des Buches beginnen können.

Madison, Wisconsin
28. Juni 1974

Marcus Singer

Vorwort

Die Probleme, die im Mittelpunkt dieses Buches stehen, erscheinen vielleicht auf den ersten Blick als zu speziell und beschränkt, und es scheint hier lediglich um Fragen einer bestimmten Technik zu gehen. Um eine bestimmte Technik geht es hier tatsächlich, aber nicht um spezielle und beschränkte Fragen, denn sie erstrecken sich über das ganze Gebiet der Moralphilosophie und folglich über den ganzen Bereich des Lebens. Das Buch beginnt mit der Frage, ob eine bestimmte Art des Argumentierens, die in moralischen Auseinandersetzungen häufig auftaucht, Gültigkeit hat – das heißt, ob sie jemals dazu taugt, ein moralisches Urteil zu begründen – und, wenn ja, unter welchen Bedingungen. Am Ende des Buches steht der Versuch, die Grundlage der Moral zu bestimmen und das Problem der Rechtfertigung moralischer Prinzipien zu lösen. Es handelt sich also um die grundlegenden Fragen der Moralphilosophie. Ziel ist, eine rationale Basis dafür zu finden, zwischen Richtigem und Nichtrichtigem unterscheiden zu können und damit das Fundament für ein vernünftiges und normatives ethisches System zu legen. Das sind hochgesteckte Ziele, und es ist nicht meine Aufgabe zu beurteilen, ob ich sie ganz erreicht habe. Aber das sind zumindest genau die Ziele, um die es mir ging.

Das Interesse des Buches gilt im wesentlichen dem Argument, das der ganz geläufigen Frage zugrunde liegt: »Was würde passieren, wenn das jeder täte?«: »Wenn jeder das täte, hätte das schlimme Folgen; deshalb solltest du es nicht tun.« Dieses Argument wird manchmal das Argument der Universalisierung genannt. Ich nenne es das Argument der Verallgemeinerung:* hiermit wären wir bei dem Thema der Verallgemeinerung in der Ethik; und die damit zusammenhängenden Probleme sollen umfassend und möglichst vollständig behandelt werden: das Buch soll eine Monographie zu diesem Thema sein.

* Singer verwendet den Terminus *Generalization*. Anm. der Übers.

Da die entscheidende Frage des Buches die Gültigkeit eines bestimmten Argumentationstyps betrifft, ist das Buch – obwohl dieser Gegenstand nicht so umfassend und vollständig behandelt werden soll – auch ein Essay zur Logik, speziell zur Logik normativer Sätze. Die hier vertretene These lautet, daß das Verfahren der Verallgemeinerung in der Ethik ohne Einschränkung gültig ist, wenn es adäquat angewandt und dem Gegenstand entsprechend spezifiziert wird; daß es im praktischen Argumentieren eine entscheidende Rolle spielt und fundamental ist für jede Moralphilosophie, über die sich zu reden lohnt. Es ist, so behaupte ich, das grundlegende Prinzip der Ethik. Dennoch ist es nicht das einzige Prinzip, und wenn man es angemessen verstehen will, so muß man es im Zusammenhang mit einer Anzahl anderer Prinzipien verstehen, die im Verlauf dieses Buches formuliert und entwickelt werden. Diese verschiedenen Prinzipien bilden zusammen ein System. So enthält das Buch auch zumindest die Ansätze zu einem System der Moralphilosophie.

Es war allerdings nicht meine Absicht, ein vollständiges System der Moralphilosophie zu liefern. Keine Moralphilosophie kann vollständig sein, wenn sie nicht auf die konkreten Institutionen und Verhaltensformen einer Gesellschaft angewendet wird. Um dies zu leisten, muß sie durch eine politische und ökonomische Theorie, eine Rechtsphilosophie sowie eine Theorie der Werte ergänzt werden, die zusammen mit Ethik, Logik und Ästethik die Grundlage der normativen Wissenschaften ausmachen. Es ist überflüssig zu sagen, daß ich das nicht versucht habe. Ich habe nicht nur die moralische Qualität von Institutionen ausgeklammert, sondern bin auch nicht auf Fragen der Moral in zwischenstaatlichen oder Gruppenbeziehungen eingegangen, wie auch nicht auf Fragen der Moral von Gesetzen und Wertungen, auf Fragen der Moralpsychologie und des Charakters. Auch Anweisungen für die Lebensführung wird der Leser in diesem Buch nicht finden. Es handelt sich um ein Buch zur Theorie der Moral, und obwohl es hier nicht um spekulative Fragen, sondern um Fragen richtigen Handelns geht, enthält es keine Sammlung von Rezepten oder Vorschriften.

Zu einem Vorwort gehören auch einige persönliche Bemerkungen. Dieses Buch ging aus meiner Dissertation hervor, die ich 1952 der Cornell-Universität vorgelegt habe. Obwohl ich jetzt schon mehrere Jahre an diesem Thema arbeite, hat das Buch auch jetzt noch – das ist mir durchaus klar – einige Schwächen. Und da es Mängel enthält, die ich sehe, gibt es wahrscheinlich ebenso viele, die mir nicht aufgefallen sind. Dennoch hätte das Buch noch sehr viel mehr Fehler ohne die Hilfe, Ermutigung und Anregung, die ich von meinen Lehrern in Cornell, Max Black, Stuart Brown, Arthur Murphy und Gregory Vlastos, erhalten habe; und die ich immer wieder in verschiedenen Stadien der Arbeit von William Hay, Julius Weinberg und meinen anderen Kollegen des Fachbereichs Philosophie der Universität Wisconsin erhielt. Meinen Lehrern an der Universität Illinois, Atwell Turquette und Frederick Will, schulde ich sehr viel: sie weckten meine Begeisterung für Philosophie. Das Buch erhielt seine vorliegende Form in den Jahren 1956–57 als Resultat eines Forschungsjahres, das mir durch die großzügige Unterstützung des *Committee to Advance Original Work in Philosophy* der *Western Division* der *American Philosophical Association* ermöglicht wurde. Ich danke auch dem *Research Committee* der *Graduate School* an der Universität Wisconsin für die Forschungsbeihilfen im Sommer 1955 und in den Jahren 1956–57; und Dekan Mark Ingraham vom *College of Letters and Science* für vielfache Hilfe. William Marshall und Paul Ziff bin ich für hartnäckigen Widerspruch und entschiedene Kritik zu Dank verpflichtet. Abraham Melden von der Universität Washington und Israel Scheffler von der Universität Harvard lasen das ganze Manuskript, und ich bin ihnen für ihre freundlichen und hilfreichen Hinweise dankbar. Meine Wertschätzung gebührt auch meinem Herausgeber bei Knopf, Gerard McCauley, für seine Hilfe und ermutigende Anteilnahme. Was ich schließlich meiner Frau verdanke, ist nicht leicht zu ermessen und kommt auch in der Widmung nur unzulänglich zum Ausdruck. Für diese liebevolle Unterstützung ist ein angemessener Dank nicht möglich.

Madison, Wisconsin
15. September 1960 M. G. S.

Vorwort zur zweiten Auflage

Seit seiner ersten Veröffentlichung im Jahre 1961 ist diesem Buch eine unverhofft breite Diskussion, Kritik und Kommentierung zuteil geworden. Es wurde in eine Reihe von Doktorarbeiten eingearbeitet oder vielleicht auch konserviert. Und es hat eine wahre Meinungsschlacht stattgefunden. So hat z. B. ein Rezensent, der das Buch für leichte Lektüre hielt, es als eine Sammlung von Irrtümern betrachtet; ein anderer, der es schwierig fand, meinte, es könnte schon etwas daran sein usw. Das hat im ganzen gesehen Spaß gemacht und war sicherlich erleuchtend, wenn es auch kein ganz reiner Segen war. Jetzt haben mir nämlich einige Kommentatoren vorgeschlagen, das Buch zu überarbeiten, um den verschiedenen Kritikpunkten, die vorgetragen wurden, Rechnung zu tragen, so daß ich klarstellen könnte, was, in bezug auf die Punkte, die sich als am stärksten kontrovers erwiesen haben, meine augenblickliche Position sei. Ich glaube, daß zumindest dieser Vorschlag eine Antwort verdient.

Ich empfinde durchaus das Gewicht dieser Forderung und bringe ihr sogar einige Sympathie entgegen. Von der Notwendigkeit einer grundsätzlichen Überarbeitung bin ich jedoch nicht überzeugt, vielmehr bezweifle ich, ob sie wünschenswert ist. Ich habe wenig Neigung verspürt, auch nur in irgendwelchen Teilen eine Überarbeitung vorzunehmen, und ich kann eine solche Angelegenheit auch nicht als eine Frage der Pflicht oder gar des Berufsethos auffassen. Das würde auch sicherlich aus keinem der Prinzipien folgen, die ich in dieser Arbeit entwickelt habe. Konsequenterweise ist der Text in der vorliegenden Auflage unverändert abgedruckt worden, mit Ausnahme der Korrektur einer Reihe von Druckfehlern. Ich bin denen dankbar, die mich durch ihre Kritik und ihre Zuschriften darauf hingewiesen haben. Ich bin auch denen dankbar, die mich durch mündliche und schriftliche Kritik in oft sehr subtiler und scharfsinniger Weise auf andere Irrtümer, wie sie mei-

nen, aufmerksam gemacht haben, auf Irrtümer von philosophisch fundamentalerer Art.
Der unvermeidliche dialektische Prozeß, in dem die Kritik der Kritiker ihrerseits kritisiert wurde, kann bei dem Beobachter leicht eine gewisse Verwirrung hinterlassen. Ich bin, lassen Sie mich das hier und jetzt sagen, keineswegs überzeugt, daß alle Irrtümer, die man dem Buch angelastet hat, auch als solche bewiesen wurden, oder daß sehr viele von ihnen so gravierend sind, wie unterstellt wurde. Damit will ich nicht behaupten, daß das Buch nicht tatsächlich einige schwerwiegende Fehler enthält. Ich kann aber keineswegs zugeben, daß seine Hauptthese (vgl. etwa S. 17) entkräftet worden ist. Noch weniger kann ich zugeben, daß sein Hauptargument (da es so etwas gar nicht gibt) einen so leicht nachweisbaren Trugschluß enthält. Damit kann ich mich hier aber jetzt nicht befassen. Ich beabsichtige auf dieses Thema zu einem späteren Zeitpunkt zurückzukommen, wenn sich der Staub gelegt hat, den einige überaus minutiös argumentierende Philosophen aufgewirbelt haben, und wenn ich einen etwas größeren Überblick gewonnen und einige andere Arbeiten fertiggestellt habe, die nicht ganz ohne Zusammenhang mit dem Thema dieses Bandes sind.
Ich möchte nicht den Eindruck bestehen lassen, daß ich die verschiedenen Diskussionen und Kommentierungen, die mir zugänglich geworden sind, nicht schätze oder nicht aus ihnen gelernt hätte. Im ganzen gesehen war es eine interessante Erfahrung, und ich habe eine Menge gelernt, auch wenn es nicht immer gerade die Lektion war, die der jeweilige Kritiker mir erteilen wollte. Nebenbei bemerkt sind mir eine Reihe von Anmerkungen nur zufällig bekannt geworden, so daß ich annehmen muß, daß es noch weitere gibt, von denen ich nichts weiß. Ich würde es daher begrüßen, wenn mir Kopien oder sonstige Notizen von den Diskussionen zugeschickt würden, die bisher schon gedruckt wurden oder demnächst erscheinen werden. Vielleicht kann das Thema eines Tages sowohl in eine Art philosophische als auch bibliographische Ordnung gebracht werden.

Madison, Wisconsin
16. Februar 1971 M. G. S.

Hinweise

Teile von Kapitel II, V und VIII wie auch die Paragraphen 2 und 4 von Kapitel X sind bereits, wie in den bibliographischen Anmerkungen angegeben, schon einmal publiziert worden. Den Herausgebern von *Mind, The Philosophical Review,* den Herausgebern von *Ethics* (Copyright 1959 by the University of Chicago), der University of Chicago Press, und den Herausgebern von *Essay in Moral Philosophy* (1958), der University of Washington Press, bin ich dankbar für die Erlaubnis, das bereits publizierte Material zu verwenden.

Ich danke auch den im folgenden genannten Verlegern oder Herausgebern von Periodica für die Erlaubnis, aus Schriften zu zitieren, die bei ihnen verlegt wurden oder für die sie das Copyright haben;

George Allan & Unwin Ltd. für die Erlaubnis, aus R. H. Tawney, *Equality* und Hegel, *The Phenomenology of Mind,* übersetzt von J. B. Baillie, zu zitieren;

Appleton-Century-Crofts, Inc. für die Erlaubnis, aus Frank Chapman Sharp, *Ethics,* Copyright 1928 by the Century Company, zu zitieren;

J. W. Arrowsmith Ltd. für die Erlaubnis, aus G. C. Field, *Studies in Philosophy,* Copyright 1935 by the University of Bristol, zu zitieren;

Der Cambridge University Press für die Erlaubnis, die Exzerpte aus G. E. Moore, *Principica Ethica,* und Stephen Toulmin, *The Uses of Argument,* zu benutzen;

Jonathan Cape Ltd. für die Erlaubnis, aus Bernard Mayo, *The Logic of Personality* zu zitieren;

Der Clarendon Press für die Erlaubnis, Zitate aus Sir David Ross, *Kant's Ethical Theory,* A. E. Teale, *Kantian Ethics* und Hegels *Philosophy of right,* übersetzt von T. M. Knox, zu benutzen;

Houghton Mifflin Company für die Erlaubnis, aus Lucius Garvin, *A Modern Introduction to Ethics,* zu zitieren; Hut-

chinson's University Library für die Erlaubnis, Zitate aus H. J. Paton, *The Moral Law*, zu benutzen;
Jackson, Son & Co. Ltd. für die Erlaubnis, aus Edward Caird, *The Critical Philosophy of Immanuel Kant*, veröffentlicht bei James Mac Lehose & Sons, zu zitieren;
Longmans, Green & Co. Ltd. für die Erlaubnis, Absätze aus Kants *Critique of Practical Reason and Other Works on the Theory of Ethics*, übersetzt von T. K. Abbott, zu übernehmen;
Macmillan & Co. Ltd. London und St. Martins' Press, Inc., New York für die Erlaubnis, aus S. Alexander, *Space, Time, and Deity* und A. Macbeath, *Experiments in Living*, zu zitieren. Methuen & Co. Ltd. für die Erlaubnis, aus Kants *Lectures on Ethics*, übersetzt von Louis Infield, zu zitieren. Der *New York Times* für die Erlaubnis, aus einem Artikel von Hanson W. Baldwin zu zitieren.
Dem *New Yorker* für die Erlaubnis, verschiedene Zitate zu benutzen.
Penguin Books Ltd. für die Erlaubnis, einen Absatz aus P. H. Nowell-Smith, *Ethics*, zu zitieren.
Prentice Hall Inc., für die Erlaubnis, aus Max Black, *Critical Thinking*, 2. Auflage, © 1952 by Prentice-Hall, Inc., Englewood Cliffs, N. J., und Richard B. Brandt, *Ethical Theory*, © 1959 by Prentice-Hall Inc. zu zitieren.
Der Ronald Press Company für die Erlaubnis, aus A. Campbell Garnett, *Ethics: A Critical Introduction*, copyright 1960 by the Ronald Press Company, zu zitieren.
Der University of Chicago Press für die Erlaubnis, aus H. J. Paton, *The Categorical Imperative* (1948), copyright 1948 by the University of Chicago, und aus einem Artikel von C. D. Broad, in: *The International Journal of Ethics*, Bd. XXVI, copyright 1916 by the University of Chicago, zu zitieren.
Der Yale University Press für die Erlaubnis, aus Benjamin N. Cardozo, *Growth of the Law*, und Charles L. Stevenson, *Ethics and Language*, zu zitieren.
Vollständige Literaturhinweise finden sich in den jeweiligen Fußnoten.
Eine Reihe von anderen Verlagen, Periodica und Autoren waren so freundlich, abgesehen von der Zitierung in den Fußnoten, keine speziellen Hinweise zu verlangen.

I Zur Einführung

Die Frage, »Was würde passieren, wenn das jeder täte?«, ist eine Frage, mit der wir alle vertraut sind. Wir haben alle schon Situationen erlebt, in denen sie gestellt wurde, und haben sie vielleicht auch selbst schon gestellt. Wir kennen schon ungefähr den Verwendungszusammenhang, in dem diese Frage sinnvoll ist. So verstehen wir, daß sie entweder eine Verkürzung oder eine Vorbereitung des weiteren Satzes ist: »Wenn das jeder täte, wären die Folgen verheerend«, und man diesen Satz oft als guten Grund für die Folgen ansieht, daß man das nicht tun sollte. Die Situationen, in denen derartige Überlegungen angestellt werden können, sind natürlich ganz verschieden. Jemandem, der seine Absicht kundtut, bei irgendeiner Wahl seine Stimme nicht abzugeben, könnte man mit der Frage begegnen: »Was würde passieren, wenn niemand wählen würde?« Wenn niemand wählen würde, würde das jede Form von Regierung unmöglich machen, oder zumindest würde das demokratische System damit unterminiert; und viele meinen, daraus gehe eindeutig hervor, daß jeder wählen sollte. Oder es könnte z. B. jemand, der den Versuch eines anderen mißbilligt, sich dem Militärdienst zu entziehen, darauf hinweisen: »Wenn jeder es ablehnen würde, zu dienen, würden wir den Krieg verlieren«. Die Mitglieder eines Diskussionskreises, die sich dazu treffen, über Thesenblätter der Teilnehmer zu diskutieren, sind sich wohl alle darüber klar, daß jeder einmal ein Thesenblatt vorbereiten sollte, selbst derjenige, der das nicht will und es vorzieht, sich nur an den Diskussionen zu beteiligen; denn wenn sich jeder weigern würde, so würde sich der Kreis auflösen, und es gäbe keine Diskussionen mehr. Diese Art von Überlegung wäre für jemanden, dem es gleich ist, ob der Kreis sich auflöst, nicht ausschlaggebend. Aber sie wäre sicher entscheidend für jemanden, der an den Zusammenkünften gern teilnimmt und wünscht, daß sie fortgesetzt werden.

Jeder dieser Fälle liefert ein Beispiel für den Gebrauch oder die

Anwendung eines Argumentationstyps, den ich das *Argument der Verallgemeinerung* nennen möchte: »Wenn das jeder täte, wären die Folgen verheerend (oder nicht wünschenswert); daher sollte niemand das tun.« Jedes Argument der Form »Die Folgen davon, daß niemand das täte, wären nicht wünschenswert; darum sollte jeder das tun« ist offensichtlich ebenso ein Anwendungsfall des Arguments der Verallgemeinerung. Ebendiese Argumentationsform und ähnliche Überlegungen werden im Mittelpunkt der Untersuchung stehen. Das fundamentale Problem in bezug auf das Argument der Verallgemeinerung (das man ohne Unterschied entweder als ein Argument oder als ein moralisches Prinzip verstehen kann) besteht darin, die Bedingungen festzulegen, unter denen es ein gutes oder taugliches Argument ist; das heißt die Bedingungen, unter denen die Tatsache, daß die Konsequenzen nicht wünschenswert wären, wenn *jeder* in einer bestimmten Weise handeln würde, einen guten Grund für die Folgerung liefert, daß es für *niemanden* richtig ist, in dieser Weise zu handeln. Denn es gibt Bedingungen, unter denen das Argument der Verallgemeinerung offensichtlich nicht anwendbar ist, und es ist notwendig zu bestimmen, welches genau diese Bedingungen sind. In den oben angeführten Beispielen scheint es für eine moralische Beurteilung dieser Handlungsweisen ohne weiteres relevant zu sein, sich die Folgen davon zu vergegenwärtigen, daß jeder so handelt. Aber es gibt andere Beispiele, bei denen diese Art von Überlegung eindeutig irrelevant ist. Obgleich z. B. »die Menschheit wahrscheinlich den Kältetod erleiden würde, wenn jeder Nahrungsmittel produzieren, und sicher verhungern würde, wenn jeder Bekleidung anfertigen oder Häuser bauen würde«[1], wäre es doch absurd, daraus zu schließen, daß niemand Nahrungsmittel herstellen oder Häuser bauen sollte. Man könnte meinen, dies sei ein Gegenbeispiel, mit dem sich beweisen ließe, daß das Argument der Verallgemeinerung grundsätzlich untauglich sei und zu Trugschlüssen führe. Das Argument, daß du etwas nicht tun solltest, mit Rücksicht darauf, was geschehen würde, wenn *jeder* das täte, ist – obgleich es ihm irgendwie ähnelt – von dem Argument, daß du etwas nicht tun solltest, mit Rücksicht darauf, was geschehen würde,

1 Morris R. Cohen, *The Faith of a Liberal*, New York 1946, S. 86.

wenn *du* das tust, doch grundverschieden. Nach dem Muster, »Wenn du das tun würdest, wären die Folgen verheerend, darum solltest du es nicht tun«, können wir argumentieren, »Wenn jeder das täte, wären die Folgen verheerend, darum sollte es nicht jeder tun«. Aber die Folgerung von »Nicht jeder sollte es tun« auf »Niemand sollte es tun«, von »Nicht jeder hat das Recht« auf »Niemand hat das Recht« scheint sicher nicht zu stimmen. Das ist, als ob man sagen würde, niemand habe rote Haare, weil nicht jeder rote Haare hat. Dennoch ist diese Folgerung, oder zumindest eine sehr ähnliche, wesentlich für das Argument der Verallgemeinerung. Aber wenn das auch für bestimmte Anwendungsfälle zutrifft, ist doch im Argument der Verallgemeinerung selbst kein Trugschluß enthalten. Denn es ist nicht immer falsch, von »einigen« auf »alle« zu schließen, und die Meinung, daß das immer so sei, ist lediglich ein Vorurteil, das von der einseitigen Beschäftigung mit bestimmten Typen von Urteilen herrührt. In der Logik gilt, daß, wenn nur irgendein Argument einer bestimmten Form ungültig ist, alle Argumente dieser Form ungültig sind, und dieses Prinzip liegt dem Gebrauch von Gegenbeispielen zugrunde. Gerade das impliziert einen Schluß von »einigen« auf »alle«. Es stimmt, daß das Argument der Verallgemeinerung eine Folgerung von »Nicht jeder hat das Recht« auf »Niemand hat das Recht« impliziert, von »Es wäre nicht für jeden recht« auf »Es wäre für niemanden recht«. Dieser Schluß ist jedoch vermittelt und damit ausgewiesen durch das Prinzip, daß, *was für eine Person richtig (oder nicht richtig) ist, für jede andere Person mit ähnlichen individuellen Voraussetzungen und unter ähnlichen Umständen richtig (oder nicht richtig) sein muß.* Aus einleuchtenden Gründen werde ich mich auf dieses Prinzip als »*Prinzip* der Verallgemeinerung« beziehen, auch wenn es in der Tradition als das Prinzip der Fairneß, der Gerechtigkeit oder der Unparteilichkeit bekannt ist.

Man kann schwerlich sagen, daß das Prinzip der Verallgemeinerung einen Trugschluß enthält. Doch hat man häufig gemeint, daß es leer und daher jede Anwendung belanglos sei. Auch das stimmt nicht, und das wird sich am besten erweisen, wenn man zeigt, wo das Prinzip relevant und seine Anwendung nützlich ist. Das Argument der Verallgemeinerung setzt

das Prinzip der Verallgemeinerung voraus und hängt folglich von ihm ab, und das Prinzip der Verallgemeinerung ist gewiß für sich genommen schon von beträchtlichem Interesse. So wird das nächste Kapitel der Aufgabe gewidmet sein, Bedeutung und Gewicht dieses Prinzips zu bestimmen. Dies wird eine Betrachtung von Sinn und Funktion der zusätzlichen Bestimmung »Personen mit ähnlichen individuellen Voraussetzungen und unter ähnlichen Umständen« implizieren, und dies wiederum wird uns die Grundlage dafür bieten, die Zusammenhänge dieses Prinzips mit dem moralischen Urteil und dem moralischen Diskurs zu bestimmen.
Darauf wird meine Untersuchung des Arguments der Verallgemeinerung folgen, und meine Methode wird hierbei zumeist die sein, eine Anzahl von einigermaßen plausiblen Einwänden gegen dieses Argument aufzugreifen, um zu zeigen, daß sie nicht schlagend sind. Dies wird uns der Formulierung der Bedingungen, unter denen das Argument der Verallgemeinerung gültig ist, etwas näher bringen.

§ 2

Das eigentliche Problem dieses Buches ist die Untersuchung der beiden genannten Prinzipien. Aber das ist nicht an sich das Ziel. Mein Ziel ist letztlich, durch eine Untersuchung dieser Prinzipien festzustellen, wie moralische Urteile rational begründet, wie konfuse moralische Fragen rational aufgelöst und wie moralische Dispute rational aufgebaut werden können. Einige moralische Argumente taugen etwas, andere nicht. Einige Fakten sind moralisch relevant, andere wiederum nicht. Was ist die Grundlage für diese Unterscheidung und wie kann man sie in einzelnen Fällen ausmachen? Das sind einige von den Fragen, die ich zu beantworten suche, obwohl ich nicht in allen Fällen versuchen werde, sie direkt und in ihrem ganzen Ausmaß zu behandeln. Was ich zu tun hoffe, ist, das Fundament für ein rationales und normatives System der Moralphilosophie zu legen. Und dabei hoffe ich, wenn auch nur beiläufig, das »eigentümliche Zusammenspiel von praktischen Fragen und theoretischer Philosophie« aufzuzeigen.[2]
In diesem Zusammenhang müssen die Behauptungen des mo-

2 Morris R. Cohen, *Reason and Nature*, New York 1931, S. XV.

ralischen Skeptizismus berücksichtigt werden. Es gibt viele Varianten des moralischen Skeptizismus. Doch sie stimmen alle darin überein, auf die eine oder andere Weise zu behaupten, daß es so etwas wie einen guten Grund für ein moralisches Urteil und stichhaltige moralische Argumente nicht gebe, daß eine moralische Haltung keine rationale Basis habe und die Unterscheidung zwischen richtig und nicht richtig nur eine Sache des Geschmacks, der subjektiven Auffassung oder der Konvention sei. Ein solcher Skeptizismus ist natürlich nicht neu. Neu daran ist nur, daß er so weite Verbreitung gefunden hat. Wir leben in einem Zeitalter des dogmatischen moralischen Urteils und der skeptischen Moralphilosophie, und es ist nicht gerade ein Zufall, daß beides Hand in Hand geht.
Ich werde im Verlauf der Untersuchung manches über einige Varianten des moralischen Skeptizismus zu sagen haben, obwohl ich das Thema nicht bis ins letzte Detail behandeln werde. Doch ich würde schon hier gerne erwähnen, daß solche skeptizistischen Theorien, obwohl sie als Ansporn für ein genaueres Durchdenken der Materie einigen Wert hatten, in einer wichtigen Hinsicht doch alle moralisch irrelevant sind. Sie haben keine Relevanz für die Probleme der *Moral* (und gleichzeitig erzeugen sie moralische Verwirrung). Daher können sie kein Ersatz für eine Theorie sein, die relevant ist. Für jemanden, der versucht, zu entscheiden, ob etwas getan werden sollte oder nicht, ist es keine Hilfe, wenn man ihm sagt, daß moralische Urteile insgesamt subjektiv seien oder nur der Ausdruck bestimmter Einstellungen. Und zu behaupten, daß daher moralische Fragen kein Problem sein sollten, weil moralische Vorstellungen keine objektive oder rationale Grundlage haben, heißt vom Standpunkt moralischer Neutralität auszugehen, der heute in weiten Kreisen als Inbegriff philosophischer Tugend angesehen wird.
Wenn ich sage, eine ethische Theorie solle für die Lösung moralischer Probleme relevant sein, so meine ich damit nicht, daß sie automatisch Lösungen für sie anbieten soll. Darum kann es auf keinen Fall gehen, denn in der Moral kann der Faktor der Beurteilung nie ganz eliminiert werden, und die Probleme der Moral hängen oft von einer Einschätzung von Fakten ab, deren Richtigkeit keine Theorie von vornherein garantieren kann. Was ich meine, ist, daß eine ethische Theorie dazu bei-

tragen sollte, die Situationen zu klären, in denen moralische Probleme entstehen, und daß sie auf die Faktoren ein Licht werfen sollte, die für eine befriedigende Lösung relevant sind, und auf die Bedingungen, die dabei erfüllt sein müssen. Mit anderen Worten, sie sollte helfen, Ordnung in die Verwirrung zu bringen. Die Probleme der Ethik, auch solche auf höchstem Abstraktionsniveau, entstehen und entstanden immer schon aus dem Versuch, praktische und konkrete moralische Fragen zu lösen. Daher ist eines der Kriterien für eine ethische Theorie – und für praktische Zwecke das entscheidende Kriterium – ihre Relevanz für genau diese Fragen.

Es ist natürlich nicht das einzige Kriterium. Wir alle haben moralische Überzeugungen, Überzeugungen davon, was richtig und was nicht richtig ist. Hätten wir sie nicht, so hätten wir auch keine moralischen Probleme. Denn moralische Probleme entstehen aus unseren moralischen Überzeugungen – aus der Tatsache, daß sie manchmal inadäquat, oft vage und häufig widersprüchlich sind. Diese Überzeugungen liefern das Material und den Ausgangspunkt für die ethische Theorie, die niemals in einem Vakuum entsteht. Die ethische Theorie, die einfach eine systematisierte Reflexion über Moral ist, entsteht aus dem Versuch, diese Überzeugungen zu koordinieren, zu systematisieren, sie in einen Zusammenhang miteinander zu bringen und in ihnen einen Sinn zu finden. Eine ethische Theorie kann daher als »eine Theorie über die Natur und die Grundlage der Moral und der Regeln für ein moralisches Urteil, die aus der moralischen Ratlosigkeit des täglichen Lebens entsteht«[3], definiert werden. Ihre primäre Aufgabe ist folglich, zu erklären – die Gründe auszuweisen – warum bestimmte Arten von Handlungen richtig und andere nicht richtig sind (was richtige Handlungen richtig und nicht richtige Handlungen nicht richtig macht). Dies setzt offensichtlich voraus, daß einige Handlungen richtig sind und andere nicht, und dies ist eine Voraussetzung, die im Lauf der Entwicklung der Theorie verteidigt werden muß. Aber das erste Kriterium für eine ethi-

3 Arthur E. Murphy, *The Uses of Reason*, New York 1943, S. 141: Eine ethische Theorie ist »eine Theorie über die Natur sittlichen Verhaltens und die Gültigkeit moralischen Urteilens, die ein entscheidendes Gewicht für die weitere Ausrichtung solchen Verhaltens hat (oder von der man das zumindest annimmt) . . .«.

sche Theorie ist, wie gut sie diese Aufgabe der *Ausweisung* von Gründen erfüllt.

Zweitens sollte eine ethische Theorie *kohärent* sein, sowohl in sich als auch in ihrem Verhältnis zu anderen allgemein anerkannten Vorstellungen (damit, was aus anderen Gründen als wahr erkannt ist), und sie sollte helfen, unsere moralischen Vorstellungen und Überzeugungen kohärent zu machen. Drittens sollte eine solche Theorie *aufklären*, in dem Sinne, daß sie auf die schon explizierte Weise für moralische Probleme relevant ist.

So gibt es zumindest drei Kriterien für eine ethische Theorie – Ausweisung von Gründen, Kohärenz, Aufklärung –, und die Theorie, die in diesem Buch entwickelt werden soll, wird diesen Kriterien unterworfen sein.

Zu einer ethischen Theorie gehört unter anderem immer die Ausarbeitung und Verteidigung, sogar die Anwendung von einem oder auch mehreren moralischen Prinzipien. Nun sind sowohl das Prinzip der Verallgemeinerung als auch das Argument der Verallgemeinerung moralische Prinzipien. Aber sie sind nicht die einzigen. Es gibt noch weitere, die ich verteidigen, und andere, die ich angreifen werde. Doch wird das Argument der Verallgemeinerung eine zentrale Rolle spielen. Was ich an ihm versuchen werde zu zeigen, ist nicht nur, daß es Gültigkeit hat, wenn man es angemessen spezifiziert, sondern daß es als Maß oder Kriterium der moralischen Qualität von Handlungen dient und die Basis für moralische Regeln abgibt.

Moralische Regeln, wie zum Beispiel die Regel, daß es nicht richtig ist zu stehlen, sind von moralischen Prinzipien unterschieden. Die volle Bedeutung dieser Unterscheidung wird später entwickelt werden. Ich werde hier lediglich erwähnen, daß, während Regeln spezifischer und konkreter, Prinzipien eher allgemeiner und abstrakter sind. Prinzipien sind in der Rechtfertigung und Klärung von Regeln impliziert, und beide sind in der Bestimmung der moralischen Qualität von Handlungen enthalten. So sind beide erforderlich für die Unterscheidung zwischen richtigem und nicht richtigem Verhalten. Wie wir noch sehen werden, wird mit einem adäquaten, kohärenten und konsistenten Gefüge moralischer Prinzipien zugleich die rationale Grundlage der Moral hergestellt.

§ 3

Ich sehe keinen Grund, den Inhalt dieses Buches noch ausführlicher darzustellen. Wenn es in der Durchführung nicht klar genug ist, dann ist es in einer Weise fehlerhaft, die durch vorausgeschickte Zusammenfassungen nicht erträglicher wird. Doch gibt es noch einen weiteren Punkt, der erwähnt werden sollte.

Es gibt einige offensichtliche Parallelen zwischen dem Argument der Verallgemeinerung und Kants kategorischem Imperativ: Handle nur nach der Maxime, durch die Du zugleich wollen kannst, daß sie zum allgemeinen Gesetz werde.

Eine Ähnlichkeit besteht darin, daß beide Verallgemeinerung implizieren, die Betrachtung dessen, was geschehen würde, wenn alle in bestimmter Weise handeln würden. Eine andere Ähnlichkeit liegt darin, daß sie beide das Prinzip der Verallgemeinerung enthalten und Kriterien für seine Anwendung liefern. Aber, obwohl das Argument der Verallgemeinerung und der kategorische Imperativ in diesen Punkten ganz ähnlich sind, sind sie andererseits doch wieder ganz verschieden. Denn der kategorische Imperativ enthält einen Bezug auf den Willen und auf die Maxime einer Handlung, was beim Argument der Verallgemeinerung nicht der Fall ist. Kants Kriterium ist »wir müssen *wollen können*, daß eine Maxime unserer Handlung ein allgemeines Gesetz werden sollte – dies ist der Kanon der moralischen Beurteilung derselben überhaupt«. Der »Kanon«, den das Argument der Verallgemeinerung bietet, kann vielleicht so formuliert werden: »Die Folgen davon, daß jeder in einer bestimmten Weise handelt, dürfen nicht derart sein, daß sie nicht wünschenswert wären.«

Es mag natürlich sein, daß diese Unterschiede nur oberflächlich und nicht von grundsätzlicher Bedeutung sind. Hier sollten wir uns an eine Stelle aus Lewis Carrolls *Through the Looking Glass* erinnern:

»Bitte würden Sie mir sagen –«, fing sie an und schaute dabei ängstlich auf die Rote Königin.

»Rede nur, wenn Du gefragt wirst«, fuhr die Königin sie an.

»Aber wenn jeder diese Regel befolgen würde«, sagte Alice, die immer zu einem kleinen Streit aufgelegt war, »und wenn Sie nur reden würde, wenn Sie angesprochen werden und die andere Person immer darauf warten würde, daß *Sie* anfangen, sehen Sie, dann würde doch nie jemand etwas sagen, so daß –«

»Lächerlich«, schrie die Königin, »warum kannst Du nicht begreifen, Kind –«, hier brach sie mit einem Stirnrunzeln plötzlich ab und, nachdem sie einen Augenblick nachgedacht hatte, wechselte sie plötzlich das Thema. (Kap. 9)

Es könnte so aussehen, als ob kein wesentlicher Unterschied bestünde zwischen den Formulierungen »wenn jeder das täte«, »wenn jeder so handeln würde«, »wenn jeder diese Regel befolgen würde« und der Formulierung »wenn jeder nach dieser Maxime handeln würde«. Tatsächlich könnte jede dieser Formulierungen in einer Anwendung des Arguments der Verallgemeinerung gebraucht werden.

Darüber hinaus aber ist der kategorische Imperativ (oder, wie ich ihn auch nennen werde, das Prinzip der Allgemeinheit) bezeichnenderweise nur selten als vom Argument der Verallgemeinerung verschiedenes Prinzip aufgefaßt worden. Ein Autor macht z. B. im Verlauf seiner Kritik der Kantischen Ethik geltend: »Im allgemeinen ist der Versuch unnütz, durch eine Betrachtung der Konsequenzen, die sich daraus ergeben, daß jeder immer in dieser Weise handeln würde, zu bestimmen, was für mich hier und jetzt das richtige Verhalten ist«[4], und nimmt an, daß er damit alles gesagt habe, was es über dieses Thema zu sagen gibt. Dies ist kein Einzelfall. Beispielhaft kann man das daran sehen, wie ganz selbstverständlich die beiden Prinzipien in dem folgenden Passus aus einem bedeutenden Kommentar zur Kantischen Ethik identifiziert werden:

Die beste, wenn nicht die einzige Art, ein solches Gesetz in unserer Einbildungskraft lebendig zu machen, ist, uns eine Welt auszumalen, in der jedermann tatsächlich danach handeln würde. Das ist das sehr einleuchtende Verfahren, das Kant uns jetzt anrät. Es ist zugleich die Methode, die gemeinhin von den Menschen gebraucht wird. Die Pflicht zur Teilnahme am öffentlichen Feuerschutz z. B. hat man manches Mal mit der Frage durchgesetzt: »Was würde geschehen, wenn sich jeder weigerte, mitzumachen?« Stellt man Fragen dieser Art, dann betrachtet man eine Maxime so, als ob sie durch unseren Willen ein allgemeines Naturgesetz werde.[5]

4 E. F. Carritt, *The Theory of Morals*, London 1930, S. 80.
5 H. J. Paton, *The Categorical Imperative*, Chicago 1948, S. 146; deutsch: H. J. Paton, *Der Kategorische Imperativ*, Berlin 1962, S. 173.

Dieser Sachverhalt ist Grund genug, den Kategorischen Imperativ sowohl für sich genommen als auch in seinem Verhältnis zum Argument der Verallgemeinerung zu diskutieren, und das wird in den Kapiteln VIII und IX dieses Buches geschehen. Diese Kapitel sind wohl diejenigen, welche die meisten Kenntnisse voraussetzen, in dem Sinn, daß sie schon eine gewisse Vertrautheit mit Kants Moralphilosophie erfordern, und es mag scheinen, daß vor allem in ihnen Probleme sehr spezieller und technischer Art behandelt werden. Das ist zweifellos der Fall. Dennoch sind sie für meine Argumentation wesentlich, und ich habe keineswegs nur ein historisches oder antiquarisches Interesse an ihnen. Es geht mir nicht darum, festzustellen, was Kant wirklich meinte oder tatsächlich sagen wollte. Mein Ziel ist vielmehr, die Stichhaltigkeit eines moralischen Prinzips darzustellen.

Ein weiterer Punkt sollte noch zu Beginn geklärt werden. Die Anwendung des Arguments der Verallgemeinerung legt selbst nicht fest, daß die Folgen davon, daß jeder in einer bestimmten Weise handeln würde, nicht wünschenswert wären. Was nicht wünschenswert ist, wird vielmehr schon vorausgesetzt. Wo diese Frage problematisch ist, da ist es auch die Anwendung des Arguments der Verallgemeinerung, und wo es nicht zutrifft, daß die Folgen für nicht wünschenswert gehalten werden, wird das Argument keinerlei Gewicht haben. Das ist am oben genannten Beispiel eines Diskussionskreises bereits deutlich gemacht worden. Für einen, dem es gleich ist, ob der Kreis sich auflöst, hätte das Argument »Was würde passieren, wenn niemand ein Paper vorbereiten würde?« kein Gewicht oder keine Relevanz. Noch ein weiteres Beispiel liefert der folgende Ausschnitt aus einem Dialog: »Ich sehe nicht ein, warum ich eine Kriegsanleihe kaufen sollte; das Geld, das ich spenden kann, wird auf den erfolgreichen Ausgang des Krieges keinen entscheidenden Einfluß haben ... Aber würde jeder so denken, so würde niemand mehr irgendwelche Anleihen kaufen.« Wir haben hier einen eindeutigen Anwendungsfall des Arguments der Verallgemeinerung vor uns, der in seiner Kürze und Prägnanz geradezu typisch ist.

Eine Folge davon, daß »jeder so denkt«, heißt es, wäre, daß niemand mehr Anleihen kaufen würde, und die Folge davon wäre – so ist impliziert –, daß der Krieg verloren ginge oder die Steuern empfindlich erhöht würden. Das Argument setzt voraus, daß solche Folgen nicht wünschenswert wären. Aber für jemanden, dem es gleich ist, ob der Krieg verloren geht oder ob die Steuern erhöht werden (wenn es so jemanden gibt), träfe es nicht zu, daß diese Folgen nicht wünschenswert wären (oder sie würden ihm nicht als nicht wünschenswert erscheinen), und die Schlußfolgerung stimmt nicht mehr.

Es gibt vielleicht Fälle, in denen diese Art von Relativität unvermeidlich ist. Aber dabei muß man diese Angelegenheit nicht belassen. Es gibt eben auch viele Fälle, in denen diese Art von Relativität nicht unvermeidlich ist, in denen sie nicht einmal aufkommt. Ich werde später mehr darüber sagen. Hier erwähne ich diesen Punkt nur, um darauf hinzuweisen, daß unsere Untersuchung des Kategorischen Imperativs uns in vielen Fällen befähigen wird, diese Art von Fragestellung zu umgehen oder gar zu lösen.

II Das Prinzip der Verallgemeinerung

Es ist nahezu selbstverständlich, daß »der Charakter einer jeden Handlung von den Umständen abhängt, unter denen sie vollzogen wird.«[1] Anders formuliert, können wir sagen: ob wir richtig oder nicht richtig handeln, hängt von der Situation oder dem Kontext der Handlung ab oder von den Bedingungen und Umständen, unter denen wir handeln. (Tatsächlich ist die Art der Handlung und die Frage, was für eine Handlung es ist, nicht bestimmbar, wenn man von ihren situativen Bedingungen absieht.) Obgleich eine so allgemeine Formulierung angezweifelt werden kann, wird das im praktischen Handeln häufiger anerkannt, als die Formel »mildernde Umstände« vermuten läßt. Man weiß zum Beispiel, daß man unter bestimmten Umständen das Recht hat, ein Versprechen nicht zu halten, zu lügen, zu töten oder jemandem etwas wegzunehmen, ohne ihn vorher zu fragen. (Ein Beispiel dafür ist der Gemeinplatz: »Das hängt von den Umständen ab.«) Entsprechend wäre die Behauptung, die Handlung einer Person könne nicht richtig sein, wenn sie nicht zugleich für alle anderen richtig wäre, ziemlich absurd, wenn sie nicht implizit die Einschränkung enthielte: unter gleichen oder ähnlichen Umständen. Wenn eine Handlung in einem bestimmten Zusammenhang richtig, in einem anderen nicht richtig sein kann, kann sie um so mehr für eine Person richtig und für eine andere nicht richtig sein, vorausgesetzt, sie handeln in verschiedenen Situationen. Jedenfalls *muß* eine Handlung, die für A richtig ist, unter gleichen oder hinreichend ähnlichen Bedingungen auch für B richtig sein, genauso wie die Handlung von A auch bei jeder anderen Gelegenheit richtig sein muß, wenn die Umstände nicht wesentlich andere sind. Das Prinzip der Verallgemeinerung kann daher so formuliert werden: Was für den einen richtig ist, muß unter gleichen oder ähnlichen Umständen auch für jeden anderen richtig sein.

1 J. Holmes, *Schenck v. U. S.*, 249 U. S. (Supreme Court Reports) 47, 1919.

Die Schwierigkeit, die sich bei dieser Formulierung ergibt, ist jedoch, daß eine weitere notwendige Modifikation unausgesprochen bleibt; das hat zur Folge, daß das Prinzip in dieser Form zweideutig ist. Die Formulierung ist nur dann zutreffend, wenn man sie zugleich so auffaßt, daß auch die Anlagen, der Charakter und die Beziehungen oder Fähigkeiten des Handelnden, dessen Verhalten in einer bestimmten Situation man beurteilt, eben diese Situation häufig sehr verändern können. Es würde nicht die Pflicht eines Blinden oder eines Menschen ohne Beine sein, ins Wasser zu springen, um jemanden vor dem Ertrinken zu retten, die Pflicht eines guten Schwimmers hingegen könnte das durchaus sein. Wenn das Prinzip, daß, was für den einen richtig oder seine Pflicht ist, unter ähnlichen Bedingungen auch für jeden anderen richtig oder seine Pflicht ist, dennoch aufrechterhalten wird, dann auf der Grundlage, daß die Fähigkeit zu schwimmen in diesem Kontext ein Faktor ist, der einbezogen werden muß, um zu beurteilen, ob etwas Pflicht ist oder nicht; daß folglich die Bedingungen einer Handlung sich mit den spezifischen Gegebenheiten des Handelnden verändern. Der Ausdruck »Umstände« ist zu einem gewissen Grad zweideutig. In einer Hinsicht können die Umstände einer Handlung ohne Bezug auf den Handelnden bestimmt werden, in einer anderen nicht. In dieser anderen Hinsicht müssen wir den Charakter oder die Anlagen *dieses* Handelnden einbeziehen, um adäquat angeben zu können, in welcher Situation oder unter welchen Bedingungen er handelt. Wenn man »Umstände« im ersten Sinn gebraucht, dann ist es falsch zu sagen, was für einen richtig sei, müsse unter ähnlichen Umständen auch für jeden anderen richtig sein. Was nämlich für den einen richtig ist, kann sowohl von seinen persönlichen Eigenschaften abhängen wie auch von dem, was man seine äußeren Bedingungen nennen könnte. Wenn man das Prinzip der Verallgemeinerung in die Formel bringt: »Was für einen richtig ist, muß auch für *jeden anderen mit ähnlichen individuellen Voraussetzungen* und unter ähnlichen Umständen richtig sein«, anstatt es so zu formulieren: »Was für einen richtig ist, muß auch für jedermann unter ähnlichen Umständen richtig sein«, wird damit nur dieser Punkt zum Ausdruck gebracht. Diese Einschränkung macht aber nur explizit, was man ohnehin bei dem Satz verstehen würde, daß, was für den einen in einer bestimmten Situation richtig sei, für jeden anderen in der gleichen Situation auch richtig sein müsse. Man weiß eben normalerweise, daß es für einen erfahrenen Chirurgen sehr wohl richtig sein kann, in einer kritischen Situation eine heikle Operation durchzuführen; für einen Medizinstudenten oder einen offensichtlich Inkompetenten hingegen ist es sicherlich falsch, ganz unabhängig davon, wie gut seine Absichten sind. So sagt etwa Samuel Alexander: »Die gute Handlung kann je nach der Natur des Individuums und dem Platz, den es in der Gesellschaft innehat, verschieden sein. Jedoch, soweit sie erlaubt ist, wird sie für jeden mit diesen Anlagen oder mit diesem Temperament und in dieser Situation gutgeheißen, und die Billigung der Allgemeinheit ist nicht etwa eine Gunst gegenüber dem Individuum, sondern gilt jedem unter den gleichen Bedingungen.«[2]

Es sollte festgehalten werden, daß solche Ausdrücke wie »richtig für« und »nicht richtig für« zweideutig sind. Etwas kann für jemanden richtig sein in dem Sinn (1), daß es für ihn richtig ist, das zu *tun*, oder in dem Sinn (2), daß es für ihn richtig ist, in dieser Weise *behandelt zu werden*. Es ist ganz offensichtlich, daß es für jemand nicht richtig sein kann, in der gleichen Weise wie jemand anders behandelt zu werden, selbst wenn es sich um die gleiche Art von Situation handelt, wenn Charakter, Vorgeschichte, Persönlichkeit oder Fähigkeiten zu verschieden sind. Die Art, in der wir das Prinzip der Verallgemeinerung formuliert haben, sieht von diesem Unterschied in der Bedeutung von »gut für« ab oder, anders formuliert, von dem Unterschied, jemanden als Handelnden zu betrachten oder als Gegenstand der Handlung. Das Prinzip generalisiert und enthält also die zwei folgenden Annahmen: (1) Es ist für A dann und nur dann richtig, in einer bestimmten Weise zu handeln, wenn es für jeden anderen, der A ähnlich ist, richtig wäre, unter ähnlichen Umständen in gleicher Weise zu handeln; (2) Es ist für A dann und nur dann richtig, in einer bestimmten Weise behandelt zu werden, wenn es für jeden, der A ähnlich ist, richtig wäre, unter ähnlichen Umständen in gleicher Weise behandelt zu werden. Es besteht eine of-

2 S. Alexander, *Space, Time, and Deity*, Bd. II, London 1920, S. 275.

fensichtliche Ähnlichkeit zwischen dem Prinzip der Verallgemeinerung und der Goldenen Regel, die in einer ihrer Formulierungen lautet: »Was Du nicht willst, daß man Dir tu, das füg' auch keinem andern zu«.

Die spezifische Art dieser Ähnlichkeit ist vielleicht gar nicht so offensichtlich. In jeder ihrer traditionellen Formulierungen ist diese Regel nicht nur ungenau, sondern wäre, wörtlich genommen, sogar eine Gemeinheit. »Man könnte«, wie Sidgwick zeigt, »wünschen, daß ein anderer bei einem Vergehen mitmacht, und bereit sein, dasselbe zu tun.« Wörtlich genommen, fordert die Regel einen Masochisten auf, ein Sadist zu werden: jemandem, der gerne von anderen gequält werden möchte, wird befohlen, andere zu quälen. Darüber hinaus würde, wie Kant bemerkt, auf dieser Grundlage der Verbrecher in die Lage versetzt, mit seinen Richtern einen Disput zu führen«, und »viele Leute würden bereitwillig zustimmen, daß andere ihnen nicht helfen sollen, wenn sie nur selbst davon befreit würden, anderen Hilfe leisten zu müssen.[3] Solche wörtlichen Interpretationen der Regel sind zweifellos Fehlinterpretationen dessen, worauf sie abzielt. Daran zeigt sich aber, daß die Regel, so wie sie dasteht, unpräzise ist und ergänzt werden muß. Weder sagt sie, was sie meint, noch meint sie, was sie sagt. Präzise formuliert, würde die Goldene Regel unmittelbar aus dem Prinzip der Verallgemeinerung folgen. Sidgwick bemerkt, daß Samuel Clarkes »Gleichheitsregel« (»Was immer ich für vernünftig oder unvernünftig halte, das ein anderer für mich tun soll: mit dem gleichen Urteil muß ich es für vernünftig oder unvernünftig erklären, daß ich es *in der gleichen Situation* für ihn tue.«) die präzise formulierte Goldene Regel sei. Er behauptet auch, daß das Prinzip, präzise formuliert, eine negative Form etwa der Art haben müsse: »Es kann für A nicht richtig sein, B in einer Weise zu behandeln, die für B, wenn er A so behandeln würde, nicht richtig wäre und das nur mit der Begründung, daß sie zwei verschiedene Individuen sind, und ohne daß ein Unterschied ihrer Eigenschaften oder ihrer Bedingungen vorläge, der einen Un-

3 Henry Sidgwick, *The Methods of Ethics*, London [7]1907, S. 380; Immanuel Kant, *Groundwork of the Metaphysics of Morals*, in: *The Moral Law*, übers. von H. J. Paton, London 1948, S. 97, Anmerkung, deutsch: Immanuel Kant, Grundlegung zur Metaphysik der Sitten, Werke in sechs Bänden, Bd. IV, Schriften zur Ethik und Religionsphilosophie, hrsg. von Wilhelm Weischedel, S. 62.

terschied in der Behandlung rechtfertigen würde.« Er fügt hinzu, daß »solch ein Prinzip offenbar keine vollständige Anweisung gibt – tatsächlich ist sein Effekt eigentlich nur der, dem die Beweislast aufzuerlegen, der anderen eine Behandlung zukommen läßt, die er für sich selber ablehnen würde«.[4] Diese letzte Feststellung trifft nicht nur auf die »präzise formulierte Goldene Regel« zu, sondern, wie ich später zeigen werde, auf das Prinzip der Verallgemeinerung selbst.

§ 1

Die Bemerkungen, die ich bisher gemacht habe, haben mehr präliminarischen Charakter. Sie sollten zeigen, warum die Einschränkung »Personen mit ähnlichen individuellen Voraussetzungen und unter ähnlichen Umständen« bei der Formulierung des Prinzips der Verallgemeinerung gebraucht wird. Aber damit ist nicht einmal der Anfang gemacht, die grundsätzliche Frage in bezug auf dieses Prinzip zu stellen, welche die Bedeutung eben dieser Einschränkung betrifft. Für diesen Zweck wird es nützlich sein, sich ein paar weitere Bemerkungen von Sidgwick über das Prinzip anzusehen:

> Wir können nicht eine Handlung als richtig für A und nicht richtig für B beurteilen, wenn wir nicht in den Anlagen oder in den Bedingungen der beiden einen Unterschied feststellen, den wir als vernünftigen Grund für die Verschiedenheit ihrer Pflichten ansehen können. Wenn ich daher irgendeine Handlung als richtig für mich selbst beurteile, dann beurteile ich sie implizit auch als richtig für jede andere Person, deren Anlagen und deren Bedingungen von meinen nicht in bestimmten wesentlichen Hinsichten verschieden sind ...
>
> Wenn eine Verhaltensweise, die für mich richtig (oder nicht richtig) ist, nicht zugleich für jemand anderen richtig (oder nicht richtig) ist, dann muß das auf einem Unterschied zwischen den beiden Fällen beruhen, der sich nicht darin erschöpft, daß ich und er zwei verschiedene Personen sind.[5]

Es sollte klar sein, daß diese letzten Bemerkungen ganz allgemeinen Charakter haben. Sie gelten nicht nur für mich, sondern für jeden. Jedermann, der eine bestimmte Handlung als

4 Sidgwick, a.a.O., S. 384-385, 380, zitiert dort Clarke, Boyle Lectures (1705), S. 86-87.

5 Sidgwick, a.a.O., S. 209, 379.

für sich selbst richtig beurteilt, beurteilt sie implizit als richtig für jeden anderen, dessen Eigenschaften und Bedingungen von seinen nicht in wesentlichen Aspekten verschieden sind (d. h. für jede Person mit ähnlichen individuellen Voraussetzungen und unter ähnlichen Umständen). Wenn eine Verhaltensweise, die für den einen richtig (oder nicht richtig) ist, nicht zugleich für jemand anderen richtig (oder nicht richtig) ist, dann muß das in einem Unterschied zwischen den beiden Fällen begründet sein, der über die tautologische Feststellung hinausgeht, daß die beteiligten Individuen voneinander verschiedene sind. Das reicht jedoch nicht sehr weit, um dem grundsätzlichen Einwand zu begegnen, der gegen das Prinzip vorgebracht und etwa folgendermaßen formuliert werden kann: »Man kann ruhig darauf bestehen, daß, was für den einen richtig ist, auch für jede andere Person unter ähnlichen Umständen gelten muß. Aber was heißt das schon? Wie kann man in irgendeinem Einzelfall entscheiden, ob die Anlagen oder die Bedingungen der Betroffenen ähnlich sind oder nicht? Wann könnte man tatsächlich von zwei Leuten nicht sagen, daß sie einander ähnlich sind? Man kann immer Ähnlichkeiten finden, und da das so ist, ist das Prinzip so vage, daß es unnütz ist. Und es wird in der Sache nicht weiterhelfen, wenn man sagt, daß »Personen mit ähnlichen individuellen Voraussetzungen und unter ähnlichen Umständen« solche Personen sind, »deren Anlagen und Umstände sich nicht in bestimmten wesentlichen Hinsichten voneinander unterscheiden«. Denn welche Aspekte sind wesentlich? Ganz offensichtlich werden immer irgendwelche Unterschiede bestehen. Wie kann man im Einzelfall entscheiden, welche Unterschiede wesentlich und welche nicht wesentlich sind?«

Obwohl ich der Ansicht bin, daß dieser Einwand auf einem Mißverständnis beruht, ist er doch wichtig und muß ausgeräumt werden. (Mit diesem Einwand begründete C. D. Broad seine Behauptung, daß Sidgwicks Prinzip, wenn nicht »völlig verbal«, so doch außerordentlich trivial sei, während Bradley behauptete, daß es sich hier um eine »schlichte Tautologie« handele.[6] Die Fragen, die damit aufgeworfen werden, kön-

6 C. D. Broad, *Five Types of Ethical Theory*, London 1930, S. 223; F. H. Bradley, *Mr. Sidgwick's Hedonism*, in: *Collected Essays*, Oxford 1935, Bd. I, S. 100.

nen, soweit sie vernünftig sind, zufriedenstellend beantwortet werden. Diese Fragen sind jedoch, wie sie da stehen, nicht durchweg berechtigt. Sie entstehen zu einem gewissen Maß aus einem Mißverständnis. Diese Art von Einwand gegen das Prinzip der Verallgemeinerung geht nämlich davon aus, daß es die Kriterien für Personen mit ähnlichen individuellen Voraussetzungen und unter ähnlichen Umständen« angeblich selbst enthält, obgleich das ganz gewiß nicht der Fall ist. Und die Tatsache, daß das nicht so ist, ist keine Schwäche des Prinzips. Das Auftauchen des Ausdrucks »ähnlich« in der Formulierung des Prinzips macht es nicht vage oder unanwendbar. Es gewährleistet vielmehr seine Allgemeinheit. Der Ausdruck »Personen mit ähnlichen individuellen Voraussetzungen und unter ähnlichen Umständen« muß als »Platzhalter« verstanden werden, für den in verschiedenen Zusammenhängen verschiedenes eintreten kann. Mit anderen Worten: das Auftauchen des Ausdrucks »ähnlich« in der Formulierung des Prinzips muß als Leerstelle betrachtet werden, die in verschiedenen Zusammenhängen jeweils verschieden zu füllen ist. Wenn das Prinzip in verschiedener Weise angewendet wird, wobei dann der Ausdruck nicht mehr vorkommt, dann sind diese Leerstellen bereits in verschiedener Weise gefüllt, oder, mit anderen Worten, die Umstände sind näher spezifiziert. Jede dieser Anwendungen kann als Regel oder Prinzip auf einem niedrigeren Grad der Allgemeinheit als das Prinzip der Verallgemeinerung selbst betrachtet werden, oder einfacher: als spezielle Anwendung des allgemeinen Prinzips selbst.

Mir ist klar, daß diese kurzen Bemerkungen näher ausgeführt werden müssen. Ich möchte aber vorschlagen, die Ausführungen im Hinblick auf die Anwendung des Prinzips vorläufig zurückzustellen. Es ist zunächst notwendig, die berechtigte Frage zu beantworten, die der vorangehende Einwand enthielt. Während es keine berechtigte Kritik des Prinzips der Verallgemeinerung ist, daß es nicht selbst die konkrete Bedeutung des Ausdrucks »Personen mit ähnlichen individuellen Voraussetzungen und unter ähnlichen Umständen« angeben kann, wäre es eine legitime Kritik, wenn es überhaupt keine Möglichkeit gäbe, die konkreten Bedingungen zu bestimmen. Wenn das nämlich der Fall wäre, wäre das Prinzip unanwendbar. Daher muß gezeigt werden, daß das nicht zutrifft.

Die Tatsache, daß Dinge in verschiedener Hinsicht ähnlich sein können, kommt diesem Einwand entgegen. A und B können in einer Hinsicht ähnlich sein, in einer anderen nicht. Und es ist eine Trivialität, daß man bei zwei beliebigen Dingen einen Aspekt finden kann, in dem sie sich gleichen, wie auch einen, in dem sie verschieden sind. Das beweist aber nicht, daß das Prinzip inhaltslos und trivial ist. Es können zwar immer Ähnlichkeiten und Verschiedenheiten angegeben werden, sie sind aber nicht alle relevant. Das Prinzip der Verallgemeinerung muß in dem Sinn verstanden werden, daß, was für einen richtig ist, auch für jeden anderen richtig sein muß, der *in relevanter Weise* ähnliche Eigenschaften hat und sich in einer *in relevanter Weise* ähnlichen Situation befindet. Ein wichtiger oder relevanter Unterschied ist einer, der »als *vernünftiger Grund* für eine unterschiedliche Behandlung gelten kann«.[7]
Ebenso wie es wahr ist, daß zwei Dinge in einer Hinsicht ähnlich sein können und in einer anderen nicht, ist es auch wahr, daß zwei Dinge in bezug auf einen Zweck ähnlich sein können und in bezug auf einen anderen nicht. Ob A und B in irgendeinem nichttrivialen Sinn als ähnlich zu betrachten sind, hängt dann also von ihrem Zweck oder Zusammenhang ab. Wenn wir überhaupt von relevanten und irrelevanten Ähnlichkeiten sprechen, sollte das klar sein; denn außerhalb eines ganz bestimmten Zusammenhangs hat die Rede von Relevanz keinen Sinn. Ein Satz der Form »A ist relevant« ist, wie er dasteht, unvollständig. Er steht entweder verkürzt für »A ist relevant für B«, wobei diese weitere Referenz aus dem Kontext hervorgeht, oder er ist Unsinn. Wie also etwas, das für eine Sache relevant ist, nicht auch für eine andere relevant sein muß, kann etwas in einem Zusammenhang relevant sein und in einem anderen nicht. Also kann die Formel »Personen mit (in relevanter Weise) ähnlichen individuellen Voraussetzungen unter (in relevanter Weise) ähnlichen Umständen« nicht umgeformt oder definiert oder näher spezifiziert werden, solange man von ganz bestimmten Zusammenhängen abstrahiert. Wenn wir einen genaueren Ausdruck dafür einsetzen würden, hätten wir bereits eine spezielle Anwendung des Prinzips der Verallgemeinerung und nicht mehr das Prinzip

7 Sidgwick, a.a.O., S. 380 (Hervorhebung von mir).

selbst. Dennoch ist es nicht unmöglich, Kriterien oder einen allgemeinen Satz von Richtlinien zu formulieren, die darüber entscheiden, ob bestimmte Personen oder ihre Bedingungen in verschiedenen Situationen als ähnlich anzusehen sind oder nicht bzw. ob die Ähnlichkeiten zwischen ihnen in diesem Zusammenhang relevant sind oder nicht. Das werde ich im folgenden tun, indem ich einige Modellfälle konstruiere, die als paradigmatisch für die Anwendung des Prinzips gelten können.

§ 2

Betrachten wir den folgenden Fall, den Sidgwick anführt; er gibt dazu bestimmte Bedingungen an, unter denen es gerechtfertigt sein könnte zu lügen.

> Nehmen wir an, ein Utilitarist hält es aus allgemeinen Gründen für richtig, auf die Frage, wie er bei einer politischen Wahl, bei der Wahlgeheimnis besteht, gewählt habe, eine falsche Antwort zu geben. Seine Gründe werden sicherlich die sein, daß das utilitaristische Verbot der Unaufrichtigkeit
> (1) auf dem Unrecht beruht, das durch Irreführung einzelner Individuen geschieht und
> (2) auf der möglichen Wirkung falscher Aussagen, das gegenseitige Vertrauen zu vermindern, das ein Mensch den Aussagen eines anderen entgegenbringen sollte;
> und daß es in diesem Ausnahmefall
> (1) angebracht sei, den Fragesteller irrezuführen, und daß
> (2) die Unaufrichtigkeit gerade den Sinn des Wahlgeheimnisses erfüllt, insofern als sie möglicherweise ein allgemeines Mißtrauen allen Äußerungen gegenüber erzeugt, die das Wahlverhalten von jemandem betreffen.
> Es ist einleuchtend, daß diese Gründe, wenn sie für einen gültig sind, auch für alle gültig sein müssen ...«[8]

Die speziellen Gründe, die Sidgwick nennt, sind in diesem Zusammenhang nicht besonders relevant. Auch seine Bezugnahme auf den Utilitarismus ist es nicht. Wichtig hingegen ist sei-

8 Sidgwick, a.a.O., S. 485, vgl. S. 318: »Es ist nicht unbedingt ein Übel, daß das Vertrauen der Menschen gegenüber den Äußerungen anderer *unter ganz bestimmten Umständen* geschwächt oder zerstört wird; es kann vielmehr genau das Resultat sein, das wir am meisten zu erreichen wünschen sollten: z. B. liegt offenkundig ein überaus wirksamer Schutz für Dinge, die zu Recht der Öffentlichkeit vorenthalten werden, darin, daß es allgemein verstanden und erwartet werden sollte, wenn denjenigen, die Fragen stellen, die sie nicht stellen dürfen, nicht die Wahrheit gesagt wird ...«

ne These, daß *die Gründe, wenn sie für einen gültig sind, auch für alle anderen gültig sind.*[9] Sidgwick fährt fort (S. 486), das Prinzip der Gerechtigkeit bedeute, »daß eine Handlung, die für irgendein Individuum richtig ist, aus allgemeinen Gründen und daher für eine *Klasse* von Leuten richtig sein muß«. Die Bedeutung dieser beiden Aussagen liegt darin, daß wir damit den Schlüssel zu der angemessenen Interpretation von »ähnlich« haben, wie es in diesem Prinzip verwendet wird. Die Kriterien für »alle ähnlichen Fälle« sind in den »allgemeinen Gründen« oder Begründungen enthalten, in bezug auf die eine Handlung richtig oder nicht richtig ist oder dafür gehalten wird. Diese Begründungen legen fest, was in einem bestimmten Zusammenhang als ähnlich gelten kann und was nicht. Alle die, für die die Gründe zutreffen, sind einander ähnlich und in relevanter Weise verschieden von denen, für die die Gründe nicht zutreffen.

Die folgenden Bemerkungen mögen helfen, das zu verdeutlichen:

Obwohl ich meine eigenen Rechte als eine leidenschaftliche Forderung empfinden und es zugleich ablehnen kann, denen der anderen Raum zu geben, kann ich diese Rechte nicht zu einem *sozial verbindlichen Konzept* machen, kann ich nicht über sie argumentieren und ihre Anerkennung durch andere erreichen, ohne sie zu verallgemeinern und damit implizit anderen das Recht einzuräumen, in bezug auf sich selbst dasselbe in Anspruch zu nehmen. »Argumentieren« impliziert, daß es sich auf der Grundlage allgemeiner Prinzipien vollzieht; ein vernünftiges Recht ist daher von seiner Definition her etwas, das sich verallgemeinern läßt. Was du für dich in Anspruch nimmst, kann jeder beliebige andere ebenfalls für sich in Anspruch nehmen, *es sei denn,* du kannst ganz bestimmte Gründe angeben, die ein vernünftiges Wesen notwendig akzeptieren muß, warum das Prinzip in dem einen Fall anwendbar und in dem anderen nicht anwendbar ist. Und diese Gründe müssen selbst allgemeine sein; es reicht nicht, den Unterschied lediglich darauf zu beschränken, daß ich ich bin und du jemand anderes.[10]

9 Sidgwick fügt hinzu, daß »sie die Eignung einer neuen Regel im Hinblick auf Wahrheit und Falschheit auf kompliziertere Weise festlegen als die alte ...« Dies liegt auf der Linie der vorher an dergleichen Stelle formulierten These Sidgwicks: »Wenn man eine Ausnahme aus allgemeinen Gründen zuläßt, etabliert man damit nur eine komplexere und schwierigere Regel anstelle einer, die weiter und einfacher ist; denn wenn eine solche Ausnahme das allgemeine Wohl in einem Fall fördert, wird sie es in gleicher Weise in ähnlichen Fällen tun.«
10 Arthur Kenyon Rogers, *The Theory of Ethics,* New York 1922, S. 191-192.

Diese letzte Bemerkung entspricht natürlich im wesentlichen einer von Sidgwick, die wir oben zitiert haben: ein Unterschied in bezug darauf, was für zwei Individuen jeweils richtig ist, kann nicht damit begründet werden, daß es sich eben um *zwei* Individuen handelt, daß A A ist und B B. Die Tatsache, daß ich ich bin oder eben die Person, die ich bin, kann nicht meine Behauptung begründen, daß mein Fall eine Ausnahme sei und ich das Recht hätte, etwas zu tun, das andere nicht tun dürften. Das liegt aber nicht daran, daß der angegebene Grund kein allgemeiner ist oder nicht allgemein anwendbar wäre. Tatsächlich ist seine Anwendung *zu allgemein.* Wenn ich sagen kann »Ich bin ich und du bist jemand anders«, kann jeder sagen »ich bin ich und du bist jemand anders«. Also kann damit nicht bewiesen werden, daß ein Fall sich von einem anderen unterscheidet. Der Versuch, mit der Tatsache, daß ich ich bin, zu begründen, daß mein Fall eine Ausnahme ist, enthält in der Tat einen Widerspruch. Da es nämlich für jeden zutrifft, daß er er ist, weil jeder sagen kann »Ich bin ich«, würde daraus folgen, daß jeder Fall eine Ausnahme ist, und das ist ein Widerspruch in sich selbst.
Die Behauptung »Ich bin John Smith, während du es nicht bist«, die nicht tautologisch ist, kann dennoch nicht jemandem als Rechtfertigung dafür dienen, daß er eine Ausnahme ist. In ähnlicher Weise kann jeder für sich in Anspruch nehmen: »Ich bin John Jones, während du es nicht bist« oder »Ich bin Stan Spatz III und du bist es nicht«. Wenn mit der Tatsache, daß jemand einen bestimmten Namen hat, gezeigt werden könnte, daß sein Fall eine Ausnahme ist, dann könnte damit gezeigt werden, daß jeder Fall eine Ausnahme ist, was, um es noch einmal zu sagen, ein Widerspruch in sich selbst wäre. Auch kann der Versuch, sich mit Rekurs auf eine »Regel« zu rechtfertigen, mit der man sich namentlich auf sich selbst bezieht (und die daher ganz und gar keine allgemeine Regel sein könnte), keineswegs erfolgreich sein. Wenn John Smith sagen kann, »Jedermann, dessen Name John Smith ist, hat das Recht, in der und der Weise zu handeln,« dann kann auch Stan Spatz III sagen »Jedermann, der Stan Spatz III heißt, hat das Recht, in der und der Weise zu handeln«, und auch jeder andere könnte sich auf eine solche »Regel« berufen. Wenn einer sich auf die Tatsache berufen kann, daß er einen

bestimmten Namen hat und eine bestimmte Person ist – jemand »besonderes« ist –, um ein bestimmtes Handeln zu rechtfertigen, dann könnte er sich auf dieselbe Überlegung berufen, um ein ihm genehmes Handeln unter was auch immer für Umständen zu rechtfertigen. Das könnte aber auch jeder andere. Daraus würde folgen, daß jeder das Recht hat, zu handeln, wie immer es ihm gefällt. Das ist aber nicht nur nicht richtig – es ist ein Widerspruch in sich selbst.

Die Tatsache, daß man einen bestimmten Namen hat oder eine bestimmte Person ist, kann relevant sein für den Anspruch, daß man das Recht hat, etwas zu tun, oder von einer Regel ausgenommen ist. Der springende Punkt ist jedoch, daß man zeigen muß, in welcher Weise es relevant ist. Das zu tun, heißt zu zeigen, wie man sich in der fraglichen Situation von anderen wesentlich unterscheidet. Es bedeutet zu zeigen, daß man im Hinblick auf Überlegungen eine Ausnahme ist, die nicht darauf hinauslaufen, daß jeder eine Ausnahme ist. Obwohl nicht jeder den gleichen Namen hat, hat eben jeder einen Namen oder kann zumindest leicht einen annehmen. Also reicht es nicht aus, lediglich die Aspekte zu spezifizieren, in denen man sich von anderen unterscheidet. Jeder andere kann nämlich das gleiche tun. Wichtig ist das Prinzip, nach dem die Umstände spezifiziert werden. Angenommen, jemand nimmt in Anspruch, von einer Regel ausgenommen oder in einer bestimmten Handlung gerechtfertigt zu sein, mit dem Hinweis darauf, daß er in einem roten Haus mit purpurnen Fensterläden und einem grünen Dach wohnt, das an der Ecke der Cheshire Straße und der Kickaboo Lane liegt. Angenommen, er geht sogar so weit, die genauen geographischen Koordinaten des Hauses, in dem er lebt, anzugeben. Auch das wird nicht ausreichen. Es wird auch nicht genügen zu sagen, daß *»jeder*, der in einem solchen Haus wohnt, das Recht hat, in der und der Weise zu handeln«. Jedes Haus hat nämlich ebenso wie jede Person einige Merkmale, die es von jedem anderen unterscheiden. Wenn es schon sonst nichts ist, steht jedes Haus mindestens an einem Platz, an dem kein anderes Haus steht. Wichtig ist nicht so sehr die Spezifizierung dieser Einzelheiten als vielmehr das Prinzip, nach dem spezifiziert wird. Und in der Praxis ist dieses Prinzip wirklich gar nicht so schwer zu entdecken. In diesem letzten Fall ist es die Angabe von Eigentümlichkeiten, der unterscheidenden Merkmale des Hauses, das jemand gehört. In dem Beispiel vorher war das Prinzip die Angabe eines Namens. Beide Prinzipien trifft die gleiche Kritik.

Eine Begründung muß ganz gewiß nicht allgemein oder abstrakt formuliert sein. Dennoch muß sie verallgemeinert werden können. Eine Begründung muß, um es so zu sagen, eine Regel enthalten oder eine allgemeine Aussage. Der Grund, der angegeben wird, muß dazu taugen, unabhängig von einer ganz bestimmten Person unter ganz bestimmten Umständen für eine Klasse von Leuten in bestimmten Situationstypen zu gelten. Einen Grund anzugeben, der das Urteil stützt, ein bestimmtes Individuum A solle etwas tun oder habe das Recht dazu, setzt also voraus, daß irgend jemand mit den in der Begründung angegebenen Eigenschaften in einer Situation der angegebenen Art eine Handlung der angegebenen Art tun solle oder das Recht dazu habe. Wenn die Begründung das nicht enthält, dann ist es gar keine Begründung, sondern lediglich die Wiederholung einer Behauptung. Also ist irgend jemand und jeder mit diesen Eigenschaften A in diesem Zusammenhang ähnlich. Jede Reihe von Umständen mit den in der Begründung beschriebenen Merkmalen ähnelt in diesem Zusammenhang den Umständen, unter denen es für A richtig war, in der fraglichen Weise zu handeln. Wenn B diese Bedingungen antrifft, dann ist B in diesem Zusammenhang A ähnlich. Wenn das für C nicht zutrifft, besteht in diesem Zusammenhang ein wesentlicher Unterschied zwischen C und A. Das ist durchaus vereinbar mit dem Sachverhalt, daß A und B sich in einem Zusammenhang gleichen können und in einem anderen nicht. Im Hinblick auf die Begründung, die eine andere Art von Handlung rechtfertigt oder dieselbe Art von Handlung unter anderen Umständen (oder bei jemand mit anderen Eigenschaften), mögen A und B durchaus verschieden sein, und wenn das so ist, wird es für einen von ihnen richtig sein, in einer bestimmten Weise zu handeln, und für den anderen nicht.

§ 3

In einer Rede vor dem Parlament sagte einmal Macaulay, »die Einstellung im öffentlichen Dienst sollte nicht rein willkürlichen Regelungen unterworfen sein, Regelungen, für die es keine Gründe gibt, sondern hinter denen bloße Willkürakte stehen. Wer irgendeine Klasse der Bevölkerung von der Beschäftigung im öffentlichen Dienst ausschließen wollte, müßte einen ganz bestimmten Grund für diesen Ausschluß angeben«[11]. Dies ist offenkundig eine wenn auch nur implizite Berufung auf das Prinzip der Verallgemeinerung, und das sollte uns zu unserem zweiten Modell führen.

Was für eine Überlegung könnte als ein »Grund für den Ausschluß« gelten? Wodurch wäre es gerechtfertigt, einen bestimmten Personenkreis vom öffentlichen Dienst, oder allgemeiner, von der Erlangung jeglicher Position auszuschließen? »Rein willkürliche« Regelungen wären solche, »die nicht durch Gründe, sondern bloße Willkürakte fundiert sind«, oder einfach solche, für die nicht genuine Gründe angegeben werden können. Man kann sich leicht vorstellen, welche Regelungen in diese Klasse fallen würden. Daß jemand Leute eines bestimmten Typs nicht mag, würde ihn nicht schon an sich zu der Forderung berechtigen, daß sie von jeglicher Position ausgeschlossen sein sollten. Daß er sie nicht mag, wäre kein Grund, wenn er auch denken mag, es sei einer. Denn angenommen, es wäre ein Grund, dann würde das Argument lauten, Leute des Typs T sollten eine bestimmte Art von Positionen nicht einnehmen dürfen, weil A Leute des Typs T nicht mag. Dies setzt aber voraus, daß keinem, den A nicht mag, erlaubt werden sollte, diese Art Positionen einzunehmen. Dies führt uns wieder zu der oben besprochenen Situation zurück. Jeder kann in der gleichen Weise argumentieren. Wenn es z. B. jemand gibt, der die Leute, die A mag, nicht leiden kann (ihn eingeschlossen), dann sollten auch diese Leute ausgeschlossen sein. Aus diesen Gründen kann man zu dem Schluß kommen, daß überhaupt niemand irgendeine Position innehaben sollte, und das ist absurd. Wie rechtfertigt A seinen Anspruch auf einen privilegierten Status seiner Präferenzen und Abneigungen? Er kann das schon tun, aber nicht mit der Begründung, daß er eben er ist oder eine Person von »besonderer Bedeutung«. Auch ist es nicht zu rechtfertigen, Leute des Typs T einfach mit der Begründung auszuschließen, daß sie Leute des Typs

11 Thomas Babington Macaulay, Rede über *Jüdisches Unvermögen* (17. April 1933), in: *Speeches and Legal Studies*, New York 1900, S. 116.

T seien. Dies (oder das darin implizierte Prinzip) würde ebenso für jeden anderen gelten: Leute des Typs U sollten ausgeschlossen werden, weil sie zum Typ U gehören, usw. Würde man sie in dieser abstrakten Form vortragen, wäre durch diese Argumentation vielleicht niemand zu überzeugen. Das heißt aber keineswegs, daß man nie so argumentiert hat. Ich würde meinen, daß diese Art »Argumentation« ziemlich verbreitet ist. Wäre sie es nicht, so wären Macaulays Ausführungen gegenstandslos gewesen, und niemand, dem der Kontext seiner Rede vertraut ist, könnte das behaupten.

Man könnte einwenden, daß eine Überlegung, wie ich sie eben vorgetragen habe, zwar keine gute Begründung sein mag, aber doch immerhin eine Begründung, einfach weil sie als solche vorgetragen wurde. So etwas führen Leute in der Tat als ihre Begründung an; sie sagen, das sei ihre Begründung; aber das sagt noch gar nichts. Es gibt sicher einige Zusammenhänge, in denen es wichtig ist, zwischen Begründungen, guten Begründungen, schlechten Begründungen und einem Unding von Begründung zu unterscheiden. Aber das ist nichts von alledem. Ich behaupte, daß eine solche Überlegung überhaupt keine Begründung, und daher auch sicher keine gute Begründung ist. Daß sie als Begründung vorgebracht wurde, oder daß man meinte, sie sei eine Begründung, ist vollkommen irrelevant. Ich würde nicht leugnen, daß jemand sich auf so etwas berufen mag (»ich mag Leute des Typs T nicht« oder »weil sie Ts sind«), um damit seine Forderung zu begründen, daß etwas getan werden sollte oder nicht. Wir können sogar in einem bestimmten Sinn sagen, daß dies sein Grund sei. Aber dies wäre *sein* Grund, nicht *ein* Grund, und das wäre ein Grund im Sinne einer Erklärung, nicht im Sinne einer Rechtfertigung. Jemand mag einen Grund haben, einen Mord zu begehen, er kann ein sehr starkes Motiv dafür haben, und das kann zur Erklärung dessen beitragen, warum er es tat. Aber man kann keine Rechtfertigung für Mord geben. Entsprechendes gilt für den Begriff der Bestätigung. Daß jemand glaubt, die Erde sei rund (oder flach), kann er damit begründen, daß er ein Sausen im linken Ohr hat. Das ist aber nicht nur kein guter Grund für seine Annahme, sondern überhaupt kein Grund.

Was würde nun als Grund dafür zählen, eine Klasse von Menschen von einer bestimmten Art Beschäftigung auszuschließen?

Um die Forderung zu rechtfertigen, eine bestimmte Klasse oder Gruppe von Leuten sollte von bestimmten Positionen ausgeschlossen werden, müßte man zeigen, daß die Mitglieder dieser Klasse *aufgrund ihrer Zugehörigkeit zu dieser Klasse* bestimmte Eigenschaften haben, die derart sind, daß sie diese Mitglieder unfähig oder inkompetent machen, die mit dieser Position verbundenen Pflichten zu erfüllen. Aber dann muß diese Klasse von Menschen durch diese Eigenschaften definiert sein. Sie einfach durch so populäre Kennzeichnungen wie Neger, Polen oder Juden festzulegen, reicht nicht aus. Es müßte gezeigt werden, daß jemand, weil er Neger ist oder bestimmte Eigenschaften hat, die man gewöhnlich Negern zuschreibt, nicht in der Lage ist, die Anforderungen der betreffenden Position zu erfüllen. Offensichtlich wird das Gewicht solcher Überlegungen je nach den verschiedenen Aufgaben oder Positionen größer oder geringer sein. Das Faktum, daß ein Mann rote Haare hat, mag natürlich ein hinreichender Grund dafür sein, ihn von der Aufgabe auszuschließen, in einem Land oder einem Gebiet, in dem man rothaarigen Leuten mit Mißtrauen begegnet, als Botschafter zu fungieren. Es reicht aber nicht dazu aus, ihn von der Funktion eines Botschafters in irgendeinem anderen Land auszuschließen. Wenn bei den Bewohnern von Erewhon nur Leute mit blonden Haaren beliebt und geachtet waren und physische Schwäche verabscheut wurde, dann ist das Faktum, daß jemand dunkle Haare hat oder kränkelt ein guter Grund, ihn von der Klasse derer auszuschließen, die als Botschafter für Erewhon in Frage kommen. Aber das Faktum, daß jemand dunkle Haare hat, wäre irrelevant in einer Situation, in der jemand als Botschafter für ein Gebiet ausgesucht werden soll, für dessen Bevölkerung die Haarfarbe von jemandem keine Rolle spielt. Es muß noch hinzugefügt werden, daß das Faktum, daß jemand dunkle Haare hat, es nicht rechtfertigen würde, ihn von der Klasse möglicher Botschafter für Erewhon auszuschließen, wenn nicht zugleich *alle* Leute mit dunklen Haaren ausgeschlossen wären. Es ist nicht damit getan zu sagen, daß es eben ungerecht wäre, jemand wegen seiner dunklen Haarfarbe von der Position auszuschließen, während ein anderer mit dunklen Haaren nicht ausgeschlossen wäre. Es *wäre* in der Tat ungerecht. Aber der Grund, warum es ungerecht wäre, liegt darin, daß in einem solchen

Fall die Haarfarbe von jemandem nicht die Begründung oder der Grund für den Ausschluß wäre oder überhaupt sein könnte. Dies geht aus der Form des darin implizierten Arguments hervor: A wäre kein guter Botschafter für Erewhon (und sollte aus diesem Grund nicht dorthin gesandt werden), *weil* er dunkle Haare hat und *weil* die Bewohner von Erewhon Leute mit dunklen Haaren nicht mögen. Dieser Satz wäre sinnlos, es sei denn er hätte nicht nur Geltung für A, sondern auch für B, C ... kurz, für jeden. Er setzt die Annahme voraus, daß niemand mit dunkler Haarfarbe einen guten Botschafter für Erewhon abgeben würde; oder, allgemeiner gesagt, daß niemand mit dunklen Haaren in ein Land gesandt werden sollte, in dem man dunkelhaarige Leute nicht mag. Um einen schon zitierten Satz Sidgwicks zu paraphrasieren: ein Grund in einem Fall ist zugleich ein Grund in allen Fällen – oder es ist gar kein Grund. (Das heißt nicht, daß ein Bestimmungsgrund in einem Fall ein Bestimmungsgrund in allen Fällen ist). Diese Überlegungen sollten den Zusammenhang zwischen Unparteilichkeit, Allgemeinheit und Schlüssigkeit der Argumentation bzw. Rationalität hinreichend deutlich machen.

Die Beziehung des Prinzips der Verallgemeinerung auf diese Klasse von Fällen sollte eigentlich klar sein. Wir wollen die Anwendung des Prinzips auf diese Fälle einmal Schritt für Schritt durchführen. Das Prinzip lautet: was für eine Person richtig ist, muß für jede andere Person mit ähnlichen individuellen Voraussetzungen und unter ähnlichen Umständen richtig sein. Auf der ersten Stufe seiner Anwendung auf diesen Fall haben wir den Satz (a) es ist richtig, A daran zu hindern, Botschafter in Erewhon zu sein, dann und nur dann, wenn es richtig ist, jeden daran zu hindern, der A ähnlich ist. Es ist hier nicht unbedingt notwendig, die nähere Bestimmung »unter ähnlichen Umständen« hinzuzufügen. Denn die Umstände können wir als schon spezifiziert betrachten. Nun ist die Klasse der Personen, die A ähnlich sind, in diesem Zusammenhang durch die Gründe bestimmt, die es rechtfertigen bzw. angeblich rechtfertigen, A auszuschließen. Es ist richtig, A von der Funktion eines Botschafters in Erewhon auszuschließen, weil A dunkle Haare hat und weil die Bewohner von Erewhon großen Abscheu vor dunkelhaarigen Leuten haben. Diese Überlegung muß, um wirklich als Begründung gelten zu können, auf alle dunkelhaarigen Leute zutreffen. Sie definiert somit die Klasse von Personen, die in diesem Zusammenhang A ähnlich sind. So kommen wir zu Satz (b) wonach es richtig ist, A von der Funktion eines Botschafters in Erewhon auszuschließen, weil er dunkle Haare hat und die Bewohner von Erewhon dunkelhaarige Leute nicht mögen, dann und nur dann, wenn es zugleich richtig wäre, jede dunkelhaarige Person von der Funktion eines Botschafters in Erewhon auszuschließen. Oder, einfacher formuliert, es ist richtig, eine dunkelhaarige Person von der Funktion eines Botschafters in Erewhon aufgrund ihrer dunklen Haare auszuschließen, dann und nur dann, wenn es richtig wäre, jede dunkelhaarige Person davon auszuschließen. Das Wort »ähnlich« kommt hier überhaupt nicht vor. Aber das doch offensichtlich aus dem Grund, daß hier eine *Anwendung* des allgemeineren Prinzips vorliegt, in dem dieses Wort vorkommt.

Es sollte angemerkt werden, daß das Faktum der dunklen Haarfarbe wenngleich ein guter, so doch kein logisch zwingender Grund dafür ist, jemanden von einer bestimmten Funktion auszuschließen. Dieser Grund mag in manchen Fällen sogar übergangen werden. Es könnte etwa ein Fall eintreten, in dem es gerechtfertigt ist, einem Dunkelhaarigen diese Aufgabe zu übertragen, weil er *aus anderen Gründen* für die Funktion eines Botschafters gut geeignet erscheint. »Er hat bestimmte Qualitäten, die diese Schwäche wettmachen«. Aber wenn das so ist, dann ist die dunkle Haarfarbe nicht *der* Grund für den Ausschluß. A kann nicht *einfach darum, weil* er dunkle Haare hat, ausgeschlossen werden. Und wenn jeder Bewohner des Landes dunkle Haare hätte, könnte dunkle Haarfarbe gewiß überhaupt kein Grund für den Ausschluß sein; man müßte aus einem anderen Grund disqualifiziert werden. Die Begründung, A auszuschließen, muß lauten, daß er dunkle Haare und keine anderen Fähigkeiten aufzuweisen hat, die dies wettmachen. Dunkle Haare zu haben, ist dann ein Grund bzw. ein vorläufiger Grund für den Ausschluß; es ist kein endgültiger Grund.

Die gegenwärtige Diskussion kann auf einer allgemeineren Ebene zusammengefaßt werden. Jedes Amt, jede Arbeitsstelle oder jede Position impliziert gewisse Pflichten und erfordert gewisse Fähigkeiten und Eigenschaften für die Erfüllung dieser

Pflichten. So ist es für jedes Amt oder jede Position möglich, eine Liste der Bedingungen aufzustellen, welche die Anforderungen dieser Position enthält, so daß jeder, der diese Bedingungen erfüllt, in der Lage ist, diesen Anforderungen zu genügen. Diese Bedingungen definieren eine Klasse, die Klasse derjenigen, die für diese Position in Frage kommen. Hinsichtlich dieser Bedingungen oder hinsichtlich der in Frage stehenden Position sind all jene, welche die spezifischen Eigenschaften dafür besitzen, einander ähnlich. Nun kann A zu Recht von dieser Position ausgeschlossen werden aus dem einfachen Grund, daß er die spezifischen Bedingungen nicht erfüllt. Aber diese Gründe, die es rechtfertigen, A auszuschließen, sind allgemeine Gründe: sie schließen jeden aus, der die Bedingungen für die Stellung nicht erfüllt. So ist es nur dann richtig, A von einer Stellung auszuschließen, wenn es richtig ist, alle Personen, die A in dieser Hinsicht ähnlich sind, auszuschließen. Wenn A die Bedingungen für die Position p nicht erfüllt, dann ist hinsichtlich p jeder, der diese Bedingungen nicht erfüllt, A ähnlich und jeder, der diese Bedingungen erfüllt, A nicht ähnlich. Wenn B den Anforderungen für die Stellung genügt, A aber nicht, dann besteht ein relevanter Unterschied zwischen ihnen, ein Unterschied, der es rechtfertigt, die Stellung B und nicht A zu geben. Der Ausdruck »ähnliche Umstände« kann in analoger Weise erklärt werden. Jede Position, deren Anforderungen die gleichen wie die von p oder ihnen ähnlich sind, ist p ähnlich. Folglich muß, wenn die begründete Annahme besteht, daß A die Bedingungen für eine Stellung der Art p erfüllt, der Versuch, ihn davon auszuschließen, gerechtfertigt werden. Denn es besteht zunächst einmal die begründete Annahme, daß der Versuch, ihn auszuschließen, nicht gerechtfertigt ist. Damit er gerechtfertigt ist, müßte entweder gezeigt werden, daß A diese Bedingungen nicht wirklich erfüllt, obwohl es den Anschein hat, oder daß die Position, von der man ihn ausschließen will, gar nicht eine Position der Art p ist, obwohl es so aussieht, oder daß die Liste mit den Bedingungen für p revidiert werden muß. Die Liste der Bedingungen kann einer Änderung bedürfen, wenn die Anforderungen für die Stellung sich verändert haben (den Bewohnern von Erewhon fällt plötzlich ein, daß sie auch kleine Leute nicht mögen) oder wenn nachgewiesen werden kann, daß bei der Aufstellung der

Anforderungen ein Fehler unterlaufen ist (die Bewohner von Erewhon mochten schon die ganze Zeit kleine Leute nicht, nur ist uns das entgangen).[12]

Das bringt uns auf einen weiteren Aspekt des Prinzips der Verallgemeinerung, der noch diskutiert werden muß. Sidgwick bemerkt im Hinblick auf dieses Prinzip, sein Effekt sei der, daß es »eine bestimmte *Beweislast* dem auferlege, der einem andern eine Behandlung widerfahren läßt, über die er sich, wenn sie ihm selbst widerführe, beklagen würde.« (S. 380). Dieses Argument zielt in die gleiche Richtung wie seine Behauptung (S. 209), daß »wir eine Handlung nicht als richtig für A und falsch für B ansehen können, wenn wir nicht in den Anlagen oder Umständen der beiden einen Unterschied finden, den wir als vernünftigen Grund für einen Unterschied in ihren Pflichten betrachten können«. Das Prinzip der Verallgemeinerung kann als ein Prinzip betrachtet werden, das die Bedingungen näher bestimmt, unter denen eine Handlung gerechtfertigt werden muß, und das abstrakt die Bedingungen angibt, die eine Rechtfertigung erfüllen muß. So kann das Prinzip der Verallgemeinerung in jede der folgenden Formu-

12 Vgl. R. H. Tawney, *Equality*, London ⁴1952, S. 40-41: Jeder weiß, daß es notwendig ist, wenn man ungleiche Chancen mit dem Hinweis auf unterschiedliche Fähigkeiten rechtfertigen will, nachzuweisen, daß die fraglichen Unterschiede für die Ungleichheiten auch relevant sind. Nun sieht z. B. jeder ein, daß, was noch vor kurzer Zeit gegen sie vorgebracht wurde, kein gültiges Argument gegen die Frauenrechtsbewegung ist, nämlich daß Frauen körperlich schwächer sind als Männer, weil körperliche Kraft kein relevantes Argument ist für die Frage, ob man die Bürgerrechte ausüben kann; oder daß es kein gültiges Argument zugunsten der Sklaverei ist, daß einige Leute weniger intelligent sind als andere, weil es keineswegs sicher ist, daß Sklaverei die geeignete Strafe für einen Mangel an Intelligenz ist. Nun ist jedoch nicht jeder so hell, einen Trugschluß, wenn er gekonnt in allgemeiner Form vorgetragen wird, sogleich zu entdecken. Es ist für einen brillanten Staatsmann z. B. nach wie vor möglich, die Forderung nach Verminderung der ökonomischen Ungleichheiten durch den Hinweis darauf lächerlich zu machen, daß jede Mutter weiß, daß ihre Kinder nicht gleich sind, ohne sich zu fragen, ob es etwa die Gewohnheit von Müttern ist, die Starken mit ihrer Fürsorge zu überschütten und die Schwächlichen zu vernachlässigen; und für einen anderen ist es möglich, den Anspruch, daß größere wirtschaftliche Gleichheit wünschenswert sei, mit dem scheinbaren Argument abzuweisen, daß die Menschen von Natur ungleich sind. Es ist jedoch zu vermuten, daß der erste nicht denkt, die Tatsache, daß einige Kinder mit guter und andere mit schlechter Verdauung geboren werden, sei ein Grund, die einen mit guten Nahrungsmitteln zu versorgen und die anderen mit schlechten, anstatt beiden Nahrungsmittel zu geben, die sich in der Qualität entsprechen, aber in der Art verschieden sind; und daß der zweite nicht glaubt, daß die natürliche Verschiedenheit von Menschen ihre Gleichheit vor dem Gesetz als Prinzip diskreditiert.

lierungen gefaßt werden: Was für einen richtig ist, kann nicht für einen anderen nicht richtig sein, wenn nicht ein relevanter Unterschied in ihren Anlagen oder den Umständen besteht. Oder, was für einen richtig (oder nicht richtig) ist, muß für jeden richtig oder (nicht richtig) sein, wenn es keinen Grund gibt, das Gegenteil anzunehmen. Dies ist offensichtlich gleichbedeutend damit, zu sagen, daß, was für einen richtig ist, für jeden anderen mit ähnlichen persönlichen Voraussetzungen und unter ähnlichen Umständen richtig ist. So muß der Anspruch, daß etwas, das nicht für jeden richtig wäre, für eine bestimmte Person richtig sei, begründet werden. In der dem Argument der Verallgemeinerung besonders nahekommenden Formulierung könnte das Prinzip lauten: *Wenn nicht jeder in einer bestimmten Weise handeln oder behandelt werden sollte, dann sollte niemand ohne eine Begründung in dieser Weise handeln oder behandelt werden.*

Wenn das Prinzip in etwa dieserWeise formuliert wird, dann ist klar, daß Macaulay sich auf das Prinzip der Verallgemeinerung berief, als er sagte, daß »jene, die irgendeine Gruppe von der Beschäftigung im öffentlichen Dienst ausschließen wollten, einen bestimmten Grund für diesen Ausschluß angeben müßten«.

§ 4

Ich habe gesagt, das Prinzip der Verallgemeinerung impliziere, daß eine Handlung, die richtig oder nicht richtig ist, richtig oder nicht richtig aus »allgemeinen Gründen« ist und daher richtig oder nicht richtig für eine Klasse von Personen. Diese Klasse von Personen wird durch die Gründe ausgegrenzt, welche die Bedingungen dafür formulieren, wann eine Handlung richtig oder falsch ist. Das scheint damit unvereinbar zu sein, daß es Handlungen gibt, die nur für eine Person richtig wären. Tatsächlich besteht diese Unvereinbarkeit nicht. Eine Handlung dieser Art würde immer noch für eine Klasse von Personen richtig sein in dem Sinn, daß sie für jeden richtig wäre, der auf bestimmte Bedingungen trifft, obwohl diese Bedingungen solche sein können, daß nur eine Person sie erfüllt. Die Handlung ist dann immer noch richtig als Handlung eines bestimmten Typs oder als Fall einer bestimmten Klasse von Handlungen. Es kann sein, daß für A und für niemanden sonst unter bestimmten Umständen eine Handlung richtig ist. Aber wenn B A in bestimmter Hinsicht ähnlich wäre, dann wäre es auch für B richtig, d zu tun. (Die Handlung könnte so beschrieben sein, daß dieser letzte Satz absurd erscheint. Er würde darauf hinauslaufen, zu sagen, »wenn B A wäre, dann ...« Das kann aber durch die erneute Beschreibung der Handlung vermieden werden.) Und da weiter d eine Handlung eines bestimmten Typs sein muß (wenn sie das nicht wäre, könnte sie gar nicht beschrieben werden), muß es auch der Fall sein, daß für jeden, der A ähnlich ist, unter ähnlichen Umständen eine Handlung desselben Typs (in derselben Weise zu handeln) richtig wäre.

Das sollte am folgenden Beispiel deutlich werden. Während man nicht sagen könnte, daß es für Mr. Jones nicht richtig wäre, sexuelle Beziehungen zu Mrs. Jones zu haben, würde es (im allgemeinen) für irgend jemand sonst nicht richtig sein, und würde es sicher nicht richtig sein, wenn jeder solche Beziehungen zu ihr hätte. Hier haben wir eine Handlung vor uns, die nur für eine Person richtig ist. Das widerspricht aber nicht dem Prinzip der Verallgemeinerung. Das Prinzip besagt nicht, daß niemand etwas tun sollte, was nicht jeder tun sollte. Es besagt, daß niemand etwas tun sollte, was keiner tun sollte; was keiner tun sollte, ohne es zu begründen oder zu rechtfertigen. Die sexuellen Beziehungen von Mr. Jones zu Mrs. Jones sind dadurch gerechtfertigt, daß er mit ihr verheiratet ist. Wäre er es nicht, wären diese Beziehungen (wahrscheinlich) nicht gerechtfertigt, und jeder andere, der mit Mrs. Jones verheiratet wäre, könnte seine sexuellen Beziehungen zu ihr rechtfertigen. Und weiter ist diese Handlung eine Handlung eines bestimmten Typs und kann allgemeiner so formuliert werden, daß dies deutlich wird. Anstelle die Handlung von Mr. Jones so zu beschreiben, daß man sagt, »er hat sexuelle Beziehungen zu Mrs. Jones«, kann darauf Bezug genommen werden, indem man sagt, »jemand hat sexuelle Beziehungen zu seiner Frau«. Jeder ist zu einer Handlung dieser Art unter ähnlichen Umständen berechtigt – jeder ist berechtigt, sexuelle Beziehungen zu seiner eigenen Frau zu haben, nicht aber zu der Frau von jemand anderem. (Diese eben formulierte Regel gilt selbstverständlich nicht für Frauen. Das macht sie nicht unfair oder ungerecht. Sie könnte offensichtlich auch so formuliert werden, daß sie auch für Frauen gilt.) Mr. Jones hat das Recht, sexuelle Beziehungen zu Mrs. Jones zu haben, weil sie seine Frau ist. Es sollte klar sein, daß dieser letzte Satz ganz allgemein ist. Er bezieht sich nicht speziell auf Mr. Jones, und er kann daher als eine weitere Anwendung des Prinzips der Verallgemeinerung angesehen werden.

III Moralische Urteile, moralische Begründungen und Allgemeinheit

Daß das Prinzip der Verallgemeinerung nicht vage, nutzlos oder unanwendbar ist, haben wir jetzt gezeigt. Es bleibt noch zu zeigen, daß es für das moralische Argumentieren zentral ist. Ich werde die These vertreten, daß das Prinzip der Verallgemeinerung in jedem im eigentlichen Sinn moralischen Urteil enthalten ist oder von ihm vorausgesetzt wird; es ist nämlich ein wesentlicher Teil der Bedeutung von Termini wie »richtig«, »nicht richtig« und »sollte« in ihrem spezifisch moralischen Sinn. Es ist auch deshalb ein wesentliches Merkmal moralischen Argumentierens, weil es in jedem Versuch, ein moralisches Urteil zu begründen, vorausgesetzt wird. Es legt daher fest, was als moralische Begründung gelten kann. Gleichzeitig legen aber die Gründe, die in irgendeinem speziellen Fall angegeben werden, die Anwendung des Prinzips fest, weil sie den Bereich der Qualifikation »Personen mit ähnlichen individuellen Voraussetzungen und unter ähnlichen Umständen« abgrenzen. Daraus folgt, daß es kein spezifisch moralisches Urteil unabhängig von Gründen und keine moralische Begründung unabhängig vom Prinzip der Verallgemeinerung geben kann. Das ist, beiläufig, der Beweis oder die Rechtfertigung, die das Prinzip braucht, vorausgesetzt, was ja nicht selbstverständlich ist, daß es überhaupt eine braucht. Wenn das Prinzip der Verallgemeinerung in jedem moralischen Urteil und jeder moralischen Begründung vorausgesetzt wird, dann ist es sinnlos, weitere Beweise für es zu verlangen. Diese Forderung wäre nämlich nicht nur unerfüllbar, sie wäre auch ganz irrelevant für den Gegenstand.

Wenn diese Behauptungen richtig sind, dann müssen die Theorien falsch sein, die behaupten – und zwar in dem ganzen Spektrum, in dem sie es behaupten –, daß für moralische Urteile keine Gründe angegeben werden können oder daß es so etwas wie ein gültiges moralisches Argument nicht gebe. Es gibt einen Unterschied, den viele für wichtig halten, zwischen dem, was als emotivistische und dem, was als subjektivistische

Ethik bekannt geworden ist. Beide Positionen halten moralische Urteile für objektiv bedeutungslos. Der Unterschied zwischen ihnen liegt darin, daß ein moralisches Urteil nach der subjektivistischen Theorie besagt, daß der Sprecher (oder jemand anders) eine bestimmte Haltung hat. Nach der emotivistischen Theorie besagt ein moralisches Urteil überhaupt nichts, außer daß es eine Haltung zum Ausdruck bringt. Aber wie auch immer, es stimmt nicht, daß ein moralisches Urteil lediglich das Vehikel eines Gefühlsausdrucks ist oder nur besagt, daß der eine oder andere etwas mag oder ablehnt oder irgendeine andere Art von Gefühl oder Haltung gegenüber etwas hat. Ein vorgebliches moralisches Urteil, das man nicht mit Gründen stützen kann, ist überhaupt kein moralisches Urteil im eigentlichen Sinn, sondern lediglich ein Hinweis darauf, was jemand mag oder nicht mag, und ob es dann als Beschreibung oder Ausdruck dieser Gefühle oder Haltungen verstanden wird, hat keine große Bedeutung. Das ist, wie wir sehen werden, ziemlich relevant für die falsch formulierte Frage, ob moralische Urteile subjektiv oder objektiv sind.

Moralische Urteile sind natürlich von sehr verschiedener Art und können sich auf sehr verschiedene Dinge beziehen. Daher ist es notwendig anzugeben, daß ich mich hier nur mit den moralischen Urteilen über Handlungen befasse, die etwa so formuliert werden, daß eine bestimmte Handlung (oder Art von Handlung) richtig oder nicht richtig ist, getan oder nicht getan werden sollte, gerecht oder ungerecht ist. Ich befasse mich nicht mit Urteilen über Motive oder Charakterstrukturen. Ich behandele auch nicht Wertungen oder Urteile über die Qualität, den Wert oder die Wünschbarkeit von Aktivitäten, Situationen, Folgen, Institutionen, die etwa so formuliert werden, etwas sei schätzenswert oder nicht, wünschenswert oder nicht, gut oder nicht gut. Ich unterscheide, wie man sehen wird, zwischen moralischen Urteilen und Wertungen (Werturteilen). Manche Wertungen allerdings sind von moralischen Urteilen nicht zu unterscheiden. Aber nicht alle enthalten moralische Überlegungen, und die Unterscheidung ist wichtig. Damit will ich nicht leugnen, daß man eine bestimmte Handlungsweise für gut halten kann, für die beste, die möglich war, für besser als eine andere. Eine solche Äußerung ist aber entweder äquivalent zu der, daß die Handlung richtig ist, oder sie ist eine Mischung aus Urteil und Wertung, wobei die Einschätzung der Folgen hineingerät und das moralische Urteil über die Handlung beeinflußt. Manche nicht richtigen Handlungen sind schlechter als andere ebenso wie manche Verbrechen schlimmer sind als andere. Es ist schlimmer, einen Menschen zu foltern als ihm fünf Dollar zu stehlen. Da die Ausdrücke »richtig« und »nicht richtig« keine entsprechenden Steigerungsformen haben wie »gut« und »schlecht«, neigen wir dazu, Ausdrücke der letzteren Art zu verwenden, wenn wir sagen wollen, daß eine Handlung nicht so sehr nicht richtig, aber eben nicht gerade das beste sei, was man tun konnte, oder, obwohl nicht richtig, dennoch »nicht so furchtbar« (vielleicht, weil die Folgen nicht so schlimm sind). Diese Art von Urteilen untersteht jedenfalls auch dem Prinzip der Verallgemeinerung.

§ 1

Das Prinzip der Verallgemeinerung ist bis jetzt so formuliert worden, daß es sich ausdrücklicher auf Handlungen bezog als auf moralische Urteile. Es kann jedoch leicht so umformuliert werden, daß seine Anwendung auf moralische Urteile expliziter wird. Eine Formulierung des Prinzips von Sidgwick war diese: »Welche Handlung auch immer jemand für sich selbst als richtig beurteilt, beurteilt er *implizit* auch als richtig für jeden mit ähnlichen individuellen Voraussetzungen unter ähnlichen Umständen.« Sidgwick zeigte auch, daß »selbst dann, wenn sich ein moralisches Urteil in erster Linie auf eine ganz spezielle Handlung bezieht, wir es normalerweise als anwendbar für eine bestimmte definierbare Klasse von Handlungen halten; so daß die damit gefundene moralische Wahrheit implizit zugleich als wesentlich allgemeine verstanden wird, obwohl wir sie zunächst einmal als partikulare wahrgenommen haben.«[1] Dieser Punkt kann in dem Satz zusammengefaßt werden, daß jedes moralische Urteil wesentlich allgemein ist, wenn nicht explizit, so doch implizit. Mit anderen Worten, jedes moralische Urteil impliziert eine Verallgemeinerung. Moralischen Urteilen ist etwas eigentümlich, das man das Charakteristikum impliziter Allgemeinheit nennen kann.

1 Henry Sidgwick, *The Methods of Ethics*, London [7]1907, S. 379. (Hervorhebung von mir), S. 34.

Dieser Aspekt ist nicht wirklich neu oder verschieden von dem, was wir bisher gesagt haben. Er ist nur eine Folge aus dem Prinzip der Verallgemeinerung selbst. Denn das Prinzip, daß für jeden mit ähnlichen individuellen Voraussetzungen und unter ähnlichen Umständen richtig sein muß, was für einen richtig ist, impliziert, daß, wenn es für A richtig ist, x zu tun, es für jeden, der A ähnlich ist, unter ähnlichen Umständen richtig ist, x zu tun (oder eine Handlung von der Art wie x). Um es anders zu sagen, das Urteil, daß A x tun sollte,impliziert, daß jeder, der A ähnlich ist, unter ähnlichen Umständen x tun sollte (oder eine Handlung von der Art wie x). Man kann also sagen, das Einzelurteil, A sollte x tun, impliziere eine allgemeine Regel, obwohl man nicht mit Bestimmtheit sagen kann, welches genau die implizierte Regel ist, ohne daß man die Gründe kennt, die für die Forderung, A sollte x tun, vorgebracht werden; denn unabhängig von diesen Gründen kann nicht bestimmt werden, welche Personen oder Umstände als ähnlich anzusehen sind. Das genau ist gemeint, wenn man sagt, moralische Urteile unterstünden dem Prinzip der Verallgemeinerung.

Dieses Charakteristikum moralischer Urteile, nämlich das impliziter Allgemeinheit, ist keineswegs trivial. Nicht jedes Einzelurteil oder jede Behauptung impliziert Verallgemeinerung. Es ist nämlich eine allgemein anerkannte logische Doktrin, daß der Schluß von »einigen« auf »alle« oder von »diesem Fall« auf »alle Fälle« unzulässig ist, und für die meisten Arten von Sätzen trifft das auch sicherlich zu. Aber es ist ganz einfach falsch, daß überhaupt kein Einzelurteil Verallgemeinerung impliziere. Nicht nur moralische Urteile haben diese Eigenschaft, sie sind in dieser Hinsicht nichts Außergewöhnliches. Das einzelne (oder spezifische) Urteil »Das Flugzeug stürzte ab, weil seine Tragflächen abgebrochen waren« impliziert die Verallgemeinerung oder setzt sie voraus »Wann immer die Tragflächen eines Flugzeugs abbrechen, wird es abstürzen.« Wenn jemand sagt, »Dieses Buch muß gut sein, weil es von Thomas Mann ist«, impliziert er damit, daß jedes Buch von Thomas Mann gut ist. Man kann wohl sagen, daß jeder Satz, der als Erklärung gebraucht wird oder dazu, etwas evident zu machen oder zu begründen, dieses Charakteristikum impliziter Allgemeinheit besitzt. Erklärungen, Bestätigungen und Begründungen unterstehen allgemeinen Regeln oder Gesetzen, die eine Beziehung herstellen zwischen dem Faktum, das erklärt oder begründet werden soll, und dem Faktum, das zu seiner Erklärung oder Begründung herangezogen wird. Nicht nur einzelne »weil«-Sätze, in denen das »weil« eine Begründung anzeigt, besitzen dieses Charakteristikum, sondern einzelne Kausalsätze überhaupt. Diese Eigenschaft von Kausalsätzen wird in dem folgenden Abschnitt ganz deutlich:

Alle Sätze, die darauf hinauslaufen, etwas als Ursache hinzustellen, beinhalten eine Verallgemeinerung. Wenn wir sagen, daß ein fauler Backenzahn Ursache unserer Zahnschmerzen sei, dann implizieren wir, daß, *wann immer diese Bedingungen wiederholt würden* (ein im gleichen Zustand fauler Zahn, die gleiche Beschaffenheit unserer Nerven und so weiter, was die anderen Faktoren betrifft), ebenfalls Zahnschmerzen aufträten... Wenn wir sagen, C sei die Ursache von E, dann machen wir daher nicht nur eine Aussage über zwei einzelne Ereignisse, sondern wir implizieren eine Verallgemeinerung, die sich auf alle Ereignisse der gleichen Art bezieht.[2]

Moralische Urteile sind also Kausalsätzen und »weil«-Sätzen darin verwandt, daß sie das Merkmal impliziter Allgemeinheit besitzen. Eine Behauptung, die besagt, daß ein bestimmtes Ereignis C ein anderes Ereignis E verursacht, geht davon aus, daß, wann immer ein Ereignis der *Art* C auftaucht, auch ein Ereignis der *Art* E folgen wird. Auf eine kurze Formel gebracht: »verursacht in diesem Fall« impliziert »verursacht immer«. Die Behauptung »Das Auto stand still, weil das Benzin ausgegangen war« impliziert oder setzt den allgemeinen Satz voraus, »Wann immer bei einem Auto das Benzin ausgeht, fährt es nicht weiter«, oder »Jedes Auto, das kein Benzin hat, fährt nicht weiter«. Die Behauptung enthält auch den allgemeinen Satz: »*Dieses* Auto wird immer dann nicht weiterfahren, wenn es kein Benzin mehr hat.« Das ist jedoch keineswegs *diesem* Auto eigentümlich oder trifft speziell auf es zu, wenn man annimmt, daß das Auto einen benzinbetriebenen Motor hat und sinnvollerweise von ihm gesagt werden kann, daß »das Benzin ausgegangen« sei. In dieser Hinsicht ist dieses Auto wie jedes andere. Wenn jemand behaupten würde, daß der Motor manchmal nicht aufhört zu laufen, wenn sein Auto kein Benzin mehr hat, könnte er andererseits kaum behaupten, daß

2 Max Black, *Critical Thinking*, New York [2]1952, S. 324.

bei einer anderen Gelegenheit ein leerer Tank die Ursache für den Stillstand des Motors war. Das wäre widersprüchlich. Ein Ereignis C kann nicht bei der einen Gelegenheit ein Ereignis E verursachen und es bei einer anderen Gelegenheit nicht verursachen, es sei denn, andere Ursachen wirken diesem Ablauf entgegen; in diesem Fall wären aber die Bedingungen andere und folglich wird es sich um verschiedene Ereignisse handeln.

Die Verallgemeinerung, die ein bestimmter Kausalsatz impliziert, kann natürlich nicht immer so bestimmt und präzise formuliert werden. »Die Verallgemeinerungen, die sich im umgangssprachlichen Gebrauch solcher Wörter wie »Ursache« und »Wirkung« zeigen, sind ungenau und nicht explizit. Sie stimmen nur innerhalb eines bestimmten Rahmens, dessen Grenzen nicht formuliert sind, und sind auf andere Faktoren angewiesen, von denen oft nicht einmal erwähnt wird, daß sie konstant gehalten sind.«[3] Also *kann* ein Ereignis der Art C bei einer Gelegenheit ein Ereignis der Art E verursachen und bei einer anderen nicht, wenn diese anderen Faktoren nicht konstant bleiben, d. h., wenn es *irgendwelche hinzukommenden Unterschiede in den Situationen gibt, aus denen sich die Diskrepanz erklärt.* Und daher bedarf die Formel – »verursacht in diesem Fall« impliziert »verursacht in allen Fällen« – wie alle solche Formeln einer Modifikation. Sie stimmt nur dann, wenn »alle anderen Faktoren konstant bleiben«. Wie auch immer, wenn E nicht jedesmal auf C folgt, sondern nur unter bestimmten Bedingungen, dann gibt es andere Faktoren, Faktoren, die von C verschieden sind, die für das Auftreten von E relevant sind, und C ist nicht *die* Ursache oder die einzige Ursache für E. Ein bestimmter Kausalsatz unterliegt denselben Restriktionen oder selbstverständlichen Einschränkungen wie die Verallgemeinerung, die er enthält, und die Verallgemeinerung ist nicht ungenauer oder weniger explizit als der bestimmte Kausalsatz. Das gleiche gilt ganz allgemein auch für moralische Urteile.

Die Bedeutung dieses Merkmals der Allgemeinheit moralischer Urteile liegt darin, wie sie gerechtfertigt oder erhärtet werden können. Eine Möglichkeit ist, sich auf einen analogen Fall zu berufen. Wenn eines unserer moralischen Urteile in Frage ge-

3 Black, a.a.O., S. 326.

stellt wird, können wir versuchen, es dadurch zu stützen, daß wir uns auf etwas Analoges berufen, einen analogen Fall anführen, d. h. einen Fall, der in allen relevanten Aspekten analog ist oder von dem das mindestens angenommen wird. »Es war für mich richtig, das zu tun, weil es für Dich richtig war, das zu tun.« Die Berufung auf Präzedenzfälle ist nur eine Form der Berufung auf analoge Fälle, und der wesentliche Punkt daran ist, daß derjenige, der sich darauf beruft, daß eine Handlung für einen richtig ist, für einen anderen aber nicht, in logische Schwierigkeiten kommt, wenn er nicht relevante Unterschiede zwischen den beiden Fällen angeben kann. Wird das nicht als Schwierigkeit empfunden, dann liegt das daran, daß zwei Fälle von vornherein als offenkundig verschieden und daher nicht als analog angesehen werden. Nun kann es sein, daß das Verfahren, analoge Fälle anzuführen, in speziellen Fällen nicht mehr ist als ein argumentum ad hominem – es zeigt möglicherweise nicht mehr, als daß sich jemand inkonsistent verhält. Inkonsistent zu sein, bedeutet in solchen Fällen allerdings auch, unfair zu sein; und das Ausmaß, bis zu dem schließlich alle Argumente ad hominem sind – wenn man sie nur weit genug treibt – sollte nicht unterschätzt werden. Und natürlich kann auch der analoge Fall, auf den man sich in speziellen Fällen beruft, möglicherweise nicht gerechtfertigt sein. Dennoch beruft man sich auf eine allgemeine Regel, wenn man sich auf einen anlogen Fall beruft, auf die Verallgemeinerung nämlich, die das Urteil enthält: unter diesen Umständen würde es für jeden richtig sein. »Betrachten wir einen ethischen Atomismus, der davon ausgeht, daß das Leben in eine Anzahl separater, unabhängiger Situationen zerfällt, die unserem Gewissen, unserer Intuition oder intuitiven Vernunft, unserer Intelligenz oder unserem gesunden Menschenverstand jeweils unmittelbar eine gute oder angemessene Lösung anbieten. Wenn diese Art von Moral mit einem Angriff auf ihre jeweiligen Urteile konfrontiert wird, wird sie im allgemeinen Gründe oder mindestens analoge Fälle anführen und sich damit explizit oder implizit auf ein bestimmendes Prinzip berufen, das abstrakter und umfassender ist als der spezielle Fall, der ihr jeweils vorliegt.«[4]
Genau das gleiche Verfahren kann auch dazu benutzt werden,

4 Morris Raphael Cohen, *Reason and Law*, Glencoe 1950, S. 15.

Kausal- oder »weil«-Sätze zu erhärten oder zurückzuweisen. Um zu zeigen, daß ein Grund Geltung hat, können wir analoge Fälle anführen, in denen seine Geltung schon akzeptiert ist; um ein Argument zurückzuweisen, können wir ein Gegenbeispiel nennen, ein analoges Argument, das offensichtlich nicht stimmt. Die Berufung auf ein Gegenbeispiel oder einen bestätigenden analogen Fall ist zugleich die Berufung auf eine allgemeine Regel, wobei jedes Argument der fraglichen Form, das mit dieser Regel übereinstimmt, je nachdem wie der Fall liegt, gültig oder ungültig ist. Nun genügt eine kleine Überlegung, um zu zeigen, daß die Berufung auf einen analogen Fall für ein moralisches Urteil immer relevant ist. Explizit oder implizit ist sie immer ein Teil des Verfahrens, das eingehalten werden muß, wenn der Anspruch gerechtfertigt werden soll, daß eine bestimmte Handlung richtig ist oder nicht. In vielen Fällen wird die Berufung auf einen ähnlichen Fall nicht ausreichen, um das fragliche Urteil zu veranschaulichen – um es für jeden vernünftigen Zweifel unangreifbar zu machen. In vielen Fällen wird es nicht einmal einen relativ gewichtigen Grund abgeben. Es ist nämlich nicht nur so, daß man häufig auch widerstreitende Analogien findet, es kann auch sein, daß die Handlung in dem als Beispiel angeführten Fall ebenso nicht richtig (oder richtig) war. Es kann aber genausowenig ausreichen, lediglich zu zeigen, daß eine fragliche Handlung in einem speziellen Fall wünschenswerte Folgen haben wird. Es ist durchaus möglich, daß es nicht für jeden richtig wäre, in der Weise zu handeln, und wenn das so ist, wäre es gegenstandslos, daß die Folgen davon, daß eine bestimmte Person so handelt, wünschenswert wären, es sei denn, man kann relevante Unterschiede angeben, die diese Person als eine Ausnahme legitimieren. Jedenfalls ist die Berufung auf analoge Fälle immer *relevant*, und das zeigt schlüssig, daß das Prinzip der Verallgemeinerung in jedem moralischen Urteil enthalten ist. Sich auf einen analogen Fall berufen bedeutet immer – in moralischen und nicht-moralischen Zusammenhängen – sich auf das Prinzip der Verallgemeinerung zu berufen, auf das Prinzip der Gerechtigkeit: es würde für jede Person mit ähnlichen individuellen Voraussetzungen und unter ähnlichen Umständen richtig sein. Tatsächlich wird dieses Prinzip auch in den Fällen vorausgesetzt, in denen bestimmte

Analogien zurückgewiesen, und ganz sicherlich in den Fällen, in denen widerstreitende Analogien angeboten werden. Zu zeigen, daß ein relevanter Unterschied in den Bedingungen von zwei Fällen besteht, heißt zu zeigen, daß die angeführten Analogien nicht in allen wesentlichen Aspekten stimmen und daher das fragliche Urteil nicht fundieren. Dafür gäbe es außer dem Prinzip der Verallgemeinerung keinen Grund.
Obgleich die Berufung auf analoge Fälle für die Gültigkeit eines moralischen Urteils immer relevant ist, hat sie doch in vielen Fällen verhältnismäßig wenig Gewicht. Das ist besonders dann so, wenn man leicht widerstreitende Beispiele anführen kann. Und sie ist keineswegs die einzige Art von Begründung, die für ein moralisches Urteil abgegeben werden kann, obgleich sie, wie ich betont habe, in den anderen enthalten ist. Daher könnte es nützlich sein, den Punkt, auf den es mir ankommt, noch einmal durch eine kurze Überlegung zu stützen, die sich auf diese anderen Begründungen für ein moralisches Urteil bezieht. Es gibt davon mindestens fünf, und in jedem Fall ist das Prinzip der Verallgemeinerung vorausgesetzt.
Erstens können wir die Fakten eines Falles beschreiben und somit als Begründungen Sätze über die faktischen Gegebenheiten der Situation anbieten, wie z. B. »Du hast es versprochen« oder »Du schuldest es ihm« oder »Das wäre nicht ehrenhaft« oder »Es ist doch dein Bruder«. Das zu tun setzt allerdings eine allgemeine Regel voraus wie etwa »Man sollte seine Versprechen halten« oder »Man sollte seine Schulden bezahlen«, die die Verbindung zwischen den Fakten des Falles und dem moralischen Urteil herstellt, für das die Fakten als relevant beansprucht werden. Es kann sein, daß nicht immer klar ist, welches die Regel ist. Dennoch gibt es eine; andernfalls besteht keine solche Verbindung. Daß Fakten moralische Relevanz oder moralische Implikationen haben, liegt nur daran, daß es moralische Regeln und Prinzipien gibt, ebenso wie Fakten nur aufgrund rechtlicher Regeln und Prinzipien rechtliche Konsequenzen haben. Nebenbei sei angemerkt, daß es Fälle gibt, in denen es ein schlichtes Faktum ist, daß man etwas versprochen hat oder jemandem Geld schuldet. Zweitens kann man sich explizit auf eine Regel berufen (»Es ist falsch, ein Versprechen nicht zu halten«) und dann entweder fort-

fahren, indem man die Fakten des Falles beschreibt und zeigt, daß die Regel tatsächlich anwendbar ist, oder man kann das für selbstverständlich halten. Es sollte klar sein, daß bei beiden Typen moralischen Argumentierens das Prinzip der Verallgemeinerung vorausgesetzt wird. Wenn die Tatsache, daß man etwas versprochen hat, in einem Fall relevant ist, dann ist sie es in allen Fällen. Alle Fälle heißt hier die, in denen es zutrifft, daß man etwas versprochen hat. Es mag nicht in allen Fällen schlüssig sein, aber wenn es das nicht ist, dann deshalb, weil irgendwelche anderen Gründe überwiegen; wenn das eintritt, sind die Situationen nicht in allen relevanten Aspekten ähnlich. Dasselbe gilt für die Berufung auf eine Regel; wenn sie in einem Fall relevant ist, ist sie es auch in allen ähnlichen Fällen.

Drittens kann man sich überlegen oder darauf hinweisen, welche Folgen man vernünftigerweise von einer Handlung erwarten muß, welche Wirkung sie auf andere haben werden und ob sie wünschenswert oder nicht wünschenswert sein werden (im Fall einer Handlung, die bereits geschehen ist: welche Folgen sie tatsächlich gehabt hat, soweit sich das feststellen läßt). Das ist vielleicht nur eine andere Form der Berufung auf Fakten. Die Unterscheidung lohnt sich aber insofern, als es sich lohnt, zwischen den Umständen und den Folgen einer Handlung zu unterscheiden, und auch deshalb, weil sich in diesem Fall die Frage stellt, wie die Folgen zu werten sind. Jedenfalls ist das Prinzip der Verallgemeinerung hier auch enthalten; wenn es nämlich in einem Fall relevant ist, daß die Folgen einer Handlung nicht wünschenswert sind, dann gilt das auch in allen ähnlichen Fällen, d. h. in allen Fällen, in denen die Handlung gleiche oder ähnliche Folgen haben wird, oder in denen die Folgen nicht wünschenswert sein werden.

Viertens kann man sich explizit auf das Prinzip der Verallgemeinerung berufen. Ich erwähne das allerdings nur der Vollständigkeit halber, weil es nur eine verallgemeinerte Form der Berufung auf analoge Fälle ist. Schließlich kann man sich explizit auf das Argument der Verallgemeinerung berufen, indem man die Frage stellt, »was würde passieren, wenn jeder in dieser Weise handeln würde«. Daß das ebenfalls das Prinzip der Verallgemeinerung enthält, hoffe ich im nächsten Kapitel nachweisen zu können.

Wenn ich diese verschiedenen Arten der moralischen Begründung unterscheide (die Berufung auf analoge Fälle, auf Fakten, auf eine Regel, auf die Folgen und auf das Prinzip), wobei ich den Anspruch erhebe, vollständig zu sein, will ich damit keineswegs unterstellen, daß sie sich gegenseitig ausschließen. Sie sind alle relevant für die Gültigkeit eines moralischen Urteils, und in komplizierteren Fällen kann es durchaus sein, daß sie auch alle benutzt werden. Das ist insbesondere in den Fällen so, in denen es nicht um die Frage der Anwendung, sondern um die Gültigkeit einer Regel geht. Aber auch bei der Rechtfertigung einer Regel gibt es keine andere Art von Begründung, und das Prinzip der Verallgemeinerung ist hier ebenso enthalten (wie ich in Kapitel V zeigen werde). Die Tatsache, daß das Prinzip der Verallgemeinerung ein wesentliches Merkmal moralischen Argumentierens ist, entzieht der Behauptung die Grundlage, daß das Merkmal impliziter Allgemeinheit trivial sei. Es kann zugegeben werden, daß jeder partikulare Satz (was hier bedeutet: Sätze über einzelne Personen oder Sachen) in dieser Weise eine Verallgemeinerung enthält. Der Satz »Dieser Tisch ist 1,30 m lang« z. B. würde die Verallgemeinerung enthalten, daß nicht jeder Tisch 1,30 m lang ist, daß aber jeder Tisch, der diesem gleich ist, auch eine Länge von 1,30 m hätte; und der Satz »Napoleon verlor die Schlacht bei Waterloo« enthielte die Verallgemeinerung »Jeder, der Napoleon ähnlich ist, würde die Schlacht von Waterloo verloren haben« (oder vielleicht »Jeder, der Napoleon ähnlich ist, würde jede Schlacht verloren haben, die der von Waterloo ähnlich ist«). Aber solche Sätze als implizit allgemein zu charakterisieren, ist sicherlich müßig. Die Behauptung, daß dieser Tisch 1,30 m lang ist, kann nicht durch einen analogen Fall erhärtet werden: »Jener Tisch ist 1,30 m lang, daher muß es dieser auch sein«. Die Möglichkeit, das zu verifizieren, ist, die Länge des Tisches zu messen; mit anderen Worten, man macht ein Experiment an dem Objekt, auf das sich die Behauptung bezieht. Die Behauptung kann natürlich erhärtet werden, indem man den Tisch mit einem anderen Gegenstand vergleicht, von dem schon bekannt ist, daß er 1,30 m lang ist, oder indem man die Länge eines anderen Tisches mißt, von dem man weiß, daß er dieselbe Länge hat wie der Tisch, um den es geht; das heißt aber nicht, sich auf einen analogen Fall zu berufen. Keine Verallgemeinerung, von der man annehmen kann, sie sei in dem Satz enthalten, wird zu seiner Schlüssigkeit beitragen, noch hängt sie mit der Frage seiner Schlüssigkeit irgendwie zusammen. Und darüber hinaus kann bei jedem normalen Gebrauch des Wortes »ähnlich« ein Objekt dem fraglichen Tisch ähneln, sogar in Länge und Ausmaß, ohne 1,30 m lang zu sein oder dieselbe Länge zu haben. In bezug auf moralische und Kausalurteile ist das Merkmal impliziter Allgemeinheit aber weit davon entfernt, trivial zu sein, und zwar wegen seines Zusammenhanges mit dem Verfahren, durch das solche Urteile begründet werden. In der Tat ist das Merkmal, eine Verallgemeinerung zu enthalten, ein wesentlicher Teil der Bedeutung solcher Ausdrücke wie »Ursache«, »weil« und verwandter folgernder Ausdrücke und auch so entschieden moralischer Ausdrücke wie »richtig« und »nicht richtig«. Die Behauptung, etwas sei verursacht worden, würde keinen Sinn ergeben, wenn wir nicht wenigstens gemeint haben, zugleich zu behaupten, daß *jedesmal*, wenn eine bestimmte Sache geschieht, ein ganz bestimmtes anderes Ereignis ebenfalls eintritt.[5] Ebenso würde unsere Behauptung keinen Sinn ergeben, daß es für jemanden richtig (oder nicht richtig) war, etwas zu tun, wenn wir nicht zumindest damit sagen wollten, daß es für jeden mit ähnlichen individuellen Voraussetzungen und unter ähnlichen Umständen ebenfalls richtig (oder nicht richtig) gewesen wäre. Das alles gilt nicht für die Ausdrücke, die in den Sätzen des Typs enthalten sind, den wir gerade diskutiert haben.

Der Satz über Napoleon ist etwas komplizierter, obgleich für ihn ähnliche Überlegungen zutreffen. Mit der angegebenen Verallgemeinerung könnte man nicht beweisen, daß Napoleon die Schlacht bei Waterloo verlor, noch könnte man das mit irgendwelchen Fällen, von denen man annimmt, sie seien ähnlich. Keine Verallgemeinerung, von der man annimmt, sie sei in dem Satz enthalten, kann seine Wahrheit evident machen, noch stünde sie in irgendeiner Beziehung zur Schlüssigkeit des Satzes. Dennoch gehört die eben erwähnte Verallgemeinerung dem Typ von Sätzen an, die man heranzieht, wenn man zu erklären versucht, warum Napoleon bei Waterloo

5 L. S. Stebbing, *A Modern Introduction into Logic*, London [2]1933, S. 276.

verlor. Man könnte behaupten, daß Napoleon eine Niederlage erlitt, weil er bestimmte Persönlichkeitsmerkmale hatte, und daß daher jeder mit den gleichen Merkmalen in einem solchen Fall die Schlacht verloren hätte. Aber dann ist die Verallgemeinerung nicht in diesem einfachen partikularen Satz über Napoleon enthalten. Enthalten ist sie in einem »weil«-Satz, der mit dem anderen Satz zusammen ein Satzgefüge bildet.

Der Unterschied ist folgender. Ein normaler narrativer oder deskriptiver Satz, wie die oben angeführten, ist kein *Anwendungsfall* einer Verallgemeinerung. Argumente, Kausalsätze und »weil«-Sätze sind jedoch im allgemeinen Anwendungsfälle von Verallgemeinerungen.[6] Man kann sie folgernde Aussagen nennen. (Dieses Merkmal gilt, nebenbei, auch für Sätze, die darauf hinauslaufen, daß etwas der Fall *sein müsse*. Die Verwendung des Ausdrucks »muß« ist ein Zeichen für eine Folgerung. Wenn wir den Gegenstand, um den es jeweils geht, sehen oder auf andere Weise beobachten, sagen wir nicht, daß er sein müsse, sondern daß er *vorhanden* ist.) Es ist ein Merkmal von folgernden Aussagen, daß sie das Resultat einer Folgerung sind, in dem Sinne, daß eine Folgerung für ihr Zustandekommen wesentlich ist. Sie können nicht nur auf Beobachtung gegründet sein. Bei nicht-folgernden Sätzen trifft das nicht zu. In manchen Fällen sind wir natürlich nicht in der Lage, den fraglichen Gegenstand zu beobachten. Er ist zu weit entfernt oder liegt vielleicht zu weit zurück. Aber wir wissen, daß wir ihn unter geeigneten Bedingungen hätten beobachten können, und der fragliche Satz gehört zu der Kategorie von Sätzen, dic durch Beobachtung fundiert werden können. Was ich also von moralischen Urteilen sagen will, ist, daß es sich bei ihnen um folgernde Urteile handelt. Sie stehen notwendig jeweils am Schluß einer Folgerung. Aber das ist in dem Ausdruck »Urteil« bereits enthalten.

6 Vgl. Irving M. Copi, *Introduction to Logic*, New York 1953, S. 330: »Teil der genauen Bedeutung des Wortes ›Ursache‹ ... ist, daß jedes Auftreten einer Ursache, die eine Wirkung hervorruft, ein Einzelfall oder Beispiel für das allgemeine Kausalgesetz ist, daß solche Umstände *immer* von solchen Phänomenen begleitet werden.« Vgl. auch S. 332: »Da eine jede Aussage, daß eine bestimmte Bedingung Ursache für ein bestimmtes Phänomen war, ein allgemeines Kausalgesetz impliziert, ist ein Element von Allgemeinheit in einer jeden solchen Behauptung enthalten.«

§ 2

Daß moralische Urteile implizit allgemein sind und einem Prinzip unterstehen, das ich das Prinzip der Verallgemeinerung genannt habe, wird neuerdings mit zunehmender Häufigkeit in der Literatur zu diesem Thema betont. Die Mehrzahl der Moralphilosophen erkennt es zumindest prinzipiell an, und das ist ein gutes Zeichen; denn wenn es sich hierbei um einen völlig neuen Gesichtspunkt handelte, dann wäre dies schon so etwas wie ein Argument dagegen. In der neueren Diskussion dieses Themas ist es jedoch dazu gekommen, daß man es für eine Frage von nur linguistischer Bedeutung hält und somit nicht für eine Frage, die irgendwelche moralische Relevanz hätte. Man betrachtet es heute weithin als lediglich eine Frage der Verwendung des Ausdrucks »moralisches Urteil« und das heißt lediglich als eine Frage des Sprachgebrauchs.

So kann aus dieser Sicht ein Urteil darüber, was man tun sollte, das man nicht verallgemeinern oder allgemein anwenden kann, einfach nicht ein »moralisches Urteil« *genannt* werden; da aber das nur eine Frage des Sprachgebrauchs ist, können keine moralischen Überlegungen darauf aufgebaut werden. Ich hoffe, es ist klar, daß das keineswegs meine Auffassung von der Sache ist. Ich kann von dieser Auffassung akzeptieren, daß das Charakteristikum der Allgemeinheit Teil der Bedeutung dessen ist, was ich spezifisch moralische Ausdrücke nenne, und daß einer, der sagt, eine bestimmte Handlung sei für die eine Person richtig, für eine andere Person mit ähnlichen individuellen Voraussetzungen und unter ähnlichen Umständen aber nicht richtig, sich in einen Widerspruch verwickeln würde. Ich kann allerdings ganz und gar nicht akzeptieren, daß es sich hier lediglich um eine Frage der Sprache handelt, die trivial oder moralisch neutral sei. (Wir sollten uns daran erinnern, daß der traditionelle Name für das, was ich das Prinzip der Verallgemeinerung nenne, das Prinzip der Gerechtigkeit ist.) Die Analyse des Prinzips, die ich bisher vorgenommen habe, ist für sich genommen ein Argument gegen diese Auffassung, und weitere Klarheit wird die Diskussion der folgenden Kapitel bringen. Der beste Weg nämlich zu zeigen, daß das Prinzip der Verallgemeinerung moralische Konsequenzen hat, ist tatsächlich der, diese Konsequenzen aufzuspüren. Doch ist dieser spezielle Punkt so wichtig, daß er mir einer expliziten Überlegung wert erscheint, und zu diesem Zweck möchte ich jetzt einige Stichproben der Auffassung, um die es gerade ging, untersuchen. Betrachten wir den folgenden Abschnitt:

Wann immer ich denke, ich sollte etwas tun, liegt der moralische Aspekt des Sachverhalts darin, daß ich denke, auch jeder andere hätte unter den gleichen Umständen die gleiche Pflicht ...
Dabei ist es wichtig zu beachten, daß ich nur unser tatsächliches Verhalten analysiere und nicht etwa etwas empfehle. Ich sage nicht, daß wir unsere Handlungen verallgemeinern *sollten*, wenn wir mit einem moralischen Problem konfrontiert sind. Ich sage nicht, daß wir unsere moralischen Probleme am besten lösen werden, wenn wir uns überlegen, welches Verhalten wir unter Umständen bei anderen Leuten für wünschenswert hielten. Was ich sage, ist nur dies: Wann immer wir die Handlungen, die wir uns vorgenommen haben, unter moralischen Aspekten reflektieren, dehnen wir die Klasse der Handlungen so aus, daß sie die Handlung jedes potentiell Handelnden einschließt. Wenn wir das nicht täten, wären unsere Überlegungen keine moralischen ... Ich sage nicht, daß wir so handeln sollten, sondern daß wir, wenn wir moralisch handeln, eben nicht anders handeln können.[7]

Der letzte Satz ist ausgesprochen kurios. Er ist in der Tat widersprüchlich. Denn es ist eine bloße Tautologie, daß man *moralisch handeln sollte*. Vorausgesetzt, daß wir, wenn wir moralisch handeln, notwendig in dieser Weise handeln, so folgt daraus, daß wir, da wir moralisch handeln sollten, in dieser Weise handeln sollten. Ich muß zugeben, daß ich früher nie auf die Idee gekommen wäre, diese Tautologie habe irgendeinen praktischen Nutzen, aber in diesem Fall hat sie einen, wahrscheinlich darum, weil aus ihr wie aus allen Tautologien interessante Schlüsse zu ziehen sind. Es ist nicht nötig, all die anderen Behauptungen des eben zitierten Absatzes im Detail zu untersuchen. Denn es käme auf dasselbe hinaus, wenn wir statt dessen eine andere Stichprobe dieser Auffassung untersuchen würden, eine, die auf eine etwas andere, nachdrücklichere Weise formuliert ist. Obwohl der folgende Passus eher auf moralische Prinzipien als auf moralische Urteile Bezug nimmt, berührt das nicht den Punkt, der zur Diskussion steht,

7 Bernhard Mayo, *The Logic of Personality*, London 1952, S. 147-148.

und die gleiche Art von Kritik trifft im wesentlichen auch hier zu.

Ein Prinzip wird gewöhnlich nicht ein moralisches genannt, wenn die Person, die es sich zu eigen macht, nicht bereit ist, es allgemein anzuwenden. Wenn jenand sagt, daß er etwas aus Prinzip täte, kann er (logischerweise) keine Ausnahme machen, es sei denn, ein anderes moralisches Prinzip spiele hier noch eine Rolle ... Er *verstößt gegen eine sprachliche Regel,* wenn er sagt, es sei für ihn eine Frage der moralischen Prinzipien, seine Schulden zu bezahlen, und er bezahlt sie an Jones, weigert sich aber, sie an Schmidt zu bezahlen, ohne in der Lage zu sein, für diese Diskrepanz Gründe anzugeben.

Das logische Faktum, daß eine Vorzugseinstellung nicht ein »moralisches Prinzip« genannt wird, wenn man nicht bereit ist, sie allgemein anzuwenden, hat manche Philosophen zu der Annahme geführt, man könne beweisen, daß wir unparteiisch sein sollten. Aber das hieße dem Trugschluß verfallen, ein moralisches Gebot aus einem Charakteristikum der moralischen Sprache abzuleiten. Jemand, der keine Prinzipien hat, die er bereit ist, unparteiisch anzuwenden, hat keine moralischen Prinzipien; aber wir können nicht beweisen, daß er moralische Prinzipien haben sollte, indem wir zeigen, wie der Ausdruck »moralische Prinzipien« verwendet wird.[8]

Man kann bereitwillig zugeben, daß das ein eindrucksvolles und gewichtiges Argument ist. Ich bin aber nicht der Auffassung, daß es stichhaltig ist, ja, ich glaube sogar, daß es von Anfang bis Ende falsch ist. An erster Stelle ist festzuhalten, daß jemand nicht nur eine sprachliche Regel verletzt, wenn er sagt, »es sei für ihn eine Frage der moralischen Prinzipien, seine Schulden zu bezahlen ... und er bezahlt sie an Jones, weigert sich aber, sie an Schmidt zu bezahlen, ohne Gründe für die Diskrepanz angeben zu können.« Er ist dann wirklich unmoralisch. Es spielt nicht die geringste Rolle, ob er *sagt,* »es sei für ihn eine Frage der moralischen Prinzipien, seine Schulden zu bezahlen«. Denn wenn es nicht so ist, sollte es zumindest so sein, und ob er das ausspricht oder nicht, ist seine Handlung in jedem Fall nicht richtig. Denn sie gehört dem Typ von Handlungen an, die eine Rechtfertigung erfordern und ohne eine solche nicht richtig sind. Jones in einer Weise zu behandeln und Schmidt in einer anderen, ohne daß es einen relevanten Unterschied zwischen beiden gibt, der diese unterschiedliche Behandlung rechtfertigt, ist nicht richtig; und wenn

8 P. H. Nowell-Smith, *Ethics,* London 1954, S. 309 (Hervorhebung von mir). Vgl. auch S. 177.

jemand »keinen Grund für die Diskrepanz angeben« kann, ist anzunehmen, daß es keinen gibt.

Es ist kurios, daß diese Verletzung eines moralischen Prinzips bloß als Mißbrauch einer sprachlichen Regelung angesehen werden sollte.

Zu beachten ist zweitens die unbefangene Anspielung auf den »Trugschluß, ein moralisches Gebot aus einem Merkmal der moralischen Sprache ableiten zu wollen«. Dies klingt wie eine Zauberformel. Aber die Frage, die an diese Formel gestellt werden muß, lautet: worin besteht dieser Trugschluß; handelt es sich hier grundsätzlich um einen Trugschluß und ist er in dem vorliegenden Fall gegeben? Meine Antwort, zumindest auf die letzte Frage, lautet: nein. Denn zu beweisen, daß wir unparteiisch sein sollten, ist wirklich kein Problem. Wenn ein solcher Beweis verlangt wird, so ist nichts leichter als das. Er könnte etwa so lauten: »Parteiisch sein heißt unfair sein, und unfair sein heißt ungerecht sein, und ungerecht sein ist unmoralisch. Es ist aber moralisch nicht richtig, unmoralisch zu sein. Daher sollten wir nicht ungerecht sein, daher nicht unfair, und daher sollten wir unparteiisch sein. Q. E. D.« Die einzige Frage, die in diesem Zusammenhang vernünftigerweise gestellt werden kann, und die einzige, die tatsächlich gestellt wird, ist die: was heißt in konkreten Fällen unparteiisch sein, etwa in diesem oder in einem anderen Fall? Ebensowenig kann es darum gehen, zu beweisen, daß wir moralisch sein sollten. Die einzige Frage, die diesbezüglich gestellt werden kann, ist die: was heißt im Einzelfall, in dieser oder jener Situation, moralisch sein? Natürlich heißt den Nachweis führen, daß wir unparteiisch sein sollten, nicht, es *dem* betreffenden Gesprächspartner nachzuweisen. Es nachweisen heißt eben nicht ihn überzeugen oder zur Annahme bewegen. Ein Beweis ist keine zwingende Gewalt, und ein moralisches Prinzip ist das ebensowenig. Man kann weiterhin ungerecht sein, wieviel Beweise auch geführt sein mögen. Aber es muß auch beachtet werden, daß die Schwierigkeit, jemandem zu beweisen, er solle nicht ungerecht sein, nicht größer ist als die, ihm zu beweisen, er solle nicht »eine sprachliche Regel verletzen«, oder ihm nachzuweisen, daß er dies gerade tut. Es *kann* ein Trugschluß sein, ein moralisches Gebot aus einem Merkmal der moralischen Sprache abzuleiten. Aber *ob* es ein Trugschluß ist oder nicht, hängt ganz von dem in Frage stehenden Merkmal ab. Was hier vorliegt, ist die Ableitung eines moralischen Gebots aus einem moralischen Prinzip, einem Prinzip, das so fundamental ist, daß es ein durchgehendes Charakteristikum der moralischen Sprache ist. Und es ist kein Trugschluß, *daraus* ein moralisches Gebot abzuleiten.

Prüfen wir schließlich den letzten Satz des von uns untersuchten Abschnitts. Es heißt hier, »wir können nicht beweisen, daß man irgendwelche moralischen Prinzipien haben sollte, indem wir aufzeigen, wie der Ausdruck »moralische Prinzipien« verwendet wird«. Das hört sich gut an. Aber es führt auch zu gravierenden Trugschlüssen. »Natürlich« sagen wir, »indem wir aufzeigen, wie ein Wort verwendet wird, wobei es ja nur um den faktischen Gebrauch geht, können wir noch gar nichts darüber aussagen, was getan werden sollte. Man kann Worte richtig verwenden und dennoch unmoralisch sein«. Aber es geht wirklich nicht darum, wie der Ausdruck »moralische Prinzipien« verwendet wird. Es geht vielmehr darum, was moralische Prinzipien sind. Und von hier aus ist es nicht so schwer zu beweisen, daß man »moralische Prinzipien haben sollte«. Wenn moralische Prinzipien zu »haben« überhaupt etwas bedeutet, dann heißt es ihnen gemäß handeln. Aber moralischen Prinzipien gemäß zu handeln heißt moralisch sein. Wenn wir von jemandem sagen, er habe keine moralischen Prinzipien, meinen wir, daß er unmoralisch ist, daß er nicht moralischen Prinzipien gemäß handelt. Daher heißt beweisen, man solle moralische Prinzipien »haben«, beweisen, daß man moralisch sein sollte, und darüber wurde schon gesprochen. Daher bedeutet der Satz »jemand, der keine Prinzipien hat, die er unparteiisch anzuwenden bereit ist, hat keine moralischen Prinzipien« nichts anderes als »jemand, der andere nicht gerecht behandelt, handelt nicht moralischen Prinzipien gemäß, verletzt das Prinzip der Gerechtigkeit und handelt somit unmoralisch«. Jede andere Bedeutung, die dem Ausdruck »moralische Prinzipien haben« beigelegt werden könnte, ist in diesem Zusammenhang irrelevant.

Daraus ziehe ich den Schluß, daß das Prinzip der Verallgemeinerung und die damit verbundene Allgemeinheit moralischer Urteile tatsächlich moralische Konsequenzen hat. Moralische Urteile können auf dieses Charakteristikum moralischer

Urteile gegründet werden. Wer einwendet, damit vermenge man logische Überlegungen mit ethischen (oder sprachliche mit moralischen), der beruft sich auf ein Dogma, und zwar auf eines, dessen Geltung für den vorliegenden Zusammenhang nicht erwiesen ist. Ich denke, das verdeutlicht in etwa, was es eigentlich mit den faktischen Zügen der »moralischen Sprache« auf sich hat und wie es um die Möglichkeit einer »moralisch neutralen« Ethik bestellt ist.
Doch gibt es noch einen Punkt, über den ich schon gesprochen habe, den ich aber noch einmal hervorheben möchte. Zu fragen, ob man unparteiisch sein sollte, ist eine Frage, und zwar eine sinnlose; zu fragen, was es in konkreten Zusammenhängen heißt, unparteiisch zu sein, ist eine andere, und zwar keineswegs sinnlose Frage. Fragen dieser Art können nicht einfach durch den Hinweis auf faktische Züge der Sprache beantwortet werden oder, in konkreten Situationen, einfach dadurch, daß man darüber disputiert, ebensowenig wie sie durch ein bloßes Aufzählen von Fakten gelöst werden können. Möglicherweise sind diese beiden Typen von Fragen vermengt worden.

§ 3

Es gibt noch einen weiteren Typ von Sätzen oder Urteilen, mit denen moralische Urteile eine auffallende Ähnlichkeit haben. Moralische Urteile sind in einem wesentlichen Aspekt analog zu Urteilen über Wahrscheinlichkeit, Urteilen darüber, was vernünftigerweise anzunehmen oder zu erwarten ist (ich rede von einem Urteil über Wahrscheinlichkeit, um zu betonen, daß es darum geht, die Wahrscheinlichkeit eines Satzes nach den uns zugänglichen Bestätigungen zu beurteilen, abzuschätzen und zu bewerten. Und ich ziehe die Rede von der Wahrscheinlichkeit eines Satzes der von der Wahrscheinlichkeit eines Ereignisses vor, weil die Wahrscheinlichkeit eines Ereignisses die Wahrscheinlichkeit des Satzes ist, daß das Ereignis eintreten wird). Die Wahrscheinlichkeit eines Satzes hängt von den Bestätigungen, die für ihn sprechen, nicht nur ab; sie ist damit vielmehr untrennbar verbunden. Ob es vernünftig ist, einen Satz für wahr zu halten, hängt davon ab, ob es Gründe für seine Wahrheit gibt, und davon, inwieweit die Gründe dafür die Gründe dagegen aufwiegen. Es kann niemals vernünftig sein, etwas anzunehmen, ohne daß es dafür Gründe gibt; es kann für *mich* niemals vernünftig sein, etwas anzunehmen, wofür *ich* keine Gründe habe. Nun kann derselbe Satz in bezug auf bestimmte Bestätigungen wahrscheinlich und in bezug auf andere, widersprechende Bestätigungen unwahrscheinlich sein. Das heißt, es kann vernünftig sein, einen Satz aufgrund bestimmter Bestätigungen für wahr zu halten und unvernünftig aufgrund anderer Bestätigungen. Es gab eine Zeit, zu der es für die Menschen ganz vernünftig war anzunehmen, daß die Erde eine Scheibe sei, denn diese Annahme wurde durch alle damals zugänglichen Bestätigungen gestützt. Kein Mitglied irgendeiner zivilisierten Gemeinschaft könnte das heute vernünftigerweise annehmen, weil die Bestätigungen in diesem Bereich heute ganz anderer Art sind. Wir können somit sagen, daß zu einer bestimmten Zeit der Satz, die Erde sei eine Scheibe, wahrscheinlich war (in dem Sinn, daß es vernünftig war, dies anzunehmen), und damit sagen wir nichts über den Satz für sich genommen aus, sondern über den Satz in Relation zu den damals zugänglichen Bestätigungen.

Dieser Punkt, der oft in der Form zusammengefaßt wird, daß die »Wahrheit von Bestätigungen abhängt«, ist heutzutage in der Diskussion zu diesem Thema schon fast kanonisch. Er ist jedoch nicht unproblematisch, was in der neueren Diskussion auch hervorgehoben worden ist:

Die vernünftigste Einschätzung, die man von der Wahrscheinlichkeit einer Hypothese geben kann, hängt gewiß in jedem Fall von den Bestätigungen ab, die man zur Verfügung hat – nicht gerade von allen Bestätigungen, die einem so einfallen, sondern von allen relevanten Bestätigungen, die zugänglich sind – aber ebenso hängt es von derselben Reihe von Bestätigungen ab, ob man vernünftigerweise schließen kann, daß ein Satz *wahr* ist. Um es anders zu formulieren, es hängt von den Bestätigungen, die jemand zur Verfügung hat, ab, ob die Möglichkeiten, die er in Betracht zieht, mit voller Gewißheit als wahr angenommen werden können, und welches Gewicht er den anderen beizumessen berechtigt ist (für wie wahrscheinlich er sie ansehen sollte). In jedem Fall ist die vernünftige Folgerung diejenige, die durch Bestätigungen gerechtfertigt ist ... Was hier alles für »wahrscheinlich« zutrifft, trifft auch für »wahr« zu ; wenn wir somit die Formel »Wahrscheinlichkeit hängt von Bestätigungen ab« nicht nur als ein Epigramm akzeptieren, dann bürden wir uns damit zugleich den Satz auf »Wahrheit hängt von Bestätigungen ab«.[9]

Ich möchte hier keine Aussagen über Wahrscheinlichkeit machen, sondern über moralische Urteile etwas sagen, nämlich, daß sie mit den Gründen, die sie stützen, untrennbar verbunden sind, und nur um diesen Punkt zu verdeutlichen, behaupte ich, daß sie in dieser Hinsicht analog zu Urteilen über Wahrscheinlichkeit sind. Diesen Zweck hätte ich ebensogut erreichen können, wenn ich nicht von Urteilen über Wahrscheinlichkeit geredet hätte, sondern von Urteilen darüber, was vernünftigerweise angenommen werden kann. Denn diese beziehen sich offensichtlich auf Gründe. Nichtsdestoweniger ist der eben zitierte Argumentationsgang, so scharfsinnig er auch sein mag, falsch, und das ist leicht nachzuweisen.

Die Argumentation, um die es hier geht, kann folgendermaßen zusammengefaßt werden: Wenn Wahrscheinlichkeit von Bestätigungen abhängig ist, dann gilt das auch für Wahrheit; aber Wahrheit ist nicht von Bestätigungen abhängig, also ist das auch Wahrscheinlichkeit nicht. Das einzige, was man hier in Frage stellen kann, ist die Prämisse des Konditionalsatzes und damit die Folgerung. Denn Wahrheit ist sicherlich nicht von Bestätigungen abhängig. Ob ein Satz *wahr* ist oder nicht, hängt nicht davon ab, wie wir ihn evident gemacht haben. Er ist unabhängig davon, wie man ihn bestätigt, ebenso wie er unabhängig ist vom menschlichen Wünschen, Begehren und von menschlichen Gedanken. Die Wahrscheinlichkeit eines Satzes jedoch ist nicht in gleicher Weise unabhängig von Bestätigungen, obwohl sie immerhin vom menschlichen Wünschen und Begehren unabhängig ist. Gewiß, ob ich ein *Recht* habe, zu schließen, daß ein Satz wahr ist, oder ihn als wahr anzunehmen, hängt von der mir zugänglichen Bestätigung ab. Aber das Argument, das wir gerade prüfen, verwechselt, was es heißt, einen Satz *als wahr anzunehmen* bzw. zu dieser Annahme berechtigt sein, mit dem *Wahr sein* eines Satzes. Man kann schließen, daß ein Satz wahr sei, oder ihn als wahr annehmen, ohne daß er es tatsächlich ist (ebenso wie man ihn ohne alle Bestätigungen als wahr annehmen kann. Aber in diesem Fall ist es nicht richtig, dies zu tun, man kann das nicht vernünfti-

9 Stephen Toulmin, *The Uses of Argument*, Cambridge 1958, S. 81.

gerweise tun). Gewiß, man kann nicht *wissen*, daß er wahr ist, wenn er nicht wahr ist; nichtsdestoweniger muß jemand, um zu wissen, daß er wahr ist, Bestätigungen oder eine bestimmte Art der Erkenntnis haben, so daß er wahr sein kann, ohne daß es einer weiß oder daß es überhaupt jemand weiß. Nun ist das, was wir wissen oder beurteilen, wenn wir wissen oder beurteilen, daß ein Satz wahrscheinlich sei, nicht etwas, das mit seiner Wahrheit unvereinbar ist; was wir wissen oder beurteilen, ist, daß er *wahrscheinlich wahr* ist. Diese beiden Wörter, »wahrscheinlich« und »wahr« konkurrieren nicht miteinander, sondern spielen ganz verschiedene Rollen. (Sie spielen nicht im gleichen Verband, weil sie nicht die gleiche Spielart ausüben). Der Gegensatz zu »wahrscheinlich« heißt einerseits »gewiß« und andererseits »unwahrscheinlich«, aber keineswegs »wahr« oder »falsch«. Wahrscheinlichkeit ist wie Erkenntnis aber anders als Wahrheit ein erkenntnistheoretischer Begriff. Er hat die Eigenschaften dessen, was ich eben einen folgernden Ausdruck nannte.

Vorausgesetzt, daß es von einer Reihe von Bestätigungen abhängt, ob man »vernünftigerweise schließen kann, ein Satz sei wahr«, ist das, was von den Bestätigungen abhängt, *ob der Schluß, den man daraus zieht, vernünftig ist,* und nicht, ob der Satz wahr ist. Nun bedeutet zu sagen, die Folgerung sei vernünftig, d. h. es sei vernünftig, diese Folgerung zu ziehen, dasselbe, wie zu sagen, die Folgerung sei wahrscheinlich. (Zu sagen, daß es unvernünftig sei, sie in Zweifel zu ziehen, ist gleichbedeutend damit, zu sagen, sie sei gewiß). Wenn man aus ein und demselben Komplex von schlüssigen Beweisgründen zwei verschiedene Folgerungen ziehen kann, so ist die vernünftigere die wahrscheinlichere, die, welche durch die Gründe besser fundiert ist. Wahrscheinlichkeit ist auf Bestätigungen in dergleichen Weise bezogen wie »vernünftig« auf Gründe.

Es folgt daraus, daß ähnlich wie »A ist relevant« ein Satz der Form »A ist wahrscheinlich« in dieser Fassung unvollständig oder elliptisch ist. Er stellt eine Verkürzung eines Satzes der Form dar »A ist wahrscheinlich aufgrund der und der Bestätigungen«. Solche Urteile über Wahrscheinlichkeit beziehen sich implizit auf die Bestätigungen, auf denen sie basieren, und können unabhängig von ihnen nicht verstanden, diskutiert oder rational aufgenommen werden. Natürlich gehen die

Bestätigungen, auf denen solch ein Urteil beruht, oft aus dem Kontext hervor. Ich behaupte nicht, daß sie unbedingt ausgesprochen werden müssen. Oft kann ihr Verständnis vorausgesetzt werden, und gewöhnlich verhält es sich auch so. Wird das Urteil allerdings in Frage gestellt, dann kann die Bestätigung nicht als gesichert vorausgesetzt, sondern muß spezifiziert werden. Wenn jemand nicht in der Lage ist, die Gründe für seine Behauptung, A sei wahrscheinlich, zu spezifizieren, dann ist seine Behauptung rein subjektiv und somit in gewissem Sinn überhaupt kein echtes Urteil über Wahrscheinlichkeit. In einem solchen Fall ist die Aussage nicht, was sie zu sein scheint, nämlich eine Aussage über A; sie zeigt nur die Überzeugungen des Sprechers an. Sie kann als eine Aussage über diese Überzeugungen verstanden werden oder geradezu als ein Ausdruck dieser Überzeugungen (möglicherweise verbunden mit der Aufforderung an andere, sie sich zu eigen zu machen), aber es ist nicht so wichtig, was von alledem gerade zutrifft. Das Versäumnis, diese Unterscheidung zu treffen, liegt dem Streit, ob Wahrscheinlichkeit subjektiv oder objektiv sei, zugrunde. Ein Urteil über Wahrscheinlichkeit ist subjektiv – bezieht sich nur auf die Überzeugungen von jemandem, die es vielleicht anzeigt oder ausdrückt – dann und nur dann, wenn der Sprecher nicht in der Lage ist, die Bestätigungen zu spezifizieren, aufgrund deren es gefällt wurde. (Wenn jemand als Bestätigung für seine Behauptung, A sei wahrscheinlich, das Faktum anführt, daß er überzeugt ist, es werde eintreten, so sollte offensichtlich sein, daß seine Aussage damit nichtsdestoweniger eine Aussage über seine Überzeugungen ist.) Aber in einem derartigen Fall ist sein Urteil, etwas sei wahrscheinlich, überhaupt kein Urteil über Wahrscheinlichkeit, weil es kein *Urteil* enthält. Es scheint nur aufgrund seiner verbalen oder äußerlichen Form ein solches zu sein. Andererseits ist die Behauptung von jemandem in dem Maße objektiv, als er in der Lage ist, die Bestätigungen zu spezifizieren, auf denen sie basiert. Denn die Bestätigungen stellen, zumindest ihrem Sinn nach, einen Anspruch an andere; wenn sie die Bestätigungen akzeptieren, sollten sie auch das Urteil annehmen. So wird durch die Bestätigungen das Urteil dem persönlichen subjektiven Bereich entzogen und in den nicht persönlichen objektiven Bereich gestellt.

Ganz analoge Überlegungen gelten nun auch für moralische Urteile. Ein genuin moralisches Urteil enthält einen impliziten Bezug auf die Gründe, in denen es fundiert ist, denn ein genuin moralisches Urteil untersteht dem Prinzip der Verallgemeinerung. Ohne diesen Bezug auf die sie stützenden Gründe bleiben Sätze wie »x ist richtig« unbestimmt und rein subjektiv. Ein solches Urteil ist bloß subjektiv, wenn der Sprecher keine Gründe dafür angeben kann (wenn er es könnte und sich zugleich weigern würde, dann wäre vom Gesichtspunkt des Hörers aus sein Urteil immer noch rein subjektiv). In diesem Fall ist es nur ein Indiz dafür, was der Sprecher mag oder nicht mag, was er für gut hält oder nicht, und man kann es entweder als Formulierung dieser Einstellung oder Präferenzen verstehen oder auch lediglich als deren Ausdruck. »Eine Meinung zu einer bestimmten Frage des Verhaltens, die nicht durch Gründe fundiert ist, kann nur als die Präferenz der betreffenden Person gelten; und wenn die Gründe, sofern sie genannt werden, bloß ein Appell an ähnliche Präferenzen anderer Leute sind, dann handelt es sich eben immer noch lediglich um die Vorlieben vieler Personen anstelle der einer Person.«[10] Dieser Punkt kann weiter ausgeführt werden: wenn etwas nur als eine *Präferenz* zu werten ist, kann es nicht als *Urteil* gelten. Somit ist ein Urteil der Form, das nicht durch Gründe gestützt ist, in Wirklichkeit gar kein Urteil. Es scheint nur eines zu sein; es hat die verbale Form eines moralischen Urteils. Es enthält die Wörter »richtig« oder »nicht richtig« bzw. irgendeinen gleichbedeutenden oder verwandten Ausdruck. Über das, worüber es anscheinend etwas aussagt, oder man annimmt, daß es etwas auszusagen hat, sagt es allerdings nichts aus. Es ist lediglich eine Aussage über die Gefühle oder Präferenzen des Sprechers.
Worauf ich hinauswill, ist, daß jemand, der ein moralisches Urteil fällt oder ein Urteil, das die verbale Form eines moralischen Urteils hat, aber keine Gründe dafür angeben kann, nicht wirklich ein *Urteil* über die Handlung oder worum es gerade gehen mag, gefällt hat. Oder, wenn wir es so nennen wollen, dann ist sein Urteil bloß subjektiv – es ist lediglich ein Indiz seiner Einstellungen (oder Wünsche oder Gefühle).

10 Johne Stuart Mill, *On Liberty*, New York 1910, Kap. I, § 6, S. 69.

Ob man es nun als eine Aussage auffaßt, daß jemand eine bestimmte Einstellung hat, oder nur als Ausdruck seiner Einstellung, ist nicht von großer Bedeutung, denn in praktischer Hinsicht ist es ein und dasselbe. Das Urteil ist immer noch subjektiv in einem ganz spezifischen Sinn: es sagt uns mehr über den Sprecher als über das, worum es offensichtlich ging, mehr über ihn als über die Handlung, auf die er sich bezog. Wenn andererseits jemand Gründe für sein Urteil angeben kann, dann ist es objektiv. Dies bedeutet nicht, daß es notwendigerweise richtig ist oder daß man es nicht mit Gründen bestreiten kann. Ein Urteil kann objektiv sein, ohne stichhaltig oder wahr zu sein. Denn wenn auch Gründe angegeben werden müssen, so kann es doch sein, daß sie nicht schlüssig oder nicht besonders gut sind. Sie müssen genuine Gründe sein, aber es kann immer noch bessere Gründe gegen das Urteil geben. Es scheint, daß die Objektivität eines Urteils somit zu einer Frage des Grades wird, in dem einige Urteile objektiver sind als andere; und es mag daher besser sein zu sagen, das Urteil von jemandem sei in dem Maß objektiv, in dem er Gründe dafür angeben kann. Aber wenn ein »Urteil« bloß subjektiv ist, dann ist es in einem ganz spezifischen Sinn gar kein genuin moralisches Urteil, denn es ist kein Urteil über das, worüber es eines zu sein scheint. Es ist kein echtes moralisches Urteil, sondern eine verkleidete autobiographische Aussage.

Es gibt einen ausgezeichneten Grund dafür, warum ein Bezug auf Gründe notwendige Bedingung für Objektivität ist. Indem ich einen Grund, meinen Grund, etwas anzunehmen, angebe, versuche ich zugleich, Dir einen Grund zu geben, das Gleiche anzunehmen. Ein Grund stellt notwendigerweise den Anspruch auf objektive Gültigkeit. Mein Grund beansprucht, *ein* Grund zu sein, d. h. ein Grund unabhängig von der Person, die ihn jeweils in Betracht zieht. Er ist nicht nur ein Grund, einfach weil ich ihn als solchen betrachte. Er mag faktisch nicht der Grund von jemandem anderen sein, aber er muß derart sein, daß er es sein könnte und tatsächlich wäre, wenn der andere ihn in Betracht zöge.[11] Etwas als Grund für

11 Vgl. Bernard Mayo, *Commitments and Reasons*, in: *Mind*, Bd. LXIV (Juli 1955), S. 355-358, bes. S. 355: »Es liegt in der Natur einer sittlichen Handlung oder eines moralischen Urteils, durch Gründe fundiert werden zu können. Aber wenn ich einen Grund für meine Handlung angebe, dann ist, obwohl es sprachlich

eine bestimmte Folgerung zu betrachten, heißt anzunehmen, daß jeder, der das Faktum kennt, oder was immer es sein mag, was als Grund angesehen wird, zu derselben Folgerung kommen sollte und auch kommt, sofern er vernünftig ist. Natürlich mögen meine Gründe für eine bestimmte Annahme nicht deine Gründe sein. Es gibt hier eine Fülle von Möglichkeiten. Ich kann Fakten berücksichtigen, die du gar nicht siehst und umgekehrt. Wir können verschiedene Gründe haben, dasselbe anzunehmen, oder unsere verschiedenen Gründe können uns zu verschiedenen Folgerungen führen. Weiter könnten wir auch den Gründen ein unterschiedliches Gewicht beimessen. Oder, was als Grund angeführt wird, mag nur unter gewissen Voraussetzungen, die ich nicht akzeptiere, ein Grund sein, usw. Immer gilt, daß, wenn ich den Anspruch erhebe, etwas sei ein Grund, ich zugleich den Anspruch erhebe, jeder, der es als wahr anerkennt, müßte es auch als einen Grund anerkennen, und zwar, sofern er keine widersprechenden Überlegungen anführt, als einen guten Grund. Es ist anzumerken, daß einen Grund anzugeben nicht notwendig auch heißt, einen Beweggrund anzugeben. Ich spreche hier davon, wie man jemanden durch Argumente überzeugt, nicht davon, wie man jemanden überredet. Man kann auf verschiedensten Wegen überredet werden, angefangen von Lobbys und durch sozialen Druck bis hin zu rhetorischen Schlichen und eindeutigen Irreführungen. Damit man überzeugt wird, müssen rationale Gründe angegeben werden. Ich spreche hier auch nicht von einem Grund, etwas zu *tun*, in dem Sinne, in dem mein Grund, mich in die Sonne zu setzen, nicht dein Grund zu sein braucht und dich nicht dazu zu bewegen braucht, das gleiche zu tun; hier geht es nicht um Objektivität oder um Rechtfertigung.

Wenn ich sage, ein moralisches Urteil sei nicht objektiv bzw.

korrekt wäre, von »meinen« Gründen für meine Handlung zu sprechen, die Beziehung, die durch »mein« gekennzeichnet wird, eine ganz andere, als wenn ich von meinen Motiven oder Neigungen gesprochen hätte ... Der Unterschied ist der: Daß ich eine Neigung habe, ist logisch (wenn auch nicht immer kausal) unabhängig davon, daß andere Leute ähnliche Neigungen haben; daß ich aber einen Grund habe, sei es für einen theoretischen Schluß oder für eine nicht-theoretische Handlung, ist logisch nicht unabhängig davon, daß andere Leute einen Grund dafür haben. Was für mich als Grund zählt, zählt auch für andere als Grund, und wenn ich es nicht als Grund für andere ansehen könnte, könnte ich es auch nicht als Grund für mich ansehen. Mit anderen Worten, es widerspricht sich selbst, zugleich zu sagen, daß ich einen Grund habe, X zu tun, und zu sagen, daß niemand anders diesen Grund haben könnte, X zu tun.«

kein genuin moralisches Urteil, wenn es nicht in Gründen fundiert ist, meine ich damit nicht, daß der Sprecher tatsächlich seine Gründe nennen muß. Wenn ich mit dir darin übereinstimme, daß eine bestimmte Handlung nicht richtig ist, werde ich schwerlich nach deinen Gründen fragen. Manchmal, und in der Tat in sehr vielen Fällen, gehen die Gründe, die man hat, aus dem Kontext hervor, oder einfach aus der Art, wie das Urteil formuliert ist, und die Tatsache, daß sie nicht besonders ausgesprochen werden, würde das Urteil nicht subjektiv machen oder es als genuin moralisches Urteil beeinträchtigen. Doch in Zweifelsfällen oder bei sich widersprechenden Auffassungen, in Fällen, in denen eine Streitfrage auftritt, müssen Gründe angegeben werden. Denn in solchen Fällen geht nicht aus dem Kontext hervor, welches die Gründe sind, oder, wenn dies doch der Fall ist, ob sie hinreichend sind.

Wenn ich sage, man müsse in der Lage sein, Gründe anzugeben, meine ich weiter auch nicht, daß man fähig sein muß, sie zu *analysieren.* Ein Argument zur Stützung der eigenen Auffassung angeben zu können, ist nicht dasselbe, wie es analysieren zu können. Letzteres liegt auf einer anderen Ebene. Was ich eigentlich sagen will, ist, daß man einen Grund haben muß, und zwar einen genuinen Grund, der nicht lautet »weil ich eben ich bin« oder »weil ich das mag« oder irgend etwas dieser Art. Denn wenn jemand keinen Grund angeben kann, dann ist anzunehmen, daß er keinen hat.

Damit meine ich, daß jemand, der behauptet, eine bestimmte Handlung sei nicht richtig, aber nicht in der Lage ist, zu sagen, warum sie nicht richtig ist oder welcher Grund besteht anzunehmen, daß sie nicht richtig ist, nicht mehr gesagt hat, als daß er die Handlung nicht für gut hält oder daß ihm lieber wäre, wenn man sie unterließe. Es ist allerdings sehr wohl möglich, daß jemand eine Handlung für gut hält, wenn sie von einer Person ausgeführt wird, und sie nicht für gut hält, wenn eine andere Person sie ausführt, ohne daß er irgendeinen relevanten Unterschied zwischen den beiden Fällen angeben könnte. Dies sollte in den Fällen klar sein, in denen jemand als seine »Gründe« das Faktum anführt, daß er eine Person mag und eine andere nicht. Man hat gesagt, daß »ich meine Handlung nicht für gut halten kann, ohne zugleich eine ähnliche Handlung eines anderen für gut zu halten; ebenso kann ich die Handlung eines anderen nicht für gut halten, wenn ich nicht bereit bin, sie als meine Handlung für gut zu halten«.[12] Das stimmt nicht. Zwar würde ich mich damit in einen Widerspruch verwickeln, doch daß ich mir widerspreche, ist keineswegs unmöglich. Nicht möglich ist, daß es für A *richtig* sein soll, x zu tun, und für jemanden, der A ähnlich ist, unter ähnlichen Umständen nicht richtig sein soll. Aber für mich ist es nicht unmöglich, x zu tun, *als richtig* für A *anzusehen* und als nicht richtig für jemanden mit ähnlichen individuellen Voraussetzungen und unter ähnlichen Umständen. Für mich ist es wohl möglich, zugleich zu glauben, daß P wahr und daß P falsch ist. Unmöglich ist nur, daß P gleichzeitig wahr und falsch *ist.* Das bedeutet, daß meine Überzeugungen inkonsistent wären, aber nicht, daß ich sie nicht haben könnte.

Daraus folgt, daß Sätze wie »x ist richtig« nicht notwendig oder generell gleichbedeutend sind mit »ich halte x für gut« oder dergleichen. Das trifft manchmal zu, und zwar nur dann, wenn der Sprecher keine Gründe für seine Behauptung angeben kann. Natürlich kann aus der Tatsache, daß jemand behauptet, »x ist richtig«, wenn seine Behauptung aufrichtig war, geschlossen werden, daß er x für gut hält und d. h. daß er meint, x sei richtig. Aber das gilt für jede Behauptung – aus der Tatsache, daß sie gemacht wurde, kann man, unter der Voraussetzung, daß sie aufrichtig gemeint war, schließen, daß der Sprecher glaubt, was er sagt.

Daraus folgt auch, was eigentlich eine Trivialität ist, daß nämlich moralische Urteile durch Gründe fundiert werden können; ein Satz mit der verbalen Form eines moralischen

12 Bernard Mayo, *The Logic of Personality*, S. 152. Es ist interessant anzumerken, daß eine »emotivistische Theorie« der Wahrscheinlichkeit in Analogie zu einer emotivistischen Ethik konstruiert werden kann. »Das ist wahrscheinlich« kann so verstanden werden, daß es heißt »Ich habe eine starke Veranlassung, das zu glauben; glaube es auch.« Auf dieser Ebene können wir auch eine emotivistische Wahrheits- oder Erkenntnistheorie konstruieren: »Das ist wahr« heißt: »Ich glaube das; glaube es auch«. Je nachdem, welche von den verschiedenen Formulierungen der emotivistischen Theorie man zugrundelegt, bekommen Wahrscheinlichkeit und Wahrheit eine ähnliche Extension. Es ist daher ziemlich bemerkenswert, daß die emotivistische Analyse speziell auf moralische Urteile anwendbar sein soll. Vgl. H. J. Paton, *»The Emotive Theory of Ethics«*, in: *In Defence of Reason*, London 1951, S. 205-206.

Urteils, für den man keine Gründe angeben kann, drückt überhaupt kein moralisches Urteil aus.[13] Es scheint, daß die Anhänger emotivistischer oder subjektivistischer ethischer Theorien gar nicht genuin moralische Urteile analysiert haben, sondern Ausdrücke, die parasitär von ihnen zehren.

13 Im wesentlichen dieselbe Ansicht vertritt Stuart Hampshire in *Fallacies in Moral Philosophy*, in: *Mind*, Bd. LVIII (Oktober 1949), S. 471: »Wenn ich nicht in der Lage bin, solche praktischen Argumente anzugeben, die zeigen, was hätte getan werden sollen, würde ich zugeben, daß ich kein genuin moralisches Urteil fälle, sondern nur meine eigenen Gefühle ausdrücke oder wiedergebe; und ich würde zugeben, daß es irreführend war, die Satzform zu benutzen, die normalerweise moralischen Urteilen und nicht Gefühlsäußerungen eigen ist. Zweifellos sind viele Sätze, die moralische Ausdrücke enthalten, zweideutig und können normalerweise sowohl zum Ausdruck praktischer Urteile wie auch zum Ausdruck von Gefühlen benutzt werden; der entscheidende Punkt ist jedoch, daß wir, wenn wir über unsere Absichten zur Rechenschaft gezogen werden, aufgefordert sind, zwischen solchen Verwendungsweisen zu *unterscheiden*. ...« Ich bin nicht bereit, Mr. Hampshires Formulierung des Punktes zu folgen, die unzulässigerweise annimmt, daß die Leute in der Art von Situation, die er beschreibt, es überhaupt zugeben werden, eine irreführende Form des Wortes zu verwenden, eine Formulierung, die auch zu implizieren scheint, daß dies relevant sei. Das trifft nicht zu.

IV Das Argument der Verallgemeinerung

Das Argument der Verallgemeinerung hat die allgemeine Form: »Wenn jeder x tun würde, wären die Folgen verheerend (oder nicht wünschenswert); deshalb sollte niemand x tun.« Es wird nützlich sein, jedes einzelne Argument dieser oder einer äquivalenten Form als Beispiel oder Anwendungsfall des Arguments der Verallgemeinerung aufzufassen. Jede konkrete Anwendung des Arguments kann natürlich in vielen Varianten formuliert werden. Man könnte etwa nur fragen: »Was würde passieren, wenn das jeder täte?« oder »Wie würdest Du es finden, wenn das jeder täte?« Dem Gebrauch solcher Fragen liegt jedenfalls diese Argumentationsform zugrunde. Es ist auch wirklich nicht schwierig, etwas als Beispiel für dieses Argument zu identifizieren. Das größere Problem besteht darin, sein rationales Gewicht zu bestimmen, und zwar sowohl im allgemeinen wie auch bei den speziellen Anwendungsfällen.

Wie wir gesehen haben, gibt es bestimmte Bedingungen, unter denen das Argument anwendbar ist, und andere, unter denen es nicht anwendbar ist. In einigen Fällen enthält die Anwendung des Arguments Trugschlüsse, in anderen nicht. Das grundlegende Problem in bezug auf das Argument der Verallgemeinerung besteht also darin, die Bedingungen anzugeben, unter denen es gültig ist. Zu sagen, daß das Argument unter bestimmten Bedingungen *gültig* sei, heißt, daß unter diesen Bedingungen der Satz, wenn das jeder täte, seien die Folgen nicht wünschenswert, einen guten Grund abgibt für die Schlußfolgerung, daß es nicht richtig ist, in dieser Weise zu handeln.

Die Behauptung, daß die Anwendung des Arguments bestimmte Bedingungen erfüllen muß, wenn sie gültig sein soll, setzt voraus, daß die Form des Arguments selbst nicht ungültig ist, daß das Argument nicht schlechthin ungültig ist. Wenn die Form des Arguments selbst Trugschlüsse enthielte, würde sich das Problem nicht stellen, zwischen gültigen und ungültigen Anwendungen zu unterscheiden, weil es in jedem Anwendungsfall ungültig wäre. Und wenn das so wäre, wäre das Faktum, daß es verheerende Folgen hätte, wenn jeder so handelte, unerheblich für die Frage, ob es richtig ist, in dieser Weise zu handeln. Es wäre ein Faktum ohne moralische Relevanz.

Wenn man es so formuliert, sollte der Gedanke, daß das Argument der Verallgemeinerung in jedem Anwendungsfall ungültig ist, weniger plausibel klingen. Dennoch wird er gestützt durch die Tatsache, daß das Argument mit Sicherheit einen formalen Trugschluß zu enthalten scheint, nämlich den, daß man von »nicht jeder« auf »niemand« oder von »einige« auf »alle« schließt. Wenn das so wäre, dann könnte es zwar noch ein wirksames Mittel der Überredung sein, hätte aber keinen Anspruch auf rationale Überzeugungskraft.

Aber in diesem Fall ist es irreführend, von der grammatischen auf die logische Form zu schließen. Es ist wahr, daß das Argument der Verallgemeinerung eine Folgerung enthält von einer Aussage der Form »Nicht jeder sollte das tun« auf eine der Form »Niemand sollte das tun«, und das, könnte man sagen, enthält einen Schluß von »einige« auf »alle«. Genau deshalb habe ich es das Argument der Verallgemeinerung genannt. Aber es ist nicht richtig, und soviel sollte jetzt klar sein, daß diese Art der Folgerung immer falsch ist. Es wäre falsch zu argumentieren, daß niemand Musik liebt, weil nicht jeder Musik liebt. Es ist aber nicht notwendig falsch zu argumentieren, daß, weil nicht jeder in einer bestimmten Weise handeln soll, niemand so handeln sollte. Der Unterschied besteht darin, daß wir es im letzteren Fall mit einem moralischen Urteil zu tun haben, bei dem die Folgerung von »nicht jeder sollte« auf »niemand sollte« durch das *Prinzip* der Verallgemeinerung vermittelt wird und damit eine andere Qualität erhält. Daß das Argument der Verallgemeinerung das Prinzip der Verallgemeinerung enthält, wird zweifellos dadurch verdeckt, daß bei Anwendungen des Arguments die Modifikation »alle Personen mit ähnlichen individuellen Voraussetzungen und unter ähnlichen Umständen« unausgesprochen bleibt. Aber bei einer gültigen Anwendung des Arguments wird diese Einschränkung entweder implizit oder vom Kontext her mitverstanden oder durch verschiedene sprachliche Hinweise angedeutet. Zum Beispiel soll das Argument »Jeder sollte wählen, weil die Regierung zusammenbräche, wenn niemand wählen würde« offenbar nur für diejenigen gelten, die gesetzlich wahlberechtigt sind. Diese Bedingung, unter der das Argument steht, werde ich die der *eingeschränkten Allgemeinheit* nennen, und ich werde die Diskussion dieses Punktes gleich anschließen. Zuvor jedoch wird es nützlich sein, etwas präziser die verschiedenen Schritte anzugeben, die im Argument der Verallgemeinerung enthalten sind, um seine logische Struktur klarer darzustellen. Das Prinzip der Verallgemeinerung ist nämlich nicht das einzige Prinzip, das darin enthalten ist. Betrachten wir also einmal die Anatomie des Arguments der Verallgemeinerung.

§ 1

Das Argument enthält zunächst einmal das Prinzip »Wenn die Folgen davon, daß A x tut, verheerend wären, dann sollte A x nicht tun.« Das Wort »verheerend« ist viel stärker, als es die Formulierung des Prinzips erfordern würde, ebenso wie die etwa gleichbedeutenden Wörter »schrecklich« oder »katastrophal«. Es kann durch den etwas schwächeren und allgemeineren Ausdruck »nicht wünschenswert« ersetzt werden. Es ist möglich, daß die Folgen einer Handlung nicht wünschenswert sind, ohne daß sie darum verheerend sein müssen. Wenn sie jedoch verheerend sind, dann sind sie auch nicht wünschenswert. Also kann das Prinzip, das ich das *Prinzip der Folgen* nennen werde, folgendermaßen formuliert werden: (1) Wenn die Folgen davon, daß A x tut, nicht wünschenswert wären, sollte A x nicht tun. Das entspricht offenbar dem Satz »Wenn die Folgen davon, daß A x nicht tut, nicht wünschenswert wären, dann sollte A x tun.« Es entspricht jedoch nicht dem Satz »Wenn die Folgen davon, daß A x tut, wünschenswert wären, dann sollte A x tun.« Ich zweifele sehr daran, daß dieser letzte Satz richtig ist (ob er es ist oder nicht, wird in Kapitel VII diskutiert werden). Wie auch immer, er ist jedenfalls kein Teil des Arguments der Verallgemeinerung.

Das Prinzip der Folgen ist ein notwendiges ethisches oder moralisches Prinzip. Es ist notwendig nicht nur in dem Sinn, daß es zu Widersprüchen führt, wenn man es leugnet. Es ist auch in dem Sinn notwendig, daß es ebenso wie das Prinzip der Verallgemeinerung eine notwendige Voraussetzung oder Vorbedingung moralischen Argumentierens ist. Es kann innerhalb des Rahmens, der von dem Prinzip abgesteckt wird, erhebliche und fruchtbare Meinungsverschiedenheiten geben, nicht aber über das Prinzip selbst. Wir können sagen, daß es ebenso wie das Prinzip der Verallgemeinerung sowohl notwendig wie auch fundamental ist.

Ich möchte damit nicht sagen, daß jemals jemand ernsthaft versucht hat, das Prinzip in Frage zu stellen oder es zu leugnen. Möglicherweise hat das niemand getan, mindestens nicht ausdrücklich; obwohl es sicherlich viele Beispiele gibt, in denen es implizit geleugnet wurde, und fraglos viele Fälle, in denen es verletzt oder mißachtet worden ist. Das Prinzip kann jedoch mißverstanden werden, besonders wenn der Ausdruck »nicht wünschenswert« nicht richtig verstanden wird. Der Ausdruck kann in einer von zwei möglichen Bedeutungen verstanden werden, mit der Konsequenz, daß es zwei Möglichkeiten gibt, das Prinzip zu interpretieren. Obwohl diese zwei Möglichkeiten miteinander vereinbar sind, sollte man sie auseinanderhalten.

Eine Bedeutung von »nicht wünschenswert« ist die von »im ganzen nicht wünschenswert«. Bei dieser Interpretation bedeutet das Prinzip nicht, daß A x deshalb nicht tun sollte, weil *einige* der Folgen davon, daß A x täte, nicht wünschenswert wären. Damit ist vollständig vereinbar, daß eine Handlung im Hinblick auf einige ihrer Folgen wünschenswert ist, im Hinblick auf andere dagegen nicht, oder daß die Folgen im Hinblick auf einige Aspekte nicht wünschenswert sind, in bezug auf andere aber doch. Und es ist sehr gut möglich, daß, obgleich einige der Folgen einer Handlung nicht wünschenswert sind, die Handlung im ganzen gesehen als wünschenswert gelten kann. Die wünschenswerten Folgen einer Handlung können nämlich die nicht wünschenswerten durchaus *überwiegen.* Oder es ist möglich, daß die Folgen davon, daß A x nicht tut, noch schlimmer wären (oder weniger wünschenswert) als die Folgen davon, daß er es täte.

In der zweiten Bedeutung von »nicht wünschenswert« hat es nicht den Aspekt von »im ganzen«. Bei dieser Interpretation würde die Tatsache, daß einige der Folgen davon, wenn A x täte, nicht wünschenswert wären, ein Grund sein zu versichern, daß A x nicht tun sollte, aber es wäre kein zwingender Grund. Man könnte dann vernünftigerweise annehmen, daß es für A nicht richtig wäre, x zu tun.[1] Diese vorläufige Annahme kann zurückgewiesen werden, indem man zeigt, daß nicht alle Folgen nicht wünschenswert wären und daß die wünschenswerten die nicht wünschenswerten überwiegen (oder die nicht wünschenswerten weniger wichtig sind); mit anderen Worten, indem man zeigt, daß die Folgen davon, daß A x täte, nicht im ganzen nicht wünschenswert wären. Also wäre, bei dieser Interpretation, eine adäquatere, weil weniger verkürzte Formulierung des Prinzips: Wenn die Folgen davon, daß A x tut, nicht wünschenswert sind, dann sollte A x nicht *ohne Grund oder Rechtfertigung* tun. Solche Formulierungen wie »A sollte x tun« sind in dieser Hinsicht normalerweise verkürzt.

Diese kurzen Bemerkungen sollten klarmachen, daß das Prinzip weit weniger Annahmen enthält, als man auf den ersten Blick vermuten könnte. Es legt nicht von sich aus die Bedeutung des Ausdrucks »nicht wünschenswert« fest oder was wünschenswert ist oder nicht; oder wie die verschiedenen Folgen einer Handlung gegeneinander abgewogen werden sollen, um zu bestimmen, ob sie im ganzen nicht wünschenswert sind. Konsens in bezug auf das Prinzip ist durchaus vereinbar mit unterschiedlichen Beurteilungen dieser letzten Fragen. Es ist sogar so, daß ohne Übereinstimmung in bezug auf das Prinzip Meinungsverschiedenheiten über diese letzten Fragen gegenstandslos wären.

Dieser erste Schritt im Argument der Verallgemeinerung ist die Grundlage für den zweiten, der eine Verallgemeinerung des ersten ist: (2) Wenn die Folgen davon, daß jeder x täte, nicht wünschenswert wären, dann sollte nicht jeder x tun.[2]

1 Ich gebrauche die Ausdrücke »A sollte x nicht tun«, »Es wäre nicht richtig für A, x zu tun« und »A hat kein Recht, x zu tun« synonym, und ich würde sagen, daß das dem normalen Sprachgebrauch entspricht. Folglich behandele ich »A sollte x tun« als äquivalent mit »Es wäre nicht richtig für A, x nicht zu tun« und mit »A hat kein Recht, x nicht zu tun.« Es ist zu beachten, daß der kontradiktorische Gegensatz zu »A sollte x tun« nicht ist »A sollte x nicht tun«, wozu es eher konträr ist (weil möglicherweise beides nicht gilt), sondern »A hat das Recht, x nicht zu tun« (oder »A braucht x nicht zu tun«).

2 Da Ausdrücke wie »nicht jeder sollte« und »niemand sollte« irreführen können, sollte hier vielleicht gesagt werden, daß ich mit »nicht jeder sollte« ganz und gar

Im dritten Schritt des Arguments kommt das Prinzip der Verallgemeinerung hinzu: (3) Wenn nicht jeder x tun sollte, dann sollte niemand x tun. Das kann natürlich auch in einer alternativen Formulierung gesagt werden: Wenn es für jeden nicht richtig ist, x zu tun, dann ist es auch für irgendeinen beliebigen nicht richtig, x zu tun. Dabei ist zu beachten, daß ich die notwendigen Modifikationen nicht mitformuliert habe.

Diese drei Schritte sind tatsächlich im Argument der Verallgemeinerung zusammengezogen, das offensichtlich aus (2) und (3) deduzierbar ist: Wenn die Folgen davon, daß jeder x täte, nicht wünschenswert wären, sollte niemand x tun.

Es mag nützlich sein, diese Ableitung des Arguments der Verallgemeinerung aus dem Prinzip der Verallgemeinerung und dem Prinzip der Folgen in einem Punkt in einer etwas anderen Sprache durchzuspielen. Das Prinzip der Folgen (F) stellt fest: Wenn die Folgen davon, daß A x tut, nicht wünschenswert wären, hat A nicht das Recht, x zu tun. Das folgende Prinzip (VF) habe ich eine Verallgemeinerung von F genannt: Wenn die Folgen davon, daß jeder x tut, nicht wünschenswert wären, dann hat nicht jeder das Recht, x zu tun. Das Prinzip der Verallgemeinerung (PV) kann man folgendermaßen formulieren: Wenn nicht jeder das Recht hat, x zu tun, dann hat niemand das Recht, x zu tun. Das Argument der Verallgemeinerung (Wenn die Folgen davon, daß jeder x täte, nicht wünschenswert wären, hat niemand das Recht, x zu tun) folgt klar aus PV und VF.

Zu dieser Deduktion sind jetzt einige Bemerkungen angebracht. In der oben vorgenommenen Verallgemeinerung des Prinzips der Folgen (VF) wird »jeder« im kollektiven Sinn und nicht distributiv gebraucht. Die Prämisse: »Wenn die Folgen davon, daß jeder in einer bestimmten Weise handeln würde, nicht wünschenswert wären«, unterscheidet sich von der Prämisse: »Wenn die Folgen *jeder einzelnen* Handlung dieser

nicht dasselbe meine wie »nicht von jedem wird *verlangt*«, sondern eher »nicht jeder hat das Recht« oder »es würde nicht für jeden richtig sein«. Dementsprechend meine ich mit »niemand sollte« nicht »von niemandem wird verlangt« oder »niemand hat die Pflicht«, sondern eher, »niemand hat das Recht« oder »es wäre für *niemanden* richtig«. (Sollte es jemand vorziehen »Nicht jeder sollte x tun« in »Es sollte nicht der Fall sein, daß jeder x tut« umzuformulieren, so sehe ich dagegen keinen Einwand außer vielleicht den, daß es nicht sehr gebräuchlich ist und ich außerdem nicht einsehen kann, inwiefern das weiterführt.)

Art nicht wünschenswert wären«. Die letztere Formulierung impliziert, daß jede einzelne Handlung dieser Art nicht richtig wäre. Das ist die korrekte logische Verallgemeinerung des Prinzips der Folgen; es ist jedoch nicht die, die uns interessiert, noch ist sie besonders wichtig.

Der Folgesatz von VF lautet also: »nicht jeder sollte x tun« und nicht etwa »jeder sollte x nicht tun«, weil entsprechend der Voraussetzung die nicht wünschenswerten Folgen, die daraus entstünden, daß jeder etwas Bestimmtes täte, ausblieben, wenn es eben nicht jeder täte. Also impliziert das Argument der Verallgemeinerung nicht, daß die Folgen jeder einzelnen Handlung des zur Debatte stehenden Typs nicht wünschenswert wären. Aufgrund des Prinzips der Verallgemeinerung impliziert es vielmehr, daß jede einzelne Handlung der Art als nicht richtig gelten kann. Daraus, daß eine Handlung nicht richtig ist, folgt allerdings nicht, daß ihre Folgen nicht wünschenswert wären.

Das Argument der Verallgemeinerung muß unterschieden werden von etwas, das man das verallgemeinerte *Prinzip der Folgen* nennen könnte: Wenn die Folgen davon, daß man x tut, nicht wünschenswert wären (im allgemeinen oder normalerweise), dann ist es (im allgemeinen) nicht richtig, x zu tun. Hier bezeichnet »x« nicht eine ganz bestimmte Handlung, sondern einen Typ von Handlung. Die Folgen des Lügens sind normalerweise nicht wünschenswert; folglich ist es normalerweise nicht richtig zu lügen. Das verallgemeinerte Prinzip der Folgen bezieht sich auf die *individuellen Folgen* von Handlungen eines bestimmten Typs. Das Argument der Verallgemeinerung bezieht sich auf die *Folgen für alle*, die daraus entstünden, daß jeder in einer bestimmten Weise handeln würde. Das ist nicht immer dasselbe.

Aus der Tatsache, daß das Prinzip der Verallgemeinerung im Argument der Verallgemeinerung in der Weise enthalten ist, wie wir es gezeigt haben, folgt, daß alle Modifikationen, die das erstere erfordert, auch für das letztere notwendig sind. Sie sind also bei jeder gültigen Anwendung des Arguments erforderlich. Die erste Modifikation ist die der eingeschränkten Allgemeinheit, die Einschränkung auf »alle Personen mit ähnlichen individuellen Voraussetzungen und unter ähnlichen Umständen«. Die zweite betrifft den elliptischen Charakter des Schlusses, daß niemand das Recht hat, x zu tun. Wie ich bereits gesagt habe, lautet die Formulierung des Prinzips der Verallgemeinerung, die für das Verständnis des Arguments der Verallgemeinerung besonders geeignet ist: Wenn nicht jeder in einer bestimmten Weise handeln oder behandelt werden sollte, dann sollte niemand in dieser Weise handeln oder behandelt werden, *ohne einen Grund oder eine Rechtfertigung* angeben zu können. Besser formuliert lautet das Argument der Verallgemeinerung daher: Wenn die Folgen davon, daß jeder in einer bestimmten Weise handeln oder behandelt werden würde, nicht wünschenswert wären, dann sollte niemand *ohne Grund* so handeln oder behandelt werden. Mit anderen Worten: Wer auch immer in einer Weise handelt, von der man nicht wünschen könnte, daß alle so handeln, muß sein Verhalten rechtfertigen. Das Faktum, daß es nicht wünschenswert wäre, wenn jeder in der Weise handelte, legt die Annahme nahe, ist aber noch kein endgültiger Grund für das Urteil, sein Verhalten sei nicht richtig. Man kann sich rechtfertigen oder zeigen, daß man eine Ausnahme ist, indem man die Umstände der eigenen Handlung als in relevanter Weise verschieden von denen ausweist, unter denen die Handlung nicht richtig wäre. Die Diskussion über das Vorgehen, mit dem man rechtfertigt, so zu handeln, wie es nicht wünschenswert wäre, daß alle handeln, oder wie es im allgemeinen nicht richtig wäre zu handeln, können wir auf später verschieben. Jetzt möchte ich vorschlagen, etwas detaillierter die Bedingung eingeschränkter Allgemeinheit zu diskutieren.

§ 2

Bei konkreten Anwendungen des Arguments der Verallgemeinerung bedeuten die Ausdrücke »jeder« und »niemand« nicht, wie es scheinen mag, »ohne Einschränkung jeder« bzw. »niemand«. Wenn man diese Ausdrücke verwendet, so will man selten – wenn überhaupt – damit ein jedes menschliches Wesen einbeziehen; ihr Bedeutungsumfang ist vielmehr restringiert auf ein jedes Mitglied einer bestimmten *Klasse* von Personen, nämlich auf solche, die bestimmte Eigenschaften haben oder bestimmte Bedingungen erfüllen. Diese Einschränkung kann leicht in die Formulierung des Arguments eingebracht werden: »Wenn die Folgen davon, daß jedes Mitglied von K x tun würde, nicht wünschenswert wären, dann sollte kein Mitglied von K x tun.« Diese Art Einschränkung geht aber, wie ich schon sagte, gewöhnlich aus dem Kontext hervor, in dem das Argument angewandt wird. In manchen Fällen mag natürlich die entsprechende Klasse explizit erwähnt werden, aber das trifft nicht in allen Fällen zu; und wo es zutrifft, wird sie kaum bis in alle Einzelheiten spezifiziert, so daß man für eine genauere Bestimmung auch hier noch auf den Kontext rekurrieren muß.

Niemand würde den Ausdruck »jeder«, wie er in diesem Argument verwendet wird, in dem Sinne verstehen, daß er Katzen und Hunde oder Mäuse und Käfer umfaßt. In den meisten Fällen schließt er lediglich menschliche Wesen oder rational Handelnde ein. Das ist so klar, daß es nie eigens erwähnt zu werden braucht. Ähnliches gilt für die betreffende Handlung, auf die man sich mit einem Ausdruck wie »das« oder »in dieser Weise« beziehen mag. Ein solcher Ausdruck ist unabhängig vom Kontext sinnlos. Um zu wissen, worauf sich in einem bestimmten Zusammenhang ein Ausdruck wie »das« gewöhnlich bezieht, muß man den Kontext kennen. Auch wenn man sich in einer etwas präziseren Weise auf die Handlung bezieht, indem man etwa angibt, um was für einen Typ von Handlung es sich handelt, gilt die Handlung doch weiterhin als eine Handlung, die in einem bestimmten Kontext oder unter bestimmten Bedingungen stattfindet, die unausgesprochen bleiben können.

Dieser Gesichtspunkt wird durch die folgenden zwei Beispiele der Anwendung des Arguments der Verallgemeinerung veranschaulicht, in denen es – obwohl das Argument explizit auf eine bestimmte Klasse von Personen beschränkt ist, – dennoch notwendig ist, etwas über den Verwendungszusammenhang zu wissen.

Das erste Beispiel stammt aus Trollopes Erzählung *Phineas Finn:*

Früh am nächsten Morgen sah er Mr. Bunce, und er wandte alle seine Beredsamkeit auf, um dieses ehrenwerte Mitglied der Gesellschaft dazu zu bewegen, zu Hause zu bleiben; aber vergebens. »Was erwarten Sie eigent-

lich Gutes tun zu können, Mr. Bunce?« sagte er, vielleicht mit etwas zuviel Nachdruck.
»Zu tun, was ich für richtig halte«
»Und was halten Sie für richtig?«
»Im Augenblick halte ich es für richtig, mich dafür einzusetzen, daß die geheime Wahl ins Regierungsprogramm aufgenommen wird.«
»Und Sie erwarten das dadurch durchzusetzen, daß Sie mit dem Pöbel von London durch die Straßen ziehen und sich in direkten Gegensatz zu der Autorität der Obrigkeit bringen! Glauben Sie wirklich, daß die geheime Wahl in diesem Land auch nur ein bißchen schneller Gesetz werden wird, weil Sie sich dieser Gefahr und diesen Unbequemlichkeiten aussetzen?«
»Schauen Sie, Mr. Finn; ich glaube nicht, daß die See deshalb voller wird, weil die Piddle aus den Feldern von Dorsetshire hineinfließt; ich glaube allerdings, daß die Gewässer aller Länder den Ozean ausmachen!
Ich werde helfen, und es ist meine Pflicht zu helfen.«
»Es ist Ihre Pflicht als ehrenwerter Bürger, der Frau und Kinder hat, zu Hause zu bleiben.«
»Wenn jeder, der Frau und Kinder hat, so reden würde, dann wäre nur der Pöbel dort und wo würden wir dann bleiben? Was würden die Leute von der Regierung dann zu uns sagen? Wenn jeder, der Frau und Kinder hat, sich heute nacht auf der Straße zeigen würde, hätten wir die geheime Wahl schon, bevor das Parlament sich auflöst, und wenn es keiner von ihnen tut, werden wir nie eine geheime Wahl bekommen. Ist es nicht so?«
Phineas, der aufrichtig sein wollte, war im Augenblick nicht in der Lage, die Behauptung in Frage zu stellen.
»Wenn es so ist«, sagte Bunce triumphierend, »dann ist wohl klar, was jetzt die Pflicht eines Mannes ist.
Er sollte gehen, wenn er auch hundert Frauen und Kinder hätte.« Und er ging. (Kap. XXV.)

Das zweite Beispiel ist einem Artikel über eine Miß Vivien Kellems entnommen, eine zeitgenössische Industriemagnatin, die durch ihre Weigerung berühmt wurde, dem Gesetz nachzukommen, das Arbeitgeber dazu verpflichtet, die Lohnsteuer ihrer Angestellten einzubehalten. Es heißt, daß die Herausgeber von etwa 350 Zeitungen ihr einen verhältnismäßig breiten Raum widmeten, um sie auf einige elementare Sachverhalte hinzuweisen, indem sie etwa erklärten:

Falls ihr das nicht klar sein sollte – was sie da praktiziert habe, sei eigentlich Anarchie; und sie machten sie warnend auf die möglichen Folgen solchen Verhaltens aufmerksam: wenn alle Arbeitgeber ihrem Beispiel folgen und sich weigern würden, die Steuern ihrer Angestellten einzubehalten, so würde ein immenser Teil des der Regierung zustehenden Geldes überhaupt nicht eingenommen werden, Millionen von Leuten wären am 15. März jedes Jahres lieber tot, das gegenwärtige Heer von Steuereinzugspersonal müßte um ein Vielfaches vergrößert werden, und das simple Ergebnis von alledem wäre eine höchst wahrscheinliche Erhöhung der Steuersätze für Leute wie Miß Kellems.[3]

Das sind gewiß zwei klare Anwendungsfälle des Arguments der Verallgemeinerung. In jedem der beiden Fälle ist ganz klar, daß das Argument nicht auf alle menschlichen Wesen unter allen möglichen Umständen angewandt werden soll, obwohl die Klasse von Personen, für die es gedacht ist, nicht vollständig spezifiziert ist. Im ersten Fall wird das Argument zum Beispiel auf die Klasse der Männer mit Frauen und Kindern angewandt; und aus dem Kontext geht deutlich hervor, daß nicht daran gedacht wird, es auf alle Männer mit Frauen und Kindern anzuwenden, sondern daß es zumindest auf diejenigen beschränkt ist, die Bürger Englands sind. Im zweiten Fall ist das Argument nicht nur explizit auf Mitglieder der Klasse der Arbeitgeber bezogen, sondern es würde sinnlos sein anzunehmen, daß es auch auf jemanden anzuwenden ist, der keine Angestellten hat. Es hat keinen Sinn zu fragen, ob jemand, der keine Angestellten hat, das Recht habe, sich zu weigern, die Steuern seiner Angestellten einzubehalten. Es gibt weitere Einschränkungen, die aus dem Kontext hervorgehen, ohne explizit genannt zu sein. Zum einen soll das Argument nur auf Arbeitgeber innerhalb der Vereinigten Staaten anwendbar sein, und zwar nur auf solche in den Vereinigten Staaten, die gesetzlich verpflichtet sind, die Steuern ihrer Angestellten einzubehalten. Aus dem Argument folgt also, kein Arbeitgeber in den Vereinigten Staaten, für den dieses Gesetz gilt, dürfe sich weigern, die Steuern seiner Angestellten einzubehalten, und nicht, kein Arbeitgeber in Brasilien oder anderswo dürfe das nicht. Die Klasse von Personen, die in diesem Kontext einander »ähnlich« sind, ist die Klasse von Personen, die diese Bedingungen erfüllt.

Es sollte daher klar sein, daß keineswegs gemeint ist, das Argument der Verallgemeinerung sei in seinen typischen Anwendungsfällen auf jede Person unter allen Umständen applizierbar; gemeint ist vielmehr, daß es auf jede Person mit ähnli-

3 Aus einer Charakterstudie von Andy Logan, in: *The New Yorker*, Vol XXVI Nr. 51 (10. Febr. 1951), S. 50.

chen individuellen Voraussetzungen und unter ähnlichen Umständen anzuwenden ist. Weiter ist zu berücksichtigen, wie in solchen Anwendungsfällen die Konsequenzen davon beschrieben werden, daß jeder in einer bestimmten Weise handeln würde. Es wird nicht einfach behauptet, daß sie nicht wünschenswert wären – häufig wird das überhaupt nicht behauptet –; sie werden vielmehr in einigen Details aufgezählt mit dem Effekt (oder zumindest mit der Absicht), ihre Unerwünschtheit außer Zweifel zu stellen.

§ 3

Wenn Leute damit anfangen, mich mahnend darauf hinzuweisen, daß, wenn jeder so handeln würde wie ich, etc.... dann gebe ich zur Antwort, die Menschheit würde wahrscheinlich den Kältetod erleiden, wenn jeder Nahrungsmittel produzieren und wahrscheinlich an Hunger sterben, wenn jeder Bekleidungsstücke herstellen oder Häuser bauen würde.[4]

Dies sieht gewiß wie ein echtes Gegenbeispiel gegen das Argument der Verallgemeinerung aus. Da die Folgen davon, daß jeder Nahrungsmittel produzierte, nicht wünschenswert wären, so würde nach dem Muster des Arguments der Verallgemeinerung scheinbar daraus folgen, daß es für jeden nicht richtig ist, dies zu tun, und das ist natürlich absurd.
Aber das folgt in der Tat nicht daraus, und das Argument der Verallgemeinerung führt keineswegs zu dieser Konsequenz. Denn man überlege sich einmal, was geschehen würde, wenn niemand Nahrungsmittel produzierte. Wenn niemand Nahrungsmittel produzierte, so würde jeder hungern. Daher könnte man nach demselben Schema argumentieren, jeder sollte Nahrungsmittel herstellen. Dem Argument, daß niemand Nahrungsmittel herstellen sollte in Anbetracht der Fol-

4 Morris R. Cohen, *The Faith of a Liberal,* New York 1946, S. 86. Ein Teil des Satzes, der dem hier im Text zitierten vorausgeht, lautet: »Wir würden in einer verarmten Welt leben, wenn es keine verschiedenen Funktionen gäbe, die den verschiedenen natürlichen Fähigkeiten Rechnung tragen würden.« Das stimmt tatsächlich; es folgt daraus aber nicht, daß wir hier ein Gegenbeispiel haben, welches das Argument der Verallgemeinerung trifft. Vgl. Cohen, *Reason and Nature,* New York 1931, S. 433: »Das Argument, lügen sei moralisch schlecht, weil es nicht verallgemeinert werden kann, hat auch keinerlei Gewicht. Das geläufige Argument »wenn jeder so und so handeln würde ...« läßt sich ebenso auf das Brotbacken, Häuserbauen und Ähnliches anwenden. Für jeden ist es gleichermaßen unmöglich, ständig zu lügen wie dauernd Brot zu backen oder Häuser zu bauen.«

gen, die sich daraus ergäben, wenn jeder das tun würde, kann das Gegenargument entgegengehalten werden, jeder sollte Nahrungsmittel herstellen wegen der Folgen, die sich daraus ergäben, daß niemand das täte. Einer gültigen Anwendung des Arguments der Verallgemeinerung kann man jedoch nicht mit einem solchen Gegenargument begegnen. Das Argument, wonach jeder wählen sollte in Anbetracht der Folgen davon, daß niemand wählt, kann auf diese Weise nicht widerlegt werden.

In einem Fall, in dem die Folgen davon, daß jeder in einer bestimmten Weise handelt, nicht wünschenswert wären, während die Folgen davon, daß niemand in dieser Weise handelt, ebenfalls nicht wünschenswert wären, werde ich sagen, daß das Argument *umkehrbar* ist. So ist das Argument, was die Produktion von Nahrungsmitteln, das Häuserbauen und das Anfertigen von Kleidungsstücken betrifft, umkehrbar. Damit nun das Argument der Verallgemeinerung hinsichtlich einer Handlung eine gültige Anwendung findet, darf es hinsichtlich dieser Handlung nicht umkehrbar sein. Mit anderen Worten, ein Argument der Form »Da die Folgen davon, daß jeder x tut, nicht wünschenswert wären, sollte niemand x tun«, ist nur gültig, wenn es nicht der Fall ist, daß die Folgen davon, daß niemand x tut, auch nicht wünschenswert wären.

Diese Bedingung der Gültigkeit des Arguments der Verallgemeinerung ist keine *ad hoc* eingeführte Bedingung, die nur in dieser Art von Fällen Abhilfe schaffen soll, obwohl, wenn es sich so verhielte, das noch kein Einwand dagegen wäre. Sie ist vielmehr eine jener Bedingungen des Arguments der Verallgemeinerung, die man implizit mit versteht, die aber nicht explizit genannt werden müssen und die man leicht in die Formulierung des Arguments einfügen kann: »Wenn die Folgen davon, daß jeder x tut, nicht wünschenswert wären, und die Folgen davon, daß niemand x tut, nicht ebenfalls nicht wünschenswert wären, dann sollte niemand x tun.« Das gilt natürlich auch in der Form: »Wenn die Folgen davon, daß niemand x tut, nicht wünschenswert wären und die Folgen davon, daß jeder x tut, nicht ebenfalls nicht wünschenswert wären, dann sollte jeder x tun.«

Es ist wichtig daran zu erinnern, daß die bereits diskutierten Einschränkungen auch hier gelten. Der Schluß, niemand habe

das Recht, x zu tun, ist eine Verkürzung des Satzes: »niemand hat das Recht, x zu tun, *ohne einen Grund dafür anzugeben.*«
Weiter ist auch der Bedeutungsumfang der Ausdrücke »jeder« und »niemand« eingeschränkt. So kann das Argument der Verallgemeinerung, bezieht man alle bislang diskutierten Einschränkungen in seine Formulierung ein, insgesamt wie folgt formuliert werden: »Wenn die Folgen davon, daß jedes Mitglied von K unter bestimmten Umständen x tun würde, nicht wünschenswert wären, und die Folgen davon, daß kein Mitglied von K unter diesen Umständen x tun würde, nicht ebenfalls nicht wünschenswert wären, dann sollte kein Mitglied von K, ohne einen spezifischen Grund dafür anzugeben (unter solchen Umständen), x tun.«
Die Bedingung der eingeschränkten Allgemeinheit braucht in diesem Zusammenhang nicht eigens erwähnt zu werden. Der Bedeutungsumfang der Ausdrücke »jeder« und »niemand« muß in jeder Anwendung des Arguments die gleichen Einschränkungen erfahren. Denn eine Anwendung des Arguments mag – zumindest dem Anschein nach – umkehrbar sein, wenn der Ausdruck »niemand« in einem weiteren Sinn als der Ausdruck »jeder« verwendet wird oder der Ausdruck »jeder« in einem weiteren Sinn als »niemand«. Eine solche Situation kann auf die folgende Weise entstehen. Nehmen wir an, daß (1) die Folgen nicht wünschenswert wären, wenn jeder in einer bestimmten Weise handeln würde, und daß (2) die Folgen nicht wünschenswert wären, wenn niemand in dieser Weise handeln würde. Soweit entspricht ein solcher Fall der Bedingung, unter der das Argument umkehrbar und somit ungültig ist. Es kann jedoch sein, daß in (1) »jeder« auf die Angehörigen einer bestimmten Klasse K beschränkt ist, während in (2) »niemand« nicht auf die Angehörigen dieser Klasse beschränkt ist, sondern einen weiteren Bedeutungsumfang hat, so daß es etwa im Sinne von »überhaupt niemand« zu verstehen ist. In einem solchen Fall ist das Argument nicht wirklich umkehrbar. Soll es umkehrbar sein, so müssen sowohl die Folgen davon, daß jeder Angehörige von K so handelt, als auch die Folgen davon, daß kein Angehöriger von K so handelt, nicht wünschenswert sein. Es mag für eine bestimmte Handlungsweise sehr wohl zutreffen, daß die Folgen davon, daß *überhaupt niemand* so handelt, nicht wünschenswert wären, während die

Folgen davon, daß kein Angehöriger einer bestimmten Klasse so handelt, dies nicht wären.
Betrachten wir einen konkreten Fall. Versucht man das Argument: »jeder sollte wählen, da die Folgen verheerend wären, wenn niemand wählen würde«, umzukehren, so wirft man die Frage auf, was geschehen würde, wenn jeder wählen würde. »Wenn jeder wählen würde, so hieße das, daß Idioten, Schwachsinnige, Kinder, Analphabeten, Irre und Staatsfeinde wählen würden. Und wenn alle diese Leute wählen würden, so wäre das ebenso schlecht, wie wenn überhaupt niemand wählen würde«. Aber damit kann man auch nicht im geringsten zeigen, daß das ursprüngliche Argument ungültig ist. Wenn jemand verlangt, jeder sollte wählen angesichts der Folgen, die sich daraus ergeben, wenn niemand wählt, so meint er nicht jeden auf der Welt, einschließlich Idioten, Analphabeten, Irre und Kriegshetzer. Der Schluß, jeder sollte wählen, ist auf dieselbe Klasse oder Klassen von Personen eingeschränkt wie der Ausdruck »niemand« in der Prämisse. Dies ist offensichtlich oder soll offensichtlich die Klasse von Personen sein, für die es zutrifft, daß es verheerend wäre, wenn keines ihrer Mitglieder wählen würde, und die Schwachsinnige, Kinder und Irre ausschließt. Denn hinsichtlich dieser Leute trifft es nicht zu, daß die Folgen verheerend wären, wenn niemand von ihnen wählen würde; im Gegenteil, es wäre verheerend, wenn alle diese Leute wählen oder versuchen würden zu wählen. (Es sei angemerkt, daß man sich in der Regel auf diese Überlegung beruft, um gesetzliche Beschränkungen des allgemeinen Wahlrechts zu rechtfertigen). Solche Leute finden sich gewöhnlich auch gar nicht unter denen, die das Wahlrecht haben. Dennoch ist das Argument gewiß auf jene eingeschränkt, die gesetzlich befugt sind, bei der fraglichen Wahl ihre Stimme abzugeben, obwohl es kaum notwendig ist, diese Bedingung in konkreten Anwendungsfällen explizit zu machen. Niemand kann gerechterweise dafür verantwortlich gemacht werden, daß er bei einer Wahl, bei der er kein Wahlrecht hat, seine Stimme nicht abgibt, auch wenn es gute Gründe gibt, anzunehmen, daß er dieses Recht haben sollte. (Die Frage, ob ein Gesetz gerecht ist, ist zu unterscheiden von der Frage, ob man es brechen sollte; obwohl beide Fragen miteinander zusammenhängen, ist die Antwort

auf die eine Frage nicht auch automatisch eine Antwort auf die andere.) Diese Einschränkung wäre sogar noch deutlicher zu machen, wenn man die ursprüngliche Prämisse so formulieren würde, »wenn jeder es *ablehnen würde*, zu wählen« anstelle »wenn niemand wählen würde ...« Denn von jemandem, dem es nicht erlaubt ist, etwas zu tun, oder der keine Möglichkeit dazu hat, kann man sinnvollerweise nicht sagen, er habe es abgelehnt, dies zu tun. Dieses Argument ist daher nicht umkehrbar.

Daraus folgt, daß nicht jede Anwendung des Arguments der Verallgemeinerung umkehrbar und diese Bedingung somit nicht trivial ist.

§ 4

Wir haben gerade gesehen, daß es gewisse Arten von Handlungen gibt, auf die das Argument nicht angewandt werden kann. Insbesondere hinsichtlich solcher Handlungen wie der Produktion von Nahrungsmitteln und Kleidung ist das Argument umkehrbar und daher ungültig. Doch sollte erklärt werden, warum das der Fall ist. Was ist das Eigentümliche an solchen Handlungen, das sie in so markanter Weise von anderen unterscheidet, noch abgesehen davon, daß das Argument der Verallgemeinerung nicht auf sie angewandt werden kann. Die Erklärung dafür ist in der Art und Weise zu finden, in der solche Handlungen bei der Anwendung des Arguments beschrieben oder ausgedrückt werden.

Gewiß ist nichts Befremdliches an der Tatsache, daß es gewisse Aspekte des menschlichen Verhaltens gibt, gewisse Arten von Ereignissen, in die menschliche Wesen verwickelt sind, auf die moralische Begriffe im allgemeinen und daher das Argument der Verallgemeinerung im besonderen eigentlich nicht angewandt werden können. Es wäre sicher absurd, zu argumentieren, jemand dürfe nicht krank sein in Anbetracht dessen, was geschehen würde, wenn jeder krank wäre. Dies könnte bestenfalls ein Scherz sein. Ob man krank ist oder nicht, gehört gewöhnlich nicht zu der Art von Dingen, über die man irgendeine Kontrolle hat oder die man wählen kann, und wir können daher nicht sinnvollerweise sagen, jemand sollte nicht krank sein. Krank sein ist genaugenommen gar keine

Handlung, sondern ein Ereignis. Es ist nicht etwas, das wir tun, sondern das uns widerfährt – wie geboren zu werden und zu sterben –. Aber es ist festzuhalten, daß *grammatikalisch* an dem Satz: »niemand sollte krank sein, denn wäre jeder krank, so hätte das verheerende Folgen«, nichts falsch ist. Das reicht an sich schon aus, um zu zeigen, daß bestimmte Bedingungen erfüllt sein müssen, damit das Argument der Verallgemeinerung angewandt werden kann. Doch ist die Erklärung dafür, warum das Argument der Verallgemeinerung auf solche Handlungen wie die Produktion von Nahrungsmitteln nicht anwendbar ist, auf diesem Weg nicht zu finden. Es stimmt, daß Nahrungsmittel herstellen und Bekleidung anfertigen in einer Weise moralisch indifferente Handlungen sind, wie es stehlen und sein Wort halten nicht sind. Warum das Argument der Verallgemeinerung auf solche Handlungen nicht anwendbar ist, können wir aber nicht durch Hinweis auf ihre moralische Indifferenz erklären. Die eigentliche Erklärung läuft vielmehr umgekehrt. Der Grund, warum solche Handlungen moralisch indifferent sind, ist, daß in bezug auf sie das Argument der Verallgemeinerung umkehrbar ist. (Der Gesichtspunkt, daß Nahrungsmittel herstellen nicht so sehr eine Handlung als vielmehr eine Beschäftigung sei, ist, wenn er auch zutrifft, hier wirklich irrelevant).

Der Grund, warum das Argument der Verallgemeinerung hinsichtlich solcher Handlungen wie der Produktion von Nahrungsmitteln umkehrbar ist, liegt darin, daß die Beschreibung »Nahrungsmittel herstellen« ebenso wie »Bekleidung anfertigen« und »Häuser bauen« in moralischer Hinsicht unbestimmt ist. Eine ganze Schar verschiedenster Handlungen kann dieser Beschreibung entsprechen; und um was für eine Handlung es auch immer gehen mag – sie ist auf eine zu allgemeine Art beschrieben. Damit sie moralisch eindeutig bestimmbar wäre, hätte ein Kontext angegeben werden müssen. Wird die Handlung einfach als »Nahrungsmittel herstellen« beschrieben, so ist sie ohne jeglichen Kontext. Der Sinn der Frage: »ist es richtig oder nicht richtig, Nahrungsmittel herzustellen«, ist nicht eindeutig. (Man könnte sie natürlich in dem Sinne verstehen: »ist es notwendig oder nicht, Nahrungsmittel herzustellen«, aber das ist wirklich eine andere Frage). Sie ist zu allgemein, um beantwortet werden zu können. Am ehesten können wir noch sagen, daß es von den Umständen abhängt – gewöhnlich ist es keines von beiden, aber unter manchen, besonderen Umständen mag es richtig sein und unter anderen nicht. Dies entspricht bisher dem Resultat, das sich aus der Anwendung des Arguments der Verallgemeinerung auf diesen Fall ergab. Geht man davon aus, daß es verheerende Folgen hätte, wenn jeder Nahrungsmittel produzierte, so folgt, daß *nicht jeder* Nahrungsmittel herstellen sollte; aber, aus schon genannten Gründen, folgt daraus nicht, daß niemand dies tun sollte. Denn würde niemand Nahrungsmittel herstellen, so wären die Folgen ebenfalls verheerend. Daraus folgt, daß einige Leute Nahrungsmittel produzieren sollten, daß überhaupt Nahrungsmittel produziert werden sollten, und ebenfalls, daß nicht jeder Nahrungsmittel herstellen sollte. Das ist gewiß reichlich unbestimmt – denn wie stellen wir fest, *wer* sie im besonderen Fall herstellen sollte oder nicht? Aber das alles läuft schließlich doch bloß darauf hinaus, daß Nahrungsmittel produziert werden sollten und daß sie nicht das einzige sind, das man produzieren sollte. So können wir weder behaupten, jeder sollte das tun, noch, niemand sollte es tun. Denn dies hieße, zu behaupten, daß nur Nahrungsmittel hergestellt oder daß Nahrungsmittel nicht hergestellt werden sollten. Damit eine Handlung richtig oder nicht richtig ist, muß sie aber für jeden unter ähnlichen Umständen richtig oder nicht richtig sein. Das ist eine einfache Folge aus dem Prinzip der Verallgemeinerung. Da Nahrungsmittel produzieren weder für jeden richtig noch für jeden nicht richtig ist, kann man davon gar nicht sagen, es sei entweder richtig oder nicht richtig. *Eine Handlung, auf die das Prinzip der Verallgemeinerung nicht zutrifft, ist überhaupt keine Handlung für das moralische Urteil.* Das heißt nicht, daß sie keine Handlung ist. Sie ist keine Handlung, auf die moralische Begriffe anwendbar sind. So ist das Herstellen von Nahrungsmitteln keine Handlung für das moralische Urteil. Eine Handlung, die als Nahrungsmittel herstellen beschreibbar ist, *kann* richtig oder nicht richtig sein. Wenn die Beschreibung aber lautet »Nahrungsmittel herstellen«, so läßt sich darüber unmöglich etwas entscheiden. Eine derartige Beschreibung autorisiert nicht einmal zu der Annahme, daß die Handlung richtig oder nicht richtig sei. Sie ist somit das, was man eine *moralisch neutrale Beschreibung* nennen kann. Eine solche Beschreibung wie »Stehlen« ist dagegen moralisch nicht neutral. Wenn eine Handlung wirklich als eine des Stehlens beschreibbar ist, kann vernünftigerweise angenommen werden, daß sie nicht richtig ist – denn Stehlen ist im allgemeinen nicht richtig – und ist somit eine Art von Handlung, die gerechtfertigt werden muß.

Einige Beispiele moralischer Fragen, die zu allgemein sind, um beantwortet werden zu können, und die so, wie sie formuliert sind, nicht entschieden werden können, sind die Fragen, »ob der Lohn einer guten Handlung dem angemessen sein sollte, was sie den Wohltäter kostet oder was sie dem Empfänger wert ist«; inwieweit »das Versprechen, einem Freund zu helfen, über die Pflicht siegen sollte, seinen Kindern eine gute Ausbildung zu geben«; und »wie weit ein Versprechen bindend ist, wenn gezeigt werden kann, daß es durch Vortäuschung falscher Tatsachen erreicht wurde.«[5]

Die Antworten auf solche Fragen hängen von den Umständen ab, in denen sie auftreten, und so, wie sie formuliert sind, sind sie losgelöst von jedem Kontext, der sie präzisieren würde. Wir können nicht sagen, das Versprechen, einem Freund zu helfen, sollte *immer* vorrangig sein gegenüber der Pflicht, seinen Kindern eine gute Ausbildung zu geben, noch können wir sagen, daß es *niemals* vorrangig sein sollte. Zahlreiche Gegenbeispiele könnte man für beide dieser Forderungen anführen. Wir können auch nicht sagen, daß es im allgemeinen oder nach einer allgemeinen Regel so sein sollte oder nicht. Ob es so sein sollte oder nicht, hängt von den Umständen ab – in manchen Fällen sollte es so sein, in anderen nicht. Doch eine Antwort der Form »immer« oder »niemals« ist genau die Art von Antwort, auf die diese Frage abzielt. Und da diese Antwort nicht gegeben werden kann, ist die Frage, so gefaßt, nicht entscheidbar. Sie kann nur beantwortet werden, wenn sie weiter spezifiziert wird. In der Form, in der die Frage hier gestellt wurde, ist sie der gemeinsame Rahmen für eine ganze Reihe verschiedener, detaillierterer und weniger allgemeiner Fragen, deren Beantwortung von der Ausführung in den Details abhängt (den bisher noch unausgesprochenen Umständen oder dem Kontext).

Was ich bis jetzt gesagt habe, bezieht sich eben darauf, was

5 Henry Sidgwick *The Methods of Ethics*, London [7]1907, S. 349, 305 und 306.

folgen würde, wenn man das Argument der Verallgemeinerung auf irgendeine dieser Fragen anwendete. Das Argument ist hinsichtlich all dieser Handlungen, wie sie in den Fragen beschrieben wurden, umkehrbar, im Hinblick auf Handlungen, also wie »die eigenen Kinder um eine gute Ausbildung bringen, um das Versprechen zu halten, einem Freund zu helfen« und »das Versprechen, einem Freund zu helfen, nicht halten, um den eigenen Kindern eine gute Ausbildung zu ermöglichen«. Dem Argument, daß niemand je das Versprechen brechen sollte, einem Freund zu helfen, um dadurch seinen Kindern eine gute Erziehung zu ermöglichen, im Hinblick darauf, was passieren würde, wenn das jeder täte, kann man mit dem Gegenargument begegnen, daß niemand je seinen Kindern eine gute Erziehung vorenthalten sollte, um das Hilfeversprechen einem Freund gegenüber zu halten, im Hinblick darauf, was passieren würde, wenn das jeder täte. Um es anders zu formulieren: die Frage »Was würde passieren, wenn jeder das Versprechen, einem Freund zu helfen, brechen würde, um seinen Kindern eine gute Ausbildung geben zu können?« ist umkehrbar. Man kann nämlich die Gegenfrage stellen »Was würde passieren, wenn jeder seinen Kindern eine gute Ausbildung vorenthielte, um das Versprechen, einem Freund zu helfen, halten zu können?« In jedem Fall wären die Folgen nicht wünschenswert. Nach der hier vertretenen Auffassung kann die Frage, ob solche Handlungen richtig oder nicht richtig sind, durch die Anwendung des Arguments der Verallgemeinerung beantwortet werden, sobald ihr Kontext präzisiert wird (vorausgesetzt, daß das Problem der relativen Wünschbarkeit lösbar ist).

Was über die Beispiele gesagt wurde, mit denen wir es gerade zu tun hatten, gilt in gleicher Weise auch für die schon vorher diskutierten Handlungen wie die Produktion von Nahrungsmitteln und das Häuserbauen. Die Angabe »Produktion von Nahrungsmitteln« muß durch weitere Details ergänzt und weniger allgemein gemacht werden, wenn sie moralisch bestimmbar sein soll. Das kann dadurch geschehen, daß man ihren Kontext angibt und die Umstände der Handlung spezifiziert. Man kann Nahrungsmittel auf alle möglichen Weisen, für alle möglichen Zwecke und unter einer Vielzahl verschiedener Bedingungen herstellen (ebenso wie man Nahrungsmittel verschiedener Art herstellen kann). Alle diese verschiedenen Möglichkeiten, Zwecke und Bedingungen ergeben verschiedene Handlungen, von denen einige richtig, andere nicht richtig und die meisten nach wie vor moralisch indifferent sein werden. Wenn die Handlung in dieser Weise bestimmbar oder spezifischer wird, kann die Frage, ob sie richtig oder nicht richtig ist, beantwortet und das Argument der Verallgemeinerung auf sie angewendet werden. Jedenfalls ist die Testfrage, ob eine Handlung moralisch bestimmbar ist, genau die, ob das Argument der Verallgemeinerung auf sie anwendbar ist. Ein Beispiel sollte genügen, um zu illustrieren, was ich meine. Wir haben gesehen, daß das Argument der Verallgemeinerung auf die Produktion von Nahrungsmitteln nicht anwendbar ist, wenn die Handlung eben nur so, außerhalb irgendeines Kontextes, beschrieben wird. Wir können nämlich weder sagen, daß jeder Nahrungsmittel produzieren sollte, noch, daß niemand Nahrungsmittel produzieren sollte. Aber überlegen wir uns einmal den Fall, wo jemand mit einer ansteckenden Krankheit für die Produktion von Nahrungsmitteln angestellt wird. Hier sind die Umstände, unter denen Nahrungsmittel produziert werden, derart, daß der Herstellende eine Krankheit hat, mit der er wahrscheinlich auf dem Weg über die Nahrungsmittel, die er produziert, andere anstecken wird. Wenn die Handlung, Nahrungsmittel herzustellen, als eine spezifiziert wird, die unter solchen Umständen stattfindet, ist sie moralisch bestimmbar. Bedenken wir nämlich, was passieren würde, wenn jeder, der eine solche Krankheit hat, Nahrungsmittel produzierte, mit ihnen handelte oder sie verteilte. Wenn jede solche Person das tun würde, wären die Folgen verheerend, während die Folgen keineswegs nicht wünschenswert wären, wenn sich alle diese Leute aus der Nahrungsmittelproduktion fernhielten (das heißt, wenn niemand mit einer solchen Krankheit in diesem Produktionsbereich angestellt würde). Daher hat niemand mit einer ansteckenden Krankheit das Recht, Nahrungsmittel zu produzieren – es ist unter solchen Bedingungen nicht richtig, Nahrungsmittel zu produzieren. Diese Anwendung des Arguments setzt natürlich voraus, daß nicht jeder eine solche Krankheit hat. Wenn aber jeder (oder jeder in einer bestimmten Gemeinschaft) eine solche Krankheit hätte, würde es keinen Unterschied machen, wer

die Nahrungsmittel herstellte, weil ja dann die Folgen nicht verheerend wären und die Frage, ob solche Leute Nahrungsmittel herstellen sollten, sich gar nicht erst stellen würde.
Dieses Beispiel sollte deutlich machen, was ich mit »den Kontext einer Handlung ergänzen« meine, wodurch solche Angaben wie »Produktion von Nahrungsmitteln« weniger allgemein werden. Das geschieht, indem man die Umstände einer Handlung bis zu dem Punkt spezifiziert, wo das Argument der Verallgemeinerung auf sie anwendbar ist. Ob wir nun sagen, daß jemand mit einer solchen Krankheit, der Nahrungsmittel produziert, dasselbe tut wie jemand ohne eine solche Krankheit – nur unter verschiedenen Bedingungen oder unter verschiedenen Umständen – oder ob wir sagen, daß sie ganz wesentlich verschiedene Dinge tun, ist keine sehr wichtige Frage. Mit anderen Worten, es bleibt sich gleich, ob wir sagen, daß die Umstände der Handlungen oder daß die Handlungen verschieden sind. In diesem Kontext ist der Unterschied, ob man eine solche Krankheit hat oder nicht, einer, der tatsächlich einen Unterschied macht. In diesem Zusammenhang ist es ein wichtiger oder relevanter Unterschied, obwohl es andere Zusammenhänge gibt, in denen das nicht der Fall wäre. Ob es sich jedoch um einen relevanten Unterschied handelt, wird durch das Argument der Verallgemeinerung entschieden.

§ 5

Das Argument der Verallgemeinerung ist in bezug auf bestimmte Handlungen umkehrbar, weil irgend etwas in der Art, wie sie beschrieben werden, nicht stimmt. In den Fällen, die wir gerade behandelt haben, waren die Handlungen zu allgemein beschrieben. Eine entgegengesetzte Unangemessenheit der Beschreibung liegt einer anderen Klasse von ungültigen Anwendungen des Arguments zugrunde.
»Wenn jeder um 6 Uhr essen würde, gäbe es zu dieser Zeit niemanden, der bestimmte wesentliche Funktionen ausübte, Dinge, die zu jeder Zeit wahrgenommen werden müssen usw., mit dem einfachen Ergebnis, daß niemand um 6 Uhr essen könnte oder zu irgendeiner anderen Zeit und mit verschiedenen anderen nicht wünschenswerten Folgen.« Folgt daraus, niemand habe das Recht, um 6 Uhr zu essen? Wenn das so

wäre, hätten wir ein echtes Gegenbeispiel gegen das Argument der Verallgemeinerung vor uns. Der wesentliche Punkt, der hier beachtet werden muß, ist, daß das Argument in keiner Weise von der exakt angegebenen Zeit abhängt. Wenn wir argumentieren, daß niemand das Recht hätte, um 6 zu essen, könnten wir auch argumentieren, daß niemand das Recht hätte, um 5 zu essen oder um 7 oder um 3 Minuten nach 2 und so weiter. Wir könnten daher argumentieren, niemand hätte das Recht, zu irgendeiner Zeit zu essen, und das würde bedeuten, niemand hätte das Recht, überhaupt zu essen.

In einem Fall wie diesem kann man sagen, daß das Argument iterierbar ist. Das Argument ist also iterierbar, wann immer es auf Handlungen angewendet wird, die willkürlich spezifiziert sind, wie etwa durch die Angabe, daß sie zu einer bestimmten Zeit oder an einem bestimmten Ort stattfinden oder Handlungen einer bestimmten Person sind oder zu einer bestimmten Sache oder Person in Beziehung stehen. Um ein anderes Beispiel zu nennen: »Wenn jeder in diesem Restaurant essen würde, wäre es so überfüllt, daß niemand da essen könnte...; daher sollte niemand in diesem Restaurant essen.« Der Bezug auf *dieses* Restaurant ist hier nicht wesentlich; dasselbe würde für *jenes* und jedes andere gelten. Das Argument kann offenbar für jedes Restaurant wiederholt werden, und seine Folgen wären nicht nur die, daß niemand in diesem oder jenem Restaurant essen sollte, sondern, daß niemand überhaupt in irgendeinem Restaurant essen sollte. Und dasselbe Argument würde nicht nur für Restaurants zutreffen, sondern auf jeden beliebigen Platz und jedes beliebige Lokal. Also wäre auch in diesem Fall impliziert, daß niemand überhaupt essen sollte. Darüber hinaus können wir feststellen, daß es keinen Grund gibt, uns auf das Essen zu beschränken, um Beispiele für iterierbare Argumente zu finden. Aus jeder Handlung wie etwa gehen, sprechen, schlafen oder trinken und selbst Nichtstun würde sich dasselbe ergeben, wenn sie in dieser Weise überspezifiziert würde.

Dieser letzte Punkt sollte gezeigt haben, daß Beispiele wie diese keinerlei rationales Gewicht als Gegenbeispiele haben. Jede Anwendung des Arguments der Verallgemeinerung, die iterierbar ist, ist ungültig. Denn jede Anwendung des Arguments, die iterierbar ist, ist gleichzeitig auch umkehrbar. Beachten wir, daß die Anwendungen, die wir gerade behandelt haben und die ganz sicher repräsentativ sind, ebenso eindeutig umkehrbar sind. Der Schluß von »nicht jeder hat das Recht, um 6 zu essen« auf »niemand hat das Recht, um 6 zu essen« impliziert, weil er für jede beliebige Zeit wiederholt werden kann, daß keiner essen sollte. Was aber würde passieren, wenn niemand äße? Angenommen, niemand würde essen, wären die Folgen vermutlich genau so wenig wünschenswert, wie wenn jeder zur gleichen Zeit äße.

Dennoch gibt es einen ganz deutlichen Unterschied zwischen den Anwendungen des Arguments, die iterierbar und daher umkehrbar sind, und denen, die umkehrbar, aber nicht iterierbar sind. Bei dieser letzten Art von Anwendung sind die Handlungen zu allgemein beschrieben. Im ersten Typ von Anwendung sind die Beschreibungen der Handlung nicht allgemein genug – die Handlungen sind in einer zu detaillierten Weise beschrieben. In diesen Fällen werden spezifische Details der Handlung, die wirklich völlig beliebig und unwesentlich sind, behandelt, als ob sie wesentlich seien. Diese spezifischen Details – in den behandelten Fällen die genaue Angabe von Ort und Zeit der Handlung – haben sich dadurch, daß das Argument im Hinblick auf sie iterierbar ist, als völlig beliebig und daher nicht wesentlich erwiesen. Es kann Fälle geben, in denen die genaue Zeit oder der Ort einer Handlung moralisch relevant sind. In diesem Fall wäre das Argument in bezug auf Zeit und Ort nicht iterierbar, und das wäre ein Kriterium dafür, daß diese Details wesentlich sind. Bei den Anwendungsfällen, die wir oben behandelt haben, sind diese Details unwesentlich, weil das Argument nicht von ihnen abhängt, und das zeigt sich daran, daß es in bezug auf sie iterierbar ist. Dasselbe Argument trifft für jede Wahl von Zeit- und Ortsangaben zu und daher für jede Zeit und jeden Ort.

Es ist wohl klar, daß die Beispiele von iterierbaren Argumenten, die wir gerade diskutiert haben, in allen wesentlichen Aspekten für eine unendlich große Klasse ähnlicher Fälle repräsentativ sind, die als Gegenbeispiele für das Argument der Verallgemeinerung vorgebracht werden können. Weitere Kandidaten wären die folgenden: »Was würde passieren, wenn jeder ausgerechnet heute in den Zirkus gehen wollte?«, »Was würde passieren, wenn jeder versuchen würde, sich am

Neujahrsabend auf dem Times Square einzufinden?« usw. Da das alles in der einen oder anderen Hinsicht iterierbar ist, handelt es sich hier um ungültige Anwendungen des Arguments der Verallgemeinerung, mit denen sich daher nicht begründen läßt, daß die Handlungen, auf die sie sich beziehen, nicht richtig sind. Natürlich sind diese Anwendungen, obwohl sie alle umkehrbar sind, nicht alle direkt umkehrbar. Dennoch könnten wir, da der Bezug auf bestimmte Typen von Handlungen in diesen Anwendungen nicht wesentlicher ist als der Bezug auf eine bestimmte Zeit oder einen bestimmten Ort der Handlung, auf demselben Argumentationsniveau und ebenso zwingend sagen, niemand sollte je überhaupt etwas tun, und das ist wohl eindeutig umkehrbar. Das ist eine weitere Bestätigung dafür, daß Anwendungen des Arguments der Verallgemeinerung, die iterierbar sind, auch umkehrbar und daher ungültig sind.

§ 6

Daß das Argument nicht iterierbar sein darf, hängt eng mit dem Verfahren zusammen, mit dem man rechtfertigen kann, so zu handeln, wie es nicht wünschenswert wäre, daß jeder handelt. Eine solche Handlungsweise kann man rechtfertigen, indem man nachweist, Mitglied einer bestimmten Klasse von Personen zu sein (bestimmte Eigenschaften zu haben), so daß es keine nicht wünschenswerten Folgen hätte, wenn alle Mitglieder dieser Klasse (alle, die diese Eigenschaften haben) in dieser Weise handeln würden; oder, indem man zeigt, daß die Umstände, unter denen man handelt, derart sind, daß es keine nicht wünschenswerten Folgen hätte, wenn jeder unter diesen Umständen in dieser Weise handeln würde. Das würde bedeuten, zu zeigen, daß es entweder in bezug auf die Umstände der beteiligten Handelnden oder in bezug auf die Umstände der Handlung moralisch relevante Unterschiede gibt. Das Argument darf aber in bezug auf die Klasse von Personen oder die angegebenen Umstände nicht iterierbar sein. Andernfalls würde sich die zur Debatte stehende Klasse durch eine Eigenschaft »unterscheiden«, die jeden zu einer Ausnahme machen würde und daher keineswegs von anderen unterschieden wäre.

Das kann man auch präziser formulieren. Wir erinnern uns daran, daß die allgemeinen Ausdrücke, die bei der Anwendung des Arguments der Verallgemeinerung vorkommen (»jeder«, »niemand«, die Beschreibung der Handlung, auf die Bezug genommen wird), in ihrem Bedeutungsumfang in einer Weise beschränkt sind, die sich aus dem Kontext ergeben muß. Also hat das Argument in Wirklichkeit die Form »Würde jedes Mitglied von K (jede Person mit dem Merkmal, das die Klasse K definiert) . . ., daher sollte kein Mitglied von K . . .«, anstelle der einfachen Formulierung »Wenn jeder würde . . .; daher sollte niemand . . .« Nun kann eine Art von Handlung, die vom Argument der Verallgemeinerung her als im allgemeinen nicht richtig gelten müßte, auf eine der vier folgenden Weisen gerechtfertigt werden.

Zunächst kann man zeigen, daß man kein Mitglied von K ist und daß die Folgen keineswegs nicht wünschenswert wären, wenn jeder, der nicht Mitglied von K ist (jeder Nicht-K) s täte (eine Handlung der Art, die im allgemeinen nicht richtig ist oder die nicht jeder tun sollte). (Man hätte, nebenbei bemerkt, die Pflicht, s zu tun, und nicht nur das Recht, wenn die Folgen davon, daß kein Nicht-K s täte, nicht wünschenswert wären.) Dieser Fall ist ziemlich trivial, weil entweder ausdrücklich gesagt wurde oder bereits aus dem Kontext hervorgeht, daß das Argument nur für Mitglieder von K gilt. Also würde sich die Frage, ob ein Nicht-K das Recht hat, s zu tun, normalerweise nicht stellen. Mit anderen Worten: dieses spezifische Argument fordert nur die Mitglieder von K auf, sich zu rechtfertigen, wenn sie s tun; von denen, die nicht Mitglieder von K sind, verlangt es das gar nicht, obwohl ein anderes Argument das vielleicht tun könnte. Es könnte sich jedoch die Frage stellen, ob man einen Grund hat, jemanden für ein Mitglied von K zu halten. In diesem Fall bestünde die Rechtfertigung lediglich darin, zu zeigen, daß er es nicht ist.

Zweitens könnte man zeigen, daß – obgleich man ein Mitglied von K ist und die Folgen davon, daß jedes Mitglied von K s tun würde, nicht wünschenswert wären – die Umstände der eigenen Handlung derart sind, daß die Folgen keineswegs nicht wünschenswert wären, wenn jeder oder jedes Mitglied von K unter diesen Umständen s täte.

Drittens könnte man folgendes zeigen: obgleich man ein Mitglied von K ist und die Folgen nicht wünschenswert wären, wenn jeder K s täte, gehört man gleichzeitig zur Klasse L, die in K enthalten ist, und es wäre nicht der Fall, daß die Folgen nicht wünschenswert wären, wenn jeder L s täte. (Die Bedingungen, die von dieser Unterklasse L erfüllt werden müssen, werde ich gleich diskutieren.)

L muß nicht notwendig in K enthalten sein. Also gibt es einen vierten Fall, den wir uns der Vollständigkeit halber ansehen sollten. Auch wenn L nicht in K enthalten ist, kann man gleichzeitig Mitglied von L und K sein. In diesem Fall müßte man folgendes zeigen: obgleich die Folgen davon, daß jeder K s täte, nicht wünschenswert wären, ist der Handelnde, um den es geht, außerdem ein L, und es nicht der Fall ist, daß die Folgen nicht wünschenswert wären, wenn jeder LK (jeder, der gleichzeitig Mitglied von L und K ist) s tun würde. Es wäre *nicht* ausreichend, lediglich zu zeigen, daß die Folgen keineswegs nicht wünschenswert wären, wenn jeder L s tun würde. Das könnte für die L s, die nicht K sind, ganz in Ordnung sein, nicht aber für die L s, die es sind. Man muß beachten, daß möglicherweise eine Handlung für die Ks nicht richtig wäre und ebenso nicht richtig für die Ls, wohl aber für die LKs.

Um ein bereits entwickeltes Beispiel wiederaufzunehmen: während es nicht wünschenswert wäre, wenn niemand (d. h. kein Bürger) wählen würde, so wäre es keineswegs nicht wünschenswert, wenn keiner von denen, die gerade ihren Wohnort gewechselt haben, wählen würde. Es wäre in der Tat nicht wünschenswert (aus Gründen, die hier nicht expliziert werden müssen) wenn jeder, der gerade seinen Wohnort gewechselt hat, wählen würde. Das rechtfertigt eine Einschränkung des Wahlrechts, denn die Umstände von jemand, der gerade seinen Wohnort gewechselt hat (je nachdem wie lange das her ist und wieweit der vorherige Wohnort von dem jetzigen entfernt ist), sind in diesem Zusammenhang von den Umständen anderer in relevanter Weise unterschieden. Natürlich setzt dieses Argument voraus, daß nicht jeder gerade umgezogen ist. Wäre jeder gerade umgezogen, gäbe es diesen Unterschied nicht.[6] Weiter ist zu berücksichtigen, daß es hier keine Bedeu-

6 In diesem Zusammenhang ist vielleicht der folgende Passus von Interesse: »Daß sie als Volksfeindin eingesperrt worden war, hieß nicht, daß Miß Tolstoi ihre Stellung als Kommissarin von Yasnaya Polyana hatte aufgeben müssen.

tung hat, ob diese Bedingung, gerade umgezogen zu sein, als eine angesehen wird, die eine Klasse von Personen definiert und daher als Charakteristikum einer Person, oder als eine, welche die Umstände einer Handlung charakterisiert. In vielen anderen Fällen ist diese Unterscheidung ebenso unerheblich.

In Parenthese habe ich gerade erwähnt, daß bestimmte Bedingungen von der Unterklasse L erfüllt sein müssen. Bestimmte Bedingungen müssen auch erfüllt sein, um den Anspruch zu rechtfertigen, daß die Umstände einer Handlung in relevanter Weise unterschieden sind von den Umständen, unter denen eine Handlung dieses Typs nicht richtig wäre. Die Umstände müssen in genuiner Weise unterschieden sein. Es muß einen Grund für die Unterscheidung geben. Wenn man nämlich annimmt, daß es immer einige Unterschiede in den Umständen gibt, muß die erwähnte spezifische Differenz eine sein, die in diesem Zusammenhang moralisch relevant ist. Um es kurz zu fassen: die Unterklasse L muß durch eine Bedingung definiert sein, die nicht auf alle oder die meisten anderen Mitglieder von K zutrifft. Der Grund für die Unterscheidung der Umstände darf nicht derart sein, daß von ihm aus gesehen jede beliebige Variation von Umständen relevant wäre. Dann wäre er gar kein Grund; er würde zeigen, daß jeder eine Ausnahme ist. Das Kriterium dafür ist, ob das Argument, das beweisen soll, die und die Person sei eine Ausnahme von der Regel (oder die und die Umstände seien außergewöhnlich), iterierbar ist oder nicht. Ist es iterierbar, dann kann es auch auf jeden angewendet werden, und es ist unmöglich, mit diesem Argument irgend jemanden als Ausnahme auszuweisen.

Das folgende Beispiel, in dem das Argument der Verallgemeinerung auf die Frage angewandt wird, ob man verpflichtet sei, Steuern zu zahlen, sollte für die Klärung dieses Punktes hilfreich sein.

Nehmen wir an, jemand behauptet, er werde den Geldbetrag, den er zahlen muß, viel mehr vermissen, als die Gemeinschaft ihn vermissen wird,

(Verständlicherweise ahnte man, daß die Hälfte der Kommissariate im Land vakant wäre, wenn man die Regel einführen würde, daß nur Personen ohne Gefängnisakte als Kommissare gewählt werden können.)« Aus einer Charakterstudie von Alexandra Lvovna Tolstoi von Robert Rice in: *The New Yorker*, Bd. XXVII, Nr. 5 (22. März 1952), S. 38.

wenn er ihn nicht bezahlt. Das Fehlen der paar Pfund, die er zahlen muß, wird, so mag er argumentieren, für den öffentlichen Fonds doch kaum einen spürbaren Unterschied ausmachen, sehr wohl aber für ihn; wenn man ihn daher zur Bezahlung zwingt, so wird man damit weitaus mehr Schaden anrichten als Gutes tun; und es wird schwierig sein, etwas dagegen einzuwenden, wenn wir nur diese einzelne Handlung für sich genommen betrachten. Aber die richtige Antwort ist doch gewiß die, daß er weiterhin Steuern zahlen sollte, weil sein Argument, sofern man es überhaupt akzeptiert, praktisch für jeden gelten würde und es daher von ihm unfair wäre, wenn er nur Nutznießer der Steuerzahlungen anderer wäre, ohne seinen Teil beizutragen. (Unfair wäre das Verhalten dann nicht, wenn er zwingende spezifische Gründe hätte, von der Regel ausgenommen zu sein, Gründe, die nicht auf jeden anwendbar sind.)[7]

Das ist sicherlich eine richtige Anwendung des Arguments der Verallgemeinerung, und, obwohl sie nicht sehr elegant formuliert ist, so verdeutlicht die Art ihrer Darstellung doch auf eine äußerst effektive Weise nicht nur das rationale Gewicht des Arguments, sondern auch die Bedingungen, die erfüllt sein müssen, um den Anspruch, ein bestimmter Fall sei eine berechtigte Ausnahme, zu rechtfertigen. Es ist klar, daß die Folgen davon, daß A seine Steuern nicht zahlt, wenn man sie für sich betrachtet und gegeneinander abwägt, zwar nicht unbedingt nicht wünschenswert sein mögen – denn er würde das Geld mehr vermissen als die Regierung – daß dies aber andererseits nicht eine Rechtfertigung für A sein kann, seine Steuern nicht zu zahlen. Denn genau dieselbe Überlegung trifft für jeden anderen zu. Diese Art von Überlegung könnte also von niemandem zeigen, daß er eine Ausnahme von der Regel ist, aus dem einfachen Grund, weil sie auf jeden beliebigen angewandt werden könnte; das hieße, daß jeder eine Ausnahme ist; und das ist, wie ich bereits gesagt habe, ein Widerspruch in sich.

Daraus folgt, daß die Klasse von Personen, die als Ausnahme von der Regel angeführt wird, nicht eine Klasse sein kann, die lediglich ein Element enthält und die lediglich durch das Faktum bestimmt ist, daß die Folgen keineswegs nicht wünschenswert wären, wenn kein Mitglied dieser Klasse seine

7 A. C. Ewing, *The Definition of Good*, New York 1947, S. 88 f. Ewing fügt noch hinzu, daß es »inkonsistent wäre ... wenn ich meine Handlung durch irgendein Argument zu rechtfertigen suchte, das, wenn es überhaupt Gültigkeit hat, auf jeden anwendbar wäre«.

Steuern zahlen würde. Ignatz McGillicuddy kann für sich nicht das Recht beanspruchen, aus dem einfachen Grund keine Steuern zu zahlen, daß die Folgen keineswegs nicht wünschenswert wären, wenn niemand namens Ignatz McGillicuddy Steuern zahlen würde. Wenn Ignatz McGillicuddy so argumentieren kann, dann kann das auch John Smith, und unser Freund Stan Spatz III. ebenfalls. Dasselbe Argument ist mit Bezug auf einen jeden iterierbar. Es würde ebenso für Leute ohne Eigennamen gelten.

Natürlich braucht die Klasse von Personen namens Ignatz McGillicuddy nicht eine Klasse mit nur einem Element zu sein. Es mag mehr als eine Person namens Ignatz McGillicuddy geben; und obwohl es nur einen Stan Spatz III. geben mag, gibt es sicher mehr als einen John Smith. So kann es sehr wohl falsch sein, daß die Folgen keineswegs nicht wünschenswert wären, wenn niemand, der Ignatz McGillicuddy (oder John Smith) heißt, Steuern zahlen würde. Nehmen wir einmal an, Ignatz McGillicuddy beruft sich nicht bloß auf seinen Namen, sondern darauf, daß er bestimmte Eigenschaften besitzt, die ihn einzigartig machen. In abstracto ist nicht leicht einzusehen, welcher Art diese Eigenschaften sein könnten. Stellen wir uns eben vor, Ignatz McGillicuddy sei in der Hinsicht einzigartig, daß er an jedem Fuß zwölf Zehen hat. Angenommen, es verhielte sich nicht so, daß die Folgen nicht wünschenswert wären, wenn jeder, der zwölf Zehen an jedem Fuß hat, keine Steuern zahlen würde, so wäre das immer noch keine Rechtfertigung. Wenn Ignatz McGillicuddy anführen kann, er sei darin einzigartig, zwölf Zehen an jedem Fuß zu haben, und daher berechtigt, keine Steuern zu zahlen, kann John Smith anführen, er sei darin einzigartig, daß er die einzige Person namens John Smith ist, die als Buchhalter bei der Unterwasser Bleistift Gesellschaft vom Brüllenden Fell, South Dakota, angestellt ist, daß die Folgen keineswegs nicht wünschenswert wären, wenn jede solche Person es unterlassen würde, Steuern zu zahlen, und er daher berechtigt sei, keine Steuern zu zahlen. Und jeder beliebige andere kann einen ähnlichen Anspruch erheben. Jeder hat irgendwelche Eigenschaften, die kein anderer hat. Das Argument kann daher hinsichtlich einer jeden als einzigartig herausgestellten Eigenschaft wiederholt werden und ist auf jeden anwendbar.

Betrachten wir einen etwas komplizierteren Fall. Jemand führt folgendes Argument an: »Wenn jeder, der in diesem Haus wohnt, keine Steuern zahlen würde, wären die Folgen keineswegs nicht wünschenswert. Ich wohne in diesem Haus und habe daher das Recht, keine Steuern zu zahlen«. So geht es auch nicht. Denn was unterscheidet dieses Haus von irgendeinem anderen? Jeder, oder zumindest jeder, der in einem Haus wohnt, kann in derselben Weise argumentieren. So ist dasselbe Argument für jedes Haus iterierbar (kann auf es angewandt werden), und die Folgen davon wären, daß jeder das Recht hat, keine Steuern zu zahlen. Das Kriterium dafür, ob die Unterklasse L von Personen, die man als Ausnahme von der Regel anführt, so bestimmt ist, daß sie sich damit als Ausnahme legitimiert, ist nicht bloß, ob die Folgen davon, daß eine jede solche Person sich nicht an die Regel hielte, in keinem Fall nicht wünschenswert wären. Es muß auch das Kriterium erfüllt sein, daß das Argument nicht für jede weitere Unterklasse iterierbar ist. Das heißt, die Unterscheidung darf nicht auf einer Überlegung beruhen, die impliziert, jeder, für den die Regel gilt, sei eine Ausnahme von der Regel, denn das ist einfach ein Widerspruch. So kann »dieses Haus« von anderen (in einem Kontext wie dem vorliegenden) nicht mit der Begründung unterschieden werden, daß es rot angestrichen ist oder auf einem Hügel liegt oder vierzehn Fenster hat oder irgendeine Kombination solcher Merkmale aufweist, aufgrund deren es einzigartig ist. Denn jedes Haus hat bestimmte Merkmale, die es von jedem anderen unterscheiden, sei es auch nur seine besondere Lage oder Geschichte; und es gilt für jedes weitere Haus mit anderen topographischen oder architektonischen Merkmalen, daß die Konsequenzen keineswegs nicht wünschenswert wären, wenn jeder Bewohner eines solchen Hauses keine Steuern zu zahlen brauchte. Eine solche Eigenschaft wie z. B. die, dreißig Jahre alt zu sein, ist auch kein vernünftiger Grund für eine Befreiung von der Regel. Denn mit Bezug auf das Alter ist das Argument auch iterierbar.

Wie ich bereits früher bei der Behandlung dieser Frage im Zusammenhang mit dem Prinzip der Verallgemeinerung gesagt habe, ist das entscheidende in diesen Fällen nicht so sehr die tatsächliche Spezifikation aller Eigenheiten der Situation, in der man sich befindet, als vielmehr das Prinzip, nach dem die-

se Spezifikation durchgeführt wird. Ebensowenig wie die Folgerung von »nicht jeder hat das Recht, um sechs Uhr zu essen« auf »niemand hat das Recht, um sechs Uhr zu essen«, von der exakt spezifizierten Uhrzeit abhängt, hängen solche Folgerungen, wie wir sie eben geprüft haben, von den spezifischen Hinsichten ab, in denen sich einer vom anderen unterscheidet. Wie das vorausgehende Argument mit Bezug auf jeden beliebigen Zeitpunkt iterierbar ist, so sind die nachfolgenden Argumente mit Bezug auf jedes Merkmal, das die Umstände einer Person von denen anderer Personen unterscheidet, iterierbar.
Aber was würde denn nun eigentlich den Anspruch, eine Ausnahme zu sein, rechtfertigen? Aus dem, was bereits gesagt wurde, folgt, daß das Kriterium hier die Nichtiterierbarkeit des Arguments hinsichtlich der angeführten Charakteristika ist. Man kann den Anspruch, eine Ausnahme zu sein, nur aufgrund eines solchen Charakteristikums erheben, aus dem sich nicht ergibt, daß jeder eine Ausnahme ist. Wo es um das Zahlen von Steuern geht, ist ein solches Charakteristikum wohl dann gegeben, wenn das Einkommen unter einem bestimmten Minimum liegt. Denn wenn jeder, dessen Einkommen unterhalb dieses Minimums liegt, keine Steuern zu zahlen brauchte, so wären die Konsequenzen keineswegs nicht wünschenswert, sie könnten vielmehr gerade das Gegenteil sein. Und die Unterscheidung zwischen denjenigen, die mehr verdienen, als für den Lebensunterhalt nötig ist, und solchen, die weniger verdienen, ist in diesem Zusammenhang eine relevante Unterscheidung und eine, die man rechtfertigen kann. (Wenn es niemanden gäbe, der gerade soviel verdient als für den Lebensunterhalt notwendig ist, wäre die Frage, ob man Steuern zahlen soll oder nicht, gegenstandslos). Eine solche Unterscheidung ist darum nicht willkürlich, weil das Prinzip, auf dem sie beruht, nicht impliziert, jeder sei eine Ausnahme. Es stimmt nicht, daß die Konsequenzen keineswegs nicht wünschenswert wären, wenn jeder, dessen Einkommen über diesem Minimum liegt, keine Steuern zahlen würde. Das zeigt, ganz nebenbei, an, wie man dem Argument »Wo ziehst du die Grenze?« begegnen kann. Im Idealfall ist diese Grenze von dem Punkt aus zu ziehen, von dem ab es nicht zutrifft, daß die Konsequenzen keineswegs nicht wünschenswert wären, wenn jeder, der weniger als dieses Minimum verdient, keine Steuern zahlen würde.

Natürlich nähern sich die tatsächlichen Steuergesetze einer bestimmten Zeit und eines bestimmten Landes, auch wenn der Gesichtspunkt der allgemeinen Wohlfahrt verhältnismäßig stark berücksichtigt wird, dieser idealen Grenze nur mehr oder weniger an. Die Tatsache, daß diese Grenze nicht ganz gerade verläuft, daß sie je nach den Bedürfnissen der Zeit und der wechselnden Einschätzung dieser Bedürfnisse durch die Menschen variiert, macht sie nur schwerer bestimmbar. Wer kann leugnen, daß die Steuergesetze, die zu irgendeinem Zeitpunkt tatsächlich gelten, fast immer ungerecht sind?

§ 7

Es gibt noch einen weiteren Einwand gegen das Argument der Verallgemeinerung, der noch ausgeräumt werden muß, einen, der merkwürdigerweise ziemlich verbreitet ist. Ich werde ihn hier nur kurz erwähnen und eine ausführliche Diskussion für später vorbehalten. (Kapitel VI, § 4). Es ist schlichtweg irrelevant, zu erwidern »nicht jeder *wird* es tun«. Der Einwand ist darum irrelevant, weil das Argument nicht impliziert oder voraussetzt, daß jeder es tun wird. Es mag zutreffen und ist in den meisten Fällen auch so, daß nicht jeder die fragliche Handlung tun wird; aber dies leugnet das Argument der Verallgemeinerung ja auch gar nicht. Das Argument der Verallgemeinerung impliziert vielmehr, daß, wenn A das Recht hat, etwas zu tun, jeder andere oder jeder andere, der A in bestimmter Hinsicht ähnelt, in einer ähnlichen Situation das gleiche Recht hat; und daß, wenn es nicht wünschenswert wäre, daß jeder dieses Recht hat, A ein solches Recht nicht haben kann. Das heißt, nebenbei bemerkt, nicht, daß die Folgen davon, daß ein einzelner so handelt, nicht wünschenswert wären, wenn die Folgen davon, daß jeder in dieser Weise handelt, nicht wünschenswert wären. Die Folgen irgendeiner Handlung dieser Art mögen, für sich betrachtet, wohltuend sein. Aber das zählt nicht. Es muß vielmehr gezeigt werden, in welcher Hinsicht A eine Ausnahme ist. Nun ist jemand nicht allein durch das Faktum als eine Ausnahme ausgewiesen, daß die Folgen davon, daß er in einer bestimmten Weise handelt, nicht die gleichen wären wie die Folgen davon, daß jeder in dieser Weise handelt. Ebensowenig ist man durch das Faktum als Ausnahme ausgewiesen, daß nicht jeder in dieser Weise handeln wird. Denn, da jeder in derselben Weise argumentieren könnte, läuft das Zitieren solcher Fakten darauf hinaus, jeden als eine Ausnahme zu erweisen, was einfach Unsinn ist. Ein anderes merkwürdiges Mißverständnis wurde gerade erwähnt. Es besteht darin, das Argument der Verallgemeinerung so zu deuten, daß notwendigerweise auch die Folgen davon, daß *irgendeiner* so handelt, nicht wünschenswert wären, wenn die Folgen davon, daß jeder in dieser Weise handelt, nicht wünschenswert wären. Diese Behauptung ist so offenkundig falsch, daß offen sichtbar sein sollte, daß sie kein Teil des Arguments der Verallgemeinerung ist. Doch ist das anscheinend nicht so klar. Dieses Mißverständnis ist Grundlage eines ganzen Essays über das Thema, dessen Autor guten Gewissens behauptet, das Argument »starre vor Schwierigkeiten«, habe sehr »bescheidene und zweifelhafte Funktionen«, und »die meisten der angeführten Anwendungsfälle« enthielten »einfach einen Trugschluß« ... »Häufig kommt es vor, daß wir zwar einen Trugschluß nicht nachweisen, aber doch sehen können, daß sehr wahrscheinlich einer vorliegt, und wir können keinen eindeutigen Fall anführen, bei dem es ganz sicher ist, daß nicht irgendwo ein Trugschluß lauert.«[8] Diese Behauptungen sind nicht überraschend, wenn man die Annahmen betrachtet, von denen sie ausgehen. Sie gehen nichtsdestoweniger weit an der Sache vorbei, und daß sie auf dem erwähnten Mißverständnis beruhen, geht klar aus einem Abschnitt wie dem folgenden hervor:

Das Resultat der Handlung eines einzelnen mag sehr gering und aus seiner Sicht mag es unmöglich sein, zu entscheiden, ob es gut, schlecht oder indifferent ist. Aber er mag in der Lage sein, zu sehen, daß eine große Anzahl solcher Handlungen ein Resultat hervorbringen würde, das von der gleichen Art wie das eines einzelnen, aber von viel größerem Ausmaß ist, und daß dieses Resultat einwandfrei gut oder schlecht wäre. Wenn er

8 C. D. Broad, On the Function of False Hypotheses in Ethics, in: *The International Journal of Ethics*, Bd. XXVI, April 1916 S. 397, vgl. 377-97. Das Argument der Verallgemeinerung, um das es sich offensichtlich handelt, wird hier abwechselnd das »Prinzip falscher Universalisierung«, das »Prinzip falscher Verallgemeinerung«, das »Argument, das aus flacher Universalisierung folgt« und das »Argument, das aus falscher Verallgemeinerung folgt« genannt. Wenn man vom Argument, wie es im Text gebraucht wird, ausgeht, sind diese Namen selbst alle falsch.

Grund hat anzunehmen, das Gute oder Schlechte einer großen Zahl ähnlicher Handlungen sei die Summe des Guten oder Schlechten der Resultate der Einzelhandlungen, wird er in der Lage sein, über die moralische Qualität seiner eigenen beabsichtigten Handlung zu entscheiden, obwohl er das durch bloße Introspektion nicht konnte.[9]

Aber das hier vorgeführte Verfahren, das beschrieben wird als »der Gebrauch des Prinzips der falschen Verallgemeinerung als moralisches Mikroskop«, ist keineswegs eine Anwendung des Arguments der Verallgemeinerung, und es ist nicht die Funktion des Arguments, die Folgen einer besonderen Handlung eines bestimmten Typs zu bestimmen. Obwohl die Frage »Was würde geschehen, wenn jeder tun würde, was du zu tun vorhast« impliziert, daß es *nicht richtig* ist, daß du es tust, so impliziert sie doch nicht, daß die *Folgen* davon, daß du es tust, schlecht sein müssen. Die Folgen davon, daß du es tust, mögen gut sein. Doch diese Möglichkeit wird durch diese Interpretation des Arguments von vornherein ausgeschlossen, weil es voraussetzt, eine Handlung könne nur dann nicht richtig sein, wenn *ihre Folgen* nicht wünschenswert wären.[10] Diese Annahme ist sicher falsch.

Das hier vorliegende Mißverständnis kommt in dem folgenden Abschnitt mit wünschenswerter Deutlichkeit heraus:

Daraus, daß die *Koexistenz* dieses Motivs bei einer Menge von Leuten zu schlechten Resultaten führen würde, kann man nicht folgern, daß seine Existenz bei irgendeiner Einzelperson zu schlechten Resultaten führen wird ... Man begeht hier leicht einen groben Denkfehler. Er besteht darin, die beiden Sätze »das Motiv m führt häufig zu schlechten Resultaten« und »die Häufigkeit des Motivs m würde zu schlechten Resultaten führen« miteinander zu vermengen. Aus dem ersten können wir schließen, daß je-

9 A.a.O. S. 382, vgl. S. 385-6, wo diese gleiche Interpretation wieder sehr klar herauskommt: »Man kann sagen, das Argument solle zeigen, daß die Enthaltung von A falsch sein muß, obwohl das Schlechte daran nicht durch Introspektion ersichtlich wird, weil eine große Zahl genau gleicher Enthaltungen zugegebenermaßen schlechte Resultate hätte. Aber es ist sicher leicht zu sehen, daß dieses Argument hier sehr schwach ist. Es ist ganz richtig, daß die Enthaltung von A schlechte Folgen *hätte*, wenn sie mit der Enthaltung von vielen anderen Leuten zusammenträfe. Aber es folgt nicht im mindesten daraus, daß es irgendwelche schlechte Folgen haben *wird*, wenn sie mit nur wenigen anderen Enthaltungen zusammentrifft.« Die Verwechslung der Moralität einer Handlung mit der Bewertung ihrer Folgen liegt hier auf der Hand.

10 Vgl. a.a.O. S. 394, wo unmißverständlich festgestellt wird, daß »wir bislang immer von der Annahme ausgingen, die Richtigkeit oder Nicht-Richtigkeit einer Handlung hänge ganz von ihren tatsächlichen oder wahrscheinlichen Folgen ab«.

des einzelne Vorkommen des Motivs m wahrscheinlich zu schlechten Resultaten führt; aus dem letzteren können wir nichts Derartiges schließen.[11]

Das ist sehr richtig, und die angeführte Unterscheidung ist sehr nützlich, sehr nützlich angelegt. Aber sie kann auch auf Handlungen angewandt werden. So etwa: (1) die Handlung a führt häufig zu schlechten Resultaten; (2) die Häufigkeit der Handlung a würde zu schlechten Resultaten führen. Nun hängt der erste Satz mit dem Prinzip der Folgen in seiner verallgemeinerten Form zusammen – er ist in der Tat nur eine andere Formulierung dieses Prinzips – und aus ihm können wir schließen, daß jeder Fall der Handlung a wahrscheinlich schlechte Folgen hat und daß daher jeder Fall der Handlung a wahrscheinlich nicht richtig ist. Der zweite Satz hängt jedoch nicht mit dem Prinzip der Folgen, sondern dem Argument der Verallgemeinerung zusammen und ist tatsächlich eine andere Formulierung seiner Prämisse. Das ist für uns ein guter Ansatzpunkt, um das oben festgestellte Mißverständnis klar herauszustellen. Denn das Argument der Verallgemeinerung impliziert nicht, daß die Handlung a häufig zu schlechten Resultaten führen würde, wenn die Häufigkeit der Handlung a zu schlechten Resultaten führen würde. Ebensowenig impliziert es, daß irgendein Fall der Handlung a wahrscheinlich schlechte Resultate zur Folge hätte, wenn die Häufigkeit der Handlung a zu schlechten Resultaten führen würde. Der zweite Satz impliziert ebenso wie das Argument der Verallgemeinerung, daß jeder Fall der Handlung a von vornherein für nicht richtig gehalten werden kann. Aber dies heißt nicht, um es noch einmal zu sagen, daß es impliziert, irgendein konkreter Fall der Handlung habe wahrscheinlich schlechte Folgen.

Schließlich sollte vielleicht noch einmal wiederholt werden, daß die Anwendung des Arguments der Verallgemeinerung nicht selbst erst darüber entscheidet, sondern vielmehr schon voraussetzt, daß die Folgen davon, daß jeder in einer bestimmten Weise handeln würde, nicht wünschenswert wären. Da das Argument eine Handlung nicht als nicht richtig nachweisen kann, wenn nicht die Folgen davon, daß jeder so handeln würde, nicht wünschenswert wären, hat es ein ratio-

11 Aa.O. S. 396.

nales Gewicht erst dann, wenn sie es sind, und wenn sie es nicht sind, wäre es nicht anwendbar oder gar irrelevant. Nebenbei gesagt, das Argument ist *überhaupt nicht anwendbar* in einem Fall, in dem sowohl die Folgen davon, daß jeder eine Handlung tut, als auch die Folgen davon, daß niemand die betreffende Handlung tut, *nicht* nicht wünschenswert wären. Dies ist genau die entgegengesetzte Situation zu der, in der das Argument umkehrbar ist, obwohl beide sich im Ergebnis gleichen. Jede Handlung, auf die das Argument überhaupt nicht angewandt werden kann, ist moralisch indifferent. So ist das Argument z. B. auf den Fall überhaupt nicht anwendbar, daß man seinen Namen auf das Vorsatzblatt eines Buches schreibt, das man gerade erworben hat, und eine solche Handlung ist weder richtig noch nicht richtig.

Aus dem eben erwähnten Gesichtspunkt folgt, daß von einer Anwendung des Arguments der Verallgemeinerung nicht erwartet werden kann, sie habe Überzeugungskraft für jemanden, der die Folgen nicht als nicht wünschenswert erachtet oder der sie als wirklich wünschenswert ansieht.[12] Für so jemanden wäre das Gewicht des Arguments bloß hypothetisch, und das ist in einem konkreten Fall ebenso, als ob es gar keines hätte. Aber obwohl solche Situationen zweifellos auftreten werden, können sie nur einzelne Anwendungsfälle und nicht die Geltung des Arguments selbst treffen. Und meine Frage war ja nicht die, wie man die Unerwünschbarkeit einer Reihe von Folgen bestimmen kann. Es ist schon hinreichend, nachgewiesen zu haben, daß das Argument *gültig* ist. Die Frage nach der *Stichhaltigkeit* irgendeines speziellen Anwendungsfalles, d. h. die Frage, ob seine Prämissen wahr sind, ist eine andere Sache.

Aber das ist nicht alles, was man darüber sagen kann. So komplex und schwierig Fragen der Wünschbarkeit häufig sein können, so sind sie das doch nicht immer, und sie sind das in sehr vielen für die Anwendung des Arguments der Verallgemeinerung ausschlaggebenden Fällen nicht. Es gibt viele eindeutige Fälle, in denen die Frage, ob etwas nicht wünschbar sei, gar

12 Dies illustriert sehr schön eine Karikatur von Whitney Darrow, Jr., in: *The New Yorker*, Bd. XXV, Nr. 17, 18. Juni 1949, S. 31, auf der eine erzürnte Hausfrau zu jemandem, der Raten einzieht, sagt: »Ist Ihnen eigentlich klar, daß Sie arbeitslos wären, wenn alle Leute ihre Raten pünktlich zahlen würden?«

nicht aufkommt. Denn es gibt viele eindeutige Fälle, in denen es gar keine Frage ist, ob etwas verheerend ist. Ein Erdbeben ist etwas Verheerendes; ebenso ein Tornado, ein Schiffsuntergang oder ein Flugzeugabsturz, und ebenso wäre das ein Atomkrieg. Und das hängt nicht – es sei denn, es handelt sich um außergewöhnliche Situationen – von der Theorie der Werte von irgend jemandem ab, oder vom Interesse oder der Ansicht, die jemand hat. Um ein näherliegendes Beispiel anzuführen: wenn jeder jeden, den er nicht mag, umbringen oder, wann immer es ihm gefällt, lügen würde, so wären die Folgen zweifellos verheerend. Es steht daher außer Zweifel, daß sie nicht wünschenswert wären, und das gleiche gilt für viele andere wichtige Fälle, wie sie in den beiden nächsten Kapiteln aufgenommen werden. Daß viele meiner Urteile oder Annahmen über Wünschbarkeit nicht abgesichert sind, scheint mir daher kein Anlaß für grundsätzliche Bedenken zu sein. Diese Annahmen bedürfen keiner Absicherung. Darüber hinaus gibt es zahlreiche Fälle, wie wir bei der Prüfung des kategorischen Imperativs sehen werden, der das Kriterium enthält, »wollen zu können, daß die Maxime einer Handlung ein allgemeines Gesetz wird«, in denen das Argument, oder zumindest eines, das ihm sehr ähnlich ist, schon an sich ausreicht, um die Frage zu lösen oder überflüssig zu machen, ob die Konsequenzen nicht wünschenswert sein würden. So wird diese Frage nicht gänzlich außer acht gelassen.

V Moralische Regeln und Prinzipien

Man hat allgemein festgestellt, daß es zwischen moralischen Regeln und moralischen Prinzipien einen ziemlich wichtigen Unterschied gibt. Dieser Unterschied ist jedoch nicht immer explizit formuliert worden, und es besteht kein allgemeiner Konsensus darüber, worin er denn genau besteht. Bei diesen Ausdrücken liegt es nahe, daß sie in verschiedener Weise gebraucht werden; und folglich ist auch der Unterschied zwischen ihnen verschieden gesehen worden. Ich werde jedoch keinen Versuch machen, alle diese verschiedenen Bedeutungen zu berücksichtigen. Verschiedene Zwecke erfordern verschiedene Klassifikationen und daher auch verschiedene Abgrenzungen. Ich werde die Ausdrücke so verwenden, daß moralische Prinzipien allgemeiner, durchgängiger und grundsätzlicher als moralische Regeln und Ursprung und Grund für sie sind. Es stimmt mit diesem Gebrauch überein, wenn wir manchmal davon sprechen, daß einer bestimmten Regel ein Prinzip zugrunde liegt, das den Geltungsbereich der Regel bestimmt und Ausnahmen von ihr rechtfertigt. Für diesen Gebrauch gibt es in der Tradition nennenswerte Beispiele: zum einen ist er grundlegend in der utilitaristischen Tradition, die das Prinzip der Nützlichkeit von den moralischen Regeln unterscheidet, die durch es sanktioniert und autorisiert werden. Eine Unterscheidung nach diesen Gesichtspunkten wird explizit von Whewell formuliert, der von moralischen Prinzipien als »fundamentalen Maximen oder Regeln, der Grundlage von anderen Regeln« spricht und sagt, daß wir, »um moralische Regeln aufzustellen oder anzuwenden, die moralischen Prinzipien festlegen müssen, die die Grundlage solcher Regeln sind.« Die Art von Unterscheidung, die ich im Sinn habe, korrespondiert auch sehr eng mit der zwischen *legalen* Prinzipien und *legalen* Regeln, die von Roscoe Pound formuliert wurde: »Von legalen Prinzipien wird Gebrauch gemacht, um neue Regeln abzusichern und alte zu interpretieren, mit neuen Situationen fertig zu werden, den Bereich und die Anwen-

dung von Regeln und Standards zu ermessen und sie miteinander in Einklang zu bringen, wenn sie sich widersprechen oder überschneiden.« Die traditionellen Unterscheidungen, auf die ich mich gerade bezogen habe, entsprechen jedoch nicht *genau* der, die ich hier vertreten werde, und ich bin nicht willens, was etwa Whewell ein Prinzip nannte oder selbst das Prinzip der Nützlichkeit als Prinzipien zu akzeptieren.[1]
Der Gegenstand dieses Kapitels ist aber nicht einfach der, zwischen moralischen Regeln und moralischen Prinzipien zu unterscheiden. Ich hoffe vielmehr zu zeigen, wie moralische Prinzipien – besonders das Prinzip der Verallgemeinerung und das Argument der Verallgemeinerung – in der Rechtfertigung oder Festlegung moralischer Regeln enthalten sind. Das wird uns zu der weiteren Unterscheidung zwischen verschiedenen Typen von moralischen Regeln führen. Speziell in bezug auf das Argument der Verallgemeinerung werde ich zu zeigen versuchen, daß es dazu dient, moralische Regeln hervorzubringen und aufzustellen, daß es mit ihrem Geltungsbereich zu tun hat und in Fällen, wo Regeln sich widersprechen, als Prinzip dient, das zwischen ihnen entscheidet oder vermittelt. Es ist daher entscheidend für die Bestimmung der moralischen Relevanz von Überlegungen, die in verschiedenen Situationen als Begründung für ein moralisches Urteil vorgebracht werden könnten.
Aber zuerst wollen wir die Eigenart moralischer Regeln prüfen.

§ 1

Es gibt bestimmte Handlungstypen oder Verhaltensweisen, die im allgemeinen klug oder im allgemeinen nicht klug sind. Es ist z. B. im allgemeinen nicht klug, auf einer morschen Leiter sehr hoch zu klettern oder sein gesamtes Geld in nur eine Ware zu investieren. Daraus folgt, daß es bestimmte Regeln gibt, die man Regeln (oder Maximen) der Klugheit nennt; sie besagen, welche bestimmten Handlungstypen im allgemeinen klug und welche im allgemeinen nicht klug sind, und dienen

1 William Whewell, *The Elements of Morality*, London ³1854, Bd. II, Kap. IV, S. 117. Roscoe Pound, *An Introduction to the Philosophy of Law*, New Haven 1922, S. 116. Vgl. G. W. Paton, *A Textbook of Jurisprudence*, Oxford ²1951, S. 176; und John Dickinson, *Administrative Justice and the Supremacy of Law*, Cambridge 1927, S. 128 ff.

als Beurteilungshilfe. Ebenso gibt es bestimmte Handlungstypen, die im allgemeinen richtig oder im allgemeinen nicht richtig sind, wie etwa, sich Leuten gegenüber freundlich zu verhalten oder sie um ihren rechtmäßigen Besitz zu bringen. Wenn eine Handlung von der Art ist, daß sie im allgemeinen richtig oder im allgemeinen nicht richtig ist, dann wird sie von einer moralischen Regel geleitet. Eine moralische Regel, so wie ich den Ausdruck verstehe, ist nämlich ganz einfach ein Satz, der besagt, daß ein bestimmter Handlungstyp im allgemeinen richtig oder nicht richtig ist. Von jedem Handlungstyp, der im allgemeinen nicht richtig ist, kann vernünftigerweise angenommen werden, daß er nicht richtig ist, und er ist nicht richtig, solange nicht das Gegenteil erwiesen ist. Während es jedoch lediglich verrückt ist, ohne guten Grund gegen eine Klugheitsregel zu handeln, ist es unmoralisch, eine moralische Regel zu verletzen oder gegen sie zu handeln, ohne einen guten Grund dafür zu haben. Eine Handlung, die eine moralische Regel verletzt oder mindestens so erscheint, erfordert Rechtfertigung.

Das Wort »richtig« kann in einem permissiven (schwachen) oder in einem präzeptiven (starken) Sinn verstanden werden. Wenn man im präzeptiven Sinn sagt, daß eine Handlung richtig ist, dann bedeutet das, daß es nicht richtig ist, diese Handlung zu unterlassen; und daher, daß es eine Pflicht ist, so zu handeln, oder daß etwas getan werden sollte. Wenn man im permissiven Sinn sagt, daß eine Handlung richtig ist, dann heißt das nicht, daß es nicht richtig wäre, die Handlung zu unterlassen. In diesem Sinn scheint »eine richtige Handlung« nicht mehr zu bedeuten, als daß sie eben nicht falsch ist oder daß ein Handelnder das Recht hat, sie zu tun oder zu lassen, wie er gerade möchte. Wenn man in diesem Sinn sagt, eine Handlung sei richtig, dann ist das gleichbedeutend damit zu sagen, daß sie »ganz in Ordnung« sei. Natürlich kann eine »richtige Handlung« auch als eine heroische Tat verstanden werden oder als eine, die über das Verlangte hinausgeht. »Richtiges Handeln« in diesem Sinn ist nicht Handeln nach Regeln. Nun kann eine moralische Regel einen bestimmten Handlungstyp verbieten, verlangen oder erlauben (und zwar direkt oder indirekt). Wenn eine Handlung *in der Regel* richtig oder nicht richtig ist, dann gibt es eine moralische Regel, die diese Handlung verlangt, verbietet oder erlaubt. Wenn eine bestimmte Art von Handlung von einer moralischen Regel verboten wird, dann sind Handlungen dieser Art im allgemeinen nicht richtig; wenn sie verlangt werden, dann ist es im allgemeinen nicht richtig, eine Handlung dieser Art zu unterlassen; wenn sie erlaubt ist, dann sind Handlungen dieser Art im allgemeinen nicht falsch. (Das gilt ebenso, wenn es keine Regel gibt, die die Handlung verbietet.) Mit diesem letzten Punkt wollte ich Einwänden begegnen, die sich dagegen richten könnten, daß von einer Regel als von einer Proposition gesprochen wird. Ich spreche hier nämlich von moralischen Regeln und nicht von Schach- oder Baseball-Regeln, die von ganz anderer Art sind. Moralische Regeln definieren nicht ein Spiel.

Moralische Regeln besagen, was *normalerweise* richtig oder nicht richtig ist, oder *in den meisten Fällen*, obwohl sie nicht mit dieser Einschränkung formuliert zu sein brauchen und es gewöhnlich auch nicht sind. Als Beispiele für moralische Regeln können wir die nehmen, daß es nicht richtig ist zu stehlen, daß es nicht richtig ist, Leute zu betrügen, und daß jeder seine Versprechen halten sollte. Unterschiede der Formulierung sind irrelevant. Diese Regeln müssen alle mit der Einschränkung »im allgemeinen« oder »normalerweise« verstanden werden. Es ist keineswegs *immer* nicht richtig zu lügen, es ist im allgemeinen nicht richtig. Ähnlich ist es nicht immer richtig, ein Versprechen zu halten, es ist im allgemeinen richtig; und es gibt Fälle, in denen es nicht nur gerechtfertigt wäre, ein Versprechen zu brechen, sondern wo es nicht richtig wäre, das nicht zu tun. Wenn man sagt, ein bestimmter Handlungstyp sei im allgemeinen nicht richtig, ist das gleichbedeutend damit zu sagen, daß eine jede solche Handlung nicht richtig sei, es sei denn, es gibt einen Grund für das Gegenteil. (Das führt offenbar zu einer anderen Weise, moralische Regeln zu definieren.) Wenn man andererseits sagt, ein bestimmter Handlungstyp sei immer nicht richtig, würde das bedeuten, daß Handlungen dieser Art unter allen und jeden Umständen oder Bedingungen nicht richtig sind und daß es keinen Grund für das Gegenteil gibt. Mill hat das so formuliert: »Es ist keine Frage des Glaubens, sondern der komplizierten Natur menschlicher Angelegenheiten, daß Verhaltensregeln nicht so beschaffen sein können, daß sie keine Ausnahme erforderten, und es gibt kaum eine Art von Handlung, die man von vornherein entweder als immer obligatorisch oder als immer verdammenswert festlegen könnte.«[2] Daß moralische Regeln die Einschränkung »im allgemeinen« erfordern, zeigt sich an dem Faktum widerstreitender Forderungen oder Verpflichtungen. Es tauchen Fälle auf, in denen sich Regeln widersprechen, und selbst, wenn es diese Fälle nicht gäbe, könnten sie jederzeit konstruiert werden.[3] Eine Art zu handeln, die im allgemeinen nicht richtig ist, könnte einen solchen Fall darstellen. Handlungen können nämlich in verschiedener Weise beschrieben werden. Entsprechend könnte es unter bestimmten Bedingungen richtig oder sogar eine Pflicht sein, ein Versprechen nicht zu halten, zu lügen, oder jemandem ohne seine Erlaubnis etwas wegzunehmen.

Es gibt natürlich andere Wege, moralische Regeln zu definieren, und es mag sein, daß man sie so analysieren kann, daß jede Möglichkeit des Konflikts zwischen ihnen ausgeräumt ist. Man könnte das vielleicht tun, indem man in die Formulierungen bestimmter Regeln alle Bedingungen einbezieht, von denen im allgemeinen angenommen wird, daß sie für ihre Anwendung maßgeblich sind, und indem man dieses Vorgehen mit der Regel wiederholt, die unabhängig von diesem Vorgehen als widersprüchlich zu der anderen verstanden wurde. Dieses Vorgehen ist jedenfalls empfohlen worden und ist natürlich eine Überlegung wert.

Der scheinbare Konflikt zwischen unseren moralischen Regeln kommt daher, daß wir irrigerweise versuchen, sie bedingungslos zu formulieren, anstatt ihre Bedingungen anzugeben. Wenn man sie als verschlüsselte Bedingungssätze versteht, wird eine angemessene Analyse der Bedingungen die Möglichkeiten des Konflikts immer beseitigen ... Die Regel, daß man die Wahrheit sagen soll, bedeutet unter anderem, daß jemand, dem eine Frage über einen Sachverhalt gestellt wird, eine richtige Antwort geben

2 John Stuart Mill, *Utilitarianism*, New York 1910, Kap. II, letzter Abschnitt, S. 23.

3 Ein berühmter Versuch, die Möglichkeit eines Regelkonflikts zu leugnen oder, um in der traditionellen Terminologie zu reden, einer Pflichtenkollision, wurde von Kant unternommen. Aber in diesem Fall hat es nur den Anschein eines Leugnens. Denn obwohl Kant die Möglichkeit einer Pflichtenkollision leugnete, leugnete er nicht, sondern bestätigte vielmehr die Möglichkeit von verschiedenen Verpflichtungsgründen. Vgl. die Einleitung zu *The Metaphysic of Morals*, in: *Kant's Theory of Ethics*, T. K. Abbott (Übers.), London [6]1909, S. 280.

sollte, wenn er die Antwort weiß und sie geben kann und *wenn eine richtige Antwort andere Leute nicht beleidigen oder verletzen* würde. Auf der anderen Seite bedeutet die Regel, daß man niemand anderen unnötig verletzen oder beleidigen sollte, unter anderem, daß jemand eine falsche Antwort geben sollte, wenn er über einen Sachverhalt befragt wird und die Antwort weiß und geben kann und *eine richtige Antwort andere verletzen oder beleidigen würde, ohne daß sie irgend jemand anderem nützt.* Wenn man diese beiden Regeln so analysiert, besteht kein Konflikt zwischen ihnen ...[4]

Nun kann zwar gewährleistet sein, daß, »wenn man diese beiden Regeln so analysiert, kein Konflikt zwischen ihnen besteht«; dann lösen sie aber auch die anstehenden Probleme nicht. Denn diese Art der Analyse beseitigt die Möglichkeit des Regelkonflikts um den Preis, eine Klasse von Situationen zu schaffen, auf die Regeln nicht mehr angewendet werden können. Nehmen wir einmal an, daß eine Frage über B gestellt wird und daß A die Antwort weiß und sie auch geben kann, und nehmen wir weiter an, daß C, wenn A eine richtige Antwort gäbe, beleidigt wäre, diese Antwort aber B oder vielleicht auch D nützen würde. Es ist klar, daß in diesem Fall keine der so analysierten Regeln anwendbar wäre, daß sie hingegen, so wie man sie normalerweise auffaßt, anwendbar wären, sich aber widersprechen würden. Und diese Klasse von Fällen ist nicht gerade klein. Es ist nämlich normalerweise so, daß die korrekte Antwort auf eine Frage für den, der sie gestellt hat, in *irgendeiner Weise* nützlich ist – mindestens wird er erfahren, was er wissen wollte. Daher ist es zweifelhaft, ob diese Art der Analyse vorteilhaft ist, denn die Frage, wie in einer solchen Situation gehandelt werden sollte, bleibt bestehen. In der einen Analyse entsteht sie aus dem Regelkonflikt, in der anderen entsteht sie, weil die Regeln unanwendbar sind.

Es handelt sich aber nicht nur um die Frage der relativen Vorzüge von zwei rivalisierenden Weisen der Analyse von Regeln. Das Vorgehen, das ich hier prüfe, scheint mir nämlich ad hoc eingeführt zu sein; wann immer ein Konflikt zwischen zwei Regeln deutlich geworden ist, kann man sie so formulie-

4 W. J. Rees, *Moral Rules and the Analysis of »Ought«*, in: *The Philosophical Review*, Bd. LXII, Januar 1953, S. 27 (Hervorhebungen von mir). Vgl. ders., *The General Nature of a Moral Duty*, in: *Philosophy*, Bd. XXVIII, Januar 1953, S. 41–57.

ren, daß der Konflikt ausgeräumt wird, allerdings mit der Konsequenz, die ich gerade erwähnt habe. Obwohl gezeigt worden ist, daß die beiden Regeln, die wir betrachtet haben, sich nicht widersprechen, ist nicht gezeigt worden, daß es für diese Regeln unmöglich ist, mit *irgendwelchen* anderen in Konflikt zu stehen. Eine der Schwierigkeiten liegt hier darin, ob es möglich ist, alle Bedingungen explizit zu formulieren, von denen im allgemeinen angenommen wird, daß sie für die Anwendung einer Regel maßgeblich sind. Das ist nicht nur ein pedantischer Einwand. Wir müssen nämlich die wichtige Einschränkung »unter anderem« beachten. Die gegebenen Formulierungen *erschöpfen* die Bedeutung dieser Regeln nicht. Wie würde eine wirklich umfassende Formulierung ihrer Bedeutung aussehen? Betrachten wir einmal die Regel, daß man Versprechen halten sollte, und nehmen wir an, daß A B versprochen hat, ein bestimmtes Geheimnis nicht zu verraten, d. h. eine bestimmte Frage niemals zu beantworten. Nehmen wir weiter an, C stellt A diese Frage. Die Antwort auf diese Frage zu geben, würde niemanden verletzen oder beleidigen. Es würde jedoch ein Versprechen gebrochen und daher ein Konflikt mit einer anderen Regel entstehen. Natürlich kann man daraus, daß mit der Antwort auf eine bestimmte Frage ein Versprechen gebrochen wird, präsumieren, daß es jemand anders verletzen oder beleidigen würde, nämlich denjenigen, dem das Versprechen gegeben wurde. Dann aber läuft eine wichtige Bedingung der Regel, die Wahrheit zu sagen, »wenn eine richtige Antwort andere nicht verletzen oder beleidigen würde«, darauf hinaus: »wenn eine richtige Antwort nicht mit anderen Regeln in Konflikt steht«. Ähnliches gilt für die zweite Regel, die Regel, niemand sollte einen anderen unnötigerweise verletzen oder beleidigen. Die wichtige Einschränkung in der Analyse dieser Regel ist »ohne daß es irgend jemand anderem nützt«. Das scheint mir die Bedingung zu sein, die gleichbedeutend ist mit »wenn eine richtige Antwort andere verletzen oder beleidigen würde, *ohne daß ein Konflikt mit einer anderen Regel besteht*«; oder, um es anders zu formulieren, »er sollte dann eine falsche Antwort geben, *es sei denn, daß eine falsche Antwort mit irgendeiner anderen Regel in Konflikt stünde.*« Also konnten nicht alle Möglichkeiten für einen Regelkonflikt ausgeschaltet werden.

Es mag möglich sein, die Regel, Versprechen zu halten, in der gezeigten Weise so zu analysieren, daß der Konflikt zwischen dieser Regel und der, die Wahrheit zu sagen, aufgehoben würde. Aber aus den bereits genannten Gründen wäre das ein ad hoc eingeführtes Vorgehen, und nach der gegebenen Analyse kann ein anderer Fall konstruiert werden. Wenn auch mein erster Punkt stimmt, würde diese Analyse eine große Klasse von Situationen erzeugen, in denen die Regel nicht anwendbar wäre. Der Vorschlag, den ich hier untersucht habe, ist dennoch sicher für einige Zwecke erhellend, und wenn meine Einwände sonst zu nichts gut sind, sollten sie mindestens hilfreich sein, meine Konzeption von moralischen Regeln, für die ich mich eingesetzt habe, zu klarifizieren. Daß es im Bereich moralischen Handelns widerstreitende Forderungen oder Verpflichtungen gibt, nehme ich als etwas Gegebenes hin, das so offensichtlich ist wie Konflikte zwischen Interessen oder Wünschen. Das ist nichts, was abgeleitet werden müßte, sondern etwas, von dem wir ausgehen, weil daraus gerade moralische Probleme entstehen. Jede Analyse, die das Vorhandensein widerstreitender Forderungen oder Verpflichtungen leugnet, muß falsch sein, und die Art der Analyse, die ich geprüft habe, vermeidet diese Konsequenz nur um den Preis, alle Beziehungen zwischen moralischen Verpflichtungen und moralischen Regeln schwieriger zu machen.

§ 2

Bis jetzt habe ich moralische Regeln diskutiert und wenig darüber gesagt, wie sie sich von moralischen Prinzipien unterscheiden. Eine moralische Regel stellt fest, daß eine bestimmte Art von Handlung im allgemeinen nicht richtig (oder obligatorisch) ist, und läßt die Möglichkeit offen, daß eine Handlung (oder eine Unterlassung) dieser Art gerechtfertigt werden kann. Also gelten moralische Regeln nicht unter allen Umständen; sie sind nicht invariant; um eine nützliche gesetzliche Formulierung zu gebrauchen: sie sind »aufhebbar«. Moralische Prinzipien hingegen gelten unter allen Umständen und lassen keine Ausnahme zu; sie sind in jedem moralischen Urteil und in jeder moralischen Situation invariant; sie sind also »unaufhebbar«. Ein weiterer Punkt der Unterscheidung zwischen Regeln und Prinzipien ist, daß Prinzipien immer *relevant* sind, während das für Regeln nicht gilt. Zum Beispiel ist die Regel, man sollte nicht lügen, nicht relevant in Situationen, in denen es gar nicht um Lügen geht, und die Regel, man solle nicht töten, ist da nicht relevant, wo töten gar nicht zur Debatte steht. Moralische Prinzipien sind jedoch in jeder moralischen Situation relevant, d. h. in jeder Situation, in der eine moralische Frage auftaucht. Es liegt auf der Hand, daß solche Prinzipien, wenigstens in den meisten Fällen, abstrakter sind als moralische Regeln, obgleich sie deswegen nicht weniger bestimmt sind.[5]

Man kann das einer Regel zugrunde liegende Prinzip ähnlich verstehen wie die Intention irgendeines Gesetzes, die in dem Zweck besteht, der damit erreicht werden sollte, und also als den Grund für sein Vorhandensein. Es entstehen immer Situationen, in denen die wörtliche oder strikte Interpretation einer Regel ihrer Intention oder ihrem Zweck widersprechen würde. Das ist in der Tat der Grund für die Unterscheidung zwischen Geist und Buchstabe des Gesetzes. In solchen Situationen sollte die Regel nicht angewendet werden. Obgleich man ein gewisses Verständnis von einer Regel haben kann, ohne ihre Intention zu erkennen, gehört zu einem adäquaten Verständnis auch zu wissen, welche Intention dahinter steht. Nur so können Ausnahmen von ihr mit Recht und Änderun-

5 Einige andere Auffassungen moralischer Prinzipien, die neuerdings vorgelegt wurden, sollten vielleicht erwähnt werden. K. Baier sagt z. B. in: *Decisions and Descriptions*, Mind, Bd. LX (April 1951), S. 199: »Moralische Prinzipien und moralische Gesetze unterscheiden sich von moralischen Regeln darin, daß die ersteren nicht bewußt zu sein brauchen ... Ein moralisches Gesetz oder Prinzip wird zur moralischen Regel, indem es bewußt gemacht wird.« Das scheinen mir bloße Phrasen, die nicht viel Aussicht haben, Resonanz zu finden. P. H. Nowell-Smith, *Ethics*, London 1954, faßt ein moralisches Prinzip auf als eine »Disposition, etwas zu wählen«, und spricht davon, daß man es annehmen, aufgeben oder wählen kann, seine moralischen Prinzipien zu ändern (S. 306–14). Ich kenne keinen möglichen Sinn, in dem man sagen kann, ein Prinzip werde angenommen oder gewählt, und das wird gestützt durch die Überlegung, daß es »logisch unmöglich ist, davon zu sprechen, daß jemand irgendwelche Motive oder Dispositionen übernimmt oder wählt. (Man beachte, daß aus dieser Sicht »zu wählen, daß man seine moralischen Prinzipien ändert« hieße, daß man es wählt, »seine Disposition zu wählen zu verändern«.) So betrachte ich es eben nur als ein anderes Beispiel der Phrasendrescherei. Das heißt aber nicht, daß nichts dafür spräche, moralische Prinzipien auf diese Weise zu definieren; es heißt nur, daß sehr wenig dafür spricht. Die grundsätzliche Ambiguität des Ausdrucks »Prinzip«, von der diese divergierenden Ansichten herrühren (»Prinzip« wird oft im Sinn von »Motiv« verwendet und wurde ursprünglich im Sinn von »fundamentalem Grund« oder »Ursprung« gebraucht), wird sehr gut herausgearbeitet von Whewell, *The Elements of Morality*, Buch II, Kap. IV, S. 117.

gen mit Verstand gemacht werden. Um eine Regel vollkommen zu verstehen, sollte man im Idealfall auch wissen, wie sie in ein System von Regeln paßt, und man sollte weiter das System der Zwecke kennen, auf das die Regeln zugeschnitten sind. Ähnliches gilt für moralische Regeln und Prinzipien. Man kann ein gewisses Verständnis einer moralischen Regel haben, ohne zu wissen, wie man moralische Prinzipien anwendet. Für das adäquate Verständnis einer Regel muß man jedoch das Prinzip kennen, auf dem sie beruht. Um es anders zu sagen, die Gründe, auf die sie sich stützt. Das ist ein Grund dafür, warum Reflexion über Moral für Moral wesentlich ist.

Sehen wir uns jetzt einmal einige Beispiele für moralische Prinzipien an. Eines ist das Argument der Verallgemeinerung. Das Prinzip der Verallgemeinerung ist ein weiteres. Ein drittes habe ich das *Prinzip der Folgen* genannt: »Wenn die Folgen davon, daß A x täte, nicht wünschenswert wären, sollte A x nicht tun.« Ein weiteres Prinzip, das dem dritten offensichtlich ähnlich ist, lautet: »Es ist niemals richtig, unnötiges Leiden zu verursachen.« Wir wollen das das *Prinzip des Leidens* nennen. Ein fünftes Prinzip betrifft die Eigenart moralischer Regeln und folgt aus dem, was wir bereits über sie gesagt haben: »Jede Verletzung einer moralischen Regel muß gerechtfertigt werden.« Dieses Prinzip, das eine offenkundige und unmittelbare Folge des Arguments der Verallgemeinerung ist, können wir das *Prinzip der Rechtfertigung* nennen.

Eine kleine Überlegung reicht aus, um zu zeigen, daß ein Konflikt zwischen diesen Prinzipien unmöglich ist, obwohl sie ziemlich eng zusammenhängen, und das ist ein weiterer wichtiger Unterschied zwischen moralischen Prinzipien und moralischen Regeln.

Man könnte jedoch annehmen, daß ein Widerspruch zwischen dem Argument der Verallgemeinerung und dem Prinzip der Folgen möglich wäre. Denn die Folgen einer Handlung können in einem Einzelfall nicht wünschenswert sein, während die Folgen davon, daß allgemein so gehandelt würde, keineswegs nicht wünschenswert zu sein brauchen; und das würde scheinbar zu unvereinbaren Resultaten führen. Es ist daher ratsam, diese Möglichkeit zu untersuchen.

Nehmen wir einmal an, daß die Folgen nicht wünschenswert wären, wenn A x tun würde; nach dem Prinzip der Folgen ergäbe sich daraus, daß A x nicht tun sollte. Nehmen wir weiter an, daß die Folgen ebenfalls nicht wünschenswert wären, wenn niemand x täte; daraus scheint auf der Grundlage des Arguments der Verallgemeinerung zu folgen, daß jeder, einschließlich A, x tun sollte. Dann gibt es hier aber zwei Möglichkeiten: (1) Wenn jeder x täte, wären die Folgen ebenfalls nicht wünschenswert oder (2) Wenn jeder x täte, wären die Folgen keineswegs nicht wünschenswert. Im ersten Fall wäre das Argument der Verallgemeinerung umkehrbar und man könnte keine Schlüsse daraus ziehen. In diesem Fall käme die Konsequenz aus dem Prinzip der Folgen zur Geltung, und A sollte x nicht tun. Im zweiten Fall muß es in bezug auf A oder in bezug auf die Umstände, in denen er sich befindet, einen Unterschied geben, um den Unterschied zwischen den Folgen davon, daß jeder, und den Folgen davon, daß er so handelte, zu erklären. Wenn jeder, der A ähnlich ist, in einer ähnlichen Situation x täte, wären die Folgen nicht wünschenswert, und in diesem Fall würde auch folgen, daß A x nicht tun sollte.

Daraus schließe ich, daß es keine Möglichkeit eines Konflikts zwischen den beiden Prinzipien gibt und daß es daher auch zwischen irgendwelchen von ihnen keine Möglichkeit eines Konflikts gibt. Da Widersprüche aus einer nicht hinreichenden Spezifizierung der Situation entstehen, können sie immer aufgeklärt werden, und das hat keineswegs die Konsequenz, daß eine Klasse von Situationen geschaffen wird, in denen die Prinzipien nicht anwendbar sind. Es gibt aber einige wichtige Punkte, die im Hinblick auf die letzten drei Prinzipien, die ich aufgezählt habe, wie auch im Hinblick auf moralische Prinzipien im allgemeinen beachtet werden müssen. Auf diese Punkte werde ich in den folgenden Bemerkungen eingehen.

1. Das Prinzip der Folgen sagt, daß A x nicht tun sollte, wenn die Folgen davon, daß er es täte, nicht wünschenswert wären; und ich habe bereits gezeigt, daß das äquivalent ist zu »Wenn die Folgen davon, daß A x *nicht* täte, nicht wünschenswert wären, dann sollte A x tun.« Nun könnte man annehmen, daß sich ein Fall ergäbe, in dem diese beiden Formulierungen des Prinzips in Konflikt geraten, in dem, mit anderen Worten, das Prinzip zu widersprüchlichen Resultaten führt. Nehmen wir an, die Folgen davon, daß A x täte, wären nicht wün-

schenswert und die Folgen davon, daß A x nicht täte, wären es ebenfalls, und diese Folgen wären *in gleicher Weise nicht wünschenswert.* Was dann? Man sollte beachten, daß in den meisten Fällen, wo man in einer solchen Situation zu sein scheint, die Umstände nicht ganz genau die gleichen sind – die Umstände, unter denen die Folgen der Handlung x nicht wünschenswert wären, unterscheiden sich von denen, unter denen die Folgen davon, daß x nicht getan wird, nicht wünschenswert wären – und also ist der Konflikt leicht zu vermeiden. Aber stellen wir uns vor, daß die Umstände genau die gleichen wären, daß wir uns also auf ein und dieselbe Situation beziehen. Die Bedingung, die zu Schwierigkeiten führt, ist also die, daß die Folgen *in gleicher Weise* nicht wünschenswert sind. Von dieser Bedingung abgesehen, entspricht die beschriebene Situation nahezu genau der, die beinahe immer entsteht, wenn zwei Regeln sich widersprechen und man das »kleinere Übel« wählen muß. Abgesehen von dieser Bedingung könnte eine Handlung x mit dem Grund gerechtfertigt werden (entweder x zu tun oder x nicht zu tun), daß die Folgen *im ganzen gesehen* keineswegs nicht wünschenswert wären, wenn man die relevanten Fakten der Situation kennt, da die Folgen der alternativen Handlung noch *schlimmer* wären. In der beschriebenen Situation wäre diese Möglichkeit jedoch nicht gegeben. Und weil das so ist, ist es evident, daß diese in gleicher Weise nicht wünschenswerten »Folgen« nicht wirklich die Folgen von A's Handlung sind. Von dieser Hypothese her sind die »Folgen« *unvermeidlich*, ganz gleich, was A tut. Das bedeutet nicht, daß es genau die gleichen sein werden, ganz unabhängig davon, was A tut, obgleich das eine Möglichkeit ist. Es bedeutet vielmehr nur, daß es unter diesen ganz bestimmten Umständen keine Rolle spielt, was A tut – die »Folgen« sind nicht mehr die Folgen von A's Handlung als die Folgen davon, was B oder C oder irgend jemand tut. Eine solche Situation wäre eine, die außerhalb menschlicher Kontrolle liegt, und die Frage nach Recht oder Unrecht wäre ebensowenig am Platz wie im Zusammenhang mit einem Erdbeben oder einem Hurrikan.

Man kann A mit Recht dafür verantwortlich machen, überhaupt in eine solche Situation gekommen zu sein. Aber das ist wiederum etwas anderes, und es ist ganz klar, daß die

Konstellation, die wir gerade geprüft haben, keinen Einwand gegen das Prinzip hergibt oder gegen irgend etwas, was ich darüber gesagt habe.

2. In der vorangehenden Diskussion des Prinzips der Folgen (S. 88-90) habe ich betont, daß dieses Prinzip viel weniger Voraussetzungen enthält, als man auf den ersten Blick vermuten könnte, daß es nicht selbst festlegt, was wünschenswert oder nicht wünschenswert ist, und daß es durchaus möglich ist, hinsichtlich des Prinzips einer Meinung, hinsichtlich der anderen Fragen aber verschiedener Meinung zu sein. Ähnliche Überlegungen gelten auch für das Prinzip, daß es niemals richtig ist, unnötiges Leiden zu verursachen. Dieses Prinzip bestimmt nicht schon selbst, ob das durch eine Handlung verursachte Leiden nötig oder vermeidbar ist. Dies hängt von anderen Faktoren ab und ändert sich mit den verschiedenen Umständen. Dieses Prinzip bestimmt auch nicht schon selbst das Ausmaß oder den Grad des Leidens, das durch eine Handlung verursacht wird, und ebensowenig, ob dieses Leiden genuin oder nur zufällig mit dieser Handlung zusammenhängt, noch, ob es ein ernst oder ein leicht zu nehmendes Leiden ist. (Es gibt Leute, die »leiden«, wann immer sie eine von ihrer eigenen verschiedene Meinung hören; dies ist ein Paradigma für ein Leiden, von dem nicht einzusehen ist, wie es mit der betreffenden Handlung unmittelbar zusammenhängt.) Doch kann die Bestimmung solcher Faktoren, wie sie eben genannt wurden, für die Beurteilung einer Handlung wesentlich sein. Es sollte auch festgehalten werden, daß der Ausdruck »verursachen«, wie er in diesem Prinzip verwendet wird, fast ebenso problematisch ist wie die Ausdrücke »Leiden« und »unnötig«. Faktisch »verursacht« jeder Akt der Legislative, daß jemand leidet, auch wenn es sich hierbei nur um einen entscheidenden Befürworter einer entgegengesetzten Maßnahme handeln sollte. Impliziert dies, daß praktisch jeder Akt einer Legislative automatisch nicht richtig sein muß? Das wäre absurd. Die vernünftige Antwort ist sicherlich die, daß in diesem Fall das Leiden durch den fraglichen Akt nicht wirklich verursacht wurde, sei es, weil es mit der Handlung nicht unmittelbar zusammenhängt oder weil es im Vergleich mit den Interessen anderer trivial unvermeidlich ist.

Aus diesen Bemerkungen folgt, daß dieses Prinzip etwas unbestimmt ist. Aber es folgt nicht daraus, daß es nutzlos ist, denn es ist nicht ganz und gar unbestimmt. Es setzt den Regeln und Handlungen, die erlaubt sind, Grenzen. Es gibt viele (allzu viele) eindeutige Fälle, in denen unnötig Leiden verursacht wird, sei es, daß dies durch Gedankenlosigkeit, selbstsüchtige Motive oder vorsätzlich geschieht. Es stimmt, daß man das Leiden, das man aus einer Handlung zu erwarten hat, die aus anderen Gründen als richtig ausgewiesen und nach einer anderen Regel erforderlich ist, nicht als unnötig betrachten würde. Daraus folgt aber nur, daß dieses Prinzip eben verlangt, eine Handlung, die aller Wahrscheinlichkeit nach Leiden verursacht, müsse eine solche sein, für die eine Rechtfertigung gegeben wird, und die Rechtfertigung müsse darin bestehen, nachzuweisen, daß das zu erwartende Leid unvermeidbar oder nicht unnötig ist.

So hat dieses Prinzip eine ihm *korrelierte* Regel, derzufolge es im allgemeinen nicht richtig ist, anderen Leid zuzufügen. Ebenso hat die Regel, zu stehlen sei im allgemeinen nicht richtig, ein ihm korreliertes moralisches Prinzip, demzufolge Stehlen um des Stehlens willen immer nicht richtig ist. Der Regel, zu lügen sei im allgemeinen nicht richtig, ist das Prinzip korreliert, daß Lügen um des Lügens willen (mutwilliges Lügen) immer nicht richtig ist, der Regel, zu töten sei im allgemeinen nicht richtig, das Prinzip, daß zu töten um des Tötens willen immer falsch ist usw. Folglich mag es so scheinen, als ob es zumindest zwei Arten von moralischen Prinzipien gibt: solche, die ihnen korrelierte moralische Regeln haben, und solche, die keine haben. Aber es gibt gewiß noch andere Unterschiede zwischen moralischen Prinzipien: einige beziehen sich direkt auf Handlungen, andere auf Regeln, einige – wie im Fall der gerade behandelten – beziehen sich auf die Motive oder Intentionen von Handlungen; und einige können, was inzwischen klar sein sollte, aus anderen abgeleitet werden.

3. Es könnte so scheinen, als ob die von mir soeben als korrelierte moralische Prinzipien eingeführten Prinzipien so etwas wie einen Zwischenstatus hätten, insofern als ihnen alle die Eigenschaften fehlen, die ich mit Prinzipien verbunden habe. Zum Beispiel *gelten* sie zwar unter allen Umständen in dem Sinn, daß es immer nicht richtig ist, sie zu verletzen, sie sind aber nicht unter allen Umständen *relevant*. Im Gegenteil, re-

levant sind sie nur, wo die entsprechende Regel relevant ist. Das Prinzip, daß es immer nicht richtig ist, um des Tötens willen zu töten, ist nicht relevant, wo es gar nicht um das Töten geht. Das Prinzip des Leidens hat weitgehend den gleichen Status, da es auch nicht immer relevant ist. Es ist daher evident, daß die Unterscheidung, die ich zwischen Regeln und Prinzipien gezogen habe, nicht strikt und durchgängig ist, da nicht alle charakteristischen Unterschiede immer vorhanden sein müssen. Daher gibt es einige Verhaltensmaßregeln, die nicht mit Gewißheit der einen oder anderen Klasse zugeordnet werden können.

Das ist auch aus anderen Gründen einsichtig. Nehmen wir das Beispiel der Grausamkeit. Grausam zu sein ist zweifellos nicht richtig, aber ist es immer nicht richtig oder ist es manchmal zu rechtfertigen? Mit anderen Worten, handelt es sich um eine moralische Regel oder ein moralisches Prinzip? Dies hängt zum Teil davon ab, was man unter »Grausamkeit« versteht. Dieser Ausdruck scheint keinen bestimmten Handlungstyp zu umschreiben, zumindest nicht so, wie das etwa die Ausdrücke »stehlen« und »lügen« tun. Diese beiden Ausdrücke können viel genauer definiert werden. Aber dies ist nicht die Hauptursache für die Schwierigkeit. Der Ausdruck ist wirklich zweideutig. Wenn man »Grausamkeit« so versteht, daß dazu Übelwollen, Sadismus, Gleichgültigkeit gegenüber dem Leid anderer oder sogar richtige Freude daran gehören, dann ist Grausamkeit immer nicht richtig; denn sie besteht dann darin, jemand anderem Leid zuzufügen oder zuzulassen, daß er leidet, nur um der Handlung willen, jemandem Leid zuzufügen. Wenn man andererseits »Grausamkeit« so versteht, daß sie einfach das Verursachen von Schmerz, Kummer oder Leid impliziert, ohne diese weitere Implikation von Übelwollen oder Gleichgültigkeit, dann ist Grausamkeit nicht immer nicht richtig, weil sie nicht immer vermeidbar ist. In der zuletzt behandelten Bedeutung des Ausdrucks können wir zwischen Grausamkeit und mutwilliger Grausamkeit unterscheiden und damit zwischen der Regel, daß Grausamkeit im allgemeinen nicht richtig ist, und dem Prinzip, daß Grausamkeit um der Grausamkeit willen immer nicht richtig ist. Hinsichtlich der zuerst angeführten Bedeutung des Wortes können wir diese Unterscheidung nicht machen. Aber gleichwohl ist das Prinzip der Grausamkeit, unabhängig davon, welche Bedeutung des Wortes wir zugrunde legen – ob wir sagen, Grausamkeit sei immer nicht richtig, oder ob wir nur sagen, mutwillige Grausamkeit sei immer nicht richtig – den korrelierten moralischen Prinzipien mehr verwandt als dem Prinzip der Verallgemeinerung, denn das Prinzip der Grausamkeit ist auch nicht immer relevant. Grausamkeit ist nicht immer im Spiel, und nicht jede Handlung, die nicht richtig ist, impliziert Übelwollen oder den Wunsch, andere leiden zu sehen.

Wenn man diese Unterscheidung von zwei Arten moralischer Prinzipien annimmt, dann kann es der Klarheit nur dienlich sein, ihnen verschiedene Namen zu geben. So wollen wir die korrelierten moralischen Prinzipien, das Prinzip des Leidens und das Prinzip der Grausamkeit (wie immer es formuliert ist), ebenso wie andere dieser Art *moralische Gesetze* nennen. Moralische Gesetze unterscheiden sich, nach dieser Abgrenzung, von moralischen Regeln darin, daß sie von bestimmten Handlungsweisen aussagen, sie seien immer nicht richtig (oder obligatorisch) und ließen keine Ausnahmen zu – sie gelten unter allen Umständen, in denen sie anwendbar sind –; und sie unterscheiden sich von moralischen Regeln weiter dadurch, daß sie untereinander nicht in Konflikt geraten können. Von moralischen Prinzipien sind sie darin unterschieden, daß sie nicht so abstrakt oder umfassend sind: sie sind nicht immer relevant. Aber diese Unterscheidung muß nicht immer explizit gemacht werden.

4. Es mag die Frage gestellt werden, was überhaupt unter der »Verletzung« einer Regel zu verstehen sei. Man könnte darauf antworten, daß jemand, dessen Handeln gerechtfertigt ist, mit seinem Handeln keine Regel verletzen kann, sogar dann nicht, wenn es zu einer Klasse von Handlungen gehört, die im allgemeinen nicht richtig sind. Aber ich verwende den Ausdruck »Verletzung einer Regel« in einem etwas weiteren Sinn, so daß man von jeder Handlung, die einem Handlungstyp angehört, der im allgemeinen nicht richtig ist, sagen kann, sie verletze eine Regel. (In dem gleichen Sinn können wir von einer Handlung reden, die mit einer moralischen Regel kollidiert, sich über sie hinwegsetzt oder sie bricht, oder auch von einer Diskrepanz zwischen einer Handlung und einer Regel.) So werde ich sagen, daß jemandem eine Lüge erzählen heißt,

gegen die Regel, man solle nicht lügen, zu verstoßen, etwas zu stehlen, gegen die Regel, man solle nicht stehlen usw. Dies ist nicht so zu verstehen, als ob es schon notwendig beinhalte oder schlüssig beweise, daß die Handlung nicht richtig ist. Wenn es gute Gründe gibt anzunehmen, jemand habe etwas gestohlen, so gibt es gute Gründe anzunehmen, seine Handlung verstoße gegen die Regel, man solle nicht stehlen. In einem solchen Fall verletzt die Handlung offensichtlich die Regel, und eine solche Handlung bedarf einer Rechtfertigung. Jemand kann sich in diesem Fall dadurch rechtfertigen, daß er nachweist, diesen Gegenstand nicht *gestohlen* zu haben, daß es ihm erlaubt war, ihn an sich zu nehmen, oder daß er ihm zuerst gehörte. Aber es ist sicher etwas anderes, nachzuweisen, daß man gar nicht gestohlen hat, auch wenn es so schien, und somit gar nicht wirklich gegen eine Regel verstieß, als nachzuweisen, daß es unter diesen Umständen gerechtfertigt war, zu stehlen.

Das Prinzip der Rechtfertigung legt fest, daß jede Handlung, die gegen eine moralische Regel verstößt, gerechtfertigt werden muß. Ich sollte hinzufügen, daß auch das Umgekehrte gilt: eine Handlung, die gegen keine moralische Regel verstößt, bedarf keiner Rechtfertigung. Die Frage, ob eine Handlung gerechtfertigt ist, würde ohne einen solchen wirklichen oder scheinbaren Konflikt gar nicht aufkommen. Denn die *Forderung*, eine Handlung solle gerechtfertigt werden, impliziert oder setzt voraus, daß so ein Konflikt vorliegt, und sie wäre unverständlich, wenn es keinen Konflikt gäbe. Mit anderen Worten: den Anspruch zu erheben, eine Handlung *verlange* eine Rechtfertigung, heißt voraussetzen, daß sie mit irgendeiner Regel kollidiert oder daß es einen anderen Grund gibt anzunehmen, sie sei nicht richtig. Wenn es keine derartige Diskrepanz gibt, wenn es keinen Grund gibt anzunehmen, die Handlung sei nicht richtig, dann bedarf die Handlung keiner Rechtfertigung. Es gibt daher Fälle, in denen die Forderung, eine Handlung sei zu rechtfertigen, vielleicht selbst einer Rechtfertigung bedarf.

Aber obwohl eine Handlung keine Rechtfertigung erfordern mag oder ihrer nicht bedarf, folgt daraus nicht, daß sie nicht gerechtfertigt werden kann oder daß es sinnlos ist, von ihrer Rechtfertigung zu sprechen. So scheint es mir notwendig, zwischen zwei Bedeutungen von »Rechtfertigung«, einer schwachen und einer starken, zu unterscheiden; oder solche Handlungen oder Handlungstypen, die eine Rechtfertigung erfordern, weil es Gründe gibt anzunehmen, sie seien nicht richtig, von anderen zu unterscheiden, die keine Rechtfertigung erfordern und die man dennoch rechtfertigen oder als richtig ausweisen kann. Eine Handlung kann gerechtfertigt werden (im schwachen Sinn), obwohl sie keiner Rechtfertigung (im starken Sinn) *bedarf*. Wenn man in der ersten Bedeutung des Wortes von einer Handlung sagt, sie sei gerechtfertigt, so sagt man damit einfach, daß sie richtig ist, ohne damit zu implizieren, daß es vielleicht einen Grund gibt anzunehmen, sie sei nicht richtig. In manchen Verwendungsweisen scheint dieser Satz allerdings mehr zu beinhalten – er scheint zu beinhalten, daß die Richtigkeit der Handlung *ausgewiesen* wurde. Aber das unterscheidende Merkmal der beiden Bedeutungen ist, daß in der stärkeren Bedeutung der Ausdruck impliziert, es gebe Gründe anzunehmen, die Handlung sei nicht richtig. Dies ist die Bedeutung, in der man sagen kann, eine Handlung verlange oder erfordere eine Rechtfertigung. Nun unterscheidet sich die Art, in der man eine Handlung rechtfertigen würde, die eine Rechtfertigung erfordert, von der Art, in der man eine Handlung rechtfertigen würde, die das nicht erfordert. Eine Handlung des letzteren Typs kann man einfach rechtfertigen, indem man die Gründe dafür ausweist. Um eine Handlung zu rechtfertigen, die eine Rechtfertigung verlangt, würde es nicht ausreichen, lediglich die Gründe dafür anzugeben; man hätte auch noch den Nachweis zu führen, daß diese Gründe die Gegengründe aufwiegen.

Aber es gilt weiterhin, daß eine Rechtfertigung für eine Handlung nicht erforderlich ist, solange sie nicht in irgendeiner Weise in Frage gestellt wird. Und es ist nicht nötig, auf der Unterscheidung zu insistieren, die ich soeben entwickelt habe. Möglicherweise ist sie zu künstlich. Doch wäre es auch ohne diese Distinktion nötig, zwei verschiedene Arten von Forderungen oder Ansprüchen zu unterscheiden, die man als solche der Praxis und als solche der Theorie einander gegenüberstellen kann. Denn wir können von der Rechtfertigung von Regeln reden, auch wenn gerade keine Gründe vorliegen, die gegen sie sprechen, und damit kein praktisches Bedürfnis nach einer Rechtfertigung besteht.

§ 3

Es müssen zumindest drei verschiedene Arten moralischer Regeln unterschieden werden. Derartige Regeln wie die, man solle nicht lügen, töten oder stehlen, fallen in eine besondere Klasse. Diese Regeln sind fundamentale moralische Regeln. Daneben gibt es solche, die man »lokale« Regeln nennen könnte. Diese Klasse umfaßt verschiedenartige Standards, Bräuche und Traditionen, die verschiedenen Gruppen oder Gemeinschaften eigen sind, ebenso wie solche Regeln, wie etwa die, jeder sollte seine Steuern zahlen. Drittens gibt es Regeln, die ich »neutrale Normen« nennen will, wie etwa die Verkehrsregeln. Alle diese Regeln sind sich darin gleich, daß ihre Verletzung gerechtfertigt werden muß. Aber auf das Argument der Verallgemeinerung sind sie jeweils in etwas anderer Weise bezogen.

Die Regeln, die ich lokale Regeln genannt habe, sind weniger umfassend und enger an den entsprechenden Kontext und die Zwecke gebunden, die sie rechtfertigen, als fundamentale moralische Regeln. Abgesehen davon, daß sie, wie schon ihr Name sagt, fundamentaler sind, hängen die letzteren, möglicherweise aufgrund ihres größeren Anwendungsbereichs, ihrer höheren Allgemeinheit und ihrer relativen Situationsunabhängigkeit, nicht in der Weise wie lokale Regeln von den Verschiedenheiten der sozialen oder geographischen Bedingungen ab. Es ergibt keinen Sinn, etwa von der Regel, sein Versprechen zu halten, zu sagen, sie könne wohl für eine Gruppe von Leuten gelten und für eine andere nicht. Aber es ergibt einen Sinn, wenn man dies von der Regel, man solle seine Steuern zahlen, sagt.[6]

6 Das ist keineswegs die einzige Möglichkeit, zwischen verschiedenen Arten moralischer Regeln zu unterscheiden. Eine sehr nützliche Unterscheidung hat J. D. Mabbott entwickelt in *Moral Rules*, in: *Proceedings of the British Academy*, Bd. XXXIX, London 1953, S. 109–110. »Moralische Regeln sind nach dem Maß zu unterscheiden, in dem sie konstitutiv oder bloß regulativ sind. Es gibt einige Regeln, ohne die keine zivilisierte Gemeinschaft überleben und nur wenige Güter erlangt werden könnten. Die Regeln, man solle nicht töten oder sein Versprechen brechen, sind von dieser Art (und aus diesem Grund hat man wohl angenommen, sie seien schon für sich einsichtig). Weiter gibt es Regeln, die einer besonderen Institution oder einer besonderen Form von Gemeinschaft eigen sind ... dann gibt es regulative Regeln, die eine Alternative darstellen gegenüber anderen Regeln einer gegebenen Gemeinschaft oder Institution, und die, ohne daß sich deren Struktur dadurch ganz verändern würde, verändert werden können.« Wel-

Aber erörtern wir zunächst die Regeln, die ich neutrale Normen genannt habe. Als Beispiel einer neutralen Norm können wir die Regel nehmen, daß jeder auf der rechten Straßenseite fahren sollte. Solche Regeln sind darum neutral, weil es moralisch unerheblich wäre, wenn man die entgegengesetzten Regeln annehmen würde. Dies ist der entscheidende Unterschied zwischen diesem Typ von Regeln und anderen Regeln. Die gerade zitierte Regel gilt nicht für Leute, die sich in England aufhalten, wo es die Regel gibt, auf der linken Straßenseite zu fahren (und man hätte sehr wohl die Regel aufstellen können, bei rot weiterzufahren und bei grün anzuhalten). Hinsichtlich einer jeden dieser Tätigkeiten gibt es nichts, das von vornherein nicht richtig wäre. Es ist in manchen Ländern nicht richtig, auf der linken Straßenseite zu fahren, weil man diese Regel eingeführt hat und von den Leuten im allgemeinen erwartet, daß sie die Regel befolgen.

Ich habe den Terminus »neutrale Normen« in Analogie zu Poincarés Terminus »neutrale Hypothese« gewählt. Das Charakteristische einer neutralen Hypothese ist, »daß die gleichen Folgerungen herausgekommen wären, wenn man genau vom Gegenteil ausgegangen wäre«, wobei es aber grundsätzlich nötig ist, überhaupt eine Hypothese aufzustellen.[7] Das Charakteristische einer neutralen Norm ist, daß man die gleichen Resultate erreicht hätte, wenn man genau das Gegenteilige angenommen hätte, während es notwendig ist, *überhaupt* eine Regel anzunehmen. Beides ist auch charakteristisch für bestimmte Gesetze, die an sich willkürlich scheinen mögen und die wir Konventionen nennen.

Daß es notwendig ist, überhaupt nach einer Regel zu verfahren, ergibt sich aus der Anwendung des Arguments der Verallgemeinerung. Was würde passieren, wenn es keine Regeln zur Leitung und Ordnung des Verkehrs gäbe, wenn jeder auf derselben Seite der Fahrbahn fahren würde oder auf der Seite, auf der er gerade zu fahren Lust hat. Es ist nicht nötig, weiter ins Detail zu gehen. Klar ist sicherlich, daß dies, gelinde

che Art der Unterscheidung man auch vornimmt, so sollte man sich immer darüber klar sein, daß es Grenzfälle geben wird, Regeln, die nicht eindeutig der einen oder anderen Klasse zugeordnet werden können.

7 Henri Poincaré, *Science and Hypothesis*, in: *The Foundations of Science*, Lancaster 1913, Kap. IX, S. 135.

gesagt, außerordentlich unpassend wäre, und dies zeigt schon hinreichend, daß nicht jeder auf derselben Seite der Fahrbahn fahren sollte und daß niemand das Recht hat, auf der Seite zu fahren, auf der er im Augenblick zu fahren gerade Lust hat. Es folgt daraus, daß jeder auf der rechten oder linken Seite fahren sollte, je nachdem welche Seite durch die Regeln der Gemeinschaft, deren Straßen er benutzt, vorgeschrieben ist; es sei denn, er hat, was unter besonderen Umständen möglich ist, einen guten Grund, das Gegenteil zu tun. Es folgt daraus auch, daß es eine Regel geben muß, um Katastrophen zu vermeiden und um den Zwecken zu dienen, zu denen Straßen überhaupt gebaut wurden. Es ist sicher gleichgültig, welche Regel angenommen wird, solange sie nur ihrem Zweck dient und nicht aus anderen Gründen ungerecht oder unpassend ist.
Es sollte evident sein, daß eine neutrale Norm in einem wesentlichen Bezug zu einem sozialen Bedürfnis oder Zweck steht, dessen Realisierung durch die allgemeine Befolgung der Regel befördert und durch allgemeine Mißachtung verhindert würde.
Im Sinne dieses Bedürfnisses oder Zwecks wäre es verheerend oder nicht wünschenswert, wenn es keine solche Regel gäbe, und im Sinne dieses Bedürfnisses oder Zwecks ist die Regel zu rechtfertigen. Natürlich ist auch ein Bezug auf die Erwartungen anderer in der Erklärung impliziert, warum es nicht richtig ist, eine solche Regel zu mißachten. Die Leute erwarten im allgemeinen, daß andere diese Regel befolgen, und verlassen sich normalerweise darauf. Aber es ist nicht einfach darum nicht richtig, eine Regel zu verletzen, weil Leute von anderen erwarten, daß sie die Regel einhalten und davon abhängig sind. Dies ist zweifellos ein Teil der Erklärung. Würde aber niemand solche Regeln befolgen, dann würde wahrscheinlich auch niemand von einem anderen erwarten, daß er sie befolgt. Der Hauptgrund dafür, warum es verheerend wäre, wenn niemand derartige Regeln befolgen würde, liegt daher in den sozialen Bedürfnissen, deren Nichtbeachtung zu allgemeiner Frustration führen würde.
Ebenso implizieren auch die Regeln, die ich lokale Regeln genannt habe, einen wesentlichen Bezug auf soziale Bedürfnisse und Zwecke, von denen sie abhängig und in deren Sinn sie zu rechtfertigen sind.

§ 4

Ein Beispiel einer lokalen Regel ist die, die von den Leuten verlangt, Steuern zu zahlen. Nicht jede Regierung verlangt das von ihren Bürgern. Die Höhe der zu zahlenden Beträge und die Art der erhobenen Steuern variieren von Zeit zu Zeit und von Ort zu Ort, entsprechend den verschiedenen Bedingungen und Bedürfnissen. Zu einer Zeit, in der kein Bedürfnis danach besteht, Steuern zu erheben, wäre das Argument »Was würde passieren, wenn niemand Steuern zahlen würde« nicht anwendbar. Eine derartige Regel ist somit in einer Weise von lokalen Bedingungen abhängig, wie das fundamentale moralische Regeln nicht sind. Die fundamentalen moralischen Regeln sind eher so etwas wie die Voraussetzungen jeder Gemeinschaft oder Regierung überhaupt. Man kann sich nicht der Verpflichtung entziehen, Versprechen zu halten oder aufrichtig zu sein, ohne sich damit selbst aus jeder Form von Gemeinschaft auszuschließen. (Und ich meine dies nicht im bloß physischen Sinn.)

Ich habe zuvor erwähnt, daß diese Klasse von Regeln auch Traditionen und Bräuche umfaßt ebenso wie verschiedenartige Standards, für die der Standard des fairen Wettbewerbs, der gewisse wirtschaftliche und andere Aktivitäten regelt, als repräsentativ betrachtet werden kann. In diese Klasse gehören auch die Regeln, die das ausmachen, was als »Ehrenkodex« in den verschiedenen Berufssparten allgemein anerkannt ist. Derartige Regeln haben nicht den umfassenden Anwendungsbereich von fundamentalen Regeln. Sie sind nur auf bestimmte Gruppen anwendbar: auf Angehörige einer bestimmten Branche, einer bestimmten Berufsgruppe oder auf solche, die sich in einer bestimmten sozialen Umgebung befinden, und im Falle eines Brauchs oder einer Tradition, auf die Glieder der Gemeinschaft, die diesen Brauch oder diese Tradition hat. (Jemand, der nicht Doktor ist, kann nicht sinnvollerweise angeklagt werden wegen eines »Verhaltens, das sich für einen Doktor nicht gehört«.) Solche Regeln ändern sich auch mit den verschiedenen Bedingungen. In einer Gemeinde mag es »unlauterer Wettbewerb« sein, drei Häuserblocks von einer anderen entfernt eine Wäscherei zu eröffnen; in einer anderen Gemeinde mag die unterste Grenze fünf Häuserblocks sein.

Viele dieser Regeln sind zweifellos grausam und ungerecht, um nicht zu sagen töricht. Wie manche alten Relikte in der Rechtsordnung existieren viele weiter und bestimmen das Verhalten, nachdem das Bedürfnis, das sie ins Leben gerufen hatte, schon längst verschwunden ist oder die Bedingungen, auf die sie zugeschnitten waren, sich verändert haben. Nichtsdestoweniger haben diese Regeln prima facie den Anspruch, akzeptiert zu werden. Dies ist daraus zu ersehen, wenn man sich vorstellt, was geschehen würde, wenn jedes Glied einer Gemeinschaft deren Bräuche oder Traditionen mißachten würde. »Vergangenem anzuhängen« bedarf, wie Richter Holmes gesagt hat, »*bis wir einen einleuchtenden Grund zur Veränderung haben*, nicht mehr der Rechtfertigung als der Appetit«[8]. Um es anders zu formulieren, diese Regeln sind einfach darum verbindlich, weil sie von dem dominierenden Teil der Gruppe, für die sie gelten, akzeptiert werden. Man kann daher präsumieren, daß die Mitglieder der Gruppe von den anderen Mitgliedern erwarten und auch davon abhängig sind, daß sie sich den Regeln entsprechend verhalten. Und der Wert von Standards und Codes für die Regelung von Verhalten, das der Regelung bedarf, sollte nicht unterschätzt werden. Wie neutrale Normen bestimmen sie in vielen Fällen ganz konkret, was in einer bestimmten Situation »moralisches« oder »unmoralisches« Verhalten sei.

Es ist nicht meine Aufgabe, einen Katalog verschiedener Arten lokaler Regeln aufzustellen. Natürlich bestehen bedeutende Unterschiede zwischen Standards, Traditionen und Codes, es wäre aber eine unnötige Abschweifung, ihnen hier noch Rech-

8 Oliver Wendell Holmes, *Collected Legal Papers*, New York 1921, S. 290. Die Wendung »bis wir einen einleuchtenden Grund zur Veränderung haben« ist wichtig genug, um besonders hervorgehoben zu werden. Vgl. zu demselben allgemeinen Gesichtspunkt die folgenden Ausführungen von Whately: »Zunächst besteht einmal eine Präsumption zugunsten einer *bestehenden* Institution. Viele von ihnen können schon noch verbessert werden; aber die »Beweislast« liegt in jedem Fall bei dem, der eine Veränderung vorschlägt; einfach aus dem Grund, daß, da eine Veränderung nicht schon in sich ein Gut ist, derjenige, welcher eine Veränderung verlangt, den Grund dafür aufzeigen sollte. Niemand ist *dazu aufgerufen* (obwohl es ihm ratsam erscheinen mag), eine bestehende Institution zu verteidigen, solange nicht ein Argument dagegen vorgebracht wird; und dieses Argument sollte, aus Gründen der Fairneß, nicht bloß eine aktuelle Unannehmlichkeit aufweisen, sondern auch die Möglichkeit einer Veränderung zum Besseren«. Richard Whately, *Elements of Rhetoric*, London [7]1857, Teil I, Kap. III, § 2, S. 73–74.

nung zu tragen. Hier geht es mir nur darum, die Art und Weise zu veranschaulichen, in der das Argument der Verallgemeinerung solche Regeln hervorbringen (ihre Notwendigkeit demonstrieren) und rechtfertigen kann. Was ich daher zu tun vorschlage, ist, an zwei konkreten Beispielen der Anwendung dieses Prinzips exemplarisch vorzuführen und zu kommentieren, wie eine lokale Regel zustande kommt.

Im ersten Fall wird das Prinzip angewendet, um in einer Kriegssituation eine bestimmte Militär- oder Marinepolitik zu rechtfertigen.

Es war schwierig, sich wegen Seekrankheit von Schiffen im Alaska-Dienst versetzen zu lassen, denn wenn das üblich gewesen wäre, hätte es dort keine Schiffe mehr gegeben; aber es war nicht unmöglich ... Beinahe jeder auf diesem Posten war mindestens zeitweilig seekrank, denn die kleinen Begleitschiffe patroullierten den ganzen Winter über.[9]

Dieses Beispiel erläutert sich nahezu selbst. Ich kann höchstens noch darauf hinweisen, daß diese Anwendung des Arguments von der Voraussetzung ausgeht, es sei notwendig gewesen, Schiffe in den Gewässern von Alaska zu haben, wenn man den Krieg gewinnen wollte. Ohne eine solche Kriegssituation oder andere Notlage wären auch solche drastischen Maßnahmen nicht erforderlich gewesen; sie hätten dann ihre Berechtigung verloren. (Auf den Punkt einzugehen, der durch die Wendung »aber es war nicht unmöglich« deutlich wird, würde bedeuten, das Offenkundige zu betonen).

Im zweiten Beispiel wird das Argument angewendet, um eine gesetzliche Regelung zu rechtfertigen.

Innerhalb der Vereinigten Staaten sind zwei verschiedene Systeme der Wassergesetzgebung in Kraft – das Flußanwohnersystem und das Erwerbssystem. Das erste gilt in 31 von den 48 Staaten. Es beruht im wesentlichen auf dem Prinzip, daß jeder, der am Fluß Land besitzt, ein gleiches Recht hat, von dem Flußwasser vernünftigen Gebrauch zu machen, vorbehaltlich dem gleichen Recht der anderen, die am Fluß Land besitzen, davon in gleicher Weise vernünftigen Gebrauch machen zu können. Einige der wasserarmen Weststaaten fanden das System für ihre Bedürfnisse ungeeignet. Die Aufteilung des Wassers »in kleine Mengen auf die verschiedenen Besitzer nach dem allgemeinen Prinzip des gleichen Rechts« wäre eine Aufteilung »in so kleine Portionen, daß sie für niemanden von Vorteil wäre«.

9 Sloan Wilson, *Citation*, in: *The New Yorker*, Bd. XXVIII, Nr. 1 (23. Februar 1952), S. 70.

»In solchen Regionen ist es besser, daß einige genug haben und andere leer ausgehen, als daß eine ganz genaue Teilung vorgenommen wird, die ökonomisch keinen wirklichen Wert hat.« Das Erwerbssystem beruht auf der Einsicht in diese Wahrheit. Sein wesentliches Prinzip ist, daß derjenige, »der das Wasser als erster einer allgemein nützlichen Verwendung zuführt – Bewässerung, Bergbau, Fabriken, Strom, Haushalten oder anderen wirtschaftlichen Nutzen –, sich dadurch den ersten Anspruch auf das Wasser erwirbt, und daß der, der als zweiter das Wasser allgemein nützlich verwendet, das zweite Recht erwirbt, ein Recht, das dem ersten gleicht, ihm aber untergeordnet ist; und der, der als Dritter das Wasser benutzt, erwirbt das Recht an dritter Stelle, ein Recht, das den beiden anderen untergeordnet ist, usw. die ganze Linie des Nutzrechts hindurch.«[10]

Es lohnt, sich klarzumachen, inwiefern das Argument der Verallgemeinerung hier enthalten ist.

Nur wenn man das Argument der Verallgemeinerung anwendet, kann der Unterschied zwischen den verfügbaren Wassermengen in, sagen wir, Arizona und Illinois als relevanter Unterschied in bezug auf die Umstände der Flußbewohner in diesen Staaten festgestellt werden; ein Unterschied, der für die Frage relevant ist, wie die Rechte der Wassernutzung verteilt werden sollten. Das Faktum, daß ein Staat mehr Wasser haben kann als ein anderer, ist für sich genommen kein relevanter Unterschied, solange genug vorhanden ist, um die Bedürfnisse aller zu befriedigen. Wenn aber jeder Flußanwohner in Arizona das Recht hätte, soviel Wasser zu verbrauchen, wie er wollte, würde es nicht für alle reichen – niemand würde soviel bekommen, wie er braucht. Also sollte nicht jeder Flußanwohner in Arizona das gleiche Recht auf das Wasser des Staates haben. Wenn auf der anderen Seite daraus, daß man jedem Flußanwohner in Illinois erlauben würde, soviel Wasser zu nehmen, wie er braucht, diese Konsequenzen sich nicht ergäben und es daher keinen Grund gäbe, der dagegen spricht, dann sollte jeder Flußanwohner in Illinois das gleiche Recht auf das Wasser in seinem Staat haben. Es folgt jedoch keineswegs, daß *kein* Flußanwohner in Arizona das Recht haben

10 Benjamin N. Cardozo, *The Growth of the Law,* New Haven 1924, S. 118 bis 119; er zitiert Bannister, *Interstate Rights in the Interstate Streams in the Arid West,* in: *Harvard Law Review,* Bd. XXXVI (1922–23), S. 960–962. Cardozo gibt dazu den Kommentar: »Hier liegt eine bewußte Abwendung von einer bekannten Regel und die wohlüberlegte Annahme einer neuen vor, womit man einem sozialen Bedürfnis folgt, das so offenkundig und nachdrücklich ist, daß es alte Denkkanäle stillegt und für sich neue baut.«

sollte, soviel Wasser zu nehmen, wie er braucht. Denn die Folgen, die daraus entstünden, wären wahrscheinlich ebenso wenig wünschenswert. Das Faktum, daß niemand genug Wasser hätte, wenn jedem in Arizona gleiches Recht auf Wasser zustünde, führt zu dem Problem, die Verteilung der Rechte zur Wassernutzung auf faire Weise festzulegen. Die erdachte Regel, die nur unter diesen Bedingungen zu rechtfertigen wäre, ist die oben formulierte.

Dieses letzte Beispiel macht ganz besonders deutlich, in welcher Weise eine lokal begrenzte Regel enger an ihren Kontext gebunden und weniger umfassend ist als eine fundamentale moralische Regel. Die eben erwähnte Regel gilt nur für die Bevölkerung von Arizona (und anderer dürrer Staaten). Die verschiedenen Bedingungen in verschiedenen Staaten erfordern unterschiedliche Regeln. Wenn die Wasserversorgung in Illinois spürbar zurückginge, wäre das ein Grund, die Regel zu ändern. Man muß beachten, daß diese Regeln keine neutralen Normen sind. Es ist nicht gleichgültig, welche Regel angenommen wird.

§ 5

Wir wollen uns jetzt der Frage zuwenden, wie fundamentale moralische Regeln zu rechtfertigen sind. Das Vorgehen ist, wie bereits angedeutet, in jedem Fall das gleiche. Moralische Regeln werden mit Hilfe des Arguments der Verallgemeinerung eingeführt. Eine Regel, die nicht aus einer Anwendung des Arguments der Verallgemeinerung abgeleitet werden kann, kann nicht gerechtfertigt werden.

Da das Vorgehen in jedem Fall das gleiche ist, spielt es keine Rolle, welche Regel wir wählen, um das zu veranschaulichen. Nehmen wir etwa die Regel, man solle nicht lügen. Wie kann das bewiesen werden? Da es das gleiche ist, eine moralische Regel zu rechtfertigen wie zu erklären, warum eine bestimmte Art von Handlung im allgemeinen richtig oder nicht richtig ist, ist es auch gleichbedeutend, die Regel, man solle nicht lügen, zu rechtfertigen und zu erklären, warum es nicht richtig ist zu lügen. Es wird daher genügen, wenn wir die Frage beantworten: »Warum ist es nicht richtig zu lügen?«

Ich kann mich nicht enthalten, darauf hinzuweisen, wie ganz

und gar phantastisch es wäre, die Frage »Warum ist es nicht richtig zu lügen?« oder irgendeine Frage dieser Art so zu beantworten: »Es ist nicht richtig zu lügen, weil die meisten Leute es mißbilligen.« Das wäre überhaupt keine Antwort. Es ist nicht *deshalb* nicht richtig zu lügen, *weil* es mißbilligt wird, d. h. weil man es *nicht für richtig hält*. Plausibler wäre es, wenn man sagte, daß Lügen für nicht richtig gehalten wird, weil es nicht richtig ist, denn zu erklären, warum Lügen nicht richtig ist, ist gleichbedeutend damit zu rechtfertigen, warum man es für falsch hält. Für die Erklärung, warum es nicht richtig ist zu lügen, ist jedoch die Tatsache, daß es mißbilligt wird, ebenso irrelevant wie die, daß jemand, der lügt, wahrscheinlich dafür bestraft werden wird. Es ist keine Antwort, wenn man sagt, »Es ist nicht richtig zu lügen, weil ich dich schlagen werde, wenn du es tust.« Das ist nicht der Weg, mit dem man zeigen kann, daß oder warum es *nicht richtig* ist zu lügen. Wenn etwa jemand nach einem Grund fragt, warum er nicht lügen sollte, mag es zwar eine relevante Überlegung sein, daß man ihm versichert, er werde geschlagen oder anderweitig bestraft, wenn er es tut. Die Tatsache, daß jemand bestraft wird, wenn er etwas Bestimmtes tut, kann ein wirklich kluger Grund sein, es zu unterlassen. Wenn der Gewinn aus der Lüge das Maß der Strafe nicht ausgleicht, wäre er gut beraten, wenn er es unterließe zu lügen. Das zeigt aber auch nicht im geringsten, daß es sittlich nicht richtig ist zu lügen, daß jemand die Pflicht hat, nicht zu lügen. Ein Kind, das ins Feuer faßt, wird sich verletzen, und das ist ein guter Grund dafür, daß es nicht ins Feuer fassen sollte. Das ist aber nicht geeignet zu zeigen, die Handlung wäre sittlich nicht richtig. Ähnliche Überlegungen gelten für Antworten, die darauf hinweisen, daß etwas allgemeine Mißbilligung findet. Sie können als Ratschlag dienen, jemanden vom Lügen abzuhalten. Solche Ratschläge sind oft nützlich. Sie sind aber irrelevant für die Frage, warum es nicht richtig ist zu lügen. Eine Handlung, die richtig ist, könnte nämlich ebenso bestraft oder mißbilligt werden. Auch in solchen Situationen ist es nicht richtig zu lügen, in denen man davonkommt, ohne bestraft zu werden oder ohne daß es mißbilligt wird. Das perfekte Verbrechen ist dasjenige, das unentdeckt und unbestraft bleibt. Es ist dennoch keines, das gerechtfertigt wäre.

Sicherlich kann in einigen Fällen die Tatsache, daß etwas allgemein mißbilligt wird, zu einer Präsumption gegen die Handlung führen. Dieses Faktum für sich genommen könnte sie jedoch nicht falsch *machen* oder konstitutiv für ihre Unrichtigkeit sein. Denn diese Präsumption kann, wie andere auch, zurückgewiesen werden, und diese Zurückweisung würde dann zeigen, daß die Handlung keineswegs nicht richtig ist, obgleich sie von vielen scharf mißbilligt wird. Moral ist nicht das gleiche wie öffentliche Meinung, noch stimmt sie immer damit überein. Daß bestimmte Verhaltensweisen weithin mißbilligt werden, ist eine wesentliche Quelle ethischer Probleme und kann nicht etwa eine automatische Antwort auf sie sein. Auch kann soziale Mißbilligung als Quelle (und manchmal als Folge) von Bräuchen und Traditionen nur lokale, nicht aber fundamentale Regeln begründen.

Der Grund, warum es nicht richtig ist zu lügen, sollte aus dem, was bisher gesagt wurde, schon hinreichend klar geworden sein. Es ist nicht richtig zu lügen im Hinblick auf das, was passieren würde, wenn es jeder täte. Es wäre nichts weniger als verheerend, wenn jeder lügen würde, wann immer es ihm paßt, wenn es zur Regel würde zu lügen, und zur Ausnahme, die Wahrheit zu sagen, was, wenn es auch so aussehen mag, tatsächlich nicht die herrschende Praxis ist.[11]

Daraus folgt, daß es im allgemeinen nicht richtig ist zu lügen oder daß niemand das Recht hat, ohne Grund zu lügen; und daß der Wunsch oder das Verlangen zu lügen allein niemals eine ausreichende Rechtfertigung ist, wird an der weiteren Anwendung des Arguments der Verallgemeinerung gezeigt. Denn nehmen wir einmal an, daß es so wäre und daß ich mit der Begründung, es einfach zu wollen, das Recht in Anspruch nähme zu lügen. Dann hätte jede Person mit ähnlichen individuellen Voraussetzungen, und das heißt in diesem Zusam-

11 Der fundamentale Charakter solcher Regeln wird im folgenden Abschnitt von Mill sehr lebhaft dargestellt: »Die moralischen Regeln, die Menschen verbieten, sich gegenseitig zu verletzen (wobei man nicht vergessen sollte, die unrechte Verletzung gegenseitiger Freiheit mit einzubeziehen), sind lebenswichtiger als irgendwelche anderen Maximen, wie wichtig sie auch immer sind, die nur zeigen, in welcher Weise bestimmte Bereiche menschlicher Angelegenheiten am besten gehandhabt werden können ... Nur ihre Beachtung allein kann den Frieden zwischen Menschen bewahren: wenn es nicht die Regel wäre, ihnen zu folgen, und die Ausnahme, ihnen nicht zu folgen, würde jeder in jedem anderen einen Feind sehen, vor dem er sich ständig hüten muß.« (*Utilitarianism*, Kap. V, § 33, S. 55.)

menhang jeder, der lügen möchte, damit das Recht zu lügen; das bedeutet, jeder hätte das Recht zu lügen, wann immer er will. Die Folgen davon, daß jeder das täte, wären, wie ich bereits gezeigt habe, nichts weniger als verheerend, und also könnte nicht jeder das Recht dazu haben. Aber wenn nicht jeder das Recht dazu haben kann, dann kann es niemand ohne einen speziellen Grund haben, und hier kann kein spezieller Grund angegeben werden, denn der Wunsch zu lügen ist kein unterscheidendes Merkmal. Das Recht zu lügen in dieser Weise zu »begründen« oder auszuweisen, enthält wirklich einen Widerspruch, weil es bedeutet, daß man den Anspruch, eine Ausnahme zu sein, aus Gründen erhebt, die jeden zu einer Ausnahme machen würden. Und wenn jeder das Recht hätte zu lügen, wann immer es ihm gefällt, dann hätte auch jeder das Recht zu tun, was immer ihm beliebt, und zwar unter allen beliebigen Umständen; und das ist ebenso widersprüchlich.

Das Argument, das ich gerade vorgetragen habe, ist nicht auf die Frage des Lügens eingeschränkt. Vielmehr geht daraus ein weiteres moralisches Prinzip hervor, und zwar eines, das das Prinzip der Rechtfertigung in sinnvoller Weise ergänzt: *man ist niemals berechtigt, eine moralische Regel darum zu verletzen, weil einem gerade danach zumute ist oder weil man es gerne möchte.* Eben dieses Argument reicht auch zur Begründung der von mir sogenannten korrelierten Prinzipien aus. Um des Lügens willen zu lügen z. B. heißt zu lügen, weil einem danach zumute ist oder man es gerade möchte oder weil es einem gefällt: und wenn es so ist, daß Lügen dadurch, daß man es möchte, nicht gerechtfertigt ist, dann ist es auch nicht gerechtfertigt zu lügen, um zu lügen. Und wenn man sagt, das sei niemals gerechtfertigt, dann heißt das, daß es niemals richtig ist.

Lügen unterscheidet sich natürlich von anderen nicht richtigen Handlungen wie etwa Stehlen oder Töten und sein Versprechen nicht halten in vielen sehr wichtigen Hinsichten, und ich möchte nicht so verstanden werden, als ob ich behaupten würde, diese Handlungen seien in allen wesentlichen Aspekten gleich. Ein Unterschied ist zum Beispiel, daß niemand lügen kann, ohne es zu *beabsichtigen,* obgleich man falsche Informationen geben oder sogar jemand betrügen kann, ohne die Absicht zu haben, das zu tun, während man jedoch, wenn man lügt, die Absicht haben muß zu täuschen. Man kann aber stehlen, töten oder ein Versprechen brechen, ohne das zu beabsichtigen; und an der Natur der Handlung ändert sich nichts, obgleich sie vielleicht durch die Tatsache, daß man sie nicht beabsichtigt hat, weniger verurteilt wird oder sogar entschuldigt werden kann. Hinzu kommt, daß Umstände, die eine Lüge rechtfertigen können, nicht zugleich auch Diebstahl und Mord rechtfertigen. Dennoch ist die Regel, man solle nicht lügen, insofern ein typischer Fall, als alle moralischen Regeln im Hinblick auf die nicht wünschenswerten, ja, sogar verheerenden Folgen begründet werden, die sich daraus ergäben, daß ihnen im allgemeinen jeder zuwider handelte. Daraus folgt, daß moralische Regeln nicht unabhängig voneinander sind; sie sind dadurch miteinander verbunden, alle in einer Anwendung des Arguments der Verallgemeinerung begründet zu sein. Daraus folgt allerdings nicht, daß die Folgen der allgemeinen Verletzung einer Regel sich nicht wesentlich von den Folgen der allgemeinen Verletzung einer anderen Regel unterscheiden können. Man könnte beispielsweise sagen, es sei unmöglich, daß es die Regel würde zu lügen und eine Ausnahme, die Wahrheit zu sagen; denn unter dieser Voraussetzung könnte kein Gebrauch von der Sprache gemacht werden, und es gäbe daher keine Möglichkeit zu lügen. Zu lügen setzt voraus, daß man normalerweise die Wahrheit sagt; es beruht also auf der Institution der Sprache und verhält sich in der Tat parasitär zu ihr. Wenn jedermann lügen wollte, und zwar entweder regelmäßig oder auch nur sporadisch, so daß es unmöglich wäre zu sagen, wann jemand die Wahrheit sagt, würde die Institution der Sprache unterminiert und möglicherweise könnte niemand überhaupt noch sprechen. Wir könnten dann nicht im allgemeinen annehmen, wie wir es doch tun, daß Leute ihre Aussagen ehrlich meinen; der Gebrauch der Sprache beruht aber auf der Annahme, daß, obgleich Leute, in dem, was sie sagen, oft mißverstanden werden oder Worte benutzen, um zu täuschen, das nicht immer oder auch nur meistens der Fall ist. Niemand könnte eine Sprache lernen, wenn diejenigen, die ihn umgeben und auf die er sich verlassen muß, um sie zu lernen, ihn im allgemeinen anlügen würden. Es gäbe dann keine Regelhaftigkeit im Gebrauch oder der Referenz von Wörtern, die man ihn »lehrt«,

und also hätten die Wörter keine Bedeutung.[12] Entsprechendes gilt, trotz leichter Unterschiede, auch für andere Regeln.
Über eine andere Klasse fundamentaler Regeln sollte noch etwas hinzugefügt werden. Die Regel, man solle dem Gesetz folgen oder Gesetz und Ordnung aufrechterhalten, ist selbst eine fundamentale Regel, durch die verschiedene Regeln und Regelungen moralisch verbindlich werden. Diese fundamentale Regel umfaßt eine große Klasse lokaler Regeln. Dasselbe gilt für die Regel, sich Bräuchen und Traditionen gemäß zu verhalten; das ist nur viel schwächer und hängt von dem Brauch ab und den Folgen, die sich daraus ergeben würden, daß jeder davon abweicht. Zum Beispiel könnten Kleidungsgewohnheiten moralisch ungestraft gebrochen werden. Denn wenn jeder sich anzöge, wie es ihm gefällt, dann bestünde einfach in einer Gesellschaft nur der Brauch, daß jeder sich anzieht, wie es ihm gefällt.

§ 6

Es sollte klar sein, daß das Argument der Verallgemeinerung moralische Regeln nicht als immer und unter allen Umständen gültig begründet. Das folgt aus dem Prinzip der Verallgemeinerung. Wenn nicht jeder das Recht hat, in einer bestimmten Weise zu handeln, dann hat niemand das Recht, in dieser Weise zu handeln, wenn er keinen Grund dafür angeben kann. Folglich hat niemand das Recht, ohne Grund zu lügen, wenn es nicht wünschenswert wäre, daß jeder lügt. Das impliziert offensichtlich, daß es für die Regel Ausnahmen geben kann, denn es impliziert, daß es möglich ist, eine Rechtfertigung dafür zu haben, daß man sich von der Regel abweichend verhält. Ob ein bestimmter Fall eine Ausnahme ist, läßt sich feststellen, indem man in detaillierter Weise die Umstände der fraglichen Handlung spezifiziert. Wenn die Umstände einer Handlung solche sind, daß es unter diesen oder ähnlichen Umständen keineswegs nicht wünschenswert wäre, wenn jeder in dieser Weise handelte, dann wäre die Handlung unter diesen Umständen keineswegs nicht richtig. (Das erfordert die Modifikationen, die im letzten Kapitel ausgearbeitet wurden.

12 Vgl. Max Black, *Problems of Analysis*, Ithaca 1954, S. 45.

Wichtig ist das Prinzip, im Hinblick auf das die Umstände spezifiziert werden und das nicht implizieren darf, daß jedermanns Umstände eine Ausnahme sind.) Folglich rechtfertigt man, wenn man eine Ausnahme rechtfertigt, tatsächlich eine Klasse von Ausnahmen und modifiziert so im Effekt das Verständnis der ursprünglichen Regel, indem man ihren Geltungsbereich begrenzt. Daß moralische Regeln Ausnahmen haben können und daher nicht immer gelten, ergibt sich, wie bereits gesagt wurde, auch daraus, daß sie in bestimmten Anwendungsfällen miteinander in Konflikt geraten können. Wenn sich moralische Regeln aus dem Argument der Verallgemeinerung ableiten lassen, wie ich behauptet habe, wäre es widersprüchlich zu behaupten, daß es immer und nicht nur im allgemeinen falsch wäre zu lügen, denn die Gründe, auf denen die Regel beruht, sind genau die gleichen Gründe, die unter bestimmten Umständen ausreichen, sich über sie hinwegzusetzen. Und ich würde, aus bereits genannten Gründen sagen, daß jemand, der behauptet, es sei niemals richtig zu lügen, ohne Gründe zu nennen, die seine Behauptung stützen, lediglich etwas über seine Haltungen oder Gefühle gegenüber dem Lügen sagt oder zu erkennen gibt.

Damit will ich jedoch nicht sagen, es sei nicht möglich, daß es solche Gründe gäbe. Daß es solche Gründe geben kann, ergibt sich klar aus der Tatsache, daß man solche Gründe angeführt hat, und zwar zwei verschiedene Gruppen von Gründen, die aus etwas verschiedenen Fragezusammenhängen entstanden sind; und es wird nützlich sein, das, wenn auch nur kurz, zu diskutieren. Denn diese Gründe haben einige Autoren in dem zur Diskussion stehenden Punkt für überzeugend gehalten.

1. Vielleicht die ernsthafteste Diskussion des Themas gibt im speziellen Fall der Aufrichtigkeit oder Wahrhaftigkeit ein Buch von Dr. Richard C. Cabot mit dem Titel *Honesty*. Das Buch enthält eine besonders nachdrückliche Verteidigung der These, daß man niemals lügen sollte. Das vielleicht wichtigste Argument, das Dr. Cabot vorbringt, ist, daß »eine Lüge niemals richtig ist, weil sie ein Versprechen bricht«, denn im Gebrauch der Sprache verpflichte man sich stillschweigend auf Wahrhaftigkeit.[13] Es besteht kein Anlaß, sich mit diesem

13 Richard C. Cabot, *Honesty*, New York 1938, S. 21, 261-62.

letzten Satz zu beschäftigen. In einem gewissen Sinn ist er auch wahr. Aber er trifft nicht den springenden Punkt. Er verlagert das Problem nur auf die Frage, warum es niemals richtig ist, ein Versprechen nicht zu halten, und das ist noch weniger plausibel, als wenn man das vom Lügen behauptet. Denn während eine Wahrheit nicht mit der anderen in Konflikt geraten kann (obgleich es zwei aufrichtige Aussagen können), kann doch ein Versprechen mit einem andern in Widerspruch stehen, in dem Sinn, daß man nicht beide halten kann oder nicht eines halten, ohne das andere zu brechen. Es gibt ebenfalls Fälle, in denen es andere Regeln verletzen würde, wenn man ein Versprechen hielte, oder in denen es vermeidbaren Kummer erzeugt; ebenso wie es Fälle gibt, in denen man aufgrund von Umständen, die man nicht unter Kontrolle hat, nicht in der Lage ist, ein Versprechen zu halten. Nehmen wir an, daß ich, um ein Versprechen zu halten, das ich dir gegeben habe, etwa dich zu einer bestimmten Zeit an einem bestimmten Platz zu treffen, zulassen muß, daß ein Kind ertrinkt. Es ist sicher nicht offenkundig, daß man in einem solchen Fall immer das Versprechen halten sollte. Vielmehr sollte offenkundig sein, daß man in einem solchen Fall die Pflicht hat, bei der Rettung des Kindes zu helfen.

Dem kann man sicherlich zustimmen und dennoch aufrechterhalten, daß die Regel, Versprechen zu halten, unverletzlich ist. Das kann man, indem man argumentiert, daß jedes Versprechen unter bestimmten Bedingungen gegeben wird, ganz gleich, wie man es formuliert, und daß im angenommenen Fall nicht alle Bedingungen, auf denen das Versprechen beruht, erfüllt sind, so daß man in einem solchen Fall, indem man sich aufhält, um das Kind zu retten, sein Versprechen nicht wirklich brechen würde. Diese Argumentation hat etwas für sich, aber sie rettet die Position nicht. In jedem normalen Sinn des Wortes habe ich, wenn ich dich nicht zu der Zeit treffe, die ich dir versprochen hatte, mein Versprechen gebrochen – und wenn ich es nicht »gebrochen« habe, habe ich es doch sicherlich nicht gehalten. Denn ich habe dich nicht getroffen, wie ich es versprochen hatte, und also habe ich nicht getan, was ich zu tun versprochen hatte. Die Frage ist, ob das Versprechen unter diesen Umständen moralisch verpflichtet, und dieser Aspekt der Bedingtheit von Versprechen ist nur eine Verschiebung in der Formulierung des Problems. Es kommt hinzu, daß zu den Bedingungen, auf denen das Versprechen beruht und die also definieren, was man eigentlich versprochen hat, auch die allgemeine Bedingung gehört, daß es nicht zu einem Widerspruch mit anderen Regeln führen soll, wenn man das Versprechen hält. Manchmal sollte man aber, wenn es zu Widersprüchen mit anderen Regeln führen würde, das Versprechen zu halten, es dennoch halten, und manchmal sollte man das nicht.

Abgesehen von diesen Punkten begründet das Argument, jedes Versprechen sei bedingt, auch nicht die Unverletzbarkeit der Regel, man solle nicht lügen. Wenn nämlich jedes Versprechen bedingt ist, dann ist die »mit dem Gebrauch der Sprache« implizit eingegangene Verpflichtung auf Wahrhaftigkeit ebenfalls bedingt und es wäre gerechtfertigt zu lügen, wann immer die Bedingungen für diese allgemeine Verpflichtung nicht gegeben sind. Mit einer ähnlichen Argumentation könnte man sagen, die allgemeine Verpflichtung auf Wahrhaftigkeit sei nicht wirklich »gebrochen«, wenn man in bestimmten Situationen lügt, weil man nicht versprochen hat, in eben dieser Situation nicht zu lügen. Dr. Cabot versichert, »daß alle bedingungslosen Abkommen und Vesprechen gefährlich sind«, und schlägt vor, »ihre Gefahren dadurch zu vermeiden, daß man sich so klar wie möglich überlegt und aufschreibt, unter welchen Bedingungen sie in gegenseitigem Einverständnis gebrochen werden sollten«. (S. 38).

Nun mag es zwar sein, daß alle solche Versprechen gefährlich sind, aber wenn das so ist, dann nur deshalb, weil sie möglicherweise mit den Forderungen anderer Regeln in Konflikt geraten. Daraus folgt nicht, daß diese Versprechen niemals hätten gegeben werden sollen oder daß es überhaupt falsch wäre, Versprechen zu geben. Und der Ratschlag, die Bedingungen aufzuschreiben, unter denen sie gebrochen werden sollen (oder können), übersieht die Tatsache, daß es nicht immer möglich ist, im voraus alle Bedingungen anzugeben, auf denen das Versprechen beruht und unabhängig von denen es nicht legitimerweise als verbindlich angesehen werden kann. Und das ist nicht nur eine Frage der Zeit. Wenn jedes Versprechen – und das muß man beachten – durch Bedingungen eingeschränkt wird, dann gilt das auch für unausgesprochene Versprechen, und wenn das Versprechen unausgesprochen bleibt, dann bleiben es auch die Bedingungen. Nehmen wir an, man verspricht, ein bestimmtes Geheimnis zu wahren, und nehmen wir an, daß das nur möglich ist, wenn man lügt. Dr. Cabot sagt, daß man ein solches Versprechen niemals geben sollte (S. 39). Aber mit welchen Gründen läßt sich das vertreten? Selbst wenn ein solches Versprechen in Widerspruch stünde mit der allgemeinen Verpflichtung auf Wahrhaftigkeit, die im »Gebrauch der Sprache« impliziert ist, folgt daraus keineswegs, daß ein solches Versprechen niemals gegeben werden sollte oder daß die allgemeine Verpflichtung zur Wahrhaftigkeit immer den Vorrang haben sollte.

Gewöhnlich stellt sich heraus, daß diejenigen, die behaupten, Lügen sei immer falsch, eine so spezielle Definition von »lügen« verwenden, daß die Regel, wenn nicht ganz, so doch fast tautologisch ist. So könnte man Fälle einräumen, in denen es nicht falsch ist, in der Absicht, jemanden irrezuführen, etwas Unwahres zu sagen, indem man es einfach ablehnt, derartige legitime Täuschungen »Lügen« zu nennen. Ich behaupte nicht, daß Dr. Cabot tatsächlich in dieser Weise vorgeht, aber seine Definition von »lügen« ist sicherlich nicht weit entfernt davon. Er definiert eine Lüge einfach als »einen Versuch, jemanden ohne sein Einverständnis zu täuschen«, und kann aufgrund dieser Definition aus dem Geltungsbereich der Regel von vornherein Gebiete oder Klassen von Umständen aussondern, in denen es erlaubt ist zu lügen (oder besser, jemanden zu täuschen versuchen), wie z. B. »in Spielen, Scherzen, im Drama und bei einer Verschwörung«, weil Leute in diesen Situationen »dazu einstimmen, sich täuschen zu lassen« (S. 21).

Daß Leute in diesen Situationen wirklich dazu einstimmen, getäuscht zu werden, ist nicht offenkundig, braucht aber hier nicht weiter diskutiert zu werden. Die Hauptschwierigkeit dieser Definition von »lügen« besteht darin, daß nicht immer klar ist, wann jemand zugestimmt hat, sich täuschen zu lassen, und daß kein Hinweis darauf gegeben wird, wie man dies in strittigen Fragen entscheiden soll. Sollen wir etwa annehmen, es gebe Situationen, in denen man ein solches Einverständnis im allgemeinen voraussetzen kann, so daß wir von einem stillschweigenden Einverständnis im Unterschied zu einem expliziten sprechen können. Wenn es sich so verhält, dann nehme man nur einmal an, die andere an der Transaktion beteiligte Partei weiß gar nicht, daß sie sich in einer derartigen Situation befindet, oder sie akzeptiert nicht, daß es sich um eine derartige Situation handelt? Darüber hinaus ist es keineswegs schon für sich einsichtig, daß es immer nicht richtig sei, jemanden ohne sein Einverständnis zu täuschen, oder daß das Einverständnis des anderen bei der Rechtfertigung des Versuchs, ihn zu täuschen, immer eine Rolle spielen muß. (Ebensowenig ist klar, daß das Einverständnis des anderen hinreichend ist zur Rechtfertigung.)

Dr. Cabot präsentiert noch ein weiteres Argument, das mit aller Fairneß geprüft werden muß, auch wenn es meiner Meinung nach den Charakter einer Verteidigung aus ausichtsloser Position hat. »Es ist nichts Befremdliches«, sagt er, »an dem Faktum, daß Aufrichtigkeit keine Ausnahmen zulassen kann. Keine moralische Regel kann Ausnahmen zulassen und zugleich verlangen, daß man sie befolgt (S. 250); »Ausnahmen untergraben die Regel« (S. 257). Diese Auffassung resultiert einfach aus einer mangelhaften Analyse. Ausnahmen, die an einer Stelle nicht zugestanden werden, werden eben an einer anderen Stelle zugestanden; und genau das geschieht, wenn man Fälle zuläßt, in denen es keineswegs nicht richtig ist, wenn man versucht, jemanden zu täuschen, der einverstanden war, sich täuschen zu lassen. Dr. Cabot insistiert dauernd darauf, daß Aufrichtigkeit spontan sein sollte, und ich nehme an, er meint damit, Aufrichtigkeit sollte uns zu einer gewohnten Verhaltensweise werden. Aber Aufrichtigkeit kann ein unwillkürliches, spontanes Verhalten sein und dennoch Ausnahmen zulassen, ebenso wie eine gewohnte Verhaltensweise unter bestimmten Umständen durch eine andere modifiziert werden kann. Wäre es nicht so, dann würde das Zugeständnis von Fällen, in denen es keineswegs nicht richtig ist, wenn man versucht, andere zu täuschen, bedeuten, daß Aufrichtigkeit nicht spontan sein könnte. Denn man muß zumindest bestimmen, ob man in einer solchen Situation ist oder nicht. Natürlich kann man die Regel nicht wirkungsvoll lehren, wenn sie mit Ausnahmen überladen ist. Aber dieser Punkt gilt für moralische Regeln nicht mehr als für alles andere auch, und uns geht es hier nicht um die Bedingungen effektiven Lehrens, sondern um die Bedingungen adäquaten Verstehens. Das Hauptargument, das Dr. Cabot für seine Behauptung anführt, Ausnahmen würden die Regel untergraben, scheint nun folgender Satz zu sein: »Sogar wenn ich glauben würde, es gäbe Ausnahmen von der gerade eingeführten Regel, sollte ich doch dazu neigen, mir zu überlegen, daß in Zeiten der Unsicherheit man keinem menschlichen Wesen zutrauen könne, es bestimme die Ausnahmen in fairer Weise.« (S. 243). Aber träfe das zu, dann würde daraus folgen, daß in Zeiten der Unsicherheit man keinem menschlichen Wesen zutrauen könne, es *befolge die Regel*, und das stimmt sicher nicht. Und von Unsicherheit und Zeiten der Unsicherheit zu reden, ist hier wirklich nicht angebracht. Damit ignoriert man, daß es Fälle gibt, in denen einfach ein Regelkonflikt auftritt oder in denen man zwischen widerstreitenden Interessen oder Ansprüchen oder Verpflichtungen zu entscheiden hat, ohne daß es hierbei um den Konflikt zwischen einer Regel und dem Wunsch, ihr zuwider zu handeln, geht. Man kann sich in einer solchen Situation befinden, ohne auf irgendeine Weise »versucht« oder »verunsichert« zu sein.

Der Gang der Argumentation, die wir soeben geprüft haben, scheint unausweichlich zu der Folgerung zu führen, daß alle Ausnahmen notwendig willkürlich sind. Bei dem Stand der Untersuchung, an dem wir jetzt angelangt sind, braucht kaum noch hervorgehoben zu werden, daß das nicht stimmt.

2. Die diversen Agumente, die wir gerade untersucht haben, beziehen sich in der Hauptsache auf die Regel, nicht unaufrichtig zu sein, obwohl manche von ihnen ohne weiteres erweitert und auf jede beliebige andere Regel angewandt werden könnten. Aber es gibt noch einen anderen Argumentationsgang, der abstrakter und allgemeiner ist, und der, wäre er stichhaltig, beweisen würde, daß moralische Regeln in allen Umständen gelten und daß es niemals eine hinreichende Rechtfertigung dafür gibt, eine Regel zu brechen. Da dieses Argument einen ziemlich beeindruckenden logischen Apparat aufwendet, sollte man es zumindest einmal ansehen. Das Argument, an das ich denke, ist eines, das G. E. Moore in dem Kapitel seiner *Principia Ethica* über »Ethics in relation to conduct« vorgebracht hat, wo er die Frage nach den »Prinzipien« aufnimmt, vermöge deren der einzelne entscheiden sollte, was er tun sollte. Dieses Argument basiert zum großen Teil

auf Moores Auffassung von der Natur moralischer Regeln, die ihrerseits aus einigen allgemeineren Zügen seiner Moraltheorie abgeleitet ist. Ich habe nicht vor, hier diesen allgemeineren Gesichtspunkt zu diskutieren, weil das Argument, das im vorliegenden Zusammenhang von besonderer Relevanz ist, unabhängig davon aufrechterhalten werden könnte und auch ohne ihn verständlich ist. Doch wenigstens zu erwähnen, worin dieser allgemeinere Gesichtspunkt besteht, ist nicht ganz fehl am Platz und kann sogar nützlich sein. Moralische Regeln, sagt Moore, sind »lediglich Behauptungen, daß bestimmte Arten von Handlungen gute Wirkungen haben werden«; und dies ist selbst eine Konsequenz aus seiner Theorie, daß »unsere ›Pflicht‹ nur als jene Handlung definiert werden kann, die mehr als jede mögliche andere Handlung das Gute in der Welt vermehrt«; »daß das Kriterium, und zwar das einzige Kriterium dafür, ob eine Handlung richtig oder nicht richtig ist, ihre Wirkungen, oder vielmehr die *Gesamtheit ihrer Wirkungen* sei.«[14] Diese Theorie könnte man zweifellos in aller Breite diskutieren. Doch Ausführlichkeit ist im Grunde gar nicht vonnöten. Denn daß die Theorie falsch ist, kann man an zwei Konsequenzen zeigen, die Moore ganz folgerichtig aus ihr zieht. »Wir haben niemals irgendeinen Grund anzunehmen, eine Handlung sei unsere Pflicht« (S. 149); und »bislang ist noch kein ausreichender Grund dafür gefunden worden, eine Handlung für mehr oder weniger richtig bzw. nicht richtiger als eine andere zu halten«. (S. 152) Diese beiden Sätze sind offenkundig falsch. Gewiß, sie sind berechtigte Folgerungen aus Moores Prämissen. Aber das zeigt nur, daß die Prämissen falsch sind.

Wenden wir uns nun dem Argument zu, das ich erwähnt habe. Moore behauptet: »da ... es unmöglich ist, festzustellen, ob irgendeine Weise zu handeln *in allen Fällen* ein besseres Gesamtergebnis bewirken wird als eine alternative Handlungsweise, so folgt daraus, daß in manchen Fällen das Ignorieren einer allgemein anerkannten Regel die bestmögliche Handlungsweise ist.« Dann aber argumentiert er, daß kein Individuum »je seine Behauptung rechtfertigen könne, bei seinem Fall handle es sich um einen jener Ausnahmefälle«:

14 G. E. Moore, *Principia Ethica*, Cambridge (1903) S. 146, 148.

Denn, wenn gewiß ist, daß in der großen Mehrzahl von Fällen das Befolgen einer bestimmten Regel nützlich ist, so folgt daraus eine hohe Wahrscheinlichkeit dafür, daß es nicht richtig wäre, die Regel in irgendeinem Einzelfall zu brechen; und die Unsicherheit unserer Kenntnis sowohl der Wirkungen als auch ihres Wertes in den Einzelfällen ist so groß, daß es zweifelhaft scheint, ob das Urteil des Individuums, die Wirkungen seien in seinem Fall sicherlich gut, jemals gegen die allgemeine Wahrscheinlichkeit ankommen kann, daß jene Handlungsweise falsch ist ... Es scheint daher, daß wir hinsichtlich einer jeden Regel, die im allgemeinen nützlich ist, sagen können, sie sollte immer befolgt werden; und zwar nicht aufgrund dessen, daß sie in *jedem* Einzelfall nützlich sein wird, sondern aufgrund dessen, daß in jedem beliebigen Einzelfall die Wahrscheinlichkeit, daß sie es ist, höher ist als die, daß wir richtig entscheiden, wenn wir meinen, wir hätten einen der Fälle vor uns, in denen sie nichts nützt. Kurz, obwohl wir sicher sein können, daß es Fälle gibt, in denen die Regel gebrochen werden sollte, können wir nie wissen, welches nun genau diese Fälle sind, und sollten sie daher nie brechen.
Man kann dem einzelnen daher guten Gewissens empfehlen, die Regeln immer zu befolgen, die im allgemeinen sowohl nützlich sind als auch im allgemeinen praktiziert werden ...[15]

Das ist, es sei erlaubt, dies zu sagen, ein beeindruckendes Argumet für die Aufrechterhaltung des *status quo*, für die Beibehaltung aber auch eines jeden bestehenden Brauchs oder jeder gesellschaftlichen Struktur. Denn es gilt – das sollte festgehalten werden – nicht nur für das, was ich fundamentale Regeln, sondern auch für das, was ich lokale Regeln genannt habe.[16]

15 Ebd., S. 162-3, 164. Der Satz, den ich im ersten Absatz ausgelassen habe, ist folgender: »Zu dieser allgemeinen Unkenntnis kommt das Faktum hinzu, daß, wenn die Frage überhaupt aufkommt, unser Urteil im allgemeinen durch die Tatsache beeinflußt sein wird, daß wir innigst eines der Resultate wünschen, das wir durch die Verletzung der Regel zu erreichen hoffen.« Aber dieser Punkt ist, wie wir schon gesehen haben, ganz irrelevant. Es gibt Fälle, in denen der einzelne keinen Wunsch oder keine Neigung oder Versuchung hat, die Regel zu brechen, und in denen er folglich nicht beeinflußt zu sein braucht.

16 Gewiß schränkt Moore seine Folgerung ausdrücklich auf Regeln ein, die sowohl im allgemeinen von Nutzen sind als auch im allgemeinen befolgt werden. Er sagt (S. 164): »Im Fall von Regeln, deren allgemeine Befolgung nützlich sein würde, die es aber gar nicht gibt, oder von Regeln, die im allgemeinen befolgt werden, die aber nicht nützlich sind, könnten keine derartigen universalen Empfehlungen gegeben werden.« Er fährt jedoch fort, daß: »in vielen Fällen die auferlegten Sanktionen ausschlaggebend sein können im Hinblick auf die Konformität mit der bestehenden Norm«, und er fügt hinzu, daß »sogar abgesehen davon, der allgemeine Nutzen einer Handlung gewöhnlich von dem Faktum abhängt, daß sie im allgemeinen befolgt wird.« Die Folgerung, die er daraus zieht, ist, daß: »in einer Gesellschaft, in der bestimmte Arten des Diebstahls die Regel sind, der

Nun habe ich zwar eingeräumt, daß zunächst einmal eine Präsumption zugunsten eines bestehenden Brauchs besteht. Aber es handelt sich hier eben nicht um mehr als eine Präsumption, und diese mag in manchen Fällen nicht ausschlaggebend sein. Sie besagt nur, daß man sich nicht abweichend verhalten sollte, solange es keinen guten Grund gibt, das Gegenteil zu tun, und wie dringend der erforderliche Grund sein muß, wird von der Bedeutung des Brauchs und der Art der Situation abhängen. Es gibt sicherlich viele Bräuche und Institutionen, die verändert werden sollten. Dieses Argument würde indessen zeigen, daß man solche Regeln niemals ändern sollte, daß es niemals einen Grund gegen sie gibt. Es ist daher ein Glück, daß hier ein Denkfehler vorliegt.

Wenn eine bestimmte Handlungsweise im allgemeinen nicht richtig ist, dann kann man von irgendeiner Handlung dieser Art von vornherein annehmen, daß sie nicht richtig ist; denn vorausgesetzt, daß Handlungen dieser Art gewöhnlich nicht richtig sind oder in den meisten Fällen nicht richtig sind, ist wahrscheinlich, daß irgendeine Handlung dieser Art nicht richtig ist. Aber das gibt keinerlei Gewähr für die Folgerung, daß jede Handlung dieser Art nicht richtig ist. Im Gegenteil, wir können von der Annahme ausgehen, daß dies nicht stimmt. Nun gilt die auf der allgemeinen Regel beruhende Wahrscheinlichkeit oder Präsumption nur in solchen Fällen, in denen es keinen Grund gibt, das Gegenteil anzunehmen. Da Wahrscheinlichkeit immer von den zugänglichen Bestätigungen abhängt, mag in solchen Fällen, in denen es Gründe für das Gegenteil gibt, diese Präsumption aufgehoben werden und nicht länger zutreffen. Mit anderen Worten, wir sind nur so lange berechtigt zu präsumieren, die Handlung sei im Ein-

Nutzen davon, daß nur ein einzelner allein keinen sochen Diebstahl begeht, äußerst zweifelhaft wird, obwohl die allgemeine Regel nicht gut ist. Es spricht daher eine hohe Wahrscheinlichkeit dafür, daß an einem bestehenden Brauch festgehalten wird, sogar wenn es ein schlechter Brauch sein sollte.« Es sollte bemerkt werden, daß diese Folgerung nicht auf Diebstahl beschränkt ist, wo sie z. B. das Schmuggeln sanktionieren würde; sondern sie würde auch Intoleranz, Verfolgung und Bigotterie sanktionieren ebenso wie gängige Werbe-Praktiken, deren Regel ist: »Verkaufe das Produkt, egal mit welchen Mitteln«. Und die Folgerung leuchtet nur ein, solange es um die Frage der Nützlichkeit geht. Denn es ist etwas Wahres an der Behauptung, daß der »Nutzen davon, daß ein einzelner allein keinen solchen Diebstahl begeht, äußerst zweifelhaft wird.« Aber hier geht es nicht um die Nützlichkeit einer Handlung, es geht vielmehr darum, ob die Handlung richtig oder nicht richtig ist.

zelfall nicht richtig, als unser ganzes moralisch relevantes Wissen über diese Handlung darin besteht, daß sie ein Einzelfall einer Handlungsweise ist, die im allgemeinen nicht richtig ist.
Daß es solche gewichtigen Gründe gegen die Regel geben kann, läßt sich durch zwei Fakten zeigen. Erstens wurde geltend gemacht, daß, »obwohl wir gewiß sein können, daß es Fälle gibt, in denen man die Regel brechen sollte, wir niemals wissen können, welches genau solche Fälle sind.« Aber wenn wir niemals irgendeinen Fall als einen solchen identifizieren könnten, in dem die Regel gebrochen werden sollte, dann könnten wir auch nicht gewiß sein, daß es irgendwelche solcher Fälle gibt, und dies sind wir doch in der Tat. Zweitens ignoriert dieses Argument vollkommen die Möglichkeit von Regelkonflikten. Wenn man sich »*immer* Regeln gemäß verhalten sollte, die sowohl im allgemeinen von Nutzen sind, als auch im allgemeinen befolgt werden«, was sollte man dann in Fällen tun, in denen ein Konflikt zwischen zwei Regeln auftaucht, die beide »sowohl im allgemeinen von Nutzen sind als auch im allgemeinen befolgt werden«? Da solche Fälle immer auftreten können, ist es nicht möglich, »sich *immer* Regeln konform zu verhalten, die sowohl im allgemeinen von Nutzen sind als auch im allgemeinen befolgt werden«. Eine Handlungsanweisung, der gemäß man sich nicht verhalten kann, ist schlimmer als gar keine Anweisung.
Man mag einwenden, daß es bestimmte subsidiäre Regeln gibt, die auch sowohl im allgemeinen von Nutzen sind als auch im allgemeinen befolgt werden und die angeben, was man in Situationen tun sollte, in denen primäre Regeln in Konflikt geraten, und daß man sich in diesen Situationen immer diesen Regeln gemäß verhalten sollte. Aber das kann die Position auch nicht retten. Denn erstens gibt man damit zu, daß es gar nicht stimmt, daß man »sich *immer* Regeln gemäß verhalten sollte, die sowohl im allgemeinen von Nutzen sind als auch im allgemeinen befolgt werden«; und zweitens, wenn es auch einige derartige Regeln geben mag, deren Vorrang man in gewissen Situationen recht üblicher Art anerkennt, so trifft das doch nicht für alle oder für sehr viele solcher Situationen zu. Wäre es so, gäbe es keine moralischen Dispute.
Daraus folgere ich, daß wir keine gute Begründung für die Annahme erhalten haben, man sollte niemals den eingespiel-

ten Regeln unserer Gesellschaft zuwiderhandeln, und ich folgere weiter, daß diese Auffassung falsch ist. Doch sollte die Emphase, mit der ich diese Punkte vorgetragen habe, nicht falsch verstanden werden, nämlich als Empfehlung, diese Regeln im allgemeinen zu brechen.

§ 7

Geht man also davon aus, daß es Fälle gibt, in denen ein Konflikt zwischen moralischen Regeln auftaucht, ebenso wie andere Quellen moralischer Ratlosigkeit, so folgt aus dem, was bereits gesagt wurde, daß in Fällen von Regelkonflikten, in denen kollidierende Ansprüche und Verpflichtungen auftreten, das Argument der Verallgemeinerung das Kriterium dafür liefert, zwischen ihnen zu entscheiden oder zu vermitteln. Denn die Handlung wird unter den besonderen Umständen nur richtig sein, wenn sie für irgendeinen und jeden unter ähnlichen Umständen richtig wäre.

Um somit zu zeigen, daß eine gewisse Handlung unter diesen Umständen keineswegs nicht richtig ist, muß man zeigen, daß die Folgen davon, daß jeder unter ähnlichen Umständen in dieser Weise handeln würde, keineswegs nicht wünschenswert wären. Man kann zeigen, daß es eine Pflicht ist, in dieser Weise zu handeln, und es daher nicht richtig ist, dies nicht zu tun, wenn die Folgen davon, daß niemand unter ähnlichen Umständen so handelt, nicht wünschenswert wären. Das Argument muß natürlich die bereits diskutierten Bedingungen erfüllen.

Die anderen Quellen moralischer Ratlosigkeit liegen hauptsächlich in der Unbestimmtheit oder Unklarheit moralischer Regeln; es ist nicht immer klar, ob eine bestimmte Regel in einer bestimmten Situation anwendbar ist oder nicht. Das liegt selbst zum größten Teil an der Unklarheit oder der Zweideutigkeit solcher Ausdrücke wie »lügen«, »stehlen« und »ein Versprechen geben« (oder »sein Versprechen nicht halten«). Wo das nicht so ist, liegt es an der mangelnden Gewißheit hinsichtlich der einzelnen Komponenten der Situation. Ich sollte indessen hinzufügen, daß die Unklarheit moralischer Regeln durch denselben Prozeß eliminiert oder ausgeräumt werden kann, durch den die Regeln begründet werden. Denn in der Frage »was würde passieren, wenn jeder lügen würde?«

kann man jede beliebige Definition oder Analyse des Wortes »lügen« einsetzen. Und dieselbe Prozedur kann auf mehr oder weniger komplexe Verkettungen von Situationen angewandt werden.

Aber was ich vom Argument der Verallgemeinerung in bezug auf moralischer Regeln behaupte, kann vielleicht dadurch deutlicher gemacht werden, daß ich etwas mehr expliziere, was ich nicht von ihm behaupte.

Erstens behaupte ich nicht, daß in den eben erwähnten Situationen, in denen kollidierende Ansprüche oder Verpflichtungen auftreten oder in denen unklar ist, ob eine bestimmte Regel anzuwenden ist oder verletzt würde, oder daß man sich überhaupt bei der Rechtfertigung einer Handlung im allgemeinen tatsächlich auf das Argument der Verallgemeinerung beruft oder sich explizit darauf bezieht. Ich behaupte auch nicht, das müsse so sein. Es ist nicht immer oder gar in der Regel so. Es braucht auch nicht so zu sein. Nichtsdestoweniger bezieht man sich implizit oder stillschweigend darauf. Aus der Tatsache, daß ein Prinzip nicht erwähnt wird, folgt nicht, daß es nicht gebraucht oder vorausgesetzt wird. In einem der voraufgehenden Kapitel wurde dargelegt, daß das Prinzip der Verallgemeinerung in allen Formen moralischen Argumentierens enthalten ist. Was ich nun behaupte, ist, daß ebenso das *Argument* der Verallgemeinerung in jedem Fall vorausgesetzt wird, in dem man den Versuch macht, eine Handlung zu rechtfertigen oder Gründe für sie anzugeben.

Es sollte wirklich offenkundig sein, daß es bei einer Rechtfertigung oder beim moralischen Argumentieren im allgemeinen nicht notwendig ist, sich explizit auf das Argument der Verallgemeinerung zu berufen. Es kann Fälle geben, in denen es zumindest unangemessen, wenn nicht gar fehl am Platz wäre, dies zu tun.[17] In der Praxis beruft man sich selten auf das Argument der Verallgemeinerung außer in Fällen, in denen Regelkonflikte auftreten, verschiedene Überlegungen einander entgegenstehen, oder in denen es keine anerkannte moralische Regel zu geben scheint, die anwendbar wäre. Denn sehr

17 Dies wird sehr hübsch durch eine Karikatur von Virgil Partch veranschaulicht (*Collier's*, 15. Sept. 1951, S. 38), auf der man eine lange Reihe marschierender Soldaten sieht und einen Spieß, der zu einem halbangezogenen, schläfrigen Soldaten sagt: »Aber Kelly. Was wäre, wenn *jeder* verschlafen würde.«

oft reicht es schon aus, sich lediglich auf eine Regel zu berufen oder auf ein Recht hinzuweisen, das eine Handlung verletzen würde, oder anzugeben, inwiefern eine Handlung Leid verursachen würde, das vermeidbar wäre. So reicht es sehr oft aus, jemanden, der wissen will, warum es nicht richtig wäre, wenn er in einer bestimmten Weise handeln würde, darauf hinzuweisen, daß es sich um einen Fall von Stehlen, Lügen oder einfach darum handeln würde, daß man einen anderen verletzt, und daß Stehlen oder Lügen oder einen anderen zu verletzen nicht richtig ist. Und es mag ausreichend sein aufzuzeigen, inwiefern die Handlung unnötig Leid verursachen würde oder daß ihre Folgen nicht wünschenswert wären. Doch obwohl das Argument der Verallgemeinerung hier nicht explizit erwähnt wird, so ist es doch notwendigerweise darin enthalten. Denn es ist in der Erklärung dafür enthalten, warum Stehlen nicht richtig ist. Und das soeben angeführte Argument setzt offenkundig voraus, daß, was in einem Fall nicht richtig ist, in allen ähnlichen Fällen nicht richtig ist.

Auf das Argument der Verallgemeinerung beruft man sich oft, um eine Regel einzuführen, und es kann daher auch dazu benutzt werden, die Gründe für eine bereits geltende Regel einzubringen. Dementsprechend beruft man sich oft darauf im Zusammenhang mit Abweichungen von eingespielten Verhaltensformen, Gesetzen oder Konventionen.[18] In solchen Fällen gilt die bloße Berufung auf die Regel nicht als ausreichend.

18 Ein Beispiel dafür liefert der folgende Zeitungsausschnitt: Erhält 3 Monate; verletzt Radfahrerin, deren Höschen hervorschaute.
Derby, England – Percy Pothecary, 23, geriet beim Anblick des Höschens einer hübschen Radfahrerin in Rage, erzählte sein Rechtsanwalt am Donnerstag einem Richter. Pothecary war angeklagt, Margaret Jean Blair, 16, geschlagen zu haben. Sein Rechtsanwalt sagte aus, Fräulein Blair sei an einem stürmischen Tag hinter Pothecary hergefahren. Er fügte hinzu:
»Der Wind blies den Rock des Mädchens über ihre Knie, so daß man ihre Unterwäsche sah. Pothecary war schockiert und außer sich wegen dieses Schauspiels. Er kann den Anblick undezent gekleideter junger Damen nicht ertragen.«
Richter P. E. Sandlands verurteilte Percy zu drei Monaten Gefängnis und bemerkte dazu: »Wenn jeder beim Anblick enthüllter Unterwäsche so verfahren würde wie Sie, würden alle jungen Damen in diesem Land über kurz oder lang verprügelt werden.«
Diesen Ausschnitt schickte mir mein Freund Tom Green irgendwann im Frühling 1953 zu, und es tut mir leid, sagen zu müssen, daß ich weder das genaue Datum noch den Namen der Zeitung kenne, der er entnommen ist. Das ist aber nicht so schlimm. Wer meint, er hätte aus diesem oder aus einem anderen Grund nicht angeführt werden sollen, kann ihn als nicht existent behandeln.

Denn die Gründe, durch die sie gerechtfertigt ist, sind nicht immer offenkundig, insbesondere dann nicht, wenn besondere Abweichungen keine erkennbaren Wirkungen haben. Folglich kann das Argument dazu benutzt werden, zu zeigen, daß bestimmte Konventionen, Gesetze oder Verhaltensformen abgeschafft werden sollten.

Zweitens behaupte ich nicht, daß man bei der Erklärung, warum ein bestimmter Handlungstyp nicht richtig sei, sich explizit auf das Argument der Verallgemeinerung beziehen müsse. In vielen Fällen reicht es aus, auf die Art von Folgen hinzuweisen, welche die fraglichen Handlungen aller Wahrscheinlichkeit nach haben würden. Handlungen wie Lügen, Stehlen, sein Versprechen nicht einhalten und Töten haben in der Regel im jeweiligen Fall ungünstige Folgen. Aller Wahrscheinlichkeit nach wird jemand infolge einer solchen Handlung leiden. Es könnte demnach so aussehen, als ob ein entscheidender Unterschied zwischen Handlungen dieser Art besteht und Handlungen wie etwa der Verweigerung von Steuern oder des Militärdienstes oder, allgemein, der Weigerung, seinen Part in einer gemeinschaftlichen Unternehmung zu übernehmen, deren Erfolg von der Zusammenarbeit aller oder beinahe aller Betroffenen abhängt. Denn die ungünstigen Wirkungen von Unaufrichtigkeit sind viel einleuchtender als die ungünstigen Wirkungen davon, daß jemand nicht zur Wahl geht oder keine Steuern zahlt. (Und Lügen ist schon an sich nicht richtig, während nicht zur Wahl gehen das nicht ist; um jemand eine Lüge zu erzählen, muß man *beabsichtigen*, ihn zu täuschen). Es scheint, daß das Argument der Verallgemeinerung am häufigsten auf Handlungen der letzteren Art explizit angewandt wird. Der Grund, warum es nicht richtig ist zu lügen, kann, wie es scheint, leichter eingesehen werden, als der Grund, warum es nicht richtig ist, seine Steuern nicht zu zahlen. Die direkten Folgen davon, daß man es unterläßt, seine Steuern zu zahlen, liegen im Dunkeln oder scheinen unbedeutend zu sein.[19] Wenn jedoch jemand nicht einsieht, warum es nicht richtig ist zu lügen, oder warum es für *ihn* nicht richtig ist zu lügen, dann ist die Berufung auf das Argument der Verallgemeinerung angebracht, um den Grund für die

19 Vgl. Thomas Fowler, *Progressive Morality: An Essay in Ethics*, London (1884), S. 146-50; ebenso S. 118-9.

Regel deutlich zu machen. Es ist auf Grund dessen, was geschähe, wenn alle lügen würden, nicht richtig zu lügen. Und es ist für *ihn* nicht richtig zu lügen, weil es für andere nicht richtig ist, ihn anzulügen. »Was würdest du sagen, wenn jeder dich anlügen würde oder dein Eigentum an sich nehmen würde oder sich darauf ausrichten würde, dein Leben unerträglich zu machen?« Obwohl es jemandem sehr angenehm sein kann, andere anzulügen, ohne daß es ihm angenehm ist, wenn andere ihn anlügen, kann er nicht sinnvollerweise behaupten, daß es für andere nicht richtig wäre, ihn anzulügen, aber für ihn keineswegs nicht richtig, sie anzulügen. In einem solchen Satz könnte »nicht richtig« nicht mehr heißen als »es wäre mir nicht angenehm«.

Es könnte so aussehen, als ob diese Überlegungen einen Unterschied zwischen den Handlungstypen aufzeigen würden, die in fundamentalen moralischen Regeln eine Rolle spielen, und denen, oder zumindest einigen von den Handlungen, um die es in anderen Arten moralischer Regeln geht. Wenn man lügt, stiehlt oder grausam ist, gibt es ein eindeutig identifizierbares Individuum oder eine Gruppe von Individuen, deren Rechte oder Interessen man verletzen würde. Wenn man versucht, sich seinen Verpflichtungen gegenüber der eigenen Regierung zu entziehen, dann gibt es kein identifizierbares Individuum oder keine Gruppe, deren Recht man verletzen würde. Und wenige von uns fühlen sich stark genug, der Regierung Leid zuzufügen. So hat man also die ungünstigen Folgen dieser Art Handlung nicht so lebhaft vor Augen, und es mag sie auch gar nicht geben. Man muß sich auf ein *Prinzip* berufen, nicht bloß auf Fakten. »Wenn man dies tut, übervorteilt man andere.« Ferner gibt es bei dieser Handlung keine Wechselseitigkeit; die Regierung kann uns nicht dasselbe antun (wenn sie uns auch auf andere Weise Leid zufügen kann).

Es wäre jedoch ein Fehler, deswegen anzunehmen, fundamentale Regeln seien von anderen aus dem Grund zu unterscheiden, daß nur für die letzteren das Argument der Verallgemeinerung maßgebend sei, für die anderen dagegen nur das Prinzip der Folgen. Es stimmt, daß das Argument der Verallgemeinerung unmittelbarer und offenkundiger im Zusammenhang mit der Verletzung lokaler Regeln angewendet wird oder, wenn man es allgemein formuliert, im Zusammenhang mit Regeln, die einen auffordern, sich an einem gemeinsamen Unternehmen zu beteiligen, das nicht gelingen könnte, wenn jeder der Betroffenen sich weigern würde, seinen Part zu übernehmen. Es stimmt ebenso, daß für fundamentale Regeln das (verallgemeinerte) Prinzip der Folgen maßgebend ist, so daß das Argument der Verallgemeinerung hier nicht das einzige relevante Prinzip ist. Das gilt allerdings auch für viele lokale Regeln, und das Prinzip der Folgen ist, wie wir gesehen haben, selbst im Argument der Verallgemeinerung enthalten. Darüber hinaus ist das Prinzip der Folgen nicht anwendbar, wenn es in einem bestimmten Fall nicht zutrifft, daß die Folgen der Verletzung einer Regel nicht wünschenswert wären. Das Argument der Verallgemeinerung hingegen könnte durchaus anwendbar sein. Wenn die Umstände des Falles derart sind, daß die Folgen nicht wünschenswert wären, wenn jeder unter diesen Umständen in einer bestimmten Weise handeln würde, dann ist die Handlung nicht richtig, und es spielt keine Rolle, daß die Folgen davon, daß nur eine Person unter diesen Umständen in dieser Weise handelt, keineswegs nicht wünschenswert wären. Und obgleich in einem solchen Fall das Prinzip der Folgen nicht maßgebend ist, so sind es doch die Regeln selbst. Niemand ist nämlich berechtigt, eine moralische Regel nur deshalb zu verletzen, weil die Folgen dieser speziellen Regelverletzung keineswegs nicht wünschenswert wären. Es ist nicht einmal ein ausreichender Grund, daß die Folgen tatsächlich wünschenswert wären. Es müßte gezeigt werden, für *wen* die Folgen keineswegs nicht wünschenswert wären und daß die Handlungen anderen gegenüber nicht unfair sind. Das erfordert jedoch den Bezug auf eine generelle Regel oder ein Prinzip, also auf das Argument der Verallgemeinerung.

Aus dem, was bisher über das Argument der Verallgemeinerung gesagt wurde, folgt, daß es in der Bestimmung der Relevanz von Überlegungen enthalten und für sie entscheidend ist, die man anführt, um ein moralisches Urteil zu stützen; das heißt, wenn man bestimmen will, ob ein Merkmal einer Situation relevant ist für die Frage, was in dieser Situation getan werden sollte oder richtigerweise zu tun wäre. Dieser Punkt ist aber schon hinreichend diskutiert worden. Die Frage nämlich, »Wie kann man sagen, was relevant ist?«, ist wirklich die gleiche wie die: »Wie kann man sagen, was ein Grund ist?« Und das formale Prinzip besteht darin, daß, was in einem Fall ein Grund ist, auch in allen ähnlichen Fällen ein Grund sein muß; das heißt in allen Fällen, in denen es zutrifft. Sonst ist es gar kein Grund. Was also in einer Situation relevant ist, muß auch in allen ähnlichen Fällen relevant sein. Sonst ist es gar nicht relevant. Die Frage, die es zu beantworten gilt, ist also die: »Wie würde das sein, wenn jeder in einer ähnlichen Situation oder aus ähnlichen Gründen in einer Weise handeln würde, die angeblich erfordert oder gerechtfertigt ist? Schließlich will ich damit nicht behaupten oder unterstellen, daß die Antwort auf diese Frage immer leicht zu finden ist oder daß die Anwendung des Arguments der Verallgemeinerung auf die Situation, die ich erwähnt habe, sich leicht oder automatisch vollziehen läßt. Die Schwierigkeit, es anzuwenden, hängt von der Komplexität der Situation ab. Also gibt es, ganz abgesehen von der Schwierigkeit, was die wahrscheinlichen Folgen sein werden und wie sie zu werten sind, das Problem zu bestimmen, welche Situation vorliegt und wie man zwischen relevanten und nicht relevanten Merkmalen unterscheiden kann. Und es gibt verschiedene andere Schwierigkeiten, über die ich bisher, wenn überhaupt etwas, dann doch nur wenig gesagt habe.

VI Die Anwendung des Arguments der Verallgemeinerung

Wenn ich die Ansicht vertreten habe, daß das Argument der Verallgemeinerung gültig ist, habe ich damit nicht behauptet, daß seine Anwendung ein automatischer oder sich selbst sichernder Vorgang ist. Es gibt ganz gewiß viele Fälle, in denen es sich nicht so verhält. Eine bestimmte Anwendung des Arguments kann ungültig sein, und selbst wenn sie gültig ist, ist sie nicht notwendig auch schlüssig. Ich möchte daher vorschlagen, in diesem Kapitel einige Schwierigkeiten und Fragen zu diskutieren, die sich in erster Linie auf die Anwendung des Arguments der Verallgemeinerung beziehen und nicht auf seine allgemeine Gültigkeit. Das wird dazu verhelfen, daß wir besser verstehen, in welchen Situationen es nicht anwendbar ist und unter welchen Bedingungen man es anwenden kann. An diesen Problemen zeigen sich jedoch nur Schwierigkeiten, die sich aus der Anwendung des Arguments ergeben; sie erweisen es nicht als ungültig. Daß das so ist, ist möglicherweise nicht in allen Fällen offenkundig. Im ersten Beispiel, das ich diskutieren will, ist es das tatsächlich nicht. Das spielt aber für die Sache keine Rolle.

§ 1

Das erste Problem, das hier behandelt wird, ist eines von dem man häufig angenommen hat, es führe zu einem unwiderlegbaren Einwand gegen das Argument der Verallgemeinerung, und ich werde einmal aus diesem Grund zunächst darauf eingehen; zum anderen aber auch deshalb, weil er sehr eng mit den Einwänden zusammenhängt, die ich bereits diskutiert habe. Dieser Einwand ergibt sich aus der Tatsache, daß eine Handlung in verschiedener Weise beschrieben werden kann, daß sie, mit anderen Worten, ein Beispielfall für mehr als einen Typ von Handlung sein kann. Daraus folge, so wird argumentiert, daß das Argument der Verallgemeinerung, je nachdem wie man die Handlung beschreibt, zu unvereinbaren Ergebnissen führe; mit dem Argument der Verallgemeinerung könne daher sowohl gezeigt werden, daß die Handlung richtig, wie auch, daß sie nicht richtig sei. Wenn es sich so verhielte, wäre es ganz eindeutig ungültig.

Einwände in dieser Art werden häufig gegen Kants kategorischen Imperativ vorgebracht und normalerweise auch im Hinblick auf Kants Theorie formuliert. Daraus ergibt sich, daß diese Art von Einwand üblicherweise den Bezug auf »Maximen« enthält. In diesem Rahmen lautet der Einwand, daß es möglich ist, die Maxime einer Handlung in verschiedener Weise zu formulieren; es sei also, genauer gesagt, möglich, die Maxime einer Handlung in so enger und spezifischer Weise anzugeben, daß sie nur auf diese eine spezifische Handlung angewendet werden kann. Und wenn man dieses Verfahren weiter fortführe, könne man sich immer rechtfertigen, ganz gleich, was man tut. Wenn man es so formuliert, sollte der Punkt allmählich einigermaßen vertraut erscheinen. Im Hinblick auf seine übliche Verknüpfung mit dem kategorischen Imperativ wird man nicht umhin können, wenn man den Einwand an dieser Stelle behandelt, ein bißchen den Hauptpunkt einer späteren Diskussion vorwegzunehmen. Das spielt aber keine große Rolle. Der Einwand ist, wenn überhaupt, dann an dieser Stelle relevant, und wenn er in dem einen Fall entscheidend wäre, dann wäre er es auch in dem anderen. Tatsächlich ist er es in keinem Fall.

Der Einwand läßt sich am besten behandeln, wenn man einige der Varianten untersucht, in denen er formuliert wurde. Ein Kritiker formuliert ihn mit explizitem Bezug auf Kants Theorie folgendermaßen:

Jede individuelle Handlung ist ein Fall einer Klasse von Handlungen, die Spezies einer größeren Klasse ist, die wiederum Spezies einer noch größeren Klasse ist; wir können für die Grade der Spezifikation, die zwischen dem summum genus »Handlung« und einer individuellen Handlung liegen, keine Grenze setzen. Wenn z. B. C einen potentiellen Mörder anlügt, fällt das

(i) unter die Spezies »lügen gegenüber einem Mörder« und
(ii) unter die Spezies »lügen« und
(iii) unter das genus »Aussagen«.

Wir scheinen daher in einer ausweglosen Lage zu sein. Der Test der Universalisierbarkeit verurteilt die Handlung auf einer Ebene der Abstraktion und rechtfertigt sie auf einer anderen Ebene. Und da das Prinzip selbst nicht erkennen läßt, auf welchem Abstraktionsniveau man es anwenden sollte, verhilft es uns nicht zu einem Kriterium für die Richtigkeit von Maximen und die Richtigkeit von Handlungen, die ihnen entsprechen.

Diese letzte Behauptung folgt nicht aus den angeführten Fakten und ist auch nicht wahr. Bevor wir uns jedoch weiter damit beschäftigen, wird es nützlich sein, uns eine andere Formulierung des gleichen Einwandes anzusehen, und zwar eine noch nachdrücklichere:

Jede Handlung fällt unter eine unbegrenzte Zahl von Klassen und wird von einer unendlichen Zahl von Allgemeinbegriffen beschrieben. Wenn irgendeine Handlung überhaupt möglich ist, kann man eine Klasse formulieren, deren einziges Element sie ist, und damit eine allgemeine Regel angeben, die auf die Handlung angewendet werden kann und keine Inkonsistenzen enthält ... Durch eine geschickte Auswahl der allgemeinen Prinzipien kann man auf der Grundlage dieser Theorie beliebig beweisen, daß irgend etwas gut oder irgend etwas schlecht ist.[1]

Hier besteht unzweifelhaft eine Schwierigkeit. Sie hat aber keineswegs solche vernichtenden Folgen, wie angenommen wird. Der Einwand selbst ist Resultat einer nicht adäquaten Analyse; die Analyse der vorangehenden Kapitel wird uns in die Lage versetzen, ihn zu widerlegen. Er beruht einerseits auf der Annahme, daß das Argument der Verallgemeinerung einen endgültigen Grund für seine Schlußfolgerung angeben sollte; wie wir gesehen haben, liefert es aber nur einen vorläufigen Grund. Es ist daher nicht wahr, daß »der Test der Universalisierbarkeit, angewandt auf einem Abstraktionsniveau, die Handlung *verurteilt* und sie auf einem anderen Abstraktionsniveau *rechtfertigt.*« Das ist jedoch nicht die Hauptschwäche des Einwands, den wir diskutieren.

Daß dieselbe Handlung in sehr verschiedener Weise beschrieben werden kann, ist eine unbezweifelbare Tatsache, auf die ich bereits ausführlich eingegangen bin. Es ist zu beachten, daß das nur eine andere Formulierung dafür ist, daß eine Handlung Element vieler verschiedener Klassen von Handlungen sein kann. Die Beschreibung, die man von einer Handlung gibt, wird mehr oder weniger detailliert sein, je nachdem ob man die jeweiligen Umstände oder sogar die Folgen mehr oder weniger in die Handlung einbezieht. Und ebenso wie

1 Die erste Formulierung stammt von Sir David Ross, *Kant's Ethical Theory,* Oxford 1954, S. 32-33; die zweite ist von Felix S. Cohen, *Ethical Systems and Legal Ideals,* New York 1933, S. 223-24.

eine Handlung in verschiedener Weise beschrieben werden kann, können es auch die Umstände, und die Beschreibung der Umstände kann ebenso mehr oder weniger detailliert sein. Nun gibt es, abstrakt gesehen, keinen Beschreibungstyp, der korrekter wäre als irgendein anderer, und folglich gibt es keine einzig mögliche Beschreibung einer Handlung. Und ebenso gibt es auch nichts, das als »minimale Beschreibung« einer Handlung gelten könnte, also etwas, das vermutlich eine Beschreibung dessen wäre, was eine Handlung »wesentlich« ist, abgesehen von ihren Umständen und Folgen und der Intention, mit der sie geschieht.[2] Dennoch kann eine Beschreibung für einen bestimmten Zweck angemessener sein als eine andere. Das bedeutet, daß die Handlung in ihrem Kontext gesehen werden muß, und das gilt ebenso für ihre Beschreibung. Die Tatsache jedoch, daß eine Handlung in vielen verschiedenen Weisen korrekt beschrieben werden kann, zeigt nicht, daß das Argument der Verallgemeinerung ungültig oder unvollständig ist oder zu Widersprüchen führt.

Wenn man bei der Anwendung des Arguments eine Handlung in zu spezifischer Weise oder zu sehr in Einzelheiten beschreibt, wird das Argument der Verallgemeinerung in bezug auf diese Handlung oder in bezug auf den spezifischen Gesichtspunkt, den man für die Beschreibung herausgreift, iterierbar und ist folglich ungültig. Das schließt, wie wir gesehen haben, die Möglichkeit aus, eine Handlung zu rechtfertigen, indem man sie so beschreibt, daß es unmöglich mehr als eine Handlung der beschriebenen Art geben kann oder indem man die eigene Situation in einer Weise beschreibt, daß es für niemand anders möglich wäre, sich in einer solchen Situation zu

2 Ein Versuch, eine Minimalbeschreibung einer Handlung zu geben oder das Wesentliche einer Handlung zu spezifizieren, wurde von Oliver Wendell Holmes Jr. in *The Common Law*, Boston 1881, S. 91 (auch S. 131) gemacht: »Eine Handlung ist immer eine willentliche Muskelkontraktion und nichts anderes.« Das wird aber nicht ausreichen, denn auf die Frage »Was hat er getan?« kann es nicht als Antwort gelten; wenn man antworten würde: »Er kontrahierte willentlich seine Muskeln«, wäre das absurd. Muskelkontraktionen können auch nicht als notwendige Bedingung für eine Handlung angesehen werden, obwohl sie in den meisten Fällen vorliegen, da es als Handlung gelten kann, wenn man überhaupt nichts tut, und in diesem Fall keine Muskelkontraktionen stattfinden. Vgl. Hastings Rashdall, *The Theory of Good and Evil*, London 1924, Bd. I, S. 87: »Man kann eine Handlung nicht wirklich von ihren gleichzeitigen oder vorhersehbaren Folgen unterscheiden. Die Folgen, soweit sie vorhersehbar sind, sind tatsächlich Teil der Handlung.«

befinden. Wenn einer in dieser Weise argumentieren kann, kann es auch jeder andere.

Wenn andererseits eine Handlung bei der Anwendung des Arguments zu allgemein beschrieben wird, wird das Argument umkehrbar oder sogar ganz und gar unanwendbar. In keinem der beiden Fälle lassen sich irgendwelche Folgerungen daraus ableiten. Es gibt natürlich gewiß Situationen zwischen diesen Extremen, und das sind die, in denen Schwierigkeiten entstehen können. Das ist alles, was aus dem hier behandelten Einwand folgt. Wie ich gerade erwähnt habe, übersieht der Einwand den elliptischen Charakter des Schlusses, den man mit dem Argument rechtfertigt. Aber nur, wenn man diese falsche Voraussetzung macht, kann man zu der Ansicht kommen, der Einwand unterminierte die Gültigkeit des Arguments. Denn wie wir gesehen haben, kann die Schlußfolgerung aus dem Argument bei jeder Anwendung durch ein weiteres Argument zurückgewiesen werden, was auf eine neuerliche Anwendung des Arguments hinausläuft; und mit diesem Verfahren kann man es rechtfertigen, in einer Weise zu handeln, von der nicht wünschenswert wäre, daß jeder so handelte. Zu zeigen, daß die Umstände, unter denen man handelt, sich in relevanter Weise von denen unterscheiden, unter denen die Handlung nicht richtig wäre, bedeutet im Effekt, die Handlung erneut in einer Weise zu beschreiben, die für den Zweck eines moralischen Urteils angemessener ist. Obgleich es z. B. im allgemeinen nicht richtig ist, jemanden zu verletzen, ist es sicher im allgemeinen keinesfalls nicht richtig, wenn man es aus Notwehr tut. Das ist tatsächlich eine legitime Ausnahme für die Regel, und das Argument der Verallgemeinerung reicht aus, um das zu zeigen. Man sollte hier beachten, daß die Formulierungen »jemanden verletzen« und »jemanden aus Notwehr verletzen« genau die gleiche Handlung beschreiben können. Im Hinblick auf eine moralische Beurteilung ist jedoch die letztere eine angemessenere Beschreibung. Und es spielt nicht die geringste Rolle, ob die letztere als eine spezifische Beschreibung der Handlung, unabhängig von den jeweiligen Umständen, aufgefaßt wird, oder ob sie als eine spezifische Beschreibung der Handlungsumstände gilt.

Sehen wir uns einmal eine Handlung an, die sowohl beschrieben werden kann als Fall von »x tun« wie auch als Fall von

»y tun«, und nehmen wir an, daß (1) die Folgen nicht wünschenswert wären, wenn jeder x täte; daß (2) die Folgen nicht wünschenswert wären, wenn niemand y täte; und daß es (3) keineswegs nicht wünschenswert wäre, wenn jeder y täte. Dabei ist zu beachten, daß diese letzte Bedingung notwendig ist; wenn nämlich die Folgen davon, daß jeder y täte, ebenfalls nicht wünschenswert wären, wäre das Argument in bezug auf die Handlung y umkehrbar und es entstünde kein Problem. Dies ist nun vermutlich eine solche Situation, auf die der Einwand angeblich zutrifft. Ist die in Frage stehende Handlung richtig oder nicht richtig? Sollte sie als »x tun« oder als »y tun« beschrieben werden? Wenn man sie als »x tun« beschriebe, erschiene sie nicht richtig, und in der Beschreibung als »y tun« scheint sie richtig zu sein.

Dieses Problem ist, wenn nicht geradezu trivial, doch gewiß nicht überwältigend. Abstrakt kann die Frage in bezug auf x und y nicht beantwortet werden. »x tun« könnte verkürzt für »töten« stehen und »y tun« verkürzt für »töten in Notwehr«; oder »x tun« könnte »lügen« heißen und »y tun« könnte heißen »einen Mörder anlügen, um einen Unschuldigen vor Schaden zu bewahren«. In diesen Fällen ist die Handlung gerechtfertigt und »y tun« ist die adäquatere oder passendere Beschreibung. Das gilt aber nicht im allgemeinen – »x tun« könnte heißen »in einer Wahl mehr als einmal wählen« und »y tun« könnte bedeuten »wählen«. In diesem Fall wäre die Handlung nicht richtig und »x tun« wäre die adäquatere Beschreibung. So ist es möglich, daß »x tun« eine spezifischere Beschreibung ist als »y tun« oder »y tun« eine spezifischere als »x tun«. Und es ist auch möglich, daß die Beschreibungen in einem bestimmten Kontext äquivalent sind, und in einem solchen Fall gibt es gar kein Problem. So könnte z. B. »x tun« bedeuten »sich weigern, Steuern zu bezahlen« und »y tun« könnte einfach heißen »Steuern zahlen«.

Aber es ist wirklich nicht erforderlich, daß die Beschreibungen miteinander in Beziehung stehen, sei es als Spezies und Genus oder in irgendeiner anderen Weise. Die beiden Beschreibungen können voneinander unabhängig sein. Ein und dieselbe Handlung kann zu einem Typ gehören, der im allgemeinen richtig ist, oder zu einem Typ, der im allgemeinen nicht richtig ist, selbst wenn es keine anderen Beziehungen zwischen diesen beiden Handlungstypen gibt. Das ist häufig der Fall, wenn es einen Regelkonflikt gibt, der zu einem moralischen Problem führt. Eine Handlung so zu beschreiben, daß diese Tatsache verdunkelt wird, ist ein Fehler, und wenn man schon bei der Beschreibung nicht aufrichtig ist, ist das schon eine moralisch nicht richtige Handlung. Denn das bedeutete, daß man ein wesentliches Moment der Situation verschleiert. Die Frage, wie eine Handlung beschrieben werden muß, ist die nach der Bestimmung der Fakten, die für sie relevant sind. *Im allgemeinen* kann dazu nur gesagt werden, daß die Art, wie die Handlung beschrieben werden sollte, von den Bedingungen bestimmt wird, aus denen sich das Problem ergibt. Die Möglichkeit konkurrierender Beschreibungen zeigt daher nicht mehr, als daß bei der Anwendung des Arguments der Verallgemeinerung Probleme auftreten.[3] Aber das wußten wir bereits oder hätten es mindestens wissen sollen. Man sollte auch noch anmerken, daß diese Art von Einwand, wenn man ihn als gültig gegen das Argument der Verallgemeinerung als einem moralischen Kriterium auffaßt, gegenüber jedem moralischen Kriterium überhaupt gültig wäre.

§ 2

Am Ende von Kapitel IV habe ich darauf hingewiesen, daß die Tatsache, daß nicht jeder in einer bestimmten Weise handeln wird, irrelevant ist für die Frage, ob es richtig oder nicht richtig ist, in dieser Weise zu handeln. Das ist kein gültiger Einwand gegen das Argument der Verallgemeinerung, noch kann es jemals jemanden darin rechtfertigen, in der fraglichen Weise zu handeln. Denn das Argument impliziert nicht, daß jeder in dieser Weise handeln wird, noch wird das bei seiner Anwendung angenommen; und wenn die Tatsache, daß nicht jeder in dieser Weise handelt, als Rechtfertigung dienen könnte, würde es jedermann darin rechtfertigen, auf jede beliebige Weise zu handeln. Es ist nun jedoch notwendig zu wissen, daß es Situationen gibt, in denen ein Faktum oder eine Annahme der der gerade erwähnten sehr ähnlich ist, für die An-

3 Vgl. A. C. Ewing, *What Would Happen if Everybody Acted Like Me?* In: *Philosophy*, Bd. XXVIII (Januar 1953), S. 26, 28. Vgl. auch J. Harrison, *Utilitarianism, Universalisation, and our Duty to be Just*, in: *Aristotelian Society Proceedings*, Neue Folge, Bd. LIII (London 1953), S. 114-116.

wendung des Arguments der Verallgemeinerung relevant *ist*. In einigen Fällen der Anwendung des Arguments wird vorausgesetzt, daß sich nicht jeder in einer bestimmten Situation befindet, bestimmte Eigenschaften hat oder sich in einer bestimmten Weise benimmt. Als ich z. B. über den Fall gesprochen habe, in dem jemand mit einer ansteckenden Krankheit in der Lebensmittelproduktion beschäftigt ist, habe ich angemerkt, daß die Anwendung des Arguments auf diesen Fall voraussetzt, daß nicht jeder eine solche Krankheit hat (vgl. S. 106). Wenn nämlich jeder eine solche Krankheit hätte, dann gäbe die Tatsache, daß man eine solche Krankheit hat, keine Grundlage dafür ab, irgendeine Person von einer anderen zu unterscheiden. Man sollte sich darüber im klaren sein, daß das nicht dasselbe ist, als wenn man voraussetzte, daß nicht jeder Nahrungsmittel produzieren wird oder daß nicht jeder mit einer solchen Krankheit Nahrungsmittel produzieren wird. Und wenn ich etwa einen erst kurz zurückliegenden Umzug als Rechtfertigung dafür akzeptiere, sich an einer Wahl nicht zu beteiligen, oder als Rechtfertigung dafür, das Wahlrecht einzuschränken (S. 85), dann habe ich dabei wohl bedacht, daß das nur so ist, weil nicht jeder erst vor kurzem umgezogen ist. Es ist klar, daß Voraussetzungen dieser Art manchmal notwendig sind, und es ließen sich viele andere solche Beispiele finden. Nehmen wir an, daß jeder, der von einer Rente lebt, oder jeder Armeeangehörige davon ausgenommen wäre, Einkommensteuern zu bezahlen. Es ließen sich sicher Gründe angeben, die solche Ausnahmen rechtfertigen, aber nicht, wenn jeder von einer Rente lebte oder Armeeangehöriger wäre.

Daß die Anwendung des Arguments der Verallgemeinerung in manchen Fällen Voraussetzungen über andere Leute enthält – dahingehend, daß nicht jeder in einer bestimmten Situation ist oder sich in einer bestimmten Weise verhalten wird, bedeutet nicht, daß die Antwort, »Es wird nicht jeder tun«, jemals relevant ist, sei es nun als Einwand oder als Rechtfertigung. Was in diesen Fällen vorausgesetzt wird, ist nämlich nicht, daß jeder in der fraglichen Weise handeln wird, sondern, daß sich nicht jeder in einer bestimmten Situation befindet oder bestimmte Merkmale hat, die in Anspruch genommen werden können, um die Situation einer Person von der Situation anderer zu unterscheiden. Die Fälle, wo eine solche

Voraussetzung notwendig ist, sind solche, in denen man versucht zu rechtfertigen, daß man selbst oder jemand anders in einer Weise handelt, wie es im allgemeinen nicht richtig wäre zu handeln, oder in denen man versucht, die Behauptung zu rechtfertigen, daß jemand nicht das Recht hatte, in einer Weise zu handeln, von der man im allgemeinen nicht sagen kann, es sei nicht richtig, so zu handeln, und damit also behauptet, daß seine Situation eine andere ist als die von jemand anders. Nur in diesem Fall, nur wenn diese Voraussetzung zutrifft, gibt es einen wesentlichen Unterschied.[4]

Wenn die Voraussetzung nicht zutrifft, wenn vielmehr jeder, oder praktisch jeder, in der gleichen Situation ist, dann ist der Anspruch, eine Ausnahme zu sein, nicht gerechtfertigt worden. Wenn sich nämlich jeder in der gleichen oder einer ähnlichen Situation befände, wäre jeder eine Ausnahme.

Ich habe diesen Punkt hier zur Sprache gebracht, weil wir nie in der Lage sein werden, mit den wirklich wesentlichen und schwierigen Problemen fertig zu werden, die bei der Anwendung des Arguments der Verallgemeinerung auftreten, wenn wir diesen Punkt, der viel Verwirrung gestiftet hat, nicht ganz geklärt haben. Nehmen wir einmal an, die Folgen davon, daß jeder in einer bestimmten Weise handelt, wären nicht wünschenswert, während die Folgen einer einzelnen Handlung oder einer begrenzten Anzahl von Handlungen dieser Art für alle nützlich oder zumindest keineswegs nicht wünschenswert wären. Nehmen wir ferner an, jemand habe gute Gründe anzunehmen, oder weiß sogar mit Sicherheit, daß diese Handlung eine Ausnahme bleiben wird, daß sehr wenige Leute oder vielleicht gar niemand sonst in dieser Weise handeln wird, verändert das die Situation in irgendeiner Weise? Würde das irgend jemanden darin rechtfertigen, so zu handeln? Meine Antwort ist, daß es das nicht tun würde. Sidgwick meinte jedoch, das würde es tun, und da er dafür ein recht subtiles Argument anführt, wird es instruktiv sein, es zu prüfen:

4 Vgl. die folgende Bemerkung von Dr. Johnson: »Solange es ein Unterscheidungsmerkmal ist, daß man Lesen und Schreiben gelernt hat, mögen die wenigen, die dieses Merkmal haben, weniger geneigt sein zu arbeiten; wenn aber jeder Lesen und Schreiben lernt, ist es kein Unterscheidungsmerkmal mehr. Jemand, der einen feinen Anzug trägt, ist zum Arbeiten zu fein; wenn aber jeder einen feinen Anzug tragen würde, sollte es Leute geben, die in feinen Anzügen arbeiten.« (Boswell's *Life of Johnson*, London 1953, 15. April 1772, S. 495).

Man kann nicht mit Sicherheit behaupten, es sei niemals richtig, nach einer Maxime zu handeln, deren allgemeine Befolgung zweifellos ein Übel wäre. Es mag so aussehen, als ob das in dem impliziert sei, was soeben als ein ethisches Axiom eingeräumt wurde, nämlich, daß, was für mich richtig ist, richtig sein muß für »alle Personen unter ähnlichen Umständen«. Aber bei längerem Nachdenken wird man feststellen, daß es im Geltungsbereich des Axioms einen Spezialfall gibt, in dem seine Anwendung sich notwendigerweise selbst begrenzt und damit die praktische Allgemeinheit ausschließt, die das Axiom zu unterstellen scheint: d. h. in dem Fall, in dem ein Teil der Bedingungen des Handelnden (1) das Wissen ist, daß seine Maxime nicht allgemein befolgt wird, und (2) die begründete Überzeugung, daß durch sein Handeln die allgemeine Befolgung der Maxime nicht in nennenswertem Maß gefördert wird. Denn in diesem Fall wird das Axiom praktisch nur besagen, daß es für alle Personen richtig sein wird, sich so zu verhalten wie der Handelnde, wenn sie ernsthaft überzeugt sind, daß die Handlung nicht eine breite Nachahmung findet; und diese Überzeugung muß aufgegeben werden, wenn die Handlung in weitem Maß nachgeahmt *wird*. Man wird kaum sagen können, diese Bedingungen seien nicht möglich.[5]

Obwohl Sidgwick das hier nicht ausdrücklich sagt, ist doch klar, daß er von der Voraussetzung ausgeht, daß die Folgen der Handlung in dem speziellen Fall, den er behandelt, keineswegs nicht wünschenswert sein werden; und später sagt er auch wirklich, daß er hier den Typ einer Ausnahme behandelt, in dem »der Handelnde es nicht ratsam findet, daß die Regel, nach der er handelt, allgemein befolgt würde, und dennoch an der Behauptung festhält, seine individuelle Handlung sei richtig, weil sie ein größeres Übergewicht von Freude über Leid bewirkt als irgendein anderes Verhalten, das ihm in dieser Situation möglich wäre.«[6]

Sidgwick nimmt hier also an, daß die Bedingungen, die er anführt, ein wesentlicher Teil der Bedingungen sind, unter denen man handelt; daß, wo diese Bedingungen zutreffen, die entsprechenden Umstände in relevanter Weise von denen unterschieden sind, unter denen andere handeln; und daß man daher unter diesen Bedingungen legitimiert wäre, in der fraglichen Weise zu handeln. Aber so geht es natürlich nicht. Denn diese Bedingungen werden in fast jedem Fall zutreffen, und

5 Henry Sidgwick, *The Methods of Ethics*, London (^{7}1907), S. 318-19.
6 Ebd. S. 486. Dasselbe Argument, in etwas anderer Formulierung, wird auf den Seiten 486-7 wiederholt.

auf dieser Basis könnte man praktisch alles rechtfertigen. Jeder könnte in derselben Weise argumentieren, denn jeder kann einen guten Grund haben, anzunehmen, daß die Handlung, die er vorhat, eine Ausnahme bleiben wird und daß dieser Typ von Handlung nicht deshalb häufiger wird, weil er so handelt. Diese Art der Argumentation führt sich selbst ad absurdum. Und ich kann nicht einsehen, was für einen Unterschied es machen soll, ob man sicher weiß oder nur die begründete Überzeugung hat, daß diese Handlung eine Ausnahme bleiben wird. Keine Handlung kann einfach aus dem Grund gerechtfertigt werden, daß sie wahrscheinlich keine allgemeine Nachahmung finden wird, auch wenn im Einzelfall die Folgen wünschenswert wären, solange es zutrifft, daß die Folgen nicht wünschenswert wären, *wenn sie allgemeine Nachahmung finden würde*, und solange andere Bedingungen für die Anwendung des Arguments der Verallgemeinerung erfüllt sind. Denn wenn diese Argumentation irgendeine derartige Handlung rechtfertigen würde, würde sie eine jede derartige Handlung rechtfertigen, und das wäre ein Widerspruch.

Ich habe gesagt, daß das Argument, das wir gerade untersuchen, alles und jedes rechtfertigen würde. Es würde nicht nur die relativ harmlosen Handlungsweisen rechtfertigen, an die Sidgwick vielleicht gedacht hat, sondern es würde solche Handlungen wie Töten, Lügen und Stehlen rechtfertigen. Es besteht kein Grund zu der Annahme, eine vereinzelte unmoralische Handlung werde die allgemeine Verbreitung solcher Handlungen nach sich ziehen, sie werde »ein schlechtes Exempel statuieren« und somit bewirken, daß alle anderen dasselbe tun. Wir wissen in der Tat, daß es nicht so ist. Wir wissen sogar sehr genau, daß alle sich weiterhin nicht viel anders verhalten werden als bisher. Wenn es auch keineswegs die allgemeine Verhaltensweise ist, so ist unmoralisches Verhalten doch so weit verbreitet, daß die Gesellschaft schon lange untergegangen wäre, wenn das sich anders verhielte. Nehmen wir einmal an – ich hoffe, das Beispiel ist bloß eine Hypothese –, daß Sie Ihre Schwiegermutter loswerden wollen. Sie könnten argumentieren, Ihre Schwiegermutter wäre besser dran, wenn sie tot wäre, Sie selbst fühlten sich wohler, wenn sie aus dem Weg wäre, Ihrer Frau würde eine Erbschaft zufallen – und Sie kön-

nen nach Belieben weitere Gesichtspunkte hinzufügen. Wenn Sie nun Ihre Schwiegermutter umbringen, so wird das auch nicht im geringsten dazu beitragen, Töten, auch nicht das Töten von Schwiegermüttern, zu einer weitverbreiteten Verhaltensweise werden zu lassen. (Die Gründe dafür sind hier nicht wichtig. Wichtig ist das Faktum. Aber es scheint doch erwähnenswert, daß der Grund dafür nicht nur der ist, daß nicht jeder solche Gefühle für seine Schwiegermutter hegt.) Würden solche Gründe Ihre Handlung rechtfertigen? Dem Argument zufolge, das wir gerade untersuchen, würden sie das tun. Es sollte aber klar sein, daß sie es nicht tun würden. Denn ganz ähnliche Gründe würden alles und jedes rechtfertigen.
Oder nehmen wir einmal an, ich hätte vor, keine Einkommenssteuer zu zahlen. Ich könnte argumentieren, daß ich das Geld dringender benötige als die Regierung, daß der Betrag, den ich zahlen muß, im Vergleich zu dem Gesamtbetrag, der eingezogen wird, so gering ist, daß die Regierung ihn nie vermissen wird. Nun weiß ich gewiß sehr genau, daß es nicht dazu führen wird, daß andere das gleiche tun, wenn ich mich darum drücke, Steuern zu zahlen. Denn zunächst einmal werde ich sicher nicht so dumm sein, meine Handlungsweise öffentlich bekanntzugeben. Aber selbst wenn ich so dumm wäre und die Handlung würde bekannt, so würde das auch nicht dazu führen, daß andere das gleiche tun, wenn nicht zugleich bekannt würde, daß ich ganz gut dabei wegkam. Im letzteren Fall würde es dazu führen, daß diese Verhaltensweise allgemeine Nachahmung fände, aber das wäre nicht eine Folge meines Verhaltens, sondern eine Folge davon, daß die Regierung es versäumte, etwas gegen mich zu unternehmen. Also kann man hier nicht sagen, meine Handlungsweise sei nicht richtig, weil sie ein schlechtes Exempel statuieren würde. Sie würde kein Exempel statuieren, und wenn man annimmt, das müsse sie, weil sie nicht richtig wäre, so bringt man hier einfach verschiedene Dinge durcheinander. Was Leute dazu veranlassen könnte, sich vor dem Zahlen von Steuern zu drücken, ist eine Reihe ungleicher Steuergesetze oder Steuergesetze, denen in ungleicher Weise Geltung verschafft wird, aber dies ist eine andere Sache. (Man kann sich auf legalem Wege vor dem Zahlen von Steuern drücken, wenn man reich genug ist. Das ist ein Ergebnis der Steuergesetze, die wir im Augenblick ha-

ben). Wenn man das alles voraussetzt, dann würden die angeführten Gründe, wenn sie mich darin rechtfertigten, mich vor dem Steuerzahlen zu drücken, jeden beliebigen anderen darin rechtfertigen, dasselbe zu tun. Denn jeder kann in derselben Weise argumentieren – jeder kann argumentieren, daß er andere nicht dazu veranlassen wird, dasselbe zu tun, wenn er das Gesetz bricht. Die Annahme, dies sei eine Rechtfertigung, führt daher zu einem Widerspruch.

Daraus schließe ich, daß die Gewißheit oder die Überzeugung, nicht jeder werde dasselbe tun, für das Argument der Verallgemeinerung ebenso irrelevant ist wie die Erwiderung »nicht jeder wird es tun«; und daß insbesondere der Umstand, daß man weiß oder überzeugt ist, die eigene Handlung werde eine Ausnahme bleiben, nicht dazu dienen kann, eine Klasse von Ausnahmen von der Regel zu definieren. Die Gewißheit oder die Überzeugung, nicht jeder werde unter ähnlichen Umständen in derselben Weise handeln, kann daher nicht als ein Aspekt der Umstände, unter denen man handelt, angesehen werden. Die eigene Überzeugung, nicht jeder werde dasselbe tun, macht die Umstände, unter denen man selbst handelt, nicht in relevanter Weise unterschieden von denen, unter denen andere handeln, oder in relevanter Weise unterschieden von den Umständen, unter denen die Handlung nicht richtig ist. Wenn man von der Annahme ausginge, dies sei so, könnte man vielmehr die Umstände, unter denen jemand handelt, niemals spezifizieren, weil die Spezifikation einen unendlichen Regreß implizieren würde.[7]

Was Sidgwick offensichtlich zu dieser Position führte, war seine Überzeugung, es gebe »Verhaltensweisen, die der gemeine Menschenverstand nur darum für legitim hält, weil

7 Vgl. A. K. Stout, »But Suppose Everyone Did the Same«, in: *The Australazian Journal of Philosophy*, Bd. XXXII (Mai 1954), S. 18-19: »Wenn zu *meinen* besonderen Umständen meine begründete Überzeugung gehört, wie andere sich unter denselben Umständen verhalten werden, dann gehört zu *ihren* besonderen Umständen ihre Überzeugung, wie andere, mich eingeschlossen, handeln werden. Bei der Beurteilung, wie sie unter ihren Umständen handeln werden, muß ich also ihre Überzeugung, wie ich handeln werde, mit berücksichtigen; und sie müssen ihrerseits eine Überzeugung davon haben, was ich für ihre Überzeugung halte. Und so weiter. Diese logische Schwierigkeit kann man auch so formulieren, daß, sobald man die Überzeugung des Handelnden davon, wie andere handeln werden, zu einem Element der besonderen Umstände macht, man nicht mehr davon reden kann, andere befänden sich in »denselben« oder in ähnlichen Umständen. Denn ihre Überzeugung impliziert keine Überzeugung von meinem Handeln.«

man nicht befürchtet, sie würden in zu großem Maße Nachahmung finden.« Er veranschaulicht dies am Beispiel des Zölibats:

Die allgemeine Weigerung, die Menschenrasse fortzupflanzen, wäre aus einer utilitaristischen Sicht das größte aller denkbaren Verbrechen ... und das zur Diskussion stehende Prinzip würde, wenn man es ohne die genannte Qualifikation anwenden wollte, es für jedermann zu einem Verbrechen machen, den Zölibat als die Lebensform zu wählen, die für seine eigene Glückseligkeit am meisten zuträglich ist. Aber nach dem gemeinen Menschenverstand liegt (zumindest im gegenwärtigen Zeitalter) eine solche Wahl durchaus im Rahmen richtigen Verhaltens; weil man keine Befürchtungen hat, die Bevölkerungszahl würde infolgedessen rapide abnehmen, sondern annimmt, die Tendenz sich fortzupflanzen sei viel eher zu stark als die gegenteilige Tendenz.[8]

Zweifellos ist der Grund, warum »die allgemeine Weigerung, die Menschenrasse fortzupflanzen, aus einer utilitaristischen Sicht das größte aller Verbrechen wäre«, daß die Gesamtsumme menschlichen Glücks dadurch gemindert und früher oder später menschliches Glück überhaupt unmöglich gemacht würde. Ich sollte dazu sagen, daß diese etwas extravagante Ansicht nichts so sehr zeigt, als daß an einer »utilitaristischen Sicht« von Grund auf etwas nicht stimmt. Aber wir wollen die Frage einmal unabhängig vom Utilitarismus diskutieren. Sie liefert uns einen interessanten Testfall. Ist der Zölibat nicht richtig oder wäre die allgemeine Verbreitung des Zölibats nicht wünschenswert? Das Wort »Zölibat« ist vielleicht zu formal und zu feierlich, um hier wirklich am Platze zu sein. Wir brauchen nicht anzunehmen, daß Leute Gelübde ablegen, noch besteht irgendeine notwendige Verbindung zwischen der Tatsache, daß man nicht verheiratet ist, und der, daß man keine Kinder hat. Wir wollen die Frage einfach in der Form stellen: »Was würde geschehen, wenn niemand Kinder hätte?« Aller Wahrscheinlichkeit nach würde die Gattung Mensch aussterben. Wäre das nicht wünschenswert? Jeder, der diese Frage bejaht, hat es in seiner Gewalt, etwas dagegen zu tun, vorausgesetzt er ist physisch dazu in der Lage und kann eine Person anderen Geschlechts finden, die seine Anstrengungen unterstützt. Aber nehmen wir an, wir würden darin übereinstimmen, daß dies nicht wünschenswert wäre. Folgt aus dem

8 Sidgwick, ebd. S. 487, vgl. S. 415-16.

Argument der Verallgemeinerung, jeder sollte Kinder haben? Unterscheidet sich dieser Fall in irgendeiner Weise von dem Fall der Produktion von Nahrungsmitteln? Nehmen wir an, jeder hätte Kinder. Das wäre auch nicht wünschenswert. Sogar wenn wir solche aus unserer Verallgemeinerung ausschließen, die bestimmte erbliche oder ansteckende Gebrechen und Krankheiten haben, wie z. B. Schwachsinnige und Syphilitiker, und das Argument nur auf solche ohne erbliche Gebrechen, die den Menschen zu einem Krüppel machen, anwenden, so wären die Folgen auch dann nicht wünschenswert. Die Gefahren und die negativen Seiten der Überbevölkerung sind sicher ebenso groß und mögen sogar größer sein als die der Unterbevölkerung. Und wenn man bestimmt hat, jeder sollte Kinder haben, wie ist dann festzulegen, wie viele man haben sollte – sollte man eines, zwei, ein Dutzend oder vierundzwanzig haben? Ich nehme nicht an, daß dieser Punkt noch weiter ausgebreitet werden muß. Wir könnten nun damit anfangen, die Lage derjenigen zu erwägen, die zu arm sind, um angemessen für ihre Kinder sorgen zu können, oder derjenigen, die körperlich oder psychisch nicht dazu fähig sind, oder derjenigen, die zu dumm dazu sind, usw. Aber das ist nicht nötig. Mir scheint jedenfalls die Folgerung unumgänglich zu sein, daß das Argument der Verallgemeinerung hinsichtlich der »Produktion von Kindern« ebenso umkehrbar ist wie hinsichtlich der »Produktion von Nahrungsmitteln«. Alles, was daraus folgt, ist also, daß einige Leute, aber nicht alle Kinder haben sollten. Daher trifft es nicht zu, daß das Versäumnis oder die Weigerung, Kinder zu bekommen, »nur aus dem Grund legitim ist, daß wir nicht die Befürchtung haben, dies werde nicht zu weitgehende Nachahmung finden«. Noch trifft es zu, daß »das zur Diskussion stehende Prinzip es für jedermann zu einem Verbrechen machen würde, den Zölibat als die Lebensform zu wählen, die für seine eigene Glückseligkeit am meisten zuträglich ist.« Das Argument der Verallgemeinerung ist in dieser Anwendung kein gültiges Argument.

§ 3

Ich habe bisher argumentiert, daß »nicht jeder wird es tun« weder ein Einwand gegen das Argument der Verallgemeinerung ist, noch eine Rechtfertigung einer Verhaltensweise, von der man sonst annimmt, sie sei nicht richtig, und daß die Tatsache, daß man wissen oder annehmen kann, andere werden nicht in der gleichen Weise handeln, für die Situation nicht ausschlaggebend ist. Zugleich habe ich betont, daß es Fälle gibt, in denen die Umstände oder Eigenschaften anderer für die Anwendung des Arguments der Verallgemeinerung relevant *sind*, daß manche Anwendungen des Arguments zur Voraussetzung haben, daß nicht jeder unter diesen Umständen handelt oder diese Eigenschaften hat. Wir müssen jetzt auch darauf eingehen, daß es Situationen gibt, in denen auch das *Verhalten* anderer relevant ist. Nehmen wir einmal nicht die normale Situation an, daß nicht jeder in der fraglichen Weise handeln wird oder daß es zumindest die meisten nicht tun werden; sondern daß jeder, oder praktisch jeder tatsächlich so *handelt*. Solche Situationen gibt es zweifellos. Es handelt sich hier um solche Situationen, in denen die gewöhnlichen moralischen Regeln und Verhaltensweisen im allgemeinen nicht eingehalten werden, in denen man damit rechnen kann, daß die Leute allgemein, oder eben die Angehörigen einer relativ klar umgrenzten Gruppe, lügen, stehlen, betrügen, töten oder irgend etwas anderes tun, in der Hoffnung, gut dabei wegzukommen. Wir wollen einen solchen Situationstyp die »Situation des Naturzustands« nennen. Jeder, der Hobbes kennt, wird verstehen, warum. In derartigen Situationen scheint es wenig sinnvoll, zu fragen, »was würde geschehen, wenn jeder in dieser Weise handeln würde?« Denn es handelt schon praktisch jeder in dieser Weise, und die Situation ist bereits nicht wünschenswert. Was sollte man nun in einer solchen Situation tun? Ist man in irgendeiner Form verpflichtet, sich Leuten gegenüber, die sie selbst nicht beachten, gewöhnlichen, moralischen Regeln gemäß zu verhalten? »Nehmen wir an, ich lebe in einer Gesellschaft, in der man sich selten auf das Wort eines anderen verlassen kann oder in der Leute sich in beständiger Angst um ihr Leben befinden. Wozu bin ich hier verpflichtet?«[9] Ist das Argument der Verallgemeinerung hier anwendbar? Wenn ja, in welcher Weise?

Um derartige Fragen beantworten zu können, müssen wir

9 R. F. Harrod, *»Utilitarianism Revised«*, in: *Mind*, Bd. XLV (April 1936), S. 151. Siehe auch J. Harrison a.a.O. (Anm. 3) S. 125-30.

präzisieren, um was für eine Situation es sich hier handelt. Die Situation, an die ich denke, ist nicht die, in der ein absolutes Chaos herrscht oder schrankenlose und ständig wachsende Feindseligkeit und Gewalt oder ein Kriegszustand, in dem »jeder gegen jeden« kämpft. Ein solcher Zustand könnte sicherlich nicht lange bestehen, vorausgesetzt, daß er überhaupt bestehen könnte, und man kann ihn sich in der Tat schwer vorstellen. Im besten – oder im schlimmsten – Fall könnte das Chaos nur auf einen Teilbereich beschränkt sein. Wie Hume es bei der Überprüfung einer im Grunde nicht viel anderen Hypothese formuliert hat: »Ob solche Bedingungen für die Menschennatur jemals existieren könnten oder ob sie, wenn das der Fall wäre, jemals so lange andauern könnte, daß sie den Namen eines *Staates* verdienten, mag mit guten Gründen bezweifelt werden. Die Menschen werden immer zumindest in die Gemeinschaft einer Familie hineingeboren; und sie werden von ihren Eltern in eine Regel des Verhaltens und Benehmens eingeübt.«[10] Es kann sich folglich hier nicht um eine Situation handeln, in der absolut jeder generell oder fast immer die fundamentalen Regeln der Sittlichkeit verletzt, oder, mit anderen Worten, in der absolut jeder habituell jeden anderen anlügt, versucht, ihn zu betrügen, zu bestehlen oder zu töten, oder immer tut, was er will, wenn es ihm gerade danach zumute ist und er meint, dabei gut wegzukommen. *Das* wäre das absolute Chaos – eine Situation, in der alle verrückt wären –. Es stimmt, daß es in einer solchen Situation die Frage richtigen oder nicht richtigen Verhaltens gar nicht gäbe und damit auch nicht die Frage nach der Anwendung des Arguments der Verallgemeinerung. Aber ebensowenig könnte irgend etwas anderes hier zur Diskussion stehen. Um als Ausgangspunkt für ein Problem fungieren zu können, muß unsere Voraussetzung daher in beträchtlichem Maße eingeschränkt werden.

10 David Hume, *An Enquiry Concerning the Principles of Morals,* hrsg. v. L. A. Selby-Bigge, Oxford ²1902, Sekt. III, Teil I, S. 190. Hume fügt hinzu: »Aber das muß zugestanden werden, daß, wenn es einen solchen Zustand des Kriegs aller gegen alle und wechselseitiger Gewalt jemals gegeben hat, eine notwendige und unweigerliche Konsequenz die Suspension aller Gesetze der Gerechtigkeit war, da sie völlig unnütz wurden.« Aus Gründen, die ich noch erläutern müßte, bin ich nicht der Auffassung, daß das in irgendeinem anderen Sinn richtig ist als in dem, daß die »Gesetze der Gerechtigkeit« faktisch nicht mehr befolgt werden.

Wir wollen also mit Hume annehmen,

daß es das Schicksal eines tugendhaften Mannes wäre, in eine Gesellschaft von Schurken zu geraten, weit entfernt von dem Schutz der Gesetze und einer Regierung; wie soll er sich in einer so traurigen Situation verhalten? Wohin er auch sieht, überall herrscht eine so disparate Raubgier; eine derartige Mißachtung von Recht und Billigkeit, eine solche Geringschätzung von Ordnung und eine so dumme Blindheit zukünftigen Folgen gegenüber, daß dies unmittelbar zu einem tragischen Ende und außerdem zu einer völligen Auflösung der Gesellschaft führen muß. Für ihn kann es in der Zwischenzeit keinen anderen Ausweg geben, als sich zu bewaffnen, wem auch immer das Schwert, das er in die Hand nimmt, oder der Schild gehören mag, er muß sich aller Mittel der Verteidigung und der Erhaltung des eigenen Lebens bedienen, und, da seine Achtung vor der Gerechtigkeit nicht länger für seine eigene Sicherheit oder die anderer von Nutzen ist, muß er sich allein nach dem Diktat der Selbsterhaltung richten, ohne sich um die zu bekümmern, die seine Fürsorge und Aufmerksamkeit nicht länger verdienen.[11]

Humes besondere Ausprägung des Utilitarismus führt ihn offenkundig zu dem Schluß, daß die Regeln der Gerechtigkeit oder Moral, da sie in einer Situation dieses Typs nicht gebraucht werden können, folglich suspendiert oder nicht anwendbar sind, und darin ist impliziert, daß man in einer solchen Situation in allem, was man tut, gerechtfertigt ist. Ich werde nachweisen, daß das nicht stimmt. In einer solchen Situation ist man in allem gerechtfertigt, was für die Erhaltung des eigenen Lebens, seiner Person oder seines Eigentums, oder des Lebens seiner Freunde und Verbündeten notwendig ist, und man ist daher in allen Schritten gerechtfertigt, die man eindeutig zu diesem Zweck unternimmt. Aber dies ist natürlich keine Rechtfertigung, alles mögliche zu tun; es trifft daher nicht zu, daß die Regeln der Moral ganz und gar nicht anwendbar seien. Und wenn wir die Angelegenheit genauer betrachten, werden wir sehen, daß das Argument der Verallgemeinerung das auch nicht ist.

Ich denke etwa daran, daß jemand sich in einer Situation befindet, in der er mit einer Gruppe von Leuten zu tun hat und sich ihnen gegenüber behaupten muß, die ihn habituell anlügen, wenn sie es vorteilhaft für sich finden, oder die ihn unter diesen Bedingungen betrügen, bestehlen, tätlich angreifen, quä-

11 A.a.O., S. 187.

len oder sogar töten würden. Wäre es von ihm richtig oder nicht, sich ihnen gegenüber ebenso zu verhalten, sie ebenso zu behandeln, wie sie ihn behandeln würden? Nun stimmt es, daß im Zusammenhang mit solchen Situationen es sinnlos zu sein *scheint* zu fragen, »was würde geschehen, wenn jeder in dieser Weise handeln würde?« Denn es scheint, daß jeder oder praktisch jeder schon auf diese Weise handelt und die Situation bereits nicht wünschenswert ist. Aber das scheint nur so! Es stimmt nicht, daß das Argument der Verallgemeinerung hier nicht angewandt werden kann. Was stimmt, ist, daß es nicht in uneingeschränkter Form anwendbar ist, und daraus folgt nicht, daß es überhaupt nicht anwendbar ist. Daß gewisse Leute in einer gewissen Weise handeln oder daß man vernünftigerweise erwarten kann, daß sie so handeln, gehört zu dem Kontext, in dem das Argument der Verallgemeinerung angewandt wird. Um es anders zu formulieren: daß gewisse Leute in einer Weise handeln, von der nicht zu wünschen ist, daß jeder so handelt, in einer Weise also, die allgemein nicht richtig ist, ist ein Aspekt, und zwar ein wesentlicher Aspekt der Umstände, unter denen man handelt. So ist die Frage, ob man das Recht hat, sie zum Beispiel anzulügen, nicht einfach die Frage nach der Berechtigung zu lügen, sondern nach der Berechtigung des Lügens als eines Mittels der Selbstverteidigung oder Selbsterhaltung. Man hat das Recht, zum Zwecke der Erhaltung des eigenen Lebens oder des Lebens anderer und der eigenen bzw. anderen Person und ihres Eigentums willen zu lügen, vorausgesetzt, es ist wirklich notwendig, dies zu tun, oder man kann dies mit guten Gründen annehmen. Denn wenn jeder *unter solchen Umständen dies* tun würde, wären die Folgen keineswegs nicht wünschenswert. Es mag in der Tat der einzige Weg sein, die abgrundtiefe Schlechtigkeit dieses Zustands zu beenden, und wenn er es ist, dann hat man die Pflicht, dies zu tun und zu versuchen, einen Zustand zu schaffen, in dem Recht und Ordnung wieder zur Geltung kommen. Es kann notwendig sein, Feuer mit Feuer, Gewalt mit Gewalt und Betrug mit Betrug zu bekämpfen. Aber in diesem Fall verhält es sich doch so, daß man den Vorteil einer Vergeltung mit gleichen Mitteln nur so lange nutzen darf, wie diese Situation besteht; die primäre Pflicht eines jeden muß daher sein, eine Änderung der Situation herbeizuführen. Aber daraus,

daß man nicht das Recht hat, aus anderen in unfairer Weise Nutzen zu ziehen, folgt nicht, daß jeder verpflichtet ist, zuzulassen, daß andere ihn in unfairer Weise ausnützen.
(Das ist, nebenbei bemerkt, die Grundlage des Rechts der Gesellschaft Verbrechern gegenüber. Was man »Strafe« nennt, ist primär ein Mittel zur Erhaltung der Gesellschaft, und obwohl man sie mit Recht zu anderen Zwecken einsetzen kann, liegt darin ihre eigentliche Rechtfertigung. Aber dies rechtfertigt nicht unterschiedslos alle Strafen, die man tatsächlich auferlegt, all die Einrichtungen, die man als Strafen benutzt hat, oder die Gesetze einer jeden Gesellschaft. Denn diese Rechtfertigung sagt nichts über die Frage aus, ob eine Gesellschaft oder eine Regierung es wert sind, aufrechterhalten zu werden, und es ist klar, daß nicht alle es wert sind).
Das rechtfertigt jedoch nicht schrankenlose Lüge, Diebstahl oder Gewalt. Das vorgetragene Argument begründet nur das Recht auf Selbstverteidigung und gibt niemandem einen Freibrief, solche Dinge zu tun, d. h. kein Recht, sie zu tun, wenn es ihm gerade danach zumute ist. Im allgemeinen würde man nur das Recht haben, solche Dinge denen anzutun, die sie einem selbst oder anderen zufügen würden, und auch dann nur als Mittel zur Selbstverteidigung. Natürlich hat auch diese Regel Ausnahmen, aber ich kann nicht einsehen, wie diese Gründe jemals so etwas wie Raub oder Plünderung rechtfertigen können. Weiter folgt daraus, daß man das Recht haben kann, jemanden zu töten, um das eigene Leben oder das eines anderen zu retten, und folglich auch das Recht, zu diesem Zweck andere zu betrügen, anzulügen oder zu bestehlen, doch keineswegs, daß man das Recht hätte, jemanden zu töten oder tätlich anzugreifen, der nur durch Lüge oder Betrügereien versuchen würde, einen Vorteil zu gewinnen. Denn in diesem Fall ist das Mittel dem Zweck nicht angemessen und geht über das hinaus, was vom Zweck her zu rechtfertigen wäre. Anscheinend kann also für die hier genannten Handlungen eine Art Prioritätenliste aufgestellt werden.
Man könnte sich fragen, warum die Handlungen von anderen Personen hier relevant sein sollen und in anderen Situationen nicht, warum es ein relevanter Unterschied der Handlungsumstände sein kann, daß andere Leute in einer bestimmten Weise handeln oder wahrscheinlich so handeln, während es

nicht relevant ist, daß nicht jeder in bestimmter Weise handeln wird. Die Antwort ist, daß die Frage, ob man das Recht hat, ihnen gegenüber ebenso zu verfahren, sich gerade darum stellt, weil sie sich unmoralisch verhalten oder moralische Regeln mißachten. Das definiert sowohl die Situation als Situation des Naturzustands und schafft überhaupt das Problem. Dieses Problem bestünde in anderen Situationen gar nicht. Daß »es nicht jeder tun wird«, kann zu der Vermutung führen, daß ich gut davonkomme oder die Folgen nicht so schrecklich sein werden, nicht aber zu der Annahme, ich hätte ein Recht, so zu handeln.

Eine Situation des Naturzustands ist, kurz gesagt, nur eine Verallgemeinerung der Situation, in der man sich selbst verteidigen oder einander helfen muß, und alles, was wir darüber gesagt haben, würde auch für eine Situation gelten, an der nur zwei Personen beteiligt sind. A hat nicht das Recht, B anzulügen, aber A hat das Recht, B in Notwehr anzulügen.

Die Situation des Naturzustands, soweit wir sie bisher diskutiert haben, kann allgemein als solche charakterisiert werden, in der gewisse Leute oder Mitglieder einer gewissen Gruppe bestimmte fundamentale moralische Regeln habituell verletzen, und zwar in einer Weise und in einem solchen Ausmaß, daß sie Instabilität, Unordnung und Unsicherheit in die Gesellschaft tragen. Wie wir gesehen haben, ist jemand, der sich aus irgendwelchen Gründen plötzlich inmitten einer »Gesellschaft« von Dieben, Mördern oder Verrückten findet, in einer solchen Situation. Ein anschauliches Beispiel für diese allgemeine Beschreibung ist auch das Verhältnis zwischen den kriminellen Mitgliedern einer Gesellschaft auf der einen Seite und ihren Polizisten oder Gesetzeshütern auf der anderen – zwischen irgendeiner Gesellschaft und ihrer Unterwelt – ebenso wie die Beziehung zwischen zwei kriegführenden Gruppen oder Nationen. Aber je nach der Beschaffenheit der Situation oder der Art der Gruppenrivalität wird es viele verschiedene Ausprägungen dieses Verhältnisses geben. Nun müssen wir jedoch berücksichtigen, daß dieser Terminus sinnvoll auf Situationen ausgedehnt werden kann, in denen es noch keine etablierte Verhaltensform, Konvention oder Tradition gibt, oder, mit anderen Worten, keine lokalen Regeln, die das Verhalten in einem bestimmten Lebensbereich leiten, obwohl es dafür eigentlich Regeln geben sollte. Man könnte sagen, daß es dann solche Regeln geben sollte, wenn eine Handlung, um im Hinblick auf die Verwirklichung gewünschter Ziele oder die Beseitigung unerträglicher Übel effektiv zu sein, organisiert sein muß, und zwar zumindest insoweit, daß man ausreichend sicher sein kann, daß andere, die in derselben Lage sind wie man selbst, an der gemeinsamen Aufgabe teilnehmen werden. Und es muß eine ausreichende Anzahl derjenigen geben, die daran teilnehmen, da die Situation aufgrund unserer Hypothese so beschaffen ist, daß einer allein oder eine zu kleine Gruppe nicht hoffen kann, das Handlungsziel zu erreichen. Nur so besteht ausreichende Gewißheit, daß das Ziel erreicht werden kann, und sonst wäre das Risiko, sei es eines Fehlschlags oder möglicher Repressalien vielleicht zu groß, um die Handlung noch sinnvoll erscheinen zu lassen. Natürlich können manche Leute es sich leisten, solche Risiken einzugehen, aber das kann nicht jeder.

Versetzen Sie sich in die Lage eines Arbeiters, der streiken will, sei es aus Protest gegen miserable Arbeitsbedingungen oder um ausreichenden Lohn durchzusetzen, und nehmen Sie an, es gäbe keine Gewerkschaft, die die Aktivitäten der Arbeiter organisierte. Wenn Sie nicht in der glücklichen Lage sind, ein Talent zu besitzen, das Sie für den Arbeitgeber unentbehrlich macht oder das Sie in die Lage versetzt, leicht eine andere Stelle zu finden, dann befinden Sie sich eindeutig in einer solchen Situation. Oder stellen Sie sich vor, Sie seien ein Lehrer, der aus moralischen Gründen die Aufforderung ablehnt, einen Treueeid zu leisten. Es geht hier nicht um die Frage, ob Treueeide gut oder schlecht sind. Nehmen wir um der Diskussion willen an, sie seien schlecht und niemand sollte einen Treueeid leisten oder dazu aufgefordert werden. Wenn jedoch keine ausreichende Anzahl anderer Lehrer in Ihrer Institution, in Ihrem Schulsystem oder im Staat ebenfalls den Eid verweigert, wird Ihre Weigerung wahrscheinlich zu nichts weiter führen, als daß Sie ihren Job verlieren und keinen anderen mehr finden können. Wenn Sie hinreichend bekannt und respektiert sind, hat Ihre Weigerung vielleicht eine gute Wirkung und Sie können es sich möglicherweise leisten, den Eid zu verweigern. Das ist aber unwahrscheinlich. Was hier eindeutig gebraucht wird, ist irgendeine Art von Organisation und ge-

genseitiger Absprache, aber das gibt es nicht immer und ist auch nicht immer erreichbar.
Was sollte man nun tun in Situationen wie dieser? Daß es in solchen Fällen Regeln oder Vereinbarungen geben sollte, durch die Aktivitäten organisiert und Leute in die Lage versetzt werden, mit der Unterstützung von anderen zu rechnen, läßt sich leicht durch die Anwendung des Arguments der Verallgemeinerung begründen, mit einem Verfahren also, das wir bereits geprüft haben. Nehmen wir aber einmal an, es gäbe keine solche Regel. Was sollte man dann tun? Eines scheint jedenfalls klar zu sein, und zwar, daß es im allgemeinen keineswegs nicht richtig ist, sogar ohne die Sicherheit, daß andere unter gleichen Umständen dem eigenen Verhalten folgen würden, selbst in dieser Weise zu handeln. Man hätte in der Regel das Recht, so zu handeln, wenn man das Risiko auf sich nehmen will oder wenn man meint, es sei das Risiko wert. Man ist jedoch genauso berechtigt, nicht so zu handeln, da man nicht die Pflicht hat, sich selbst für andere zu opfern, wenn es keine begründete Erwartung gibt, daß das Opfer irgendwann zum Ziel führt. Also handelt es sich hier weitgehend um eine Frage der Klugheit. Allerdings ist es nicht ganz und gar eine Frage der Klugheit, weil es ja möglich ist und sich oft tatsächlich so verhält, daß man anderen gegenüber Verpflichtungen hat, also etwa die eigene Familie zu versorgen, die sich mit unklugem Handeln nicht vereinbaren ließen. Unter anderem aus diesen Gründen glaube ich nicht, daß es sich hier um eine Frage handelt, auf die man irgendeine allgemeine Antwort geben könnte. Jeder Fall muß für sich gesehen werden, und dabei werden sich Schwierigkeiten zeigen, die durch eine generelle Lösung notwendig verwischt würden. Ich glaube also nicht, daß überhaupt irgendeine allgemeine Präsumption hier sinnvoll wäre. Daraus folgt jedoch keineswegs, daß das Argument der Verallgemeinerung in solchen Situation nicht anwendbar wäre. Mit den erforderlichen Restriktionen und Modifikationen ist das Argument anwendbar, und wenn es das nicht ist, handelt es sich nicht um eine Frage der Moral, sondern darum, welcher Weg der klügste ist oder sich als der effektivste erweisen wird.
Nehmen wir an, es geht um die Frage, ob gegen eine Regierung Widerstand geleistet oder sie sogar gestürzt werden soll.

Dabei muß betont werden, daß diese Frage nicht im mindesten angemessen wäre, wenn sich die Regierung nicht als unerträglich schlecht erwiesen oder despotische oder repressive Gesetze unerträglicher Art erlassen hätte. Selbst dann besteht, wie wir gesehen haben, zunächst einmal eine Präsumption gegen dieses Verhalten, und diese Präsumption ist besonders stark, wenn es, wie in unserem System, verfassungsmäßige Mittel gibt, das Gesetz zurückzuweisen oder zu ändern oder diejenigen abzusetzen, die an der Macht sind. Selbst ohne solche Mittel besteht immer noch eine Präsumption gegen gewaltsamen Umsturz, denn die Folgen allgemeinen Aufruhrs sind im allgemeinen schlechter als die Folgen allgemeinen Gehorsams. Dennoch gibt es Umstände, in denen diese Präsumption aufgehoben und ein Umsturz gerechtfertigt wäre. Es gibt Regierungen, die nicht nur kein Recht haben, zu bestehen, sondern möglicherweise so schlecht sind, daß sie es nicht wert sind, geschützt zu werden, selbst wenn es infolge eines Umsturzes eine lange Periode des Terrors und der Anarchie gäbe. Unter manchen Umständen ließe sich argumentieren, daß ein Gesetz zurückgezogen oder die Regierung zusammenbrechen würde, wenn niemand dem Gesetz Folge leistete, und das sei im ganzen eine gute Sache; mindestens sei sie keineswegs nicht wünschenswert. Wenn jedoch jeder dem Gesetz folgen oder helfen würde, die Regierung an der Macht zu belassen, wären die Folgen ganz entschieden nicht wünschenswert. Es gibt Umstände, unter denen das zutrifft, und wenn es sich so verhält, hat man die Pflicht, das Gesetz zu brechen, es sei denn, man hätte, was ja möglich ist, einen bestimmten Grund, es nicht zu tun. Aber nehmen wir an, es sei bekannt, daß andere weiterhin dem Gesetz gehorchen werden, obgleich es ein grausames Gesetz ist, daß sie so in die Unterwerfung gezwungen sind, daß Ungehorsam und Aufruhr nutzlos wären; und nehmen wir weiter an, daß jeder, der den Gehorsam gegenüber dem Gesetz verweigerte, erschossen würde und daß man seine Familie in die Sklaverei schickte. Was sollte man dann tun? Wenn die Fakten, die ich genannt habe, tatsächlich gegeben sind, wäre die Situation wirklich unerträglich, und es schiene, daß die einzige Hoffnung darin bestünde, sich dem Gesetz konform zu verhalten, während man versucht, den Widerstand zu organisieren. Sollte diese Hoffnung genommen werden, wäre die Situation völlig ausweglos, und jeder allgemeine Rat wäre ebenso überheblich wie gefährlich. An diesem Punkt würde es sich hier nicht mehr um eine Frage von Richtig oder Nicht-Richtig handeln.

Bevor wir dieses Thema abschließen, muß ich einen Punkt noch hervorheben. Nicht jede Gelegenheit, bei der andere gesellschaftliche Regeln verletzen oder unmoralisch handeln, gibt einem das Recht, selbst auch so zu handeln. Daß andere Leute schmuggeln oder sich über Rationierungsvorschriften hinwegsetzen, bedeutet nicht, daß irgend jemand das *Recht* hätte, so zu handeln, folglich auch nicht, daß ich es hätte. Ähnlich verhielte es sich, wenn ich in einer Gesellschaft lebte, in der die Mehrheit gewohnheitsmäßig eine Minderheit verfolgte oder einschüchterte, in der Intoleranz und Bigotterie verbreitet und allgemein gebilligt wären (d. h. verbreitet und gebilligt bei der Mehrheit der Leute oder bei einer in sich geschlossenen und mächtigen Minderheit); das gäbe mir nicht das Recht, auch so zu handeln, und es bedeutete ganz gewiß nicht, daß ich irgendwie dazu verpflichtet wäre. Nur dann, wenn es offenkundig und in gefährlicher Weise unklug wäre, daß ich den Regeln folge, nur wenn mich das in eine gefährliche und mißliche Lage brächte oder großes und vermeidbares Unrecht hervorriefe, wäre es für mich richtig, sie zu brechen.

§ 4

Das bringt uns zu einer weiteren Klasse von Situationen, die wir diskutieren müssen; ich werde sie »Konkurrenz-Situationen« nennen. Das sind Situationen, in denen Vielfalt, Verschiedenheit, Handlungsfreiheit und Konkurrenz statthaft oder sogar wünschenswert sind. Um es anders zu formulieren, es handelt sich hier um Fälle, in denen nicht jeder etwas tun sollte, andererseits aber irgend jemand in dieser bestimmten Weise handeln muß oder sollte oder das Recht dazu hat. Der Grund dafür, daß es nicht jeder tun sollte, kann darin liegen, daß es nicht möglich oder nicht wünschenswert wäre. Für beide Fälle kann kein Zweifel bestehen, daß es Situationen dieser Art gibt und daß es Bereiche und Arten von Handlungen gibt, im Hinblick auf die Verschiedenheit wünschenswert oder sogar notwendig ist und Gleichförmigkeit entweder nicht wünschenswert oder nicht möglich ist. Das kann, wie wir sehen werden, teilweise aus der Art resultieren, wie diese Handlungen beschrieben werden. Die Fälle, die ich gerade erwähnt habe, stehen jedoch nicht, wie es vielleicht aussehen mag, in Widerspruch zum Argument der Verallgemeinerung. Das wird sich am besten zeigen, wenn wir eine Reihe von Beispielen durchgehen.

Ein Beispiel dieser Art, das wir bereits diskutiert haben, war das von Herrn und Frau Jones (vgl. S. 55). Das war, wie wir uns erinnern, ein Fall, in dem jeder das Recht hat, etwas zu tun, das kein anderer tun darf, das Recht nämlich, sexuelle Beziehungen zu einer bestimmten Person zu haben. Diese Situation enthält vielleicht keine Konkurrenz, aber eine Individualisierung. Jedem, der bestimmte Bedingungen erfüllt, wird ein spezifisches Recht zuerkannt, das niemand anders hat, und zwar auf der Grundlage einer generellen Regel; und in Übereinstimmung mit dieser Regel wird jedem ein ähnliches Recht zuerkannt. Wie wir gesehen haben, ist das mit dem Prinzip der Verallgemeinerung und daher auch mit dem Argument der Verallgemeinerung nicht unvereinbar, obgleich diese Tatsache verdunkelt werden kann, wenn die Situation falsch beschrieben wird. Ein ähnlicher Fall ergibt sich im Hinblick auf die Pflicht, seine Kinder aufzuziehen und für sie zu sorgen.

Ein weiteres Beispiel ist der Sieg bei einem Rennen. Es kann nicht jeder gewinnen, und sicherlich wäre es auch nicht wünschenswert, wenn jeder gewinnen könnte. Irgend jemand muß aber gewinnen, sonst hätte es überhaupt keinen Sinn, Rennen zu veranstalten. Hat nun jeder das Recht zu gewinnen? Natürlich hat das jeder, oder zumindest hat jeder, der qualifiziert ist, an dem Rennen teilzunehmen, das Recht, es zu versuchen. Aber derjenige, der gewinnt, verletzt damit nicht – nur dadurch, daß er gewinnt – die Rechte der anderen Teilnehmer. Das täte er nur, wenn er die Regeln des Rennens nicht einhielte, durch die festgelegt ist, wann ein Rennen fair gewonnen wurde. Der Gewinner in einem Rennen wird ermittelt durch das Rennen und die Regeln, nach denen es ausgetragen wird (und natürlich manchmal, wenn es knapp ausgeht oder Zweifel entstehen, durch die Schiedsrichter, die die Regeln überwachen). Ähnliches gilt für jede Art von Wettkampf oder

für jede Sportart, in der es Leistungswettbewerbe gibt, oder wenn es darum geht, wer die Regierung führt oder die Armee kommandiert. Nicht jeder kann regieren oder eine Machtposition innehaben, aber irgend jemand muß es tun. Das heißt keineswegs, daß jeder, der faktisch eine Machtposition innehat, auch das Recht dazu hat oder die Position auf faire Weise erworben hat oder sie in fairer Weise ausübt. Das sind völlig andere Fragen.
Einen Widerspruch zum Prinzip oder Argument der Verallgemeinerung gibt es nun in keinem der eben erwähnten Fälle. Der Grund dafür liegt darin, daß das Argument der Verallgemeinerung im Hinblick auf alle Aktivitäten, die genannt wurden, umkehrbar ist. In einigen Fällen ist es natürlich auch iterierbar. Im Fall eines Rennens zum Beispiel wären die Folgen gleichermaßen nicht wünschenswert, wenn jeder gewinnen würde und wenn niemand gewinnen würde. Das Argument ist daher auf die Durchführung eines Rennens oder das Bemühen, ein Rennen zu gewinnen, nicht anwendbar, mindestens nicht direkt. Es ist jedoch die Grundlage der Regeln, nach denen das Rennen ausgetragen wird, und der Standards, die festlegen, was fairer und was unfairer Wettkampf ist. Daraus ergibt sich klar, daß das Argument der Verallgemeinerung nicht unvereinbar damit ist, daß bestimmte Situationen oder bestimmte Personen als einzigartig behandelt werden oder daß man Personen einen einzigartigen Status einräumt. In einigen Fällen ist das sogar ein Erfordernis für die Anwendung des Arguments. Tatsächlich wird eine Situation gerade durch die Anwendung des Arguments der Verallgemeinerung richtig als eine solche bestimmt, die ich Konkurrenz-Situation genannt habe. Um eine solche Situation handelt es sich nur dann, wenn das Argument im Hinblick auf sie umkehrbar ist oder andernfalls gar nicht anwendbar; in diesem Fall hat man natürlich völlige Freiheit, die Handlung zu tun oder zu lassen, wie man gerade möchte.
Ein weiterer klarer Fall dessen, was ich Konkurrenz-Situation nenne, ist schon weiter oben, im Zusammenhang mit der Bedingungen der Umkehrbarkeit, ausführlich behandelt worden. Ich beziehe mich auf die Produktion von Nahrungsmitteln. Wie schon gesagt, irgend jemand muß Nahrungsmittel produzieren (oder Kleider anfertigen oder Häuser bauen oder Kin-

der haben), obgleich das nicht jeder tun sollte. In Fällen wie diesen kann sich das Gesetz der Arbeitsteilung gemäß Fähigkeiten, Interessen und Gelegenheit frei entfalten, wie es das in unserer Gesellschaft normalerweise ja auch tut. Das heißt nicht, daß es immer fair funktioniert oder zum allgemeinen Wohl oder effektiv. Das ist sicher nicht so. Und es besteht immer die Gefahr, daß entweder zu viele Leute oder zu wenige einen Beruf ergreifen oder in einem bestimmten Bereich beschäftigt sind.[12]

In solchen Fällen muß die Gesellschaft bestimmte Anreize bieten, entweder diesen Beruf zu ergreifen oder einen anderen zu wählen. Wenn die Situation sehr bedenklich wird, wie es etwa in Kriegszeiten sein kann, müssen Gesetze erlassen werden, um Leuten zu befehlen, daß sie bestimmte Dienste leisten oder in ihren Berufen verbleiben. Wenn es sich nämlich um einen sehr unangenehmen Beruf handelt, werden die normalen Anreize möglicherweise nicht ausreichen.

Die Fälle, von denen ich gerade gesprochen habe, unterscheiden sich von denen, die vorher behandelt wurden, dadurch, daß es in den zuletzt diskutierten sicherlich nicht ausreicht, wenn nur eine Person die jeweilige Tätigkeit ausübt. Vielmehr ist eine bestimmte Anzahl erforderlich, und zwar eine Anzahl, die ausreicht, um die gesellschaftlichen Bedürfnisse zu befriedigen. Diese Zahl hängt natürlich von den gesellschaftlichen Bedingungen und Bedürfnissen und dem technologischen Wandel ab und kann daher wohl kaum jemals exakt angegeben werden. Das sind aber keine prinzipiellen Unterschiede.

In allen Konkurrenz-Situationen muß es notwendig bestimmte Standards der Fairneß geben, die die Grenze zwischen fairem und unfairem Wettbewerb bestimmen. Nur innerhalb bestimmter Grenzen sind verschiedene Interessen, unterschiedliche Funktionen, Handlungsfreiheit und Wettbewerb zwischen Individuen nützlich und wünschenswert. Im Wettbewerb und der daraus folgenden Handlungsfreiheit liegt nicht per se eine Verletzung der Rechte anderer. Das ist nur dann so, wenn

12 Einen ziemlich amüsanten Kommentar dazu bietet die folgende Passage: »Es ist gut, daß es von uns Chartisten nicht mehr gibt. Wenn zu viele Leute auf diese Weise vorgingen, würden sie durch ihre Operationen die Börsenwerte beeinflussen und somit ihre eigenen Ziele vereiteln. Die Methode würde sich selbst ad absurdum führen. (Aus einem Artikel von John Brooks im *New Yorker*, Bd. XXXII, Nr. 18, 23. Juni 1956, S. 46).

der Wettbewerb die Regeln oder Standards der Fairneß verletzt, denen die Aktivitäten unterstehen. Ein Anwalt, der einen Fall gewinnt, oder ein Kaufmann, der einen Kaufvertrag abschließt, hat damit nicht die Rechte des gegnerischen Anwalts oder des konkurrierenden Kaufmanns verletzt; er hätte es gleichwohl getan, wenn er etwa die Geschworenen bestochen oder das Produkt des Konkurrenten falsch beschrieben hätte. Diese Regeln der Fairneß, wie ich sie genannt habe, sind jedoch im allgemeinen lokal begrenzte Regeln. Folglich können sie, obgleich es zunächst eine Präsumption zu ihren Gunsten gibt, selbst ungerecht sein. Viele tatsächlich geltende Regeln resultieren aus bestimmten Gebräuchen oder aus dem Einfluß einer herrschenden Klasse und würden einer Reflexion schwerlich standhalten. Im Fall von Konkurrenz-Situationen können also zwei Fragen entstehen: einmal die Frage, ob die Aktivität bestimmten Regeln entspricht oder bestimmte Standards erreicht, und darüber hinaus die Frage, ob diese Regeln und Standards selbst gerechtfertigt werden können. Fragen dieser Art werden täglich von Gerichtshöfen und Verwaltungsinstanzen entschieden; und manchmal können diese beiden Fragen natürlich gar nicht voneinander getrennt werden. Manchmal stellt sich nämlich das Problem, eine Regel zu formulieren und zu begründen, die zuvor nicht anerkannt oder bekannt war. Und manchmal geht es bei der Bestimmung dieser Fragen um sehr schwierige Entscheidungen. Dann handelt es sich nämlich darum, eine Grenze zwischen konkurrierenden Aktivitäten und konkurrierenden Rechtsansprüchen zu ziehen, und es ist nicht immer klar, wo diese Grenze liegt.

Wenn das, was ich über Konkurrenz-Situationen gesagt habe, gültig ist, dann folgt daraus, daß es für das Argument der Verallgemeinerung im Zusammenhang mit solchen Situationen zwei verschiedene und gleich wichtige Anwendungsmöglichkeiten gibt. Zunächst liefert es das Kriterium für die Entscheidung, ob in einer Situation oder bei einer Aktivität, bei der faktisch Konkurrenz vorliegt, diese Konkurrenz rechtmäßig ist; und es ist nicht offenkundig, daß eine verständige Anwendung des Arguments jede soziale oder ökonomische Struktur rechtfertigen würde. Zweitens kann es dazu benutzt werden, die Grenzen fairen Wettbewerbs festzulegen oder zu bestimmen, ob die Standards, nach denen sich eine bestimmte

Aktivität vollzieht, selbst zu rechtfertigen sind. Ich nehme an, daß der erste Punkt bereits ausreichend begründet ist; denn der Begriff der Konkurrenz-Situation ist ja tatsächlich mit Bezug auf das Argument der Verallgemeinerung und die Bedingung der Umkehrbarkeit definiert worden. Der zweite Punkt kann nur begründet werden, indem man zeigt, daß das Argument so benützt werden kann, und das werde ich zeigen, indem ich ein konkretes Beispiel für seinen Gebrauch zu diesem Zweck darstelle. (Das ist aber nicht das erste Beispiel dieser Art; vgl. S. 147-149).

Das Beispiel, das ich anführen werde, ist einem richterlichen Urteil entnommen, und zwar dem von Richter Jackson im Fall Douglas gegen Jeannette (319 U.S. 157), das lediglich im Hinblick auf die Verfahrensfragen mit anderen Urteilen konform ging. Es weicht jedoch im Hinblick auf eine ganze Serie ähnlicher Fälle ab, die zur gleichen Zeit entschieden wurden (darunter auch Murdock gegen Pennsylvania, Martin gegen Struthers und, darin impliziert, Jones gegen Opelika).[13] Im Hinblick auf die wesentlichen Rechtsfragen muß es als abweichendes Urteil angesehen werden.

Die Fakten und Streitpunkte, die in diesen im Grunde sehr ähnlichen Fällen angeführt wurden, sind, wie man wohl erwarten darf, mit Recht zur Geltung gebracht worden, und wir kämen zu weit vom Thema ab, wenn wir sie hier im Detail nennen würden. Sie sind im Urteil von Richter Jackson vollständig und sorgfältig aufgeführt und sogar vollständiger und klarer als in irgendeinem der vielen anderen Urteile, die in dieser Serie von Fällen behandelt wurden. Ein kurzer Hinweis auf die Fakten ist jedoch notwendig. In allen diesen Fällen geht es um die Bekehrungsversuche der Zeugen Jehovas, die mit städtischen Verordnungen in Konflikt gerieten, die man anwandte, um diese Aktivitäten einzuschränken. Im Fall Murdock verlangte die Verordnung der Stadt Jeannette eine Lizenzgebühr von allen Leuten, die für irgendwelche Artikel oder Waren werben oder um Aufträge bitten; im Fall Struthers erklärte die Verordnung, es sei »für jeden, der Handzettel oder Listen oder Werbeprospekte verteilt, verboten,

13 319 U.S. (Supreme Court Reports) 105, 319 U. S. 141 und 319 U.S. 103. Dieser letzte Fall wurde 1942 entschieden; die Entscheidung wurde am 3. Mai 1943 revidiert, als die anderen Fälle entschieden waren.

an der Tür zu klingeln oder zu klopfen oder die Bewohner eines Hauses auf irgendeine andere Weise an die Tür zu rufen, um ihnen die Handzettel auszuhändigen.
In allen Fällen gab es organisierte Aktivitäten von Mitgliedern der Sekte – in einem Fall ging es um mehr als 100 Beteiligte –, die diese Verordnungen ganz klar verletzten, und es ging dann so aus, daß diese Verordnungen vom Obersten Gerichtshof der Vereinigten Staaten für verfassungswidrig erklärt wurden (obgleich nicht ganz klar ist, ob sie als solche außer Kraft gesetzt wurden oder nur hinsichtlich ihrer Anwendung auf etwas, das »religiöse Betätigung« genannt wurde). Man sollte vielleicht erwähnen, daß der Gerichtshof über diese Fälle mit einem Stimmenverhältnis von fünf zu vier entschied.
Das ist nur ein Gerüst von Fakten. Der Bericht ist jedoch für jeden zugänglich, der weiter nachforschen möchte. Mein Hauptinteresse gilt hier nicht diesen Fällen oder ihrem Ausgang, sondern bestimmten Punkten in dem abweichenden Urteil von Richter Jackson. Richter Jackson macht ganz deutlich, daß es in diesen Fällen um konkurrierende Rechtsansprüche geht. Er spricht von dem Problem der »lokalen Behörden, wenn das Recht zu missionieren auf das trifft, was viele Leute für ihr Recht halten, in Ruhe gelassen zu werden« (S. 166), und von den Problemen, »die widerstreitenden Rechtsansprüche in den ähnlich gelagerten Fällen, die heute entschieden wurden«, abzuwägen (S. 167); und er sagt: »Zweifellos gibt es verwandte Geister, die diese Rufer willkommen heißen, aber hier geht es um die Frage, welches die Rechte derer sind, die das nicht tun, und was das Recht der Gemeinschaft ist, sie in der Ausübung ihres eigenen Glaubens an Ruhe zu schützen« (S. 177). Er fährt fort:

Unserem unterschiedlichen Urteil kann man fairerweise nicht den Anstrich geben, es handle sich um eine unterschiedliche Beurteilung der Frage, ob die verfassungsmäßigen Rechte der Zeugen Jehovas, soweit sie Rechte sind, geschützt werden sollten. Diese Zeugen haben wie alle anderen umfassende Rechte, ihren Glauben zu verkünden und zu verbreiten. Diese implizieren natürlich das Recht, die Römisch-Katholische Kirche oder irgendeine andere Religionsgemeinschaft anzugreifen und zu kritisieren. Diese Rechte sollten in dem Maße eingeräumt werden, in dem für eine geordnete Gemeinschaft religiöse Auseinandersetzung tragbar ist. Hier geht es aber vielmehr um die Frage, wo ihre Rechte aufhören und die Rechte anderer anfangen. Die eigentliche Aufgabe, das Ausmaß ihrer Rechte in Übereinstimmung mit den Rechten anderer festzulegen, wird nicht durch die Kundgabe von Allgemeinheiten gelöst, über die keine Meinungsverschiedenheit besteht (S. 178-9).

Nach dieser Einleitung sollte die darauf folgende Anwendung des Arguments der Verallgemeinerung eigentlich keiner weiteren Erklärung mehr bedürfen:

Ob der Gerichtshof zwischen diesen Rechten ein ausgewogenes Verhältnis hergestellt hat, würde der gemeine Menschenverstand anhand der Frage prüfen, *was wohl dabei herauskäme, wenn das Recht, das man diesen Zeugen Jehovas einräumt, von allen Sekten und Konfessionen wahrgenommen würde.* Wenn in den Vereinigten Staaten jede mit anderen wetteifernde Sekte mit denselben Methoden hinter dem Haushaltsvorstand her wäre, so wäre das, sollte man meinen, ein unerträglicher Zustand. Wenn in einer Gemeinschaft eine Minderheit einen derartigen Druck ausüben kann, was kann dann eine Mehrheit, die sich derselben Methoden bedient, den Individuen und Minderheiten alles antun? Können wir einer Sekte ein Privileg erteilen, das wir nicht zugleich allen erteilen können, lediglich in der Hoffnung, daß die meisten es gar nicht in Anspruch nehmen werden? Religiöse Freiheit kommt auf die Dauer nicht dadurch zustande, daß man jeder Sekte erlaubt, sich selbst ihre Grenzen festzulegen, sondern dadurch, daß eine neutrale Autorität diese Grenzen ganz nüchtern im Hinblick darauf bestimmt, daß das möglichst weitgehende Freiheitsrecht, andere Leute zu bekehren, vereinbar ist mit dem Freiheitsrecht derer, die diesem Bekehrungseifer ausgesetzt sind.
Es ist ein fragwürdiger Gebrauch, den man von seiner religiösen Freiheit macht, wenn man als Fremder jemanden in seinem Heim aufsucht, ihn an die Tür klingelt und ihn in die Situation versetzt, entweder seine Religion verteidigen oder jemanden abwimmeln zu müssen, von dem man nicht weiß, wie er darauf reagiert.[14]

Nun betrachte ich diese Anwendung des Arguments nicht nur als paradigmatisch, sondern auch als unwiderlegbar. Sie ist weder umkehrbar noch beliebig wiederholbar, und wenn man die vorliegenden Tatsachen kennt, dann ist die etwas elliptische Form, in der es vorgetragen wird, durchaus verständlich. Es lohnt sich anzumerken, daß es im Unterschied zu anderen Gesichtspunkten, die Richter Jackson angeführt hatte, in den verschiedenen Entgegnungen unwidersprochen blieb, ja, daß man nicht einmal darauf einging. Und daß es zur Begründung einer Auffassung vorgetragen wurde, die von der allgemeinen

14 319 U.S. 157 auf 180 und 181 (Hervorhebung von mir).

abwich und ohne Einfluß auf die Gesetzgebung des Landes blieb, scheint mir völlig unwichtig zu sein.
Aber ich möchte damit nicht sagen, daß ein derartiges Argument *für sich genommen* dazu benutzt werden kann, solche Streitfragen angemessen zu entscheiden. Diese Fragen sind zu kompliziert, als daß man sie auf so einfache Weise lösen könnte. Es ist etwa zu beachten, daß man im vorliegenden Fall, bevor man das Argument überhaupt anwenden konnte, zunächst einmal das Problem formulieren mußte, um das es ging: wie man zwischen konkurrierenden Rechten ein Gleichgewicht herstellen kann oder wie man grundsätzlich erlaubten Tätigkeiten eine Grenze setzt. Dies machte die ziemlich langatmige Beschreibung eines komplizierten Sachzusammenhangs erforderlich, denn es war nötig, den Charakter der zur Diskussion stehenden Tätigkeit zu bestimmen, ebenso wie den Charakter der Tätigkeiten und Interessen, mit denen sie in Konflikt geriet. Wenn man seine Auffassung möglichst gegen allen Einspruch absichern will, muß man – wenn das auch allein nicht immer ausreicht – anderen Argumenten Rechnung tragen, welche die entgegengesetzte Auffasung unterstützen, und das hat tatsächlich der Auffassung, die ich gerade behandelt habe, ziemlich Abbruch getan.
Diese Einschränkungen und Vorbehalte entkräften jedoch das Argument nicht. Aus der Tatsache, daß die Anwendung des Arguments der Verallgemeinerung nicht *vollständig* hinreicht, folgt nicht, daß es überhaupt hinreicht. Es folgt daraus nur, was wir schon vorher wußten, daß nämlich seine Anwendung nicht durch sich selbst gerechtfertigt oder notwendig schlüssig ist. Doch sollte kein Zweifel darüber bestehen, daß es sich im vorliegenden Fall um ein Beispiel dafür gehandelt hat, was ich eine Konkurrenz-Situation genannte habe. Denn in bezug auf eine Tätigkeit, die man nur als »Bekehrungsversuch« beschreibt oder als »Versuch, andere Leute für die Verhaltensformen und Grundsätze seiner eigenen Religion zu gewinnen«, ist das Argument entweder umkehrbar oder überhaupt nicht anwendbar. Was im vorliegenden Fall nötig war, war also eine adäquatere Beschreibung, d. h. eine relevantere Spezifikation der zur Diskussion stehenden Tätigkeit. Damit werden also nur einige Aspekte unterstrichen, die schon zuvor hervorgehoben wurden.

§ 5

Wir haben Situationen des Naturzustands und Konkurrenz-Situationen in Betracht gezogen. Jetzt wollen wir die Institution der Strafe behandeln. Dieses Problem weist Parallelen zu den beiden vorigen Fragen auf. Es gibt uns einen interessanten Testfall an die Hand.

Strafe kann natürlich viele Formen annehmen und in verschiedenen Graden Menschen auferlegt werden. Solche Details sind aber nicht wichtig für uns. Wenn man jemanden straft, so fügt man ihm wegen eines Verbrechens, eines Vergehens oder eines Deliktes irgendeinen Schmerz oder ein Übel oder Leid oder eine Unannehmlichkeit zu. Ganz allgemein und formal ausgedrückt: Man beraubt jemanden seines Lebens, seiner Freiheit oder seines Eigentums. Wie kann man das mit unseren Prinzipien rechtfertigen?

Nach dem Prinzip der Verallgemeinerung sollte – oder zumindest scheint es so – niemand auf eine bestimmte Weise handeln oder behandelt werden, wenn nicht jeder so handeln oder behandelt werden sollte. Aber wie kann man dann eine Rechtfertigung für Strafe geben? Denn sicherlich sollte nicht jeder bestraft werden.

Dieses Dilemma, wenn es überhaupt eines ist, beruht auf einer simplen Fehlinterpretation des Prinzips der Verallgemeinerung. Es stimmt, daß nicht jeder bestraft werden sollte. Aber daraus folgt nicht, daß niemand bestraft werden sollte, sondern nur, daß niemand *ohne einen Grund* bestraft werden sollte. (Hier kann natürlich nicht von einem *Recht* darauf, bestraft zu werden, die Rede sein.) Wir sagen »Der und der *sollte* bestraft *werden*«, und wenn irgend jemand hier ein Recht hat, dann ist es die Gemeinschaft oder diejenigen, welche die öffentliche Gewalt ausüben. Es ist dann und nur dann richtig, daß A bestraft wird, wenn es für jede andere Person mit ähnlichen individuellen Voraussetzungen und unter ähnlichen Umständen richtig wäre. Mit anderen Worten, wenn A bestraft werden sollte, dann sollte nicht jeder, sondern jeder mit ähnlichen individuellen Voraussetzungen und unter ähnlichen Umständen auf dieselbe Weise bestraft werden. Es ist wesentlich, daß man sich auf einen Grund bezieht, wenn man die Bedingungen für Ähnlichkeiten angibt. So geht es um die Frage,

warum sollte A bestraft werden? Wenn der Grund dafür ist, daß er etwas Unrechtes getan oder eine Regel gebrochen hat, dann sollte jeder, der dasselbe getan hat, bestraft werden, und wenn das nicht so ist, dann ist es nicht richtig, A aus diesem Grunde zu bestrafen. Im allgemeinen impliziert »A sollte bestraft werden, weil er x getan hat«, »Jeder, der x tut, sollte dieselbe Strafe erhalten«, wenn es keinen weiteren relevanten Unterschied in der Vorgeschichte oder den Eigenschaften der betreffenden Personen gibt oder in dem Kontext, in dem sie handeln. (Es könnte z. B. einer schon mehrmals vorbestraft sein, was in seinem Fall eine härtere Strafe rechtfertigen würde.) Dies ist die wesentliche Voraussetzung für Fairneß.
Ob der in einem Einzelfall angeführte Grund tatsächlich die Strafe rechtfertigt, wird durch das Argument der Verallgemeinerung entschieden. Wenn es stimmt, daß die Folgen keineswegs nicht wünschenswert wären, wenn jeder, der das und das Delikt begangen hat, dafür bestraft würde, und zugleich die Folgen nicht wünschenswert wären, wenn niemand, der das getan hat, bestraft werden würde, dann sollte jeder, der das und das Delikt begangen hat, bestraft werden. Es ist darauf hinzuweisen, daß diese Formulierung die Möglichkeit mildernder Umstände offenläßt. Ebenso ist darauf hinzuweisen, daß hier die Bedingung eingeschränkter Allgemeinheit zur Geltung kommt: Nicht jeder befindet sich im Anwendungsbereich des Arguments.
Warum ist Strafe überhaupt nötig? Viele haben daran zu zweifeln begonnen, ob die Strafe irgendeine der Wirkungen hervorbringe, wie etwa Abschreckung oder Besserung, die man ihr zugeschrieben hat. Vielleicht sollte – weil Verbrecher in Wirklichkeit eher krank als böse sind – die Strafe durch eine andere Einrichtung ersetzt werden, die angeblich humaner ist, wie z. B. eine Behandlung, oder durch den Versuch, die Betreffenden zu heilen? Dafür gibt es in spezifischen Fällen zweifellos Argumente. Vielleicht haben gewisse Arten der Strafe in bestimmten Fällen nicht die abschreckende oder bessernde Wirkung, die man von ihnen erwartet. Aber als allgemeiner Grundsatz ist dieser Gedanke absurd. Was würde passieren, wenn niemand jemals für unrechte oder ungesetzliche Handlungen bestraft würde, wenn jeder straflos tun dürfte, wozu er gerade Lust hat. Es ist wohl offenkundig, daß dies

verheerend wäre und niemand das als wünschenswert ansehen könnte. Denn wir befänden uns dann in einem Naturzustand, und das wäre unerträglich. Dies sagt jedoch überhaupt nichts über die Gerechtigkeit, Notwendigkeit oder Wirksamkeit dieser oder jener Art von Strafe oder der tatsächlich geltenden Regeln, noch über die Zwecke oder Ziele der Strafe aus. Dies sind alles Detailfragen, Fragen, in denen bestimmte Tatsachen ebenso eine Rolle spielen wie Fragen der Moral und die gesondert behandelt werden müssen. Insbesondere ist damit nichts über die moralische Berechtigung der Todesstrafe gesagt.

Außerdem kann auch nicht jeder einzelne Fall oder jede Art der Strafe gerechtfertigt werden, wie man auf demselben Weg der Argumentation zeigen kann. Wenn die Folgen davon nicht wünschenswert wären, daß jeder, der eine solche Tat begangen hat, auf diese Weise behandelt würde, dann sollte niemand, ohne daß dies besonders gerechtfertigt wird, so behandelt werden. Dies zeigt, warum niemand für etwas bestraft werden sollte, das er nicht getan hat. Jemand kann mit Recht nur für das bestraft werden, was er getan hat, obwohl er es nicht hätte tun sollen. Denn ohne diese einschränkende Bedingung könnte jeder aus jedem beliebigen Grund bestraft werden, und wir befänden uns wieder in einer Situation des Naturzustandes. Diese Situation käme einer Situation gleich, in der jeder das Recht hätte, alles zu tun, was ihm gerade gefällt, und zwar mit jedem oder jedem gegenüber, der ihm gerade einfällt, und das ist in sich widersprüchlich. So ist es z. B. nicht richtig, daß irgend jemand aufgrund eines launischen Einfalls bestraft wird oder weil er unbeliebt oder unpopulär ist oder weil er unpopuläre Meinungen vertritt.

Kann jemand wollen, bestraft zu werden? Könnte es jemand als wünschenswert erscheinen, daß er bestraft wird? Das ist zweifellos möglich, aber es ist unwahrscheinlich, daß das häufig vorkommt. Es ist auf jeden Fall irrelevant. Die vorangehenden Argumente haben gezeigt, daß Strafe gemäß einem System von Regeln erteilt werden muß und nicht von den Wünschen eines besonderen Individuums abhängen darf. Man kann es als wünschenswert ansehen, daß jeder, der ein Delikt von der und der Art begeht, bestraft wird (daß ihm bestimmte Rechte aberkannt werden); und wir nehmen an, daß es nicht wünschenswert wäre, wenn niemand, der ein solches Delikt begeht, dafür bestraft würde. Jemand, der ein solches Delikt begangen hat und dafür bestraft wird, kann das nicht aus diesem Grund leugnen. Er kann die Gerechtigkeit *seiner* Strafe in Frage stellen, er kann leugnen, daß er dieses Delikt begangen hat, ebenso wie er wünschen und auch versuchen kann, eine Enthüllung seines Delikts zu vermeiden. Aber damit leugnet er nicht die Notwendigkeit oder Gerechtigkeit der *Strafe*.

§ 6

Dieses Kapitel läßt sich passend durch einige exemplarische Anwendungsfälle des Arguments der Verallgemeinerung abschließen, wodurch bereits diskutierte Punkte weiter veranschaulicht und einige weitere Probleme ausgeräumt werden sollen, die noch nicht diskutiert wurden. Zu diesem Zweck werde ich zwei Beispiele herausgreifen, die ich im folgenden kommentieren werde.

1. Die Frage »Was würde geschehen, wenn niemand wählen würde?« ist verschiedene Male als ein Beispiel für das Argument der Verallgemeinerung verwendet worden. Ich werde es daher als bewiesen voraussetzen, daß aus dem Argument als allgemeine Regel abgeleitet werden kann, jeder sollte wählen oder jeder, der das Recht hat zu wählen, sollte dieses Recht ausüben. Aber nehmen wir nun an, man stellt die Frage, »was würde geschehen, wenn jeder Ihre Partei (oder Ihren Kandidaten) wählen würde?« Eine Folge wäre wahrscheinlich die, daß das »Zweiparteiensystem« zusammenbrechen würde und eine Partei übrigbliebe, die durch keine effektive Opposition oder keine effektive Kritik mehr kontrolliert würde. Angenommen, das wäre nicht gut, wie das doch sehr wahrscheinlich ist, folgt dann daraus, daß es moralisch nicht richtig wäre, für die betreffende Partei (den betreffenden Kandidaten) zu stimmen?

Es sollte klar sein, daß das nicht daraus folgt; daß das Argument der Verallgemeinerung keineswegs zu dieser Konsequenz führt und es sich, was sonst der Fall wäre, hier auch nicht um ein echtes Gegenbeispiel handelt. Erstens ist dieses Argument beliebig wiederholbar: wenn es in Anbetracht dessen, was geschehen würde, wenn jeder das täte, nicht richtig ist, diese Partei zu wählen, dann wäre es im Hinblick darauf, was passieren würde, wenn jeder das täte, nicht richtig, jene Partei zu wählen, und aus genau demselben Grund wäre es nicht richtig, eine andere Partei zu wählen. Daraus folgt, daß es nicht richtig wäre, überhaupt eine Partei zu wählen, und das impliziert, daß es nicht richtig wäre, zu wählen. Aber das widerspricht dem Schluß, daß jeder wählen sollte, und folglich ist das Argument umkehrbar. Und man kann nachweisen, daß es unabhängig davon, daß es beliebig wiederholbar, auch umkehrbar ist und sich grundsätzlich von dem Fall unterscheidet, in dem es darum geht, einfach nicht zu wählen. Denn die Folgen davon, daß niemand X wählt, wären fast ebensowenig wünschenswert wie die Folgen davon, daß jeder X wählt.

Die Frage, ob man den und den Kandidaten wählen sollte, ist also, im Unterschied zu der Frage, ob man überhaupt wählen sollte, nicht eine Frage, die durch die Anwendung des Arguments der Verallgemeinerung gelöst werden kann. Es handelt sich hier um eine echte Konkurrenz-Situation, und jeder sollte so wählen, wie es ihm richtig erscheint, und jeder sollte den Kandidaten oder die Partei, die seine politischen Überzeugungen am meisten repräsentieren, wählen. Das heißt nicht, moralische Gesichtspunkte spielten bei der Frage, wie man wählen sollte, keine Rolle. Es heißt nur, daß diese Frage nicht schon *per se* eine moralische Frage ist. Weder ist damit gesagt, es komme nicht darauf an, wie man wählt, noch, es sei nicht richtig, wenn man versucht, einen anderen zur Änderung seines Votums zu bewegen.

Wie für andere Regeln gibt es auch für die eben eingeführte Regel Ausnahmen. In bestimmten Fällen könnte man argumentieren, es wäre keineswegs nicht wünschenswert, wenn jeder einen bestimmten Kandidaten wählen würde, mit der Begründung, daß den konkurrierenden Parteien eine Absage erteilt werden sollte. Aber solche Fälle müssen Ausnahmen bleiben; sonst befänden wir uns dauernd in einer Situation des Naturzustands.

Wie es Ausnahmen von der eben genannten Regel gibt, so gibt es auch Ausnahmen von der Regel, jeder sollte wählen, und es lassen sich eine ganze Reihe von Faktoren anführen, die es rechtfertigen würden, daß man seine Stimme nicht abgibt. Außerdem wird das Gewicht der Regel und folglich auch das

Gegengewicht dieser Faktoren von der Bedeutung der Wahl abhängen. Aber es ist vielleicht erwähnenswert, daß jemand seine Weigerung zu wählen auch dadurch rechtfertigen kann, daß er damit seinen Protest gegen die Art der angesetzten Wahlen demonstrieren will. Das ist eine positive Verweigerung der Stimmabgabe, und sie ist grundlegend verschieden von dem gerade »keine Lust haben zu wählen«. Letzteres ist in keinem Fall eine Rechtfertigung. Aber ich finde es nicht notwendig, noch auf weitere Schwierigkeiten dieses äußerst komplexen Themas einzugehen. Ich hatte nicht die Absicht, dem Arsenal politischer Strategen weitere Munition zu liefern, sondern eine Schwierigkeit hinsichtlich des Arguments der Verallgemeinerung auszuräumen.

2. Wir wollen nun die Frage des Militärdienstes erörtern. Hier handelt es sich um ein weiteres Beispiel, das bereits verwendet wurde, und ich möchte es nun in einer etwas komplizierteren Version untersuchen. Daß man hier den Geltungsbereich strikt auf einen bestimmten Personenkreis einschränkt, ist bei diesem Anwendungsfall des Arguments zunächst einmal das wichtigste. Wenn jeder den Militärdienst verweigern würde, würden wir den Krieg verlieren, oder, angenommen es ist gerade kein Krieg, damit einen Angriff herausfordern, der verheerende Folgen hätte. Aber wenn jeder in den Streitkräften dienen würde, gäbe es niemanden mehr, der die Versorgung im Land aufrechterhält und die anderen Arbeiten verrichtet, die für die Unterhaltung der Streitkräfte wesentlich sind. Daraus folgt, daß nicht jeder in die Streitkräfte eintreten sollte; und ob man eintreten sollte oder nicht, hängt jeweils vom Alter oder der physischen Kondition ab, sowie von den anderen Funktionen, die man in der Gesellschaft ausübt oder auszuüben in der Lage ist. Die Festlegung dieser Grenzen wird wiederum von den jeweiligen Zeitumständen und den entsprechenden Bedürfnissen abhängen, sowie davon, wie komplex oder flexibel die jeweilige Gesellschaftsordnung ist. Aber ich setze natürlich voraus, daß die Gesellschaft es wert ist, verteidigt zu werden, und daß sie zerstört werden würde, wenn man sie nicht verteidigen würde. Es ist also evident, daß die Frage, »was würde geschehen, wenn jeder den Kriegsdienst verweigern würde«, auf die Personen eingeschränkt werden muß, die für den Kriegsdienst das angemessene Alter haben,

körperlich dazu in der Lage sind und nicht eine wesentliche und unersetzbare Funktion in der Gemeinschaft ausüben. Wenn es ein Gesetz gibt, das den allgemeinen Kriegsdienst zur Pflicht macht, dann werden diese Grenzen durch das Gesetz festgelegt sein, und man hat damit ein zusätzliches und genaueres Kriterium, um zu bestimmen, wann sich jemand auf Kosten anderer einen Vorteil herausnimmt.[15] Aber es ist nicht immer ein solches Gesetz vorhanden, und die Frage, mit der ich mich hier befasse, ist wohl auf jede Situation anwendbar, in der man für eine wichtige gesellschaftliche Aufgabe Freiwillige braucht.

Soweit diese Vorbemerkungen. Nehmen wir nun einmal an, jemand rechtfertigt seine Verweigerung des Militärdienstes mit dem Argument, daß es überhaupt keine Kriege mehr gäbe und somit keine Notwendigkeit, den Militärdienst zu leisten, wenn niemand mehr in *irgendwelche* Armeen eintreten und auf beiden Seiten jeder sich weigern würde, in den Krieg zu ziehen. Diese Art der Verteidigung ist keineswegs ungebräuchlich, und man hört sie tatsächlich sehr oft; sie wird in der Praxis häufig herangezogen und folglich von der Theorie reflektiert.[16] Aber darum wird sie nicht besser. Sie ist nicht stichhaltig, und zwar aus dem Grund, weil sie die Tatsache übersieht, daß die Situation, in der man Streitkräfte (ebenso wie Polizeieinheiten) benötigt, einer Situation des Naturzustandes nahekommt, wenn sie auch nicht in allen Aspekten der Beschrei-

15 Die Formulierung und die Anwendung eines solchen Gesetzes haben ihre eigenen Schwierigkeiten, für die das Argument der Verallgemeinerung nicht ganz irrelevant ist. Man vergleiche dazu die folgenden Überlegungen von Hanson W. Baldwin in der *New York Times* (23. Februar 1951): Ein weiterer Aspekt des Gesetzes zur allgemeinen Wehrpflicht, das gerade in Vorbereitung ist, hat bei vielen Wissenschaftlern und Pädagogen erhebliche Bedenken hervorgerufen. Diese Beobachter befürchten, daß der Gedanke der allgemeinen Wehrpflicht, der dieser Akte zugrunde liegt, letztlich zum Schaden der Stärke der Nation in einer zu kurzsichtigen Weise angewandt werden könnte. Die Ausbildung von Wissenschaftlern . . . würde unterbrochen oder ihre Anzahl würde unter der vorliegenden Gesetzgebung drastisch reduziert. Die höheren Bildungswege würden generell darunter leiden. Das Problem ist nicht einfach zu lösen, denn es ist klar, daß jede Gruppe oder jede Art von Spezialisten glaubt, ihre Arbeit sei für die Gemeinschaft von höchster Bedeutung und sie sollte daher durch die Erfordernisse der nationalen Sicherheit nicht unterbrochen werden. Aber wenn man allen nachgeben würde, gäbe es gar keine Soldaten mehr, und wenn man einige einberufen muß, wäre es offenkundig fairer, alle einzuberufen.

16 Ein gutes Beispiel für diesen Irrtum findet man bei C. D. Broad, *On the Function of false Hypotheses in Ethics*, in: *The International Journal of Ethics*, Bd. XXVI, April 1916, S. 390-1.

bung, die ich davon gegeben habe, entspricht. Wenn es eben nicht so wäre, daß andere Leute in anderen Ländern in die Streitkräfte ihres Landes eingetreten sind und das Land von einem anderen angegriffen oder mit einem Angriff bedroht wird, dann würde sich die Frage gar nicht stellen, ob man den Militärdienst leisten sollte oder berechtigt ist, ihn zu verweigern. Mit anderen Worten, die Frage stellt sich, weil ein Bedürfnis besteht, und würde ohne dieses gar nicht erhoben werden. Auch wenn es stimmt, daß es gewiß keine Kriege mehr gäbe, wenn jeder sich weigern würde, in den Krieg zu ziehen, so ändert das doch nichts an der Tatsache, daß nicht jeder in der Welt sich weigern wird, in den Krieg zu ziehen, und aus diesem Grund braucht man Leute, die ihr Land verteidigen. (Ebenso bestünde keinerlei Bedürfnis danach, Täuschungsmanöver oder andere Schutzmaßnahmen anzuwenden, wenn jeder sich moralisch verhalten würde und immer das täte, was er tun sollte, vielleicht bräuchte man dann keine Polizei oder keine Regierung, und vielleicht gäbe es dann gar keine moralischen Probleme, oder zumindest nicht in dem Maße, wie das jetzt der Fall ist. Aber damit würde man voraussetzen, daß Menschen Engel sind). Die Gewißheit, daß andere in feindlichen Ländern in einer bestimmten Weise handeln werden, ist es, die diese Anwendung des Arguments der Verallgemeinerung erforderlich macht, und es wäre sicher merkwürdig, wenn sie zu einer anderen Lösung führen würde. Es stimmt natürlich, daß die Frage sich auch nicht stellen würde, wenn man mit einer ausreichenden Zahl von Freiwilligen rechnen könnte, für die entweder Abenteuerlust und die Aussicht auf das Militärleben den Anreiz gibt, sich zu melden, oder die durch gute Bezahlung sowie andere Vergünstigungen dazu bewogen wurden – und nicht durch das Gefühl, dazu verpflichtet zu sein. Aber wir gehen von der Voraussetzung aus, daß dies nicht zutrifft, da es ja auch tatsächlich nicht so ist. Denn wir nehmen an, daß sich die Frage stellt.

Die Frage: »Was würde geschehen, wenn jeder den Militärdienst verweigern würde?« muß daher mit einer weiteren Einschränkung verstanden werden. Sie muß nicht nur auf jene eingeschränkt werden, die das angemessene Alter zum Militärdienst haben und körperlich dazu in der Lage sind usw., sondern auch auf jene, die Bürger oder Bewohner des jeweiligen Landes sind. Daher liegt ein weiterer Mangel der Art von Verteidigung, die wir eben überprüft haben, darin, daß sie über den Rahmen des ursprünglichen Arguments hinausgeht. Folglich ist sie irrelevant. Um es anders zu formulieren: Sie verletzt die Bedingung eingeschränkter Allgemeinheit.

Daß andere Personen in anderen Ländern aller Wahrscheinlichkeit nach in ihre Streitkräfte eintreten werden, ist für die Beurteilung der Situation ein relevanter Gesichtspunkt. Aber daß andere Mitbürger aller Wahrscheinlichkeit nach in die Streitkräfte des eigenen Landes eintreten werden, ist kein relevanter Gesichtspunkt und ist keine Rechtfertigung dafür, den Militärdienst zu verweigern. Denn wenn das für mich eine Rechtfertigung wäre, den Militärdienst zu verweigern, wäre es für jeden anderen in meiner Situation eine Rechtfertigung, und das ist in sich widersprüchlich. Ebensowenig ist es eine Rechtfertigung, daß *meine* Verweigerung des Militärdienstes keine so schlimmen Folgen hätte, daß es nicht dazu führen würde, daß wir den Krieg verlieren. Denn mit diesem Argument könnte jeder seine Verweigerung rechtfertigen.

Natürlich setze ich voraus, daß nicht jeder berechtigt ist, den Militärdienst zu verweigern, und es muß betont werden, daß das nicht immer zutrifft. Nicht alle Kriege sind zu rechtfertigen, ebenso wie nicht alle Länder es wert sind, verteidigt zu werden. Aber wenn man behauptet, der Krieg sei nicht zu rechtfertigen und sollte beendet werden oder das Land (Staat) sei es nicht wert, daß man es verteidigt, und niemand sollte es verteidigen, so erhebt man damit nicht den Anspruch, Ausnahme von einer Regel zu sein, die für andere gilt; sondern man behauptet damit, daß die Regel nicht anwendbar sei, und das ist etwas ganz anderes.

Nun noch ein letzter Punkt. Das Argument, das wir gerade prüfen, kann auch in einem anderen Sinne verstanden werden. Anstatt es lediglich als eine Rechtfertigung für die Verweigerung des Militärdienstes aufzufassen, kann man es auch in dem Sinn verstehen, daß es darauf hinweist, daß die Folgen wünschenswert wären, wenn jeder auf der Welt sich weigern würde, in die Streitkräfte seines Landes einzutreten, und sich daher jeder weigern *sollte*, den Militärdienst zu leisten. Wenn man es so versteht, dann ist es nicht, wie es auf den ersten Blick erscheinen mag, eine Anwendung des Arguments der

Verallgemeinerung. Es ist vielmehr das, was ich das Gegenstück des Arguments der Verallgemeinerung nennen werde; wenn die Folgen davon, daß jeder in einer bestimmten Weise handelt, *wünschenswert* wären, dann sollte jeder auf diese Weise handeln. Ich werde im nächsten Kapitel die Auffassung vertreten, daß das nicht generell eine gültige Weise zu argumentieren ist, daß eine Anwendung des Arguments nur dort gültig ist, wo es zufällig mit einer Anwendung des Arguments der Verallgemeinerung zusammenfällt. Daher ist der eben diskutierte Gedankengang, auch wenn man ihn so versteht, immer noch völlig irrelevant.

VII Moralische Prinzipien und das Prinzip der Nützlichkeit

Nehmen wir an, jemand würde argumentieren, daß es kein Kidnapping gäbe, mindestens kein Kidnapping, das auf Lösegeld aus ist, wenn niemand Lösegeld an einen Kidnapper bezahlte; und daher sollte niemand Lösegeld bezahlen. Wäre das eine schlüssige Argumentation? Geben wir um der Diskussion willen einmal zu, daß die Prämisse richtig ist: es gäbe kein Kidnapping, das auf Lösegeld aus ist, wenn keiner Lösegeld bezahlte. Ebenso kann man zugeben – und darüber kann kein Zweifel bestehen –, daß das eine gute Sache wäre. Ist das aber ein guter Grund für den Schluß, es sei nicht richtig, Lösegeld zu bezahlen?

Das Argument, das ich gerade genannt habe, gehört zum selben Typ wie das, um das es am Ende des letzten Kapitels ging und das darauf hinauslief: »Wenn jeder sich weigern würde, in den Krieg zu gehen, gäbe es keine Kriege; daher sollte sich jeder weigern, in den Krieg zu gehen.« Das ist ein Beispiel nicht für das Argument der Verallgemeinerung, sondern für etwas, das ich sein Gegenstück genannt habe. Das ist in keinem Sinn die andere Seite des Arguments der Verallgemeinerung; es ist nicht das Argument der Verallgemeinerung von einem anderen Gesichtspunkt her gesehen oder in anderer Weise formuliert. Es ist das Gegenteil davon. Beide Arten der Beweisführung enthalten natürlich das Prinzip der Verallgemeinerung. Sie enthalten beide Verallgemeinerung, die Überlegung, was passieren würde, wenn jeder in einer bestimmten Weise handeln würde. Das Argument der Verallgemeinerung bezieht sich jedoch auf die Nicht-Wünschbarkeit der Folgen davon, daß jeder in einer bestimmten Weise handelte; hier wird auf ihre Wünschbarkeit Bezug genommen. Nun sind diese beiden Arten der Beweisführung verschieden und nicht äquivalent. Sie haben völlig verschiedene und sogar gegensätzliche Implikationen. Und das ist so, obgleich sie häufig miteinander vermengt werden. Ich werde die These vertreten, daß es im allgemeinen kein gültiges Argument ist; ein Schluß, der daraus gezogen wird, wird nur dann vernünftig sein, wenn er auch aus einer Anwendung des Arguments der Verallgemeinerung abgeleitet werden könnte. Um es anders zu formulieren: das Prinzip »Wenn die Folgen davon, daß jeder in einer bestimmten Weise handelte, wünschenswert wären, dann ist es jedermanns Pflicht, in dieser Weise zu handeln«, ist kein schlüssiges moralisches Prinzip.

Um das zu zeigen, wird es nützlich sein, sich zunächst einmal anzusehen, was man in analoger Weise das Gegenstück des Prinzips der Folgen nennen könnte: »Wenn die Folgen davon, daß A x täte, wünschenswert wären, dann hat A die Pflicht, x zu tun.« Das ist auf das Gegenstück des Arguments der Verallgemeinerung bezogen wie das Prinzip der Folgen auf das Argument der Verallgemeinerung. Folglich könnte, wenn sie gültig wäre, das Gegenstück des Arguments der Verallgemeinerung leicht daraus abgeleitet werden. Ich werde die These vertreten, daß es nicht schlüssig und mit dem Prinzip der Folgen weder äquivalent noch daraus ableitbar ist. Aus der Annahme, daß es nicht richtig sei, das zu tun, was schlechte oder schlimme Folgen hätte, folgt ganz und gar nicht, daß es eine Pflicht sei, das zu tun, was gute oder allgemein nützliche Folgen hätte. Diese Annahme ist allerdings häufig gemacht worden.

Es ist wohl offenkundig, daß diese Frage etwas mit dem Utilitarismus zu tun hat und mit seinem zentralen Prinzip, dem Prinzip der Nützlichkeit. Das ist ein wichtiger Grund, dieses Prinzip zu diskutieren wie auch die Beziehung zwischen dem Utilitarismus und dem Standpunkt, den ich vertrete. Mein Standpunkt ist kein utilitaristischer, auch keine Variante davon, und das Argument der Verallgemeinerung ist kein utilitaristisches Argument. Tatsächlich kann der Utilitarismus es offiziell nicht anerkennen. Dennoch sind das Argument der Verallgemeinerung und das Prinzip der Nützlichkeit nicht gänzlich unverwandt.

Die Diskussion dieser verschiedenen Prinzipien oder verwandter Prinzipien ist von weitreichender Bedeutung. Auf der einen Seite wird sie uns in die Lage versetzen, das Argument der Verallgemeinerung und andere Prinzipien, die ich für schlüssig halte, von denen zu unterscheiden, die ich nicht für schlüssig halte, mit denen sie aber leicht verwechselt werden können. Auf der anderen Seite wird sie für die Rechtfertigung moralischer Prinzipien relevant sein, mit der ich mich im letzten Kapitel dieses Buches beschäftige. Auf welcher Grundlage kann man von einem Prinzip sagen, es sei schlüssig, und von einem anderen, es sei nicht schlüssig? Offenkundig auf der Grundlage von Überlegungen, die das eine als schlüssig und das andere als nicht schlüssig erweisen. Es wird gut sein, wenn wir das in Erinnerung behalten.

§ 1

Das Gegenstück zum Prinzip der Folgen oder, wie man es auch nennen könnte, »das Prinzip der Folgen in seiner positiven Form« stellt fest: »Wenn die Folgen davon, daß A x täte, wünschenswert wären, dann ist es die Pflicht von A, x zu tun.« Es kann in seiner verallgemeinerten Form auch so lauten: »Wenn die Folgen der Handlung x im allgemeinen (oder normalerweise) wünschenswert sind, dann hat man die Pflicht, x zu tun«, wobei sich x nicht auf eine spezifische Handlung unter spezifischen Umständen bezieht, sondern auf einen Typ von Handlung. Um jedoch das Argument, das kompliziert genug ist, zu vereinfachen, wollen wir das Prinzip nur in der Form diskutieren, in der es besagt: »Wenn die Folgen davon, daß A x tut, *im ganzen* wünschenswert wären, dann sollte A x tun.« Nun ist dieses Prinzip in der einen oder anderen Form außerordentlich weitreichend akzeptiert worden, und es wird weitgehend als entweder intuitiv erfaßbar oder als erwiesen angesehen. Es ist zum Beispiel das zentrale Prinzip des traditionellen Utilitarismus, der die These vertritt, daß wir nicht nur die Pflicht haben, Unglück oder Schmerz auf ein Minimum zu reduzieren, sondern Glück oder Vergnügen zu maximieren; und daß es jedermanns Pflicht sei, von allen Handlungen, die ihm in einer gegebenen Situation möglich sind, diejenige zu wählen, die im ganzen die höchste Summe an Glück hervorbringt. Daß man diese Idee akzeptiert, hängt jedoch keineswegs davon ab, daß man den Hedonismus akzeptiert; im wesentlichen die gleiche Doktrin wird vom »nichthedonistischen Utilitarismus« vertreten, d. h. denjenigen Utilitaristen, die die Identifikation des »Guten« mit Lust nicht akzeptieren. So hat ein Autor die These vertreten, es sei »ganz selbstverständlich, daß es immer unsere Pflicht sein muß, das zu tun, was *für das Ganze* die beste Wirkung hervorruft, ganz gleich, wie schlecht die Wirkungen für uns selbst ausfallen mögen, und ganz gleich, wieviel wir dadurch, daß wir es tun, einbüßen ... Es muß immer die Pflicht eines jeden Handelnden sein, von allen Handlungen, die ihm *möglich* sind, die zu wählen, deren Gesamtfolgen in sich den größten Wert haben ...« Die Annahme dieses Gedankens hängt aber auch nicht davon ab, daß man den Utilitarismus akzeptiert; d. h. die Doktrin, daß die Moralität einer Handlung einzig und allein auf den Folgen dieser bestimmten Handlung beruht. So wird von einem Autor, der kein Utilitarist irgendeiner Richtung ist, die These vertreten: »Selbst wenn der Utilitarismus nicht wahr ist, stimmt es dennoch, daß *eine* unserer Hauptverpflichtungen darin besteht, so viel Gutes hervorzubringen, wie wir nur können ... Wenn es etwas Gutes gibt, besteht vorgängig eine Verpflichtung, es zu bewirken, und eine wirkliche Verpflichtung, wenn es nicht vorgängig eine zwingende Verpflichtung gibt.«[1]

Dieses Prinzip ist allerdings sehr viel häufiger behauptet als durch Argumente gestützt worden; normalerweise ist überhaupt nicht argumentiert worden, sondern man hat es auf dem Niveau der »Selbstverständlichkeit« oder intuitiven Einsichtigkeit belassen. Das ist bedauerlich, weil eine Tendenz besteht, die Implikationen des Prinzips, wenn es einmal so akzeptiert ist, ungeprüft zu übernehmen. So sagt etwa der Autor, den ich gerade zitiert habe: »Es scheint selbstverständlich, daß man, wenn es Dinge gibt, die wesentlich gut sind, vorgängig die Pflicht hat, sie zu verwirklichen, jedenfalls eher als es nicht zu tun; und daß man so viel wie möglich von ihnen verwirklichen sollte.« Und er fügt hinzu, daß die Behauptung, »es gibt keine vorgängige Pflicht, so viel Gutes wie nur möglich zu verwirklichen ... kaum auf Argumente zurückgeführt werden kann, sondern mir völlig falsch erscheint.«[2] Dennoch

1 G. E. Moore, *Ethics*, London 1947, S. 143; Sir David Ross, *Foundations of Ethics*, Oxford 1939, S. 67, 271.

2 W. D. Ross, *The Right and the Good*, Oxford 1930, S. 24, 25. Auf Seite 27 wird behauptet, daß wir aufgrund des allgemeinen Prinzips, man solle so viel Gutes wie nur möglich verwirklichen, solche Pflichten wie die der Wohltätigkeit und der Selbstvervollkommnung hätten. Vgl. auch S. 39: »Wann immer wir keine spezielle Verpflichtung haben wie die der Treue gegenüber einem Versprechen

ist das keineswegs selbstverständlich, und es gibt tatsächlich gewichtige Gründe, die dagegen sprechen. Bevor wir auf diese Gründe eingehen, sollten wir aber noch ein Argument diskutieren, das für dieses Prinzip spricht, und zwar zum einen, weil es besonders typisch ist, und zum anderen, weil es ein glänzendes Beispiel für logische Spitzfindigkeiten im Stil des Parmenides ist.

Das Argument, das ich im Sinn habe, ist eines, das vorgebracht wurde, um zu beweisen, daß »die Behauptung ›Ich bin moralisch zu dieser Handlung verpflichtet‹ mit der Behauptung ›Diese Handlung wird die größte Summe an Gutem in der Welt bewirken‹« identisch ist, ein »zentraler Aspekt«, der – und darauf wird insistiert – »unbestreitbar« ist:

> Es ist tatsächlich evident, daß infolge einer Handlung, wie wertvoll sie auch immer für sich genommen sein mag, die Summe des Guten in der Welt merklich geringer werden kann als durch eine andere Handlung, die für sich genommen weniger wertvoll ist. Wenn man sagt, daß dies der Fall sei, heißt das, es wäre besser gewesen, wenn man diese Handlung unterlassen hätte; und das ist offenkundig gleichbedeutend mit der Aussage, daß man sie nicht hätte tun sollen – daß sie nicht das war, was die Pflicht erfordert hätte.[3]

Zu diesem Argument muß zunächst angemerkt werden, daß es ganz einfach davon ausgeht, es ergebe irgendeinen Sinn, von der »Summe des Guten in der Welt« zu sprechen oder vom »größtmöglichen Gesamtbetrag des Guten in der Welt.« Solange man jedoch nicht spezifiziert, welchen Sinn das genau haben soll, kann man das nicht für eine vernünftige Annahme halten. Sie bewegt sich auf gleicher Ebene wie der traditionelle Utilitarismus, der von der »Summe der Lust« oder der »größten Glücksmenge« spricht. Ein solches Konzept ist das Ergebnis einer Verdinglichung von »Lust« oder des »Guten« und davon, daß man es wie Geld betrachtet, über das man abstrakt reden und reflektieren kann, unabhängig von den Leuten, denen es gehört, und von dem man folglich in einem gewissen Sinn sagen kann, es existiere unabhängig. Es wäre sinnvoll, von dem Gesamtbetrag des Geldes in der Welt zu reden,

oder der Dankbarkeit gegenüber einem Wohltäter, sollten wir das tun, was am meisten Gutes bewirkt ... und selbst wenn wir eine spezielle Verpflichtung haben, ist die Vermutung, daß Handlungen das allgemeine Wohl fördern, ein Hauptfaktor für die Beurteilung, ob sie richtig sind.«

3 G. E. Moore, *Principia Ethica*, Cambridge 1903, S. 147-8.

weil es auch sinnvoll wäre, von dem Gesamtbetrag des Geldes in einem Land zu sprechen; und es ist sinnvoll, weil es hier Methoden der Berechnung gibt. Es ergibt jedoch keinen Sinn, von dem Gesamtbetrag oder der Summe des Guten (oder der Lust) zu sprechen, ganz gleich, wo wir es ansiedeln wollen. Daß wir von dem Gesamtbetrag oder der Anzahl der Güter sprechen können, die jemand besitzt, versetzt uns nicht in die Lage, die Redeweise von einem Gesamtbetrag oder der Summe des Guten sinnvoll zu machen. (Güter sind aufteilbar, das »Gute« ist es nicht.) Ich möchte hinzufügen, daß die Tatsache, daß wir Fragen wie »Wieviel Gutes würde damit getan?« oder »Wäre dies besser als das?« stellen und manchmal auch beantworten können, dem Ausdruck »die Summe des Guten in der Welt« keinen Inhalt gibt, und auch nicht der Redeweise von der Summe oder dem Gesamtbetrag des Guten.

Aber gehen wir einmal um der Diskussion willen davon aus, es gebe einen Sinn, von »der Summe des Guten in der Welt« zu sprechen. Von einer Handlung zu sagen, sie »vergrößere die Summe des Guten in der Welt«, hieße dann wohl nichts anderes, als daß ihre Folgen im ganzen wünschenswert wären. Und wenn man sagen würde, daß durch eine Handlung »die Summe des Guten in der Welt mehr verringert würde als durch eine andere Handlung«, heißt das bei dieser Interpretation, daß die Folgen der letzteren Handlung im ganzen wünschenswerter wären als die Folgen der ersteren. Es heißt nicht, daß die Folgen der ersteren Handlung schlecht wären; es heißt nur, daß die Folgen der letzteren besser wären. Ebenso ist es keineswegs offenkundig, daß »zu sagen, dies sei der Fall, bedeutet, daß man sagt, es wäre besser gewesen, wenn man nicht so gehandelt hätte«; noch ist offenkundig, daß das »gleichbedeutend ist mit der Aussage, daß es nicht hätte getan werden sollen – daß es nicht das war, was die Pflicht geboten hätte.« Das hängt davon ab, was gemeint ist, wenn man sagt, »es ist besser, b zu tun als d«, was, wie wir gesehen haben (S. 59) gar nicht so einfach ist. Wenn es so aufgefaßt wird, daß damit einfach gemeint ist, die Konsequenzen der Handlung b wären besser als die Konsequenzen der Handlung d, dann impliziert das nicht notwendig, daß man eher b als d tun sollte oder daß es nicht richtig wäre, d zu tun und nicht b – solange es nicht zuträfe, daß die Folgen der Handlung d nicht wünschenswert

wären. Das ist auf jeden Fall der Punkt, um den es geht. Wenn man auf der anderen Seite »Es ist besser, b zu tun als d« als identisch mit dem Satz »Man sollte eher b tun als d« auffaßt, impliziert das nicht notwendig, daß die Folgen der Handlung b besser wären als die von d. Daraus folgt lediglich, daß die Folgen davon, daß man eher b als d tut, keineswegs nicht wünschenswert wären. Denn es ist möglich, daß die Folgen davon, daß man b *nicht* tut, schlimmer sind als die Folgen davon, daß man d *nicht* tut. Es ist also möglich, daß die Folgen der Handlung d besser sind als die Folgen der Handlung b und es dennoch nicht richtig wäre, d zu tun. Meistens handelt es sich jedoch – und darauf habe ich bereits hingewiesen – bei einem Satz wie »Es ist besser, b zu tun als d« um eine Mischung von Urteil und Bewertung, in der eine moralische Beurteilung der Handlung mit der Wertung der Folgen verknüpft wird. Wenn man sie so versteht, implizieren solche Sätze nicht, daß es nicht richtig wäre, d zu tun, sondern lediglich, daß es besser wäre, b zu tun, und das ist nicht dasselbe.
Also begründet das Argument, das wir gerade diskutiert haben, nicht den Zusammenhang von dem, was richtig ist (in dem Sinn, daß es verbindlich wäre), mit dem, was die besten Folgen hätte, und es beweist daher nicht, daß A x tun sollte, wenn die Folgen davon, daß er es täte, wünschenswert wären.
Aber bis hierher habe ich nur zu zeigen versucht, daß diese These nicht erwiesen ist, und habe noch keine Gründe dagegen vorgebracht.

Ein Hauptgrund gegen das Prinzip ist der, daß es, wenn man es konsequent verfolgte, zu moralischem Fanatismus führen würde, zu dem Gedanken, daß keine Handlung moralisch indifferent oder trivial und jede Angelegenheit von großer Tragweite sei. Und daß das so ist, zeigt sich sehr schön daran, daß einer, der das Prinzip unterstützt, diese Folge freudig akzeptiert: »Es ist offenkundig, daß jede Handlung von uns unzählige Wirkungen hat, und zwar direkte und indirekte, und auf zahllose Menschen; und es ist wahrscheinlich, daß jede Handlung, wie richtig sie auch sein mag, auch schlechte Wirkungen auf unschuldige Leute hat (obgleich sie ziemlich trivial sein können). Ähnlich wird jede nicht richtige Handlung wahrscheinlich wohltätige Folgen haben für Leute, die es verdienen. Jede Handlung wird daher unter bestimmten Gesichtspunkten vorgängig richtig und unter anderen vorgängig nicht richtig sein.«[4] Das ist, wie ich mit allem schuldigen Respekt gestehe, nichts weniger als absurd. Nicht jede Situation im Leben ist von großer Tragweite, noch ist es jede Wahl, die wir treffen, oder alles, was wir tun. Wenn man etwas anderes annimmt, heißt das, daß man annimmt, daß in jedem Moment des Lebens ein moralisches Problem entsteht, daß alles, was wir tun, gerechtfertigt werden muß, und das ist ganz einfach falsch. Einer, der durchgängig so etwas glaubt, würde an moralischen Überanstrengungen sterben. Solange die Frage, ob eine bestimmte Handlung richtig oder nicht richtig ist, sich nicht aufgrund eines Konflikts mit einer moralischen Regel ergibt, der entweder tatsächlich oder nur scheinbar entsteht, ist es sinnlos, sie zu stellen. Es gäbe dann nämlich keine Möglichkeit, sie zu beantworten.

Die Schwierigkeiten, die aus diesem Prinzip entstehen würden, lassen sich beispielhaft am Problem der »Konzertkarten« darstellen: »Nehmen wir an, ich hätte eine Karte für ein Konzert, und nehmen wir weiter an, ich wüßte, daß Q das Konzert ebenso wie ich, aber nicht mehr, goutieren würde. Sollte ich ihm meine Karte geben oder selbst in das Konzert gehen?« Das ist ein Problem, das sich logisch aus dem dargestellten Prinzip ergibt. Es besteht aber überhaupt kein Grund, weshalb ich Q die Karte geben sollte, und selbst wenn Q das Konzert sehr viel mehr goutieren würde als ich, gäbe es dafür keinen Grund. Es *könnte* allerdings einen Grund geben. Wenn ich z. B. Q versprochen hätte, ihm die Karte zu geben, wäre das ein Grund; und wenn ich aus irgendwelchen Gründen nicht in der Lage wäre, selbst ins Konzert zu gehen, und die Karte nicht verkaufen wollte oder könnte, wäre das auch ein Grund. Daß man jedoch sagt, es könnte einen Grund geben, heißt keineswegs, daß es einen gibt, und unter den beschriebenen Umständen gibt es keinen wie auch immer gearteten Grund. Wenn man tatsächlich annähme, es gäbe einen und ich *sollte* Q die Karte geben, etwa weil es ein Akt der Nächsten-

4 Ross, *The Right and the Good*, S. 41. Vgl. auch S. 31 und 33-34: »Es gibt wahrscheinlich keine Handlung, ... die irgend jemandem Gutes tut, ohne jemand anderem Schmerz zuzufügen und umgekehrt. Das ist Unsinn. Es wäre richtig, wenn es auf »Gesetzgebungshandlungen« eingeschränkt wäre, aber das meinte der Autor wohl sicherlich nicht.

liebe oder Großherzigkeit wäre, würde das zu einem unausweichlichen Paradoxon führen. Wenn ich nämlich Q die Karte geben sollte, dann sollte Q sie mir aus genau den gleichen Gründen zurückgeben, und es wäre genau der gleiche Grund, daß wir den Rest des Abends damit verbringen würden, die Karte hin und her zu reichen, und jeder darauf bestünde, daß der andere sie nimmt, und keiner von uns in das Konzert käme. Wenn das kein Irrsinn ist, ist es mindestens eine gute Nachahmung davon. Wenn ich natürlich *wünsche*, Q die Karte zu geben, bin ich dazu völlig berechtigt, vorausgesetzt, daß sie tatsächlich mir gehört und ich sie verschenken kann und daß ich sie niemand anderem versprochen habe. Unter diesen Bedingungen wäre nichts Unrechtes daran, wenn ich ihm die Karte gäbe, und wenn ich sehr großzügig bin, kann ich das durchaus tun. Aber ebenso wäre nichts Unrechtes daran, wenn ich ihm die Karte nicht gäbe, und wenn ich es nicht wünsche, bin ich dazu völlig berechtigt. Q hat nämlich keinen Anspruch mir gegenüber, und ich habe niemanden in seinem Recht verletzt, wenn ich die Karte selbst behalte. Wenn man es anders ansehen würde, entstünde daraus tatsächlich ein Widerspruch. Denn ich unterscheide mich in dieser Hinsicht von niemand anderem, und wenn ich Q die Karte geben sollte, dann sollte jeder unter ähnlichen Umständen ebenso handeln. Daraus würde dann allerdings folgen, daß jeder, was immer er besitzt – und zwar nicht nur eine Konzertkarte –, jedem geben sollte, der daran genausoviel Freude oder mehr hätte. Aber das impliziert, daß, was jemand auch tun mag, nicht richtig ist, weil er etwas Besseres getan haben *könnte;* und das ist nicht nur einfach falsch, sondern ein Widerspruch.

Einige der Punkte, auf die ich eingegangen bin, müßten sicherlich weiter ausgeführt werden, und das kann am besten geschehen, wenn man so klar wie möglich spezifiziert, was es heißt, wenn ich abstreite, daß das Gegenstück des Prinzips der Folgen ein gültiges moralisches Prinzip ist. Wenn ich zunächst einmal abstreite, daß jemand die Pflicht hat, das zu tun, was gute Folgen hat, behaupte ich damit nicht, daß es nicht richtig wäre, so zu handeln. Ich sage lediglich, daß man das Recht hat, es nicht zu tun, solange es nicht zutrifft, daß die Folgen davon, daß man es nicht täte, nicht wünschenswert sind. Was ich also abstreite, ist, daß Wohltätigkeit oder Großzügigkeit Pflichten sind. Kein Zweifel, Wohltätigkeit ist eine gute Sache, und es wäre schön, wenn es mehr davon gäbe; und es besteht kein Zweifel, daß eine großzügige oder wohltätige Handlung lobenswert ist und bewundert werden muß. Das heißt aber nicht, daß sie verbindlich wäre.

Wenn ich zweitens abstreite, daß wir die Pflicht hätten, das zu tun, was gute Folgen hätte, streite ich damit nicht ab, daß man häufig die Pflicht hat, das zu tun, was tatsächlich gute Folgen hätte. Ich streite vielmehr ab, daß man die Pflicht hat, das, was gute Folgen hat, *allein aus diesem Grund* zu tun. Wenn eine Handlung Folgen hätte, die im ganzen wünschenswert sind, folgt daraus nicht, daß man so handeln sollte. Wenn man so handeln sollte, dann aus einem anderen Grund, und es gibt offenkundig viele Handlungen, die verbindlich sind und auch gute Folgen haben.

Wenn ich drittens die Gültigkeit des Prinzips abstreite, dann sollte das nicht so aufgefaßt werden als hieße es, daß unsere Pflichten »ausschließlich negativ« sind, daß es keine Handlung gibt, die man *tun* sollte, sondern nur solche, die man *nicht* tun sollte; noch kann es so verstanden werden, daß es hieße, man brauche anderen nicht zu helfen, die in Not sind. Die Pflicht, anderen zu helfen, die Hilfe nötig haben, ist im Gegenteil eine Folge der Prinzipien, die ich bereits ausführlich entwickelt habe. Und es folgt aus dem Prinzip der Folgen in seiner *negativen* Form, daß jemand die Pflicht haben kann, seine Zeit, seine Bequemlichkeit, seine Interessen oder sogar sein Leben zu opfern, um das Leben eines anderen zu retten oder seine Interessen zu schützen. Und das ist dann der Fall, wenn die Folgen davon, daß man es nicht täte, nicht wünschenswert wären. Tatsächlich fallen die beiden Prinzipien, das Prinzip der Folgen und sein Gegenstück, in den meisten Fällen zusammen und fordern dann auch das gleiche Verhalten. Meistens ist es eben so, daß ein Fall, in dem die Folgen insgesamt nicht wünschenswert wären, wenn man eine Handlung unterläßt, auch ein Fall ist, in dem die Folgen im ganzen wünschenswert wären, wenn man die Handlung *tut.* Und auch der umgekehrte Satz gilt. Diese Tatsache, daß die beiden Prinzipien meistens zusammenfallen, kann man für jede Plausibilität verantwortlich machen, die das Gegenstück des Prinzips zu haben scheint. Denn in einem Fall, in dem die Folgen einer Handlung im ganzen wünschenswert wären, könnte man leicht auf den Gedanken kommen, dies sei der Grund dafür, daß man sie tun sollte; die richtige Erklärung ist jedoch, daß die Folgen (im ganzen) nicht wünschenswert wären, wenn man die Handlung unterließe.

Obgleich jedoch diese beiden Prinzipien normalerweise zusammenfallen, ist das nicht immer so, und in den Fällen, wo das nicht zutrifft, versagt das Gegenstück des Prinzips und führt zu den Paradoxien, von denen ich gesprochen habe. Denn es kann zutreffen, daß die Folgen davon, daß A x nicht täte, nicht wünschenswert wären und A deshalb x tun sollte, ohne daß die Folgen davon positiv wünschenswert wären. Man könnte sich auf den Standpunkt stellen, daß in solchen Fällen die Folgen davon, daß A x tut, notwendig wünschenswert sein müssen, weil eben dadurch, daß er x tut, die nicht wünschenswerten Folgen davon, daß er es nicht täte, vermieden werden. Das ist eine Möglichkeit, die Sache zu betrachten. Ihre einzige Schwäche liegt darin, daß diese Auffassung dazu führen würde, die beiden Prinzipien als äquivalent anzusehen. Ich möchte aber darauf beharren, daß zwischen dem, was man einen tatsächlichen Verlust nennen könnte, und dem Fehlen eines positiven Gewinns, zwischen einer Handlung, die lediglich keinen Schaden anrichtet, und einer, die wirklich nützlich wäre, ein wesentlicher Unterschied besteht. »Land, das bereits kultiviert ist, brachliegen zu lassen, ist ein *tatsächlicher* Verlust. Wenn man Brachland läßt, wie es ist, handelt es sich nur um das Versäumnis eines möglichen Gewinns. Der eine Vorgang würde, sobald er in etwas größerem Ausmaß stattfindet, zum Bankrott der Besitzer führen und der ganzen Gemeinschaft Schaden zufügen; das andere ist bloß *negativ* und verletzt niemanden.«[5] Wenn man diesen Unterschied berücksichtigt, dann ist es eben möglich, daß eine bestimmte Handlung niemandem Schaden zufügt, obgleich sie niemandem nützt. Und es ist möglich, daß die Folgen davon, daß eine Handlung unterlassen wird, nicht wünschenswert sind, obgleich die Folgen davon, daß man die Handlung ausführt, nicht positiv wünschenswert wären.

Dann aber ist es in der gleichen Weise möglich, daß die Folgen

5 Richard Whateley, *Paley's Moral Philosophy: With Annotations*, London 1859, S. 100-101.

einer Handlung positiv wünschenswert wären, obgleich die Folgen davon, daß man sie nicht täte, keineswegs nicht wünschenswert wären. Hier könnte man wiederum behaupten, daß die Folgen davon, daß man die Handlung unterließe, nicht wünschenswert sein müssen, weil der positive Nutzen der Handlung nicht erzielt wird. Das kann in manchen Fällen eine durchaus angebrachte Überlegung sein. Aber in vielen Fällen ist es das nicht. Obgleich eine Handlung für niemanden nützlich sein kann (abgesehen von dem Handelnden, der vermutlich wünscht, so zu handeln), folgt daraus nicht, daß sie irgend jemandem Schaden zufügt. Es wäre sicherlich nützlich für jemand (obgleich ich fürchte, nicht so übermäßig nützlich), wenn ich ihm die Hälfte meines Einkommens überschriebe; daraus folgt nicht, daß ich ihm schaden würde, wenn ich es nicht täte. Und in genau diesen Fällen stimmen die beiden Prinzipien nicht nur nicht überein, sondern es handelt sich um einen Konflikt zwischen ihnen.

Wir wollen nun das Gegenstück des Prinzips der Folgen in seinem Verhältnis zum Argument der Verallgemeinerung untersuchen. Nehmen wir an, die Folgen davon, daß A x tut, wären wünschenswert. Folgt daraus, daß A x tun sollte? Es gibt hier zumindest zwei Möglichkeiten. (1) Angenommen, die Folgen daraus, daß niemand x tut, wären nicht wünschenswert. Daraus folgt dann, daß A x tun sollte, aber das folgt aus der Anwendung des Arguments der Verallgemeinerung, das impliziert, jeder (im Geltungsbereich des Arguments) sollte x tun, und nicht aus dem Gegenstück des Prinzips der Folgen. Nehmen wir zum anderen an (2), die Folgen davon, daß jeder x tut, wären nicht wünschenswert. Dann folgt daraus, niemand sollte x tun, wenn er nicht einen Grund dafür geben kann; und diese Folgerung gerät in Konflikt mit derjenigen, die sich aus dem Gegenstück des Prinzips der Folgen ergibt. Man kann schon einen solchem Grund haben. Aber das bloße Faktum, daß die Folgen wünschenswert wären, wenn jemand x täte, liefert, wie ich schon nachgewiesen habe, keinen solchen Grund. Es müßte zudem noch gezeigt werden, daß die Handlungsbedingungen des Betreffenden von den Bedingungen anderer Personen in einer anderen Hinsicht als bloß in dieser unterschieden sind.

So viel also, zumindest vorläufig, zum Gegenstück des Prinzips der Folgen. Ich bin nicht der Meinung, daß irgendeines der Argumente, die ich dagegen vorgebracht habe, für sich genommen schon schlüssig ist. Aber zusammen genommen haben sie eine kumulative Kraft, die ich ganz beachtlich finde. Und zumindest ist es mir vielleicht gelungen, es etwas in Zweifel zu ziehen. Wenn das so ist, wird damit zwar nicht die Ungültigkeit des Gegenstücks des Arguments der Verallgemeinerung erwiesen, aber ihm doch eine seiner Hauptstützen entzogen sein. Denn eines der Argumente, die ich zur Begründung des Arguments der Verallgemeinerung heranzog, war der Nachweis, wie man es vom Prinzip der Folgen ableiten kann. Wenn folglich nachgewiesen ist, daß das Gegenstück des Prinzips der Folgen nicht schlüssig ist, kann ein entsprechendes Argument nicht zur Begründung des Gegenstücks des Arguments der Verallgemeinerung benutzt werden.

§ 2

Das Gegenstück des Arguments der Verallgemeinerung lautet: »Wenn die Folgen davon, daß jeder x täte, wünschenswert wären, dann sollte jeder x tun«. Bei der Prüfung der Stichhaltigkeit dieses Satzes muß man drei Möglichkeiten berücksichtigen. Nehmen wir an, der Vordersatz stimmt und die Folgen davon, daß jeder x täte, wären wünschenswert. Dann nehmen wir an (1), die Folgen davon, daß *niemand* x täte, wären *nicht* wünschenswert. Dann folgt daraus, daß jeder x tun sollte; aber dieser Schluß folgt aus dieser Anwendung des Arguments der Verallgemeinerung, nicht aus seinem Gegenstück, und hier handelt es sich einfach um einen Fall, in dem das Argument der Verallgemeinerung und sein Gegenstück koinzidieren. Zweifellos gibt es viele solcher Fälle, aber damit wird das Gegenstück des Arguments der Verallgemeinerung nicht schon als eine gültige Beweisführung ausgewiesen. Oder nehmen wir an (2), daß die Folgen davon, daß niemand x täte, wünschenswert wären. Dies entspricht der Situation, in der das Argument der Verallgemeinerung umkehrbar ist. Da das Argument der Verallgemeinerung in jedem Fall, in dem es umkehrbar auch zugleich ungültig ist, kann man dasselbe auch von seinem Gegenstück annehmen. Nehmen wir zuletzt an (3), daß die Folgen davon, daß niemand x täte, keineswegs nicht wünschenswert wären. Dann hat nach dem von uns angewandten Verfahren jeder das Recht, x nicht zu tun, und daher folgt auch aus diesem Fall nicht, daß jeder x tun sollte. Außerdem wird das Gegenstück des Arguments auch nicht moralischen Regeln und anerkannten Verpflichtungen gerecht, noch wird es zu diesem Zweck benötigt; dasselbe gilt auch für das Gegenstück des Prinzips der Folgen. Während man das Argument der Verallgemeinerung für sich genommen dazu gebrauchen kann, moralische Regeln einzuführen und zu rechtfertigen, kann man das mit dem Gegenstück des Arguments der Verallgemeinerung allein nicht tun, und der einzige Anschein von Plausibilität, den es hat, rührt von den Fällen her, in denen die beiden Arten der Beweisführung koinzidieren. Man könnte vermuten, daß das Argument der Verallgemeinerung nur negative Regeln begründe und sein Gegenstück zur Begründung positiver Regeln oder zur positiven Formulierung von Regeln gebraucht werde. Aber das ist nicht so. Dieselbe Beweisführung, die die Regel begründet, nicht zu lügen, begründet auch die Regel, die Wahrheit zu sagen. »Wir sollten die Wahrheit sagen in Anbetracht der Folgen, die es hätte, wenn niemand das täte.« Oft ist es unwichtig, ob eine Regel negativ oder positiv formuliert wird. Natürlich ist es auch oft nicht unwichtig, denn häufig ist eine Regel in ihrer negativen Formulierung viel enger und kann tatsächlich mit anderen Implikationen verbunden sein. Daraus, daß ich nicht lügen sollte, folgt nicht, daß ich die Wahrheit sagen sollte, denn die Regel läßt es mir offen, gar nichts zu sagen. Der Hauptunterschied scheint mir darin zu liegen, daß eine positiv formulierte Regel eher Einwände und Ausnahmen zuläßt. Nichtsdestoweniger ist eine Regel, die in ihrer positiven Form als richtig ausgewiesen ist, durch die Anwendung des Arguments der Verallgemeinerung als richtig ausgewiesen, und das Gegenstück des Arguments wird zu diesem Zweck nicht benötigt. Dies trifft z. B. auf die Regel zu, anderen, die sich in Not befinden, zu helfen, eine Regel, die ausgesprochen vage ist und zahlreiche Qualifikationen erfordert. Die nötigen Qualifikationen einmal dahingestellt, geprüft werden muß, was geschähe, wenn niemand anderen, die in Not sind, helfen würde, und nicht, was geschehen würde, wenn jeder ihnen helfen würde.

Wir wollen zum Schluß noch einige Schwierigkeiten, das Gegenstück des Arguments der Verallgemeinerung anzuwenden, untersuchen. Insbesondere wollen wir seine Anwendung auf eine Situation des Naturzustands erörtern. Man könnte argumentieren, daß die Folgen wünschenswert wären, wenn jeder moralischen Regeln gemäß handeln und nicht lügen oder stehlen würde usw., und man daher *in einer derartigen Situation* die Regeln befolgen sollte. Wäre das ein stichhaltiges Argument? Es ist nicht einmal relevant. Mit einer solchen Weise zu argumentieren ignoriert man vollkommen die realen Gegebenheiten des Falls. Es wäre zweifellos eine feine Sache, wenn jeder die Regeln befolgen würde. Aber eine Situation, in der jeder die Regeln befolgen würde, wäre keine Situation des Naturzustandes, und eine solche Situation haben wir hier doch vorausgesetzt. So ist das Argument irrelevant für die Frage, die es angeblich beantworten soll. Zweifellos sollte man die Regeln der Moral befolgen und somit das tun, was richtig ist, aber was sollte man in einer Situation tun, in der die anderen nicht so handeln, wie sie handeln sollten? Da diese Art Frage sich genau aus dem Grund stellt, daß andere die Regel nicht befolgen, ist das eben beschriebene Argument für sie irrelevant und hat keinerlei Gewicht. Es ist jedoch typisch für eine unrealistische Weise des Moralisierens, die man mit gutem Recht als sentimental bezeichnen kann.

Auch wenn wir annehmen, das Argument sei in seiner Anwendung eingeschränkt und solle nicht auf diejenigen angewandt werden, die sich bereits unmoralisch verhalten, sondern nur auf jene, die mit dem unmoralischen Verhalten anderer konfrontiert werden, die sich unvermittelt *in* eine Situation des Naturzustands versetzt sehen und die entweder nicht dafür verantwortlich sind oder es vorziehen würden, aus dieser Situation wieder herauszukommen, so kommen wir auch hier zu einem ähnlichen Ergebnis. Wenn in einer solchen Situation jeder dieser Leute weiterhin die Regeln befolgen würde, wären die Folgen ganz entschieden nicht wünschenswert. Wenn sie das täten, würden sie, wie Hobbes treffend formulierte, lediglich »sich anderen ausliefern und ihren sicheren Untergang vorbereiten«. Wenn das aus dem Gegenstück des Arguments der Verallgemeinerung folgt, so ist das ein weiterer Grund, der gegen es spricht.

Diese Analyse kann nun auf die Beispiele angewendet werden, von denen wir ausgingen. Angenommen, die allgemeine Weigerung, Lösegeld zu zahlen, würde dazu führen, daß es kein mit Lösegeldforderungen verbundenes Kidnaping mehr gibt; ist das ein guter Grund für die Folgerung, es sei falsch, Lösegeld zu zahlen? Angenommen, daß die allgemeine Weigerung, Waffen zu tragen, zum Ende aller Kriege führen würde; folgt daraus, es sei nicht richtig, Waffen zu tragen, um das eigene Land zu verteidigen? Da die Form des Arguments ungültig ist, sind es auch diese beiden Folgerungen. Das Beispiel des Militärdienstes ist bereits behandelt worden. Es ignoriert die faktischen Gegebenheiten des Falls, aus denen überhaupt erst das Bedürfnis und somit das Problem entsteht. Aber ebenso verhält es sich mit dem anderen Beispiel. Die Frage, auf die es hier ankommt, ist, ob die Folgen nicht wünschenswert wären, wenn jeder in einer solchen Situation Lösegeld zahlen würde, und ich sehe nicht ein, daß sie das wären. (Um ein wenig vorzugreifen: das würde die Absicht, in der man das tut, nicht vereiteln, wenn es andererseits auch sein kann, daß man sie damit nicht erreicht.) Das Argument scheint hier also vollkommen unanwendbar zu sein. Wenn das so ist, dann ist die Frage, ob man Lösegeld zahlen sollte – so genommen – nicht eine Frage der Moral, sondern eine Frage der Klugheit. Es ist eine Frage nach dem wirksamsten Mittel für den Zweck, der, wie ich annehme, beides umfaßt: daß die entführte Person wohlbehalten zurückkehrt und daß die Kidnapper festgenommen werden. Die Antwort wird natürlich von Fall zu Fall verschieden sein, obwohl es ein trauriges Faktum ist, daß Personen, die wegen Lösegeld entführt werden, selten unbeschadet oder wenigstens mit dem Leben davonkommen, ob nun Lösegeld bezahlt wurde oder nicht. Aber auf eine Lösegeldforderung einzugehen, um sein Kind zu retten, kann in keinem vertretbaren Sinn heißen, daß man andere zum Kidnapping ermuntert, ebensowenig wie es eine Ermunterung zum Raub ist, wenn man bereitwillig sein Geld hergibt, um mit dem Leben davonzukommen. Ob man als ein Mittel, Kidnapping zu unterbinden, ein Gesetz erlassen sollte, das Lösegeldzahlungen verbietet, ist eine andere Frage, die, wie ich meine, hier nicht unbedingt untersucht werden muß.[6]

6 Eine ganze Anzahl von Überlegungen, die ich über das Argument der Ver-

§ 3

Der Utilitarismus läßt sich vereinfacht als die Auffassung definieren, daß es allein von ihren (tatsächlichen oder wahrscheinlichen) Folgen abhinge, ob eine Handlung richtig oder nicht richtig ist. Nach dieser Auffassung ist eine Handlung dann und nur dann richtig, wenn sie mindestens ebensoviel »Gutes« bewirkt oder wahrscheinlich bewirkt wie irgendeine andere Handlung, die für den Handelnden auch möglich wäre; während eine Handlung dann und nur dann verbindlich ist, wenn sie mehr »Gutes« bewirkt oder wahrscheinlich bewirkt als jede andere Handlung, die dem Handelnden auch möglich wäre; folglich ist nach dieser Auffassung eine Handlung dann und nur dann nicht richtig, wenn sie weniger »Gutes« bewirkt oder wahrscheinlich bewirkt als jede andere Handlung, die für den Handelnden auch möglich wäre (worin der Fall eingeschlossen ist, in dem die Folgen der Handlung insgesamt schlecht sind). Das ist also das Prinzip der Nützlichkeit, das in der einen oder anderen Form allen Varianten des Utilitarismus gemeinsam ist. Die verschiedenen Varianten des Utilitarismus sind nur verschiedene Auffassungen über das angemessene Verfahren, den Nutzen oder den Wert der Folgen zu bestimmen, zu bestimmen, was »gut« sei und wie das berechnet werden müsse.[7] So behauptet z. B. die hedonistische Variante des Utilitarismus, in der er seine traditionelle Ausprägung gefunden hat, daß Lust oder Glück das einzige sei, was an sich und für sich allein gut ist, während alles andere nur gut als Mittel sei. Demgegenüber behauptet der

allgemeinerung und sein Gegenstück angestellt habe, sind sehr hübsch in einer Karikatur von Dana Fradon zusammengefaßt (*The New Yorker*, Bd. XXXIII, Nr. 35, 19. Okt. 1957, S. 126), auf der ein Landstreicher zu einem andern sagt: »Weißt Du was? wenn uns jeder hier nur einen lumpigen Pfennig geben würde, hätten wir mehr als eineinhalb Million Flöhe.«

7 Natürlich gibt es noch andere Unterscheidungsgesichtspunkte, wie ich mit der Wendung »tatsächliche oder wahrscheinliche Folgen« anzudeuten versuchte. Einige Utilitaristen behaupten, daß es nur von ihren *tatsächlichen* Folgen abhinge, ob eine Handlung richtig oder nicht richtig sei. Das ist paradox. Wenn man unbedingt so reden muß, dann kann man ebenso alle Bezugnahme auf menschliches Verhalten aufgeben und nur von »Handlungen Gottes« reden. Der traditionelle Utilitarismus bezieht sich nur auf die Absicht einer Handlung. Bentham sagt z. B., daß: »die Absicht einer Handlung schädlich sei, wenn ihre Folgen schädlich sind; d. h. entweder die wirklichen oder wahrscheinlich eintretenden Folgen«. (*An Introduction to the Principles of Morals and Legislation* (^{2}1823), Kap. XII, § 2).

nichthedonistische (oder »reine«) Utilitarismus, Lust sei nicht das einzige, was gut in sich ist; diese Einschätzung der Lust hinge von einer bestimmten Lebenseinstellung ab und sie sei daher nur eine von vielen Dingen, die gut in diesem Sinne sind, oder »das Gute« sei etwas vollkommen anderes als Lust, oder aber sie sei nur ein Element im Gesamtkomplex »des Guten«.

Aber das Prinzip der Nützlichkeit als das Prinzip zur Bestimmung der moralischen Richtigkeit von Handlungen ist ein und dasselbe in allen diesen Varianten, die sich nur in ihren Standards der »Bewertung« unterscheiden. Sie alle bestimmen die Richtigkeit von Handlungen durch ihre Nützlichkeit und weichen nur in der Art und Weise voneinander ab, wie sie diese »Nützlichkeit« auffassen und definieren, die der »letzte Zweck unserer Handlungen ist«. Es ist daher nicht notwendig, bei der Behandlung dieses Prinzips andauernd zwischen diesen Varianten des Utilitarismus zu unterscheiden, noch ist es im vorliegenden Zusammenhang notwendig, sie getrennt abzuhandeln. Für unseren Zweck ist es gleichgültig, ob das mit dem Prinzip der Nützlichkeit verbundene Kriterium als Beförderung der »größten Summe an Gutem« oder »der größten Summe an Glück« spezifiziert wird. Fehlerhaft ist es in beiden Fällen. Da es sich so verhält, werde ich mich aus Gründen der Zweckmäßigkeit auf das Prinzip in seiner traditionellen Formulierung beziehen, die besonderen Nachdruck auf menschliches Wohlergehen oder Allgemeinwohl legt.

Nun habe ich sowohl in gelegentlichen Bemerkungen als auch in meiner Diskussion des Gegenstücks des Prinzips der Folgen am Anfang dieses Kapitels bereits nachgewiesen, daß das Prinzip der Nützlichkeit nicht stichhaltig ist. Es sollte ohne weiteres evident sein, daß das Prinzip der Nützlichkeit im Effekt mit der Kombination des Prinzips der Folgen und seines Gegenstücks äquivalent ist, obwohl der Akzent auf dem Gegenstück liegt. Seine anderen Mängel liegen alle in seinem Anspruch, das einzige oder fundamentale Prinzip der Moral zu sein. Es sollte evident sein, daß es das nicht ist und nicht sein könnte. Von dem Gesichtspunkt her, eine größere Summe an Glück oder an »Gutem« zu bewirken, als jede andere Handlung bewirken könnte, wäre es häufig nützlich oder angebracht, die Rechte eines anderen zu verletzen. Ist es denn

z. B. erwiesen, daß Sklaverei, d. h. ein Gesellschaftssystem, in dem eine Gruppe den Wünschen und Befehlen einer anderen unterworfen ist, insgesamt keine größere Summe von Glück hervorbringt oder hervorbringen kann als jedes andere Gesellschaftssystem? Man kann, von jeder utilitaristischen Position her, die Sie wollen, argumentieren, daß die Vorteile, die dieses System mit sich bringt – vorausgesetzt, die Zahl der Sklaven wird verhältnismäßig niedrig gehalten – auch wo es bewußte Grausamkeiten impliziert, sowohl in ihrer Anzahl als auch in ihrem Umfang größer sein können als das Unglück, das es bewirkt. So ist es zumindest denkbar, daß die Gesamtsumme an Glück durch ein solches System erhöht werden könnte. Aber es ist nicht denkbar, daß man es rechtfertigen kann. Eine derartige soziale Struktur könnte nur durch eine Verschiedenheit dieser beiden Gruppen von Menschen, derer, die versklavt sind, und derer, die es nicht sind, gerechtfertigt werden, die sowohl für die verschiedene Behandlungsweise relevant ist als auch dazu hinreicht, sie zu rechtfertigen. Eine solche Verschiedenheit gibt es nicht.

Beispiele dieser Art, die zeigen, daß eine Handlung nicht richtig sein kann, obwohl sie nützlich ist, sind in der Literatur zu diesem Thema so oft vorgetragen worden, daß es eigentlich nicht nötig sein sollte, sie weiter auszuführen. Aber anscheinend ist das doch nötig, und so wollen wir ein Beispiel, das im Verlauf dieser Arbeit bereits entwickelt worden ist, noch einmal aufnehmen. Wenn jemand es ablehnt, seine Steuern zu zahlen, mögen die Folgen seiner einzelnen Handlung vorteilhaft sein; sie mögen mehr Gutes als Schaden bewirken und sie mögen vergleichsweise mehr Gutes bewirken, als wenn er sie zahlen würde. Dennoch wäre das nicht richtig, und zwar aufgrund dessen, was geschehen würde, wenn jeder sich weigern würde, seine Steuern zu zahlen; daß das eintritt, würde der Handelnde aber selbst nicht wollen. Wie ich schon vorher erwähnte, folgt daraus, daß die Konsequenzen nicht wünschenswert wären, wenn jeder in einer bestimmten Weise handeln würde, nicht, daß die Folgen davon, daß irgend jemand in dieser Weise handelt, nicht wünschenswert wären. Aber es folgt daraus, daß es für jeden beliebigen nicht richtig wäre, in jener Weise zu handeln, wenn er nicht sein Verhalten rechtfertigen kann; und seine Berufung auf die Folgen seiner besonderen Handlung wäre keine Rechtfertigung. Auch hier muß man ein Prinzip anführen und nicht bloß Folgen. Aus dem Prinzip der Nützlichkeit folgt jedoch, daß die Handlung richtig ist, weil ihre Folgen gut sind.

Tatsächlich würde das in der Praxis kein Utilitarist sagen. Aber das ist kaum ein Argument für die Theorie. Mill z. B. sagt:

> In Fällen, in denen Leute aus moralischen Erwägungen verbieten, etwas zu tun, obgleich die Folgen davon im Einzelfall nützlich sein könnten ... gehört die betreffende Handlung einer Klasse von Handlungen an, die, wenn sie allgemein praktiziert würde, im allgemeinen nachteilig wäre, und ... das ist der Grund für die Verpflichtung, sie zu unterlassen.[8]

Das ist offenkundig eine Berufung auf das Argument der Verallgemeinerung. Aber nach dem Prinzip des Utilitarismus kann das einfach nicht »der Grund für die Verpflichtung, sie zu unterlassen«, sein. Nach diesem Prinzip wäre es überhaupt kein Grund für irgendeine Verpflichtung. Denn wenn »die Folgen im Einzelfall vorteilhaft sind«, so besagt das dasselbe wie, daß sie nützlich sind, und aus dem Prinzip der Nützlichkeit würde folgen, daß die Handlung richtig ist und man sie nicht unterlassen sollte. Um konsistent zu sein, müßte ein Utilitarist argumentieren, daß die Folgen im Einzelfall nicht wirklich vorteilhaft wären, weil, wie man oft sagt, jemand, der in dieser Weise handelt, anderen ein schlechtes Beispiel abgeben würde. Da er andere dazu verführen würde, dasselbe zu tun; da andere als eine Folge seiner Handlung dasselbe tun würden, wären die Folgen seiner Handlung in Wirklichkeit nicht wünschenswert. Das mag in einigen Fällen so sein, aber als allgemeine Behauptung ist das sicher falsch. Man braucht nur auf Fälle von unrechten Handlungen hinzuweisen, von denen niemand etwas weiß. Diese Weise zu argumentieren spannt wirklich den Wagen vor das Pferd (und es ist sicher nützlicher, das Pferd vor den Wagen zu spannen). Denn sie argumentiert, daß die Folgen im Einzelfall nicht wünschenswert sein müssen, weil die Handlung nicht richtig wäre. Aber dann funktioniert das Prinzip der Nützlichkeit nicht mehr als Beurteilungskriterium. Es ist lächerlich anzunehmen, irgend etwas, das irgendwer täte, hätte die Tendenz, jeden anderen dahin zu bringen, dasselbe zu tun. Das tut es nicht, und zwar

8 John Stuart Mill, *Utilitarianism*, New York 1910, Kap. II § 19, S. 17-18.

ebensowenig, wie es von sich aus die Tendenz hat, den Handelnden dahin zu bringen, es in Zukunft wieder zu tun. Aber genau das wird in dieser Weise zu argumentieren vorausgesetzt.

Obwohl das für das Thema nicht unmittelbar relevant ist, kann ich mich doch nicht enthalten, auf eine bestimmte Zweideutigkeit des utilitaristischen Beurteilungskriteriums hinzuweisen, die in Anbetracht ihrer schwerwiegenden Konsequenzen mehr Beachtung verdient, als ihr tatsächlich zuteil geworden ist. Das utilitaristische Beurteilungskriterium ist formuliert worden als Bewirkung des »allgemeinen Glücks« oder der »höchsten Summe des Glücks im ganzen«. Aber es ist auch sehr oft und vielleicht noch häufiger formuliert worden als »das größte Glück der größten Zahl«. Nun geben diese Formulierungen in der Tat verschiedene Kriterien für die Interpretation des utilitaristischen Standards an die Hand, die man das »Kriterium des größten Glücks« auf der einen Seite und »das Kriterium der größten Zahl« auf der andern Seite nennen kann und die keineswegs äquivalent sind. In den meisten Fällen würden sie zweifellos zusammenfallen und man könnte keinen Unterschied zwischen ihnen sehen. Aber das ist nicht notwendig so. Wir können leicht Umstände beschreiben, in denen sie in Konflikt geraten würden. Denken wir uns zwei Handlungen, a und b, die einander ausschließen, und nehmen wir an (wobei wir aus Gründen der Zweckmäßigkeit mit kleinen Zahlen arbeiten und die Frage einmal beiseite lassen, ob man so glatte und exakte Rechnungen überhaupt aufstellen kann), a würde für zwölf Personen jeweils vier Einheiten Glück bewirken, während b für acht Personen jeweils acht Einheiten Glück bewirken würde. Was sollte man aufgrund des Prinzips der Nützlichkeit tun? Das kann man unmöglich sagen, denn das Kriterium der »Nützlichkeit« ist hier zweideutig, und man kann nicht entscheiden, welche der beiden Handlungen »nützlicher« ist. Nach dem Kriterium der größten Zahl sollte man a tun, denn es bewirkt Glück für eine größere Zahl von Menschen. Aber nach dem Kriterium des größten Glücks sollte man b tun, weil das wahrscheinlich 64 Einheiten Glück bewirkt, während a nur 48 bewirken würde; und daher würde b eine im ganzen größere Summe von Glück bewirken. Diese Frage kann nun durch

Rekurs auf das Prinzip der Nützlichkeit nicht entschieden werden. Es wäre in der Tat ausgesprochen willkürlich, für das eine oder andere dieser beiden Kriterien zu optieren.

Aber das ist noch nicht alles. Das Kriterium des größten Glücks selbst ist nicht frei von einer gewissen Zweideutigkeit. Es kann entweder bedeuten »die größte *Gesamt*summe von Glück« oder »die größte *durchschnittliche* Summe von Glück«, und eine Handlung kann im Vergleich zu einer anderen zwar eine größere Gesamtsumme von Glück aber zugleich einen kleineren Durchschnitt von Glück bewirken. Nehmen wir eine Handlung c an, die einen Gesamtbetrag von fünfzig Einheiten Glück für fünf Leute bewirkt mit einem Durchschnitt von zehn Einheiten pro Person; während eine andere Handlung d einen Gesamtbetrag von 56 Einheiten Glück für eine Gruppe von sieben Leuten bewirken würde, also mit einem Durchschnitt von acht Einheiten pro Person. Welche Handlung wäre richtig? Welche wäre tatsächlich besser? Auch hier wäre die Entscheidung willkürlich. Man kann sicher nach utilitaristischen Maßstäben keinen Grund für die Behauptung angeben, eine Situation sei besser als die andere. Und Probleme dieser Art lassen sich praktisch endlos weiterspinnen. Denn es kann ein Konflikt auftreten zwischen dem Kriterium des größten Durchschnitts an Glück und dem Kriterium des Glücks der größten Zahl. Vergleichen wir z. B. Handlung c mit Handlung a. Aus der Existenz dieser widersprüchlichen Kriterien folgt also, daß das Prinzip der Nützlichkeit nicht das »primäre Prinzip der Moral« ist, oder das »fundamentale Prinzip der Sittlichkeit«, da man noch ein anderes Prinzip benötigt, um diese Konflikte zu lösen, wenn sie auftreten. Nach allem, was darüber gesagt wurde, kann man es nicht einmal als ein Prinzip, noch viel weniger als ein fundamentales Prinzip akzeptieren, das über alle Fragen der Moral in letzter Instanz entscheidet.

Man könnte denken, die soeben notierten Schwierigkeiten seien rein akademischer Natur und könnten in der Praxis gar nicht auftreten. Das stimmt nicht. Es stimmt, daß die ausgewählten Beispiele künstlich sind, ebenso künstlich abstrakt wie künstlich exakt. Aber das heißt nicht, daß Schwierigkeiten dieser Art niemals auftreten könnten. Eine derartige Schwierigkeit könnte in jeder Situation auftauchen, in der jemand zwischen einer Handlung wählen müßte, die einer sehr großen Zahl von Leuten jeweils in geringem Ausmaß nützen würde, und einer anderen, die einer relativ kleinen Gruppe von Leuten jeweils in sehr hohem Maße nützlich wäre; und solche Schwierigkeiten gibt es fast immer; auch wenn man sie vielleicht nicht immer als solche erkennt, so kann man das doch an jeder beliebigen Gesetzesvorlage ersehen, die man sich vornimmt. Ich behaupte nicht, daß solche Fragen nicht zu entscheiden wären. Ich behaupte nur, daß sie mit dem Prinzip der Nützlichkeit nicht entschieden werden können.

Schauen wir uns einmal das Bevölkerungsproblem an. Sidgwick vertrat, wie wir uns erinnern werden, die These, daß »aus utilitaristischer Sicht ... eine allgemeine Weigerung, die menschliche Gattung zu reproduzieren, das größte denkbare Verbrechen wäre«,[9] und sein Grund für diese These war, daß es die Summe des Glücks in dieser Welt verringern würde und menschliches Glück vielleicht insgesamt auslöschte. Welchen Standpunkt sollte ein Utilitarist nun im Hinblick auf das *Wachstum* der Bevölkerung einnehmen? Wenn die Menge des Glücks das Ziel ist oder sogar das größte Glück der größten Zahl, dann würde man doch meinen, daß die Bevölkerung bis zu dem Ausmaß wachsen sollte, das jedem gerade noch die nackte Existenz ermöglicht. Denn je mehr Leute glücklich sind, selbst wenn es nur ein kleines Glück ist, um so mehr Glück gibt es, und wenn man davon ausgeht, daß es eine Pflicht sei, Glück zu vermehren, dann ist es ebenso eine Pflicht, zum Bevölkerungswachstum beizutragen. Das jedenfalls ist die Ansicht, die Paley, ein früher (d. h. ein Vor-Malthusianer) Utilitarist vertritt:

Der oberste Gesichtspunkt aller rationalen Politik ist es, in bestimmten Landesteilen die größtmögliche Menge an Glück zu erzeugen ... Das Glück eines Volkes setzt sich zusammen aus dem Glück einzelner Menschen; und die Quantität an Glück kann nur vergrößert werden, wenn man die Zahl der Teilnehmer daran erweitert, oder deren Lust, daran teilzunehmen ... Obgleich aufgrund unterschiedlicher Bedingungen, insbesondere verschiedener Grade an Reichtum, Freiheit und Sicherheit, die Quantität an Glück jeweils einer bestimmten Zahl von Individuen erheblich variiert; und obgleich es extreme Fälle gibt, in denen Individuen durch die Härte der Sklaverei so gepeinigt sind, daß eine Vergrößerung ihrer Zahl

9 Henry Sidgwick, *The Methods of Ethics*, London 1907, Seite 487.

nur eine Vergrößerung des Elends wäre, so könnte man doch innerhalb bestimmter Grenzen, und zwar innerhalb der Grenzen zivilisierten Lebens, wie es in Europa in verschiedener Form unter gemäßigten Regierungen geführt wird, wie ich meine, mit Sicherheit behaupten, daß die Quantität an Glück, die in einem bestimmten Landstrich erzeugt wird, abhängig ist von der Anzahl der Bewohner, daß das kollektive Glück, wenn man es mit dem angrenzender Zeiträume innerhalb desselben Landes vergleicht, sich annähernd proportional zur Anzahl der Bewohner verhält; das heißt, die doppelte Zahl von Einwohnern wird die doppelte Quantität an Glück hervorbringen; und obwohl das Verhältnis des Lustgewinns dem Verhältnis der Bevölkerungszahl gar nicht proportional sein muß, wenn man entferntere Zeiträume und verschiedene Länder vergleicht, zwischen denen ein starker Wandel stattgefunden hat oder große Unterschiede der sozialen Verfassung bestehen, wird man demnach feststellen, daß einer außergewöhnlich hohen Bevölkerungszahl auch ein hoher Grad an Glück entspricht; so daß man bei allen politischen Überlegungen mindestens davon ausgehen kann und sollte, daß *zehn*, die die Möglichkeit zu einem gesunden Auskommen haben, mehr Glück genießen, als fünf Menschen hervorbringen können, die durch Macht, Einfluß und Reichtum privilegiert sind. Aus diesen Prinzipien folgt, daß die Quantität an Glück in einem bestimmten Bereich – obgleich es möglich ist, daß sie bei gleichbleibender Bevölkerungszahl wächst – hauptsächlich und ganz natürlich von Veränderungen der Anzahl abhängt: daß also der Bevölkerungsrückgang das größte Übel ist, das diesen Staat treffen kann; und daß Bevölkerungswachstum das Ziel ist, nach dem man in allen Ländern streben sollte, das gegenüber jedem anderen, wie auch immer gearteten, politischen Zweck Priorität haben sollte.[10]

Es ist allerdings zu beachten, daß der Satz, »zehn Menschen, die die Möglichkeit zu einem gesunden Auskommen haben, genießen mehr Glück, als fünf Menschen hervorbringen können«, nicht bedeutet, daß *jeder* der zehn glücklicher ist als jeder der fünf, noch ist damit gesagt, daß die größere Gruppe eine größere Zahl glücklicher Leute enthält. Es bedeutet lediglich, daß die Gesamtsumme (der kollektive Betrag) an Glück in der größeren Gruppe größer sein wird, weil man zu diesem Betrag durch eine rechnerische Abstraktion gelangt, wenn man nämlich die Anzahl der Gruppenmitglieder mit der durchschnittlichen Summe an Glück multipliziert. Und warum sollte man das nicht tun, wenn Glück mit Geld vergleichbar ist? Wenn jeder der fünf 2 Dollar hat und jeder der zehn einen,

10 William Paley, *The Principles of Moral and Political Philosophy*, London [7]1790, 2. Bd. 6. Buch, Kap. 11, Seite 345-47.

haben beide Gruppen den gleichen Geldbetrag; wenn zu den zehn noch einer hinzukommt, ist das die »reichere Gruppe«. Eine vielleicht etwas sorgfältigere (wenn auch keineswegs schlüssigere) Formulierung dieser Doktrin, die die Bevölkerung einbezieht, stammt von Sidgwick:

Wenn wir annehmen, daß das durchschnittliche Glück von Menschen eine positive Größe ist, dann scheint es klar zu sein, daß uns der Utilitarismus – unter der Voraussetzung, daß das durchschnittliche Glück nicht verringert wird – dahin führt, die Zahl derer, die daran teilhaben, so groß wie möglich zu machen. Wenn wir jedoch die Möglichkeit berücksichtigen, daß ein Anstieg der Bevölkerungszahl eine Verringerung des durchschnittlichen Glücks nach sich zieht oder umgekehrt, dann taucht damit ein Problem auf, das nicht nur niemals formal registriert wurde, sondern, wie es scheint, von vielen Utilitaristen gänzlich übersehen wurde. Wenn wir nämlich den Utilitarismus so verstehen, daß er als letztes Handlungsziel das Glück im ganzen und nicht irgendein individuelles Glück, es sei denn, man betrachtet es als Element des Glücks im ganzen, vorschreibt, dann würde daraus folgen, daß, wenn die hinzugekommene Bevölkerung am ganzen verfügbaren Glück teilhätte, wir die gewonnene Glückssumme von den Hinzugekommenen gegen den Glücksverlust der Übrigen abwägen sollten. Wenn man das also konsequent durchdenkt, wäre der Punkt, bis zu dem man – nach utilitaristischen Prinzipien – die Bevölkerung ermuntern sollte, sich zu vermehren, nicht der, an dem das durchschnittliche Glück am größten ist, wie von Vertretern der politischen Ökonomie der Malthus-Schule angenommen zu werden scheint – sondern der, an dem das Produkt, das man erhält, wenn man die Anzahl der lebenden Personen mit ihrer Durchschnittssumme an Glück multipliziert, sein Maximum erreicht.[11]

Das impliziert jedoch, daß die Zahl der Menschen vergrößert werden sollte, selbst wenn man dafür in Kauf nehmen muß, daß sich das durchschnittliche Glück vermindert, solange eine wachsende Zahl zu einer größeren Summe an Glück im ganzen führt. Und man fragt sich: warum? Warum sollte man ein solches Kriterium akzeptieren und nicht etwa das Kriterium des größten Durchschnitts? Diese Frage kann mit dem Rekurs auf »Nutzen« (oder »Glück« oder »das Gute«) nicht klar beantwortet werden, weil es genau darum geht, was »Nutzen« ist, und darum, welche Vorzüge dieses Prinzip hat, um als Kriterium benutzt zu werden. Wenn dies tatsächlich das utilitaristische Kriterium ist, dann fordert es uns nicht auf, das Glück von Menschen zu fördern, sondern die Ausweitung

11 Sidgwick, a.a.O., Seite 415-16.

eines abstrakten Kalküls, das Wachstum lediglich einer Statistik. Schauen wir uns noch einmal die Analogie zum Geld an. »Nach utilitaristischen Prinzipien«, so können wir die Doktrin paraphrasieren, »ist der Punkt, bis zu dem das Wachstum einer Bevölkerung zugelassen werden sollte, nicht der, an dem der durchschnittliche Reichtum am größten ist, sondern der, an dem das Produkt aus der Multiplikation der Anzahl lebender Personen mit ihrem durchschnittlichen Reichtum sein Maximum erreicht – der Punkt, an dem, mit anderen Worten, der Gesamtbetrag an Geld so groß wie möglich ist.« Aus dieser Sicht ist es ebensogut, wenn in einer Gesellschaft eine Million Leute leben, die jeder einen Dollar haben, wie wenn es tausend Leute gäbe, die jeder tausend Dollar hätten.

Wäre es dann vernünftig, daraus zu schließen, daß das Kriterium des größten Durchschnitts akzeptiert werden sollte? Ich bin nicht dieser Ansicht. Ein Durchschnitt ist, wie man es auch nimmt, eben ein Durchschnitt, und sagt nichts über die Verteilung aus. Die Durchschnittssumme an Reichtum mag in einer Gesellschaft sehr hoch sein, obgleich die Hälfte ihrer Mitglieder keinen Pfennig besitzt und bei den anderen Schulden hat; dasselbe gilt für die Gesamtsumme an Reichtum. Einige können sehr reich und andere sehr arm sein; und ganz wenige können sehr reich sein und sehr viele sehr arm; und das utilitaristische Prinzip würde das abdecken, vorausgesetzt nur, daß der Gesamtbetrag oder aber der Durchschnittsbetrag sehr groß ist – wobei natürlich der Geldbetrag veranschlagt wird, den alle Leute besitzen, die eingeschlossen, die gar nichts haben. »Je größer, umso besser« und »je mehr, umso glücklicher«. Was man daraus vernünftigerweise schließen sollte, ist, keines der Kriterien zu akzeptieren, weil keines von ihnen für das menschliche Wohlergehen wirklich relevant ist und sich keines wirklich auf moralische Begründungen stützen kann. Das Kriterium, das angenommen werden sollte, ist nicht das der Maximierung des Wohlergehens (oder des Glücks oder des »Guten«), sei es im Hinblick auf die Gesamtsumme oder im Hinblick auf eine durchschnittliche Summe. Auch sollte eine *ausgeglichene Verteilung* des Wohlergehens kein Kriterium sein. Natürlich kann es auch kein Kriterium sein, das Wohlergehen möglichst gering zu halten. Das Kriterium ist vielmehr, die Bedingungen zu sichern, unter denen jedem ein bestimmtes Minimum an Wohlergehen zugesichert werden kann, soweit das durch menschliches Bemühen erreichbar ist. Das müßte allerdings, was ich jetzt nicht vorhabe, viel weiter ausgeführt werden. Nichts anderes kann jedenfalls mit dem Prinzip der Gerechtigkeit begründet werden. Das allgemeine Wohl ist das Wohl von Menschen und nicht eine »brütende Allgegenwart im Himmel«. Das heißt, daß Gerechtigkeit eines seiner wesentlichen Komponenten ist.

§ 4

Der Utilitarismus, das scheint deutlich, strotzt vor Schwierigkeiten, und das Prinzip der Nützlichkeit ist, wenn man es in der dargestellten Weise interpretiert, ganz gewiß nicht schlüssig. Es gibt allerdings wirklich keinen plausiblen Grund, warum man es in dieser Weise interpretieren müßte oder so anwenden, wie es dargestellt wurde. Obgleich das die übliche und traditionelle Interpretationsweise ist, ist es doch nicht die einzige. Es gibt eine andere, für die vielleicht etwas mehr spricht.

Um das herauszuarbeiten, schlage ich vor, zwei Arten von »Utilitarismus« zu unterscheiden, zwei Möglichkeiten der Interpretation und Anwendung des Prinzips der Nützlichkeit, die ich den »direkten Utilitarismus« und den »indirekten Utilitarismus« nennen werde. In dem von mir so bezeichneten direkten Utilitarismus bezieht sich das Prinzip der Nützlichkeit auf individuelle oder spezifische Handlungen; man wendet es *direkt* auf eine individuelle Handlung an, wertet die Folgen dieser spezifischen Handlung unter spezifischen Umständen und bestimmt so ihre Moralität. Diese Interpretation habe ich bis jetzt diskutiert, und mir scheint, es läßt sich nichts zu ihren Gunsten sagen. Im indirekten Utilitarismus dagegen wird das Prinzip nicht direkt auf individuelle Handlungen angewendet, sondern nur auf Typen von Handlungen; man wendet es direkt auf die Art von Handlung oder den Handlungstyp an und daher nur *indirekt* auf einen bestimmten Fall. Man überlegt also, welche Folgen von Handlungen dieser Art im allgemeinen erwartet werden können, und bestimmt damit direkt die Moralität dieser *Art* von Handlung. Die Moralität einer spezifischen Handlung bestimmt man also nur unmittelbar über dieses Vorgehen und folglich nur indirekt. Bei dieser Interpretation hängt die Moralität einer speziellen Handlung nicht von ihren speziellen Umständen ab, sondern von der Art der Handlung und den Folgen, die Handlungen dieser Art im allgemeinen haben. Daraus ergibt sich klar, daß der indirekte Utilitarismus das Prinzip der Nützlichkeit anwendet, um Regeln zu begründen, mit dem Ergebnis, daß eine bestimmte Art von Handlung im Hinblick auf die Folgen, die sie im allgemeinen hat, im allgemeinen richtig oder im allgemeinen nicht richtig ist; daher sind also diese Regeln und nicht das Prinzip selbst direkt auf individuelle Handlungen anwendbar. Wenn es nämlich nicht um eine von diesen Regeln ginge, würde die Frage nach der Anwendung des Prinzips nicht entstehen.

Das, was ich indirekten Utilitarismus nenne, ist immer noch Utilitarismus, obgleich man meinen könnte, es sei nicht so. Das ergibt sich aus der Tatsache, daß Mill diese Position ganz definitiv vertritt – wenn auch nicht klar und unzweideutig – und daß man sogar sagen kann, sie entspreche dem, was er wirklich intendierte. So definiert Mill »Moral« nicht, wie man erwarten könnte, als »ein Verhalten gemäß dem Prinzip der Nützlichkeit«, sondern vielmehr als »die Regeln und Vorschriften für menschliches Verhalten, durch deren Einhaltung für die gesamte Menschheit in größtmöglichem Ausmaß eine Existenz, wie sie beschrieben wurde, gewährleistet werden kann.«

Die Ergebnisse aus dem Prinzip der Nützlichkeit sind, wie auch die Regeln jedes praktischen Tuns, unbeschränkt verbesserungsfähig und in einem fortgeschrittenen Stadium des menschlichen Geistes werden sie auch kontinuierlich verbessert. Es ist jedoch eine Sache, die Regeln der Moral als verbesserungsfähig anzusehen, und eine andere, die dazwischenliegenden Stufen und Verallgemeinerungen gänzlich auszulassen und zu versuchen, jede individuelle Handlung direkt mit dem ersten Prinzip zu testen. Es ist eine befremdliche Auffassung, daß die Anerkennung eines ersten Prinzips mit der Zulassung sekundärer nicht vereinbar sei ...

Also sollten individuelle Handlungen durch diese dazwischenliegenden Verallgemeinerungen getestet werden, und es sind diese dazwischenliegenden Verallgemeinerungen oder moralischen Regeln, die durch das Prinzip der Nützlichkeit begründet werden und die unsere Rechte und Pflichten festlegen ...

Diese Regeln gelten jedoch nicht ohne Ausnahme. Im Hinblick »auf die Kompliziertheit menschlicher Angelegenheiten ... können Verhaltensregeln nicht so gefaßt sein, daß sie keine Ausnahmen erfordern, und ... es kann kaum irgendeine Art von Handlung mit Sicherheit als entweder immer verbindlich oder immer verwerflich abgestempelt werden.« Erst wenn ein Regelkonflikt entsteht, muß man auf das Prinzip der Nützlichkeit zurückgreifen, und diese »Fälle widerstreitender Verpflichtungen« sind die eigentliche Schwierigkeit und die Angelpunkte sowohl in der Ethiktheorie als auch bei der Gewissensanleitung für das persönliche Verhalten ...«

Es kann wohl kaum behauptet werden, daß jemand, weil er einen letzten Maßstab besitzt, auf den er sich im Fall widerstreitender Rechte und Pflichten bezieht, weniger in der Lage wäre, mit ihnen fertig zu werden. Wenn Nützlichkeit dieser letzte Ursprung moralischer Verpflichtungen ist, kann man auf die Nützlichkeit rekurrieren, um zwischen ihnen zu entscheiden, wenn ihre Forderungen unvereinbar miteinander sind. Obgleich die Anwendung des Maßstabs schwierig sein kann, ist das doch besser, als gar keinen zu haben ... Wir müssen uns daran erinnern, daß es nur in Fällen des Konflikts zwischen sekundären Regeln erforderlich ist, sich auf das erste Prinzip zu beziehen. Es gibt keinen Fall moralischer Verpflichtung, in dem nicht ein sekundäres Prinzip involviert wäre; und wenn es nur eines ist, kann jemand, der das Prinzip anerkennt, im Zweifel darüber sein, um welches es sich handelt.

In einem der weniger bekannten Aufsätze Mills wird diese Unterscheidung noch deutlicher gemacht. »Klugheit beruht in der Tat auf einem Kalkül der Folgen individueller Handlungen; um moralische Regeln zu begründen, ist es hingegen nur notwendig, die Folgen von Klassen von Handlungen abzuwägen, was eine viel einfachere Angelegenheit ist«.[12]

Es war nicht meine Absicht, Mills Moralphilosophie vollständig und gar adäquat darzustellen. Ich wollte lediglich zeigen, daß die Unterscheidung, die ich zwischen den beiden Arten der Interpretation des Prinzips der Nützlichkeit getroffen habe, tatsächlich ein Bestandteil des Utilitarismus ist, wie er sich historisch dargestellt hat. Und mein Grund dafür ist, daß dieser Utilitarismus durch diese Unterscheidung in der Lage ist, einen beachtlichen Teil der sehr naheliegenden Einwände zu überwinden. Ein solch naheliegender Einwand gründet sich

12 John Stuart Mill, *Dr. Whewell on Moral Philosophy*, in: *Dissertations and Discussions*, Boston 1868, Bd. III, Seite 156.

auf die Verpflichtung, ein Versprechen zu halten. Es ist häufig darauf hingewiesen worden, daß die Verpflichtung, ein Versprechen zu halten, nicht einfach nur – wenn überhaupt – auf den Folgen beruhen kann, die sich daraus ergeben, wenn man in einem bestimmten Fall ein Versprechen hält oder bricht. In dieser Weise zu verfahren und nur die Folgen zu bedenken, hieße, die Tatsache ignorieren, daß man ein Versprechen gegeben hat und damit willentlich die Verpflichtung eingegangen ist, etwas zu tun. Die Tatsache, daß man ein Versprechen gegeben hat, ist ein neues Element in einer Situation, durch das sie sich von etwas unterscheidet, was sie sonst gewesen wäre. Man hat die Verpflichtung, ein Versprechen zu halten, weil man etwas versprochen hat und damit vorgängig zugestimmt hat, nicht nur in der fraglichen Weise zu handeln, sondern sich auch nicht die relativen Vorzüge oder Nachteile zu überlegen, wenn die Zeit der Einlösung des Versprechens kommt. Jemand, der so etwas tut, ist bereits unglaubwürdig. Nun ist ganz klar, daß wir hier den Bezug auf eine Regel brauchen, die Regel nämlich, daß man Versprechen halten sollte, und es ist ein Vorteil des indirekten Utilitarismus, daß er – zumindest in einem gewissen Maß – in der Lage ist, das zu erklären.

Aber diese Unterscheidung zwischen direktem und indirektem Utilitarismus kann nicht alle Schwierigkeiten beseitigen, denen sich das Prinzip der Nützlichkeit aussetzt. Warum wäre es in einem Fall, in dem das keine nicht wünschenswerten Folgen hätte, nicht richtig, eine Regel zu verletzen? Eine moralische Regel zu verletzen bedeutet nur, etwas zu tun, was im allgemeinen nicht richtig ist, und in bezug auf das Prinzip der Nützlichkeit ist der Grund, warum eine Handlung im allgemeinen nicht richtig ist, der, daß sie im allgemeinen oder normalerweise nicht wünschenswerte Folgen nach sich zieht.

Um einen Ausdruck der Art zu benützen, auf die wir uns schon einmal bezogen haben: Handlungen dieser Art führen häufig zu schlechten Resultaten, und daher sind Handlungen dieser Art häufig nicht richtig. Aber nehmen wir an, daß eine Handlung dieser Art in einem bestimmten Fall nicht zu nicht wünschenswerten Folgen führte, so daß die Folgen die wären, die sie im allgemeinen sind. Warum sollte die Regel nicht gebrochen werden?

Schließlich ist die Regel, wenn man vom Prinzip der Nützlichkeit ausgeht, nur ein Hinweis, ein Hinweis dafür, welches wahrscheinlich die Folgen sein werden, und da sie nur in den meisten Fällen gilt: warum sollte man sich in einem Fall gebunden fühlen, in dem sie offensichtlich nicht anwendbar ist? Diese Frage kann nicht durch Rekurs auf das Prinzip der Nützlichkeit beantwortet werden. Auf der Grundlage des Prinzips der Nützlichkeit würde es in der Tat so aussehen, daß die Regel gebrochen werden sollte, wenn die Folgen im ganzen nützlich wären; und wenn sie nur keineswegs nicht wünschenswert wären, brauchte man die Regel nicht einzuhalten. Das reicht aber nicht aus. Wie wir gesehen haben, ist man nicht berechtigt, eine moralische Regel nur deshalb zu verletzen, weil die Folgen davon, daß man es täte, in dem speziellen Fall keineswegs nicht wünschenswert wären. Das ist vielleicht eine notwendige, aber keine hinreichende Bedingung. Zusätzlich muß gezeigt werden, daß die Handlung in allen ähnlichen Fällen richtig wäre, und diese ähnlichen Fälle können nicht einfach als diejenigen definiert werden, in denen die Folgen keineswegs nicht wünschenswert sind.

Darüber hinaus kann das Prinzip der Nützlichkeit nicht einmal in dieser indirekten Anwendung zeigen, warum es nicht richtig ist, etwa die Zahlung von Steuern zu verweigern. Eine solche Handlung ist normalerweise nicht richtig, aber haben Handlungen dieser Art normalerweise schlimme Folgen? Das ist alles andere als klar. Für das moralische Argumentieren ist das Argument der Verallgemeinerung und folglich das Prinzip der Verallgemeinerung erforderlich. Die relevante Frage lautet nicht »Was würde passieren, wenn ich mich weigern würde, Steuern zu bezahlen?«, sondern »Was würde passieren, wenn jeder sich weigern würde, Steuern zu bezahlen?«, und mit dieser Frage beruft man sich nicht auf das Prinzip der Nützlichkeit. Für sich genommen haben die Steuern eines einzelnen Steuerzahlers wenig Nutzen, vielleicht auch gar keinen. Daß dies ein wesentlicher Punkt ist, räumt Mill in einem Passus ein, den wir weiter oben zitiert haben, wo er zugibt, daß bestimmte Handlungen nicht richtig sind, »obgleich die Folgen in einem bestimmten Fall nützlich sein mögen«: Bei Dingen, die Leute aufgrund moralischer Überlegungen nicht tun, obgleich die Folgen in dem bestimmten Fall vielleicht nützlich sind ... gehört die Handlung zu einer Klasse, die, wenn sie allgemein praktiziert würde, allgemein schädlich wäre, und ... das ist der Grund für die Verpflichtung, von dieser Handlung Abstand zu nehmen. Solche Handlungen sind aber nicht »allgemein schädlich« oder müssen es zumindest nicht sein; das sind sie nur, »wenn sie allgemein praktiziert werden«. Hier liegt kein Rekurs auf das Prinzip der Nützlichkeit vor, sondern auf ein Prinzip, das davon unabhängig und fundamentaler ist.

Von den Prinzipien, die ich in dieser Arbeit entwickelt habe, entspricht dem Prinzip der Nützlichkeit in der gegenwärtigen Interpretation am meisten das generalisierte Prinzip der Folgen. Nun werden, wie ich schon gezeigt habe, viele moralische Regeln und besonders die, die ich fundamentale Regeln genannt habe, aus dem Prinzip der Folgen abgeleitet, aber eben doch nicht alle. Darüber hinaus ist jede moralische Regel, die aus dem Prinzip der Folgen abgeleitet wird, auch aus dem Argument der Verallgemeinerung abgeleitet. Daher reicht der indirekte Utilitarismus nicht aus, obgleich er gegenüber dem direkten Utilitarismus eine erhebliche Verbesserung bedeutet und mit den nötigen Einschränkungen ein notwendiger Teil einer adäquaten Moraltheorie ist (vorausgesetzt, wir lassen die Schwierigkeiten mit dem »Glück« aus). Eine notwendige Qualifikation ist, daß das Prinzip in einer, wie man es nennen könnte, »negativen« Weise und nicht in einer »positiven« interpretiert wird. Die andere Qualifikation ist die folgende: Mill behauptet, daß »es nur in diesen Fällen eines Konflikts zwischen sekundären Regeln notwendig ist, auf das erste Prinzip zu rekurrieren«, und daß, da Nützlichkeit der letzte Ursprung moralischer Verpflichtung ist, Nützlichkeit herangezogen werden kann, um zwischen ihnen zu entscheiden, wenn ihre Forderungen miteinander unvereinbar sind.« Er impliziert also, daß in Fällen von Regelkonflikten, in denen moralische Probleme entstehen, auf das Prinzip der Nützlichkeit Bezug genommen werden muß und daß man es direkt auf den Fall anwenden muß. Ich habe zuvor argumentiert, daß es sich nicht so verhält. Die Frage, die man hier stellen muß, ist nicht einfach die »Was würde passieren, wenn ich in dieser Situation die Regel verletze?« sondern, »Was würde passieren, wenn jeder in einer Situation wie dieser die Regel verletzen würde?«

Denn es geht nicht um die Frage, welche Handlungsweise die nützlichste, sondern welche die richtige wäre.[13]

§ 5

Auch wenn man diese Unterscheidung zwischen direktem und indirektem Utilitarismus akzeptieren und letzteren für eine entschiedene Verbesserung gegenüber dem ersteren halten würde, so ist doch evident, daß man den Utilitarismus ohne drastische Korrekturen und Änderungen nicht zu einer adäquaten und konsistenten Theorie machen kann. Soll man ihn – was er jedenfalls beansprucht – als eine umfassende und hinreichende Moraltheorie ernst nehmen, so könnte man fast sagen, daß Inkonsistenz ein Grundzug des Utilitarismus sei, der von ihm nicht wegzudenken ist. So ist z. B. diese Unterscheidung Mills eine Inkonsistenz, und er versucht häufig das Prinzip auf Fälle auszudehnen, auf die es ganz offensichtlich nicht anwendbar ist. Dies geschieht oft dadurch, daß er behauptet, eine Handlung, die allem Anschein nach nützlich ist, sei in Wirklichkeit nicht nützlich, sie *müsse* schädliche Folgen haben, die man eben noch nicht kenne. Was ist der Grund für dieses Vorgehen?

Wir wollen uns einmal die psychologische Doktrin ansehen, auf der der Utilitarismus aufbaut. Sie geht von der Überlegung aus, daß es, da jede Handlung irgendeinen Zweck hat, einen »letzten Zweck« geben müsse, auf den jede Handlung abzielt und zu dessen Verwirklichung jeder untergeordnete Zweck beiträgt. Dieser letzte Zweck ist Glück. Dieser letzte Zweck muß also Kriterium für die Beurteilung von Handlungen sein. So ist eine Handlung richtig, wenn sie zu Glück führt, und nicht richtig, wenn sie nicht zu diesem letzten Zweck

13 Mill vertritt tatsächlich diese These, obgleich er sich nicht bewußt ist, wie weit er damit von seiner offiziellen Doktrin abweicht. Vgl. a.a.O., S. 159/160: »Wenn einer aufgrund seines eigenen Urteils eine Regel durchbrechen kann, kann man anderen dieselbe Freiheit nicht verweigern; und wenn niemand sich darauf verlassen könnte, daß die Regel befolgt würde, verschwände die Regel allmählich ... Wesentlich ist, daß die Ausnahme selbst eine allgemeine Regel sein sollte; so daß sie, weil sie einen festgelegten Geltungsbereich hätte und ihre Auslegung nicht dem partiellen Urteil eines Handelnden in einem individuellen Fall überlassen würde, die Stabilität der umfassenden Regel in den Fällen, auf die sich der Grund für die Ausnahme nicht erstreckt, nicht erschüttert.«

führt; und von Handlungen, welche die Eigenschaft haben, zum Glück zu führen, sagt man, sie seien nützlich, während man von den anderen sagt, sie seien nicht nützlich. Dies muß daher *das* moralische Prinzip sein, das Kriterium, nach dem alle Handlungen beurteilt werden müssen; und da dies eine Gleichsetzung dessen impliziert, was (für diesen Zweck) »nützlich« ist, mit dem, was richtig ist, wird Nützlichkeit das Maß für richtig und nicht richtig.

Wenn diese Weise des Argumentierens in der Praxis angewandt wird, so geschieht folgendes. Sieht sich jemand, der sich diese Art des Argumentierens zu eigen gemacht hat, mit einer Möglichkeit zu handeln konfrontiert, von der er ganz sicher weiß, daß sie nicht richtig ist, obwohl sie allen ihm zugänglichen Beweisgründen nach gewiß nützlich oder zuträglich für den »letzten Zweck« ist, so wird er fast unweigerlich argumentieren, sie könne in Wirklichkeit gar nicht nützlich sein, sondern sie müsse Folgen haben, die, obwohl sie auf den ersten Blick gar nicht auffallen, doch so sind, daß sie diese Handlungsweise letzten Endes nicht nützlich machen. Solche Überlegungen führen zu der Auffassung, das Prinzip sei zur Begründung von Regeln zu gebrauchen, und die Handlung sei nützlich, weil sie ein Anwendungsfall einer Regel sei, die nützlich ist; sie führen auch zu der Auffassung, die Handlung habe gewisse »sekundäre Folgen«, die nicht unmittelbar in die Augen fallen, die aber im ganzen betrachtet nachteilig sind, wie z. B. das schlechte Beispiel, das man mit dieser Handlung anderen gibt, oder die Auswirkungen dieser Handlung auf den Charakter des Handelnden; und eine weitere sekundäre Folge, die man berücksichtigen müsse, ist, daß man mit dieser Handlung eine Regel bricht, deren Verletzung »wegen eines kurzfristigen Vorteils ... nicht zuträglich ist«.

Aber so geht es sicher nicht. Denn wenn diese »sekundären Folgen« in irgendeinem Fall zutreffen, treffen sie in allen Fällen zu, und wenn sie zeigen, daß irgendeine Handlung, wie nützlich sie davon abgesehen auch immer erscheinen mag, in Wirklichkeit nicht »nützlich« ist, dann würden sie das von jeder Handlung zeigen. Daraus würde folgen, daß jede moralische Regel ohne Ausnahme gilt und man niemals eine Regel brechen sollte, und dies widerspricht der Auffassung, daß »Regeln nicht so gefaßt werden können, daß sie nicht bestimmte Ausnahmen erfordern, und kaum eine Handlungsweise je als unter allen Umständen verbindliche oder allen Umständen verwerfliche Handlung festgelegt werden kann«. Es gibt immer legitime Ausnahmen, aber nach dieser Auffassung können sie von anderen nicht unterschieden werden. Außerdem geht diese Weise des Argumentierens der Frage wirklich aus dem Weg. Sie verfährt nicht, wie sie verfahren sollte; »Diese Handlung ist nicht nützlich; daher ist sie nicht richtig«, sondern: »Diese Handlung ist nicht richtig; daher kann sie nicht nützlich sein«. Das Prinzip der Nützlichkeit dient also in Wirklichkiet hier gar nicht als Beurteilungskriterium. Die Überzeugung, eine Handlung sei nicht richtig und daher nur *dem Anschein nach* nützlich, ist nicht aus dem Prinzip der Nützlichkeit, sondern aus einem anderen Prinzip hergeleitet.

Diese Schwierigkeit ist nicht unbemerkt geblieben. In einem einstmals berühmten, heute aber wenig beachteten Buch hat Paley, um dieser Schwierigkeit zu begegnen, eine Unterscheidung eingeführt, über die zu reden sich lohnt, nämlich zwischen den *allgemeinen* und den *besonderen* Folgen einer Handlung. Wenn man sie richtig versteht, ist die Unterscheidung sehr nützlich. Das System, das daraus resultiert, ist dann aber nicht mehr utilitaristisch.

Die Grundlage von Paleys System ist seine Lehre, daß »Handlungen nach ihrer Tendenz bewertet werden müssen«, ihrer Tendenz, das allgemeine Glück zu befördern oder zu vermindern, und daß, wie er es formuliert, »alles, was zuträglich ist, richtig ist«.

»Aber«, sagt Paley, »gegen all das scheint ein Einwand naheliegen, nämlich, daß viele Handlungen nützlich sind, die niemand, der bei Verstand ist, als richtig anerkennen wird«. Er nennt unter anderem folgende Beispiele:

Es gibt Fälle, in denen die Hand des Mörders sehr nützlich wäre. In einem großen Land benutzt der gegenwärtige Machthaber seinen Einfluß und sein Vermögen dazu, alle, die ihn umgeben, zu korrumpieren oder zu unterdrücken. Sein Staat würde nach seinem Tod an einen Nachfolger von gerade entgegengesetztem Charakter fallen. Es ist daher nützlich, so jemanden so schnell wie möglich aus dem Weg zu schaffen, weil dadurch die Bevölkerung einen bösartigen Tyrannen gegen einen milden und großzügigen Wohltäter eintauschen würde. Es kann nützlich sein, einen Geizhals zu berauben und das Geld den Armen zu geben; denn das Geld würde zweifellos mehr Glück bewirken, wenn man es in Nahrungsmitteln und Kleidung für ein halbes Dutzend bedürftiger Familien anlegen würde, als wenn es bei einem Geizhals fest verschlossen in der Schublade läge. Müssen wir diese Handlung als richtig anerkennen, was hieße, daß wir Mord rechtfertigen würden; oder müssen wir unser Prinzip aufgeben, daß Nützlichkeit das Kritierium des Richtigen sei?[14]

Die Frage ist richtig gestellt. Es ist ganz klar, daß diese Einwände von derselben Art sind wie die oben genannten. Aber Paleys Antwort lautet, wie nicht anders zu erwarten war, daß »man keines von beiden tun muß«, da »diese Handlungen im Grunde nicht nützlich und aus diesem Grund, und zwar allein aus diesem Grund, nicht richtig sind«. Dieser Punkt wird mit Hilfe der bereits erwähnten Unterscheidung herausgearbeitet:

Die negativen Folgen von Handlungen sind zweifacher Art, *besondere* und *allgemeine*. Die besondere negative Folge einer Handlung ist das Unheil, das diese einzelne Handlung direkt und unmittelbar verursacht. Die allgemeine negative Folge ist die Verletzung einer notwendigen oder nützlichen *allgemeinen* Regel. So ist die besondere negative Folge des oben beschriebenen Mordes Furcht und Schmerz des Ermordeten; der Verlust seines Lebens ... der Kummer und das Unheil, das mit seinem Tod über seine Familie, Freunde und von ihm Abhängige kam. Die allgemeine negative Folge ist die Verletzung der notwendigen allgemeinen Regel, daß niemand für seine Verbrechen ums Leben gebracht werden darf, es sei denn durch eine öffentliche Instanz.

Obwohl also eine solche Handlung keine besonderen negativen Folgen haben mag oder mehr positive Folgen dieser Art, ist sie doch nicht nützlich, und zwar aufgrund der wichtigeren allgemeinen Folgen, die in diesem Fall negativ sind. Und dasselbe gilt hinsichtlich der anderen beiden Beispiele und von einer Vielzahl weiterer Beispiele, die man noch anführen könnte.

Nun ist das, so formuliert, eine ganz klare Unterscheidung, und Paley nimmt sie zum Ausgangspunkt, um für die »Notwendigkeit allgemeiner Regeln« einzutreten mit der Begründung, daß

14 Paley, a.a.O. (Anm. 1, S. 200); die im Text angeführten Zitate stammen aus Buch II, Kap. VI, VII und VIII, die (in dieser Reihenfolge) überschrieben sind »Utility«, »The Necessity of General Rules« und »The Consideration of General Consequences Pursued«.

man nicht eine Handlung erlauben und eine andere verbieten könne, ohne einen Unterschied zwischen ihnen aufzuzeigen. Folglich muß ein und dieselbe Art von Handlungen allgemein erlaubt oder allgemein verboten sein. Wo es daher schädlich wäre, sie allgemein zu erlauben, ist es notwendig, eine Regel einzuführen, die solche Handlungen allgemein verbietet, und für diese Regel auch einzutreten.

Die Unterscheidung leistet aber nicht das, was sie sollte. Warum ist die allgemeine Folge »wichtiger« als die besondere Folge? Vorausgesetzt, die Handlung würde eine allgemeine Regel verletzen, so ist doch nicht jede Handlung, die eine allgemeine Regel verletzt, notwendigerweise nicht richtig, da Regeln Ausnahmen zulassen können. Aus welchen Gründen folgt denn, daß die Handlung »nicht nützlich« ist, wenn man annehmen kann, daß sie »keine besondere negative Folge oder mehr positive Folgen dieser Art« hat? Nach Paley ergibt sich das »aus der allgemeinen Folge, die wichtiger ist«. Aber genau das muß erst gezeigt werden. Wir wollen einmal zugestehen, die Verletzung einer Regel sei ein schlechter Aspekt einer Handlung; das ist nicht mehr als ein schlechter Aspekt. Warum kann er durch die »besonderen« positiven Aspekte nicht aufgewogen werden? Wenn wir dem System folgen, von dem wir ausgingen, dann müßte gezeigt werden, daß die Verletzung einer allgemeinen Regel immer oder fast immer mehr Schaden verursacht, mehr Leid schafft, nachteiliger ist und in höherem Maße dazu beiträgt, das allgemeine Glück zu vermindern, als ein regelkonformes Verhalten. Diese Behauptung kann man wohl kaum aufrechterhalten, und die angeführten Beispiele machen sie nicht plausibler. Wenn wir die »Nützlichkeit« der Handlung »zu einem gegebenen Zweck« (und ohne einen Zweck ist es sinnlos, von »Nützlichkeit« zu reden) bewerten sollen, und wenn das alles ist, was wir werten sollen, dann müßten wir sagen, daß die Handlung, auch wenn sie einige schlechte Aspekte aufweist, dennoch nützlich ist. Andernfalls wird das Wort »Nützlichkeit« zweideutig.

Tatsächlich liegt hier folgendes vor: der Terminus »allgemeine Folgen«, wie Paley ihn einführt, ist vieldeutig, und ohne es zu wissen, verwendet er ihn in mehr als einer Bedeutung. Er gibt in der Tat drei verschiedene Definitionen für diesen Ausdruck. Die erste ist die bereits genannte, wonach die »allgemeine negative Folge« einer Handlung die »Verletzung einer notwendigen oder nützlichen allgemeinen Regel« ist. (Kapitel VI).

Die zweite, die er einige Paragraphen später (Kapitel VII) gibt, ist diese: »Die allgemeine Folge einer Handlung, von der das, was an einer schlechten Handlung unrecht ist,in so hohem Maße abhängt, besteht im *Exempel*«. Obwohl diese Definition mit der ersten eng verknüpft werden kann, ist sie doch von ihr unterschieden. Paley stellte anscheinend folgende Überlegung an: der Grund dafür, daß die Verletzung einer notwendigen oder nützlichen allgemeinen Regel ein so wesentlicher Aspekt der Handlung ist und somit bei der Bewertung ihrer Nützlichkeit eine so große Rolle spielt, ist, daß sie für andere ein schlechtes Exempel statuieren wird; sie wird u. a. zur Folge haben, daß andere dasselbe tun; eine der Folgen, die sich aus der Verletzung einer Regel ergeben, ist also, daß andere dazu verführt werden, dasselbe zu tun, und daß die Regel langsam unterminiert wird. Wenn das zuträfe, so wäre das sicherlich eine wichtige Rolle der Handlung, und je nach der Bedeutung oder Nützlichkeit der Regel würde sie gewöhnlich »die besonderen positiven Folgen der Handlung« aufwiegen. Aber, wie ich schon vorher nachgewiesen habe, diese Behauptung trifft zwar in gewissem Umfang und für manche Beispiele, aber nicht im allgemeinen zu, und sie stimmt ganz sicher nicht in dem Ausmaß, in dem sie geltend gemacht wurde.

Diese zweite Definition der »allgemeinen Folge«, wonach sie »im Exempel besteht«, führt außerdem unmittelbar zu einer Schwierigkeit. Denn, wie Paley bemerkt, »es könnte so aussehen, als ob dieser Teil des Unrechts wegfiele, wenn die Handlung ganz im geheimen ausgeführt und somit kein schlechtes Exempel liefern würde«. Das ist nur zum Teil richtig. Es könnte scheinen, daß in den erwähnten Beispielen »alles Unrecht wegfällt«. Denn wenn man die Handlung geheimhält oder aus irgendeinem anderen Grund für andere kein schlechtes Exempel statuiert, dann hat der Definition zufolge die Handlung keine allgemeinen negativen Folgen und sollte daher für nützlich gehalten werden. Paley akzeptiert diesen Schluß jedoch nicht und weicht in diesem Punkt von seiner utilitaristischen Position ab. Denn dies führt ihn zu einer dritten Definition der »allgemeinen Folge«, die, was er offensichtlich übersehen hat, von den anderen beiden ganz verschieden ist. So sagt er als Antwort auf den Einwand, daß sie keine allgemeinen negativen Folgen hätte, »wenn die Handlung ganz im geheimen ausgeführt und somit kein schlechtes Exempel statuieren würde«, daß

diejenigen, die in dieser Weise argumentieren, nicht bedenken, daß sie eine allgemeine Regel aufstellen, die im Vergleich zu allen anderen am wenigsten zulässig ist, nämlich daß Heimlichkeit, wann immer sie praktikabel ist, jede beliebige Handlung rechtfertigen wird.

Das ist ganz richtig, aber das hier vorgebrachte Argument ist kein utilitaristisches mehr. Es bleibt doch das Faktum, daß die Handlung, wenn sie geheimgehalten wird oder wenn sie aus irgendeinem Grund für andere kein schlechtes Exempel statuiert, andere nicht dazu verführen wird, dasselbe zu tun, und somit keine allgemeinen negativen Folgen haben wird. Wenn ihre besonderen Folgen nützlich sind, warum ist dann die Handlung nicht nützlich? Wenn einzig Gründe der Nützlichkeit ausschlaggebend sind, würde Heimlichkeit die Handlung rechtfertigen, denn sie würde bewirken, daß sie nützlich ist.
Dennoch ist die Regel wider die Heimlichkeit, derzufolge eine Handlung, die sonst nicht zu rechtfertigen ist, niemals dadurch gerechtfertigt werden kann, daß man sie geheimhält, vollkommen gültig. Sie ist sogar mehr als eine moralische Regel. Sie ist ein moralisches Prinzip, und zwar von der Art, die ich an früherer Stelle ein »moralisches Gesetz« genannt habe. Ebensowenig wie man durch die Tatsache, daß man es wünscht, darin gerechtfertigt ist, eine moralische Regel zu verletzen, ist man darin durch die Tatsache gerechtfertigt, daß man es im geheimen tut oder niemand etwas davon erfahren wird. Aber das kann mit dem Prinzip der Nützlichkeit nicht begründet werden. Es kann nur mit Hilfe des Arguments der Verallgemeinerung begründet werden.
Das ist in der Tat das Argument, das Paley benutzt, und mit Hilfe des Arguments der Verallgemeinerung kommt er auch zu einer dritten Definition »allgemeiner Folgen«: »Man könnte die allgemeine Folge einer jeden beliebigen Handlung dadurch bestimmen, daß man fragt, was die Folge wäre, wenn man dieselbe Handlungsweise allgemein erlauben würde« (Kapitel VIII). Daß sich diese Definition, die Paley tatsächlich im Verlauf seines Buchs verwendet, von den anderen

grundsätzlich unterscheidet, sollte keiner weiteren Erläuterung bedürfen. Wenn man das für nötig hielte, würde man das, was ich früher das verallgemeinerte Prinzip der Folgen genannt habe, mit dem Argument der Verallgemeinerung verwechseln; man würde den Satz »die Handlung a hat häufig negative Folgen« mit dem Satz verwechseln: »die Häufigkeit der Handlung a würde zu negativen Folgen führen«.

Um diesen Punkt zu einem für uns günstigen Abschluß zu bringen, wollen wir eines oder zwei der »Reihe von Beispielen«, die Paley hinzufügt, diskutieren, »in denen die besondere Folge vergleichsweise unbedeutend ist und in denen die Bösartigkeit des Vergehens und die Strenge, mit der menschliche Gesetze es ahnden, fast ganz auf die allgemeinen Folgen zurückzuführen ist«:

Die besondere Folge der Falschmünzerei ist, daß derjenige, der das gefälschte Geld erhält, eine oder eine halbe Guinea verliert; die allgemeine Folge (worunter ich die Folge verstehe, die sich ergäbe, wenn dieselbe Verhaltensweise allgemein erlaubt würde) ist, daß der Geldverkehr zusammenbrechen würde.

Die besondere Folge von Urkundenfälschung ist, daß derjenige, der die gefälschte Urkunde annimmt, zwanzig oder dreißig Pfund Sterling verliert; die allgemeine Folge ist, daß der Urkundenverkehr aufhört.

Die besondere Folge von Schaf- oder Pferdediebstahl ist, daß der Eigentümer einen Verlust in der Höhe des Werts des gestohlenen Schafes oder Pferdes erleidet; die allgemeine Folge ist, daß das Land nicht mehr bewohnt, noch der Markt mit dieser Art von Vieh beliefert werden könnte...

Doch Paley hält den Slogan, von dem er ausgegangen war und der sich aufgrund seiner eigenen Beispiele als ein Trugschluß herausgestellt hat, immer noch aufrecht:

»Was zuträglich ist, ist richtig.« Aber dann muß es im ganzen, auf Dauer und in allen seinen Neben- und Fernwirkungen ebenso wie in seinen unmittelbaren und direkten Wirkungen zuträglich sein; denn es ist offenkundig, daß es für die Bewertung der Folgen unbedeutend ist, in welcher Weise oder zu welchem Zeitpunkt sie eintreten (Kapitel VIII).

Was Paley nun als die »allgemeinen Folgen« einer Handlung definiert hat, sind aber keineswegs Folgen in einem üblichen Sinn; sie sind weder tatsächliche noch wahrscheinliche Folgen, weder Folgen der Handlung noch des Handlungstyps; sie sind weder Neben- oder Fernwirkungen im Unterschied zu unmittelbaren und direkten Wirkungen; sie sind nicht einmal »sekundäre Folgen« wie etwa die Beeinflussung anderer Personen oder die Auswirkungen auf den Charakter des Handelnden. Wenn man die allgemeinen Folgen einer Handlung in der nun eingeführten Bedeutung dieses Ausdrucks bestimmen will, dann geht es nicht darum, die Folgen der Handlung im ganzen oder auf die Dauer zu erwägen. Noch geht es darum, zu bestimmen, welche Art von Folgen gewöhnlich aus (einzelnen) Handlungen dieses Typs hervorgehen. Wenn man das nicht sieht, läßt man sich einfach durch ein Wort irreführen.

VIII Der kategorische Imperativ

Wir haben uns nun lange genug mit dem Prinzip der Nützlichkeit befaßt. Es ist in gewissem Sinne einfach eine Sache der Fairneß, als nächstes den kategorischen Imperativ zu diskutieren. Denn auch dieses Prinzip ist mit dem Argument der Verallgemeinerung häufig identifiziert worden. In diesem Fall ist die Identifikation gelungener.

Der kategorische Imperativ lautet: »Handle nur nach derjenigen Maxime, durch die du zugleich wollen kannst, daß sie ein allgemeines Gesetz werde«. Dieses Prinzip kann man (wie jede Formulierung des kategorischen Imperativs, die den Begriff der Allgemeinheit enthält) auch Kants erstes moralisches Prinzip oder das *»Prinzip der Allgemeinheit«* nennen. Auf einen Punkt möchte ich gleich zu Beginn hinweisen: ich habe vor, dieses Prinzip *als ein moralisches Prinzip* zu behandeln, unabhängig von anderen Einzelheiten der Kantischen Moraltheorie und unabhängig von Einzelheiten seiner Metaphysik. Das heißt, daß mein Interesse nicht Kants Moraltheorie als solcher oder im ganzen gilt und damit nicht all den Einzelfragen, was Kant tatsächlich sagte oder in Wirklichkeit gemeint haben mag; obwohl es natürlich hie und da nötig sein wird, auf solche Fragen einzugehen. Dieser Stil der Diskussion ist vielleicht seltener, als man denkt. Die Auffassung, Kants Ethik sei »äußerst formalistisch« und folglich leer oder unbrauchbar, so daß der kategorische Imperativ keine moralische Regel begründen oder irgendeine Frage des Verhaltens lösen könne, hat schon fast den Charakter einer Tradition angenommen. Ich werde nachweisen, daß diese Auffassung nicht richtig ist.

Das Verhältnis des kategorischen Imperativs zum Argument der Verallgemeinerung werde ich im nächsten Kapitel in Verbindung mit einer Anzahl anderer Fragen und Schwierigkeiten erörtern, die vorwiegend seine Anwendung betreffen. In diesem Kapitel werde ich versuchen, ein mit dem kategorischen Imperativ verbundenes Mißverständnis auszuräumen, das vielleicht das hartnäckigste und wichtigste von allen ist. Man hat sich Kants Ethik traditionell als ein Konglomerat von »kategorischen Imperativen« vorgestellt, die auf individuelle Situationen, persönliche Unterschiede oder mildernde Umstände keine Rücksicht nimmt. So ist Kant effektiv darauf festgelegt worden, ein »ethischer Absolutist« oder »ethischer Formalist« zu sein: jemand, der z. B. behauptet, es sei immer nicht richtig, zu lügen, die Umstände oder Folgen mögen sein, wie sie wollen. Gewiß gibt es in Kants Auffassung dieses Element von Rigorismus. Aber es gibt auch andere Elemente, die wichtiger sind. Ich werde nachweisen, daß Kants Rigorismus mit dem kategorischen Imperativ nicht notwendig zusammenhängt, ja, daß er sogar mit ihm unverträglich ist. Aber dazu wird es zunächst einmal nötig sein, den genauen Unterschied zwischen einem hypothetischen und einem kategorischen Imperativ mit aller Sorgfalt zu bestimmen.*

§ 1

Kants Unterscheidung zwischen hypothetischen und kategorischen Imperativen ist eines der wesentlichen Merkmale seiner Ethik. Leider ist sie nahezu durchgehend mißverstanden worden. Das überrascht nicht, weil Kant selbst aufgrund der unglücklichen Terminologie, in der er sie formuliert hat, ernstlich in die Irre geführt wurde. Dennoch ist die Unterscheidung, wenn man sie richtig versteht, ganz und gar schlüssig. Im Grunde ist sie nichts anderes als die Unterscheidung zwischen Klugheitsregeln oder -urteilen und moralischen Regeln oder Urteilen.

Sidgwick hat gezeigt, daß es »wichtig ist, die beiden Arten von Urteilen zu trennen ... die als ›moralisch‹ und ›klug‹ unterschieden werden ... Mit unserem Alltagsverstand unterscheiden wir klar zwischen Einsichten und Urteilen in bezug auf Pflichten und Einsichten und Urteilen, die sich darauf beziehen, was unter dem Aspekt des privaten Interesses des Handelnden oder seines Glücks ›richtig ist‹ oder ›getan werden

* Kants Werke werden, wenn nicht anders vermerkt, im folgenden zitiert nach der Ausgabe von Wilhelm Weischedel, *Immanuel Kant, Werke in sechs Bänden*, Frankfurt 1954 ff. [Anm. der Übers.]

sollte‹ ...«[1] Was ist nun das Wesentliche dieser Unterscheidung? Grob gesagt ist es dies: Was für jemanden klug oder unklug, weise oder verrückt wäre, hängt in einer Weise von seinen Wünschen oder von dem ab, was er begehrt, wie das für die Frage, was moralisch richtig oder nicht richtig wäre, nicht zutrifft. Es gehört wesentlich zu einer Verpflichtung, daß niemand seine Verpflichtungen los wird, weil er keine Lust hat, ihnen nachzukommen. Die Tatsache, daß jemand etwas nicht tun möchte, ist irrelevant für die Frage, ob er die Pflicht hat, es zu tun. Daß jemand etwas nicht tun möchte, ist jedoch nicht ähnlich irrelevant für die Frage, ob es für ihn klug wäre, es zu tun.

Das ist bisher noch kein sehr präzises Kriterium. Durch eine leichte Modifikation kann es aber präziser gemacht werden. Beachten wir, daß solche Termini wie »sollte«, »richtig« und »nicht richtig« im Hinblick darauf, ob es hier um eine Frage der Klugheit oder der Moral geht, nicht eindeutig sind (obgleich das vielleicht bei »sollte« häufiger zutrifft als bei den anderen beiden Ausdrücken). Ein Satz der Form »A sollte x tun« kann Ausdruck eines moralischen oder auch eines Klugheitsurteils sein. Er kann bedeuten, daß es für A entweder unmoralisch oder unklug wäre, x nicht zu tun. Natürlich kann es auch beides gleichzeitig heißen. Dennoch besteht ein Unterschied. Wie kann dieser Unterschied in speziellen Fällen ausgemacht werden? Eine Möglichkeit ist sicher die, ihn darauf zu beziehen, in welcher Weise ein solcher Satz gerechtfertigt oder begründet wird. Welche Art von Gründen führt man zur Stützung des Satzes an? Wenn der Satz durch den Rekurs auf die eigenen Wünsche oder Neigungen oder eigenen Interessen des Handelnden gestützt wird, dann ist es ein Klugheitsurteil. Wenn man zum Beispiel zeigen kann, daß jemand etwas nicht bekommen wird, das er sich wünscht, wenn er die fragliche Handlung nicht ausführt, daß er unglücklich oder ernsthaft beeinträchtigt würde, dann handelt er verrückt oder nicht weise oder unklug, wenn er die Handlung unterläßt, aber er handelt nicht notwendig unmoralisch. Daß eine unkluge Handlung gleichzeitig unmoralisch sein kann, ist ganz und gar irrelevant. Die angeführten Gründe zeigen, daß es sich bei

1 Henry Sidgwick, *The Methods of Ethics*, London ^{7}1907, S. 25-26.

dem Satz, der zur Debatte steht, um ein Klugheitsurteil und nicht um ein moralisches handelt. Diese Gründe zeigen, daß die Handlung unklug, nicht, daß sie unmoralisch ist. Wenn auf der anderen Seite der Satz nicht durch Rekurs auf die eigenen Interessen des Handelnden gestützt wird, sondern durch Rekurs auf die Bedürfnisse und Wünsche von *anderen* oder durch Rekurs auf ihre Rechte oder auf die Verpflichtungen, die man anderen gegenüber hat, oder indem man zeigt, was passieren würde, wenn jeder sich dieser Handlung entzöge, dann handelt es sich um ein moralisches Urteil. Wenn zum Beispiel die Behauptung, daß man nicht in einer bestimmten Weise handeln sollte, mit dem Hinweis gestützt wird, daß man damit jemanden schädigen oder ernstlich beeinträchtigen würde, dann wird ein moralisches Urteil formuliert. Damit ist die Frage der Gültigkeit – das sollte man nicht vergessen – noch nicht gelöst.

Wenn es also für die Formulierung der Gründe, die die Behauptung stützen, daß etwas richtig sei oder getan werden sollte, notwendig und ausreichend ist, die Bedürfnisse und Wünsche, das Begehren oder Interesse des Handelnden zu spezifizieren – oder die Wirkungen, die es für ihn hat, wenn er nicht in der angegebenen Weise handelt – dann haben wir es mit einem Klugheitsurteil zu tun. In diesen Fällen wird behauptet, daß es nicht klug wäre, nicht in dieser Weise zu handeln.

Nun kommt dem in gewisser Weise sehr nahe, daß Kant zwischen hypothetischen und kategorischen Imperativen unterscheidet: ein hypothetischer Imperativ ist eine Regel (oder »Ratgebung«) der Klugheit; ein kategorischer Imperativ ist eine moralische Regel (oder »Gesetz«).

Nun kann man die Geschicklichkeit in der Wahl der Mittel zu seinem eigenen größten Wohlsein *Klugheit* im engsten Verstande nennen. Also ist der Imperativ, der sich auf die Wahl der Mittel zur eigenen Glückseligkeit bezieht, d. i. die Vorschrift der Klugheit, noch immer *hypothetisch;* die Handlung wird nicht schlechthin, sondern nur als Mittel zu einer anderen Absicht geboten.[2]

2 Kant, *Grundlegung zur Metaphysik der Sitten*, in: Weischedel Bd. IV, S. 45. (Im folgenden zitiert als *Grundlegung*). Wir brauchen nicht auf die Unterscheidung einzugehen, die Kant zwischen zwei Arten von hypothetischen Imperativen macht, Imperativen der Klugheit und der Geschicklichkeit. Wie Kant selbst sagt, ist der Imperativ der Klugheit »von dem Imperativ der Geschicklichkeit nur darin un-

Kant sagt, daß ein hypothetischer Imperativ (eine Klugheitsvorschrift) auf einer Bedingung oder Voraussetzung beruht, und unterscheidet hypothetische von kategorischen Imperativen auf der Grundlage, daß die letzteren nicht auf einer Bedingung beruhen oder von ihr eingeschränkt werden. Das ist keineswegs so seltsam, wie es erscheinen mag, noch ist es so zu verstehen, wie es normalerweise verstanden würde. Es bedeutet, daß ein Satz der Form »A sollte x tun« (Kant nennt das einen Imperativ) von A's Streben nach einem bestimmten Zweck gestützt werden oder darauf beruhen kann, was explizit erwähnt sein kann oder auch nicht. In diesem Fall ist der Satz »A sollte x tun« eine Verkürzung für »Wenn A y wünscht (und das tut er), dann sollte er x tun« (Was wiederum auf der Annahme beruht, daß es unerläßlich ist, x zu tun, wenn man y erreichen will). Hier handelt es sich bei dem Imperativ, daß »A x tun sollte«, um einen hypothetischen Imperativ. Er wird hypothetisch oder abhängig davon formuliert, daß A y wünscht, und beruht auf dieser Bedingung. Kant sagt: »wir (können) von der Vorschrift jederzeit los sein ..., wenn Wir die Absicht aufgeben«.[3] Auf der anderen Seite gibt es Sätze derselben Form (»A sollte x tun«), die nicht auf einem Wunsch oder Zweck, den A hat, beruhen oder dadurch bedingt sind. In diesem Fall wird der Imperativ nicht hypothetisch oder bedingt durch A's Wünsche formuliert, und dann ist es das, was Kant einen kategorischen Imperativ nennt. Ein kategorischer Imperativ ist ein moralischer Imperativ. Es ist keiner, dem wir durch die Aufgabe eines bestimmten Zwecks entgehen könnten. Denn er ist nicht durch Zwecke des Handelnden bedingt. Wie Kant sagt, läßt ein unbedingtes Gebot es dem Handelnden nicht offen, nach Belieben das Gegenteil zu tun.

Allenthalben, wo ein Objekt des Willens zum Grunde gelegt werden muß, um diesem die Regel vorzuschreiben, die ihn bestimme, ... ist ... der Imperativ ... bedingt, nämlich: *wenn* oder *weil* man dieses Objekt will, soll man so oder so handeln; mithin kann er niemals moralisch, d. i. kategorisch gebieten ...

terschieden, daß bei diesem der Zweck bloß möglich, bei jenem aber gegeben ist; ... beide ... (gebieten) aber bloß die Mittel zu demjenigen ..., von dem man voraussetzt, daß man es als Zweck wollte«. *Grundlegung,* S. 48. So kann beides ohne Unterschied eine Regel (oder ein Urteil) der Klugheit genannt werden.

3 *Grundlegung,* S. 50.

Dies Verhältnis, es beruhe nun auf der Neigung oder auf Vorstellungen der Vernunft, läßt nur hypothetische Imperative möglich werden: ich soll etwas tun darum, *weil ich etwas anderes will.* Dagegen sagt der moralische, mithin kategorische Imperativ: ich soll so oder so handeln, ob ich gleich nichts anderes wollte.[4]

Daraus sollte klar hervorgehen, daß Kants Unterscheidung zwischen hypothetischen und kategorischen Imperativen die gleiche ist wie die zwischen Klugheitsurteilen und moralischen Urteilen und wie auch die, die auf der gleichen Grundlage zwischen Klugheitsregeln und moralischen Regeln gemacht werden kann. Das heißt, nebenbei bemerkt, allerdings nicht, daß Kant die Unterscheidung in genau der gleichen Weise vornähme oder an genau der gleichen Stelle. Ein Satz oder Imperativ der Form »A sollte x tun« kann entweder ein Klugheitsurteil oder ein moralisches Urteil ausdrücken (entweder einen hypothetischen oder einen kategorischen Imperativ), und das ist abhängig davon, welche Gründe für den Satz angegeben werden. Wenn er durch den Bezug auf die Wünsche oder die Interessenlage des Handelnden gestützt wird, dann handelt es sich um ein Klugheitsurteil oder einen hypothetischen Imperativ.[5]

4 A.a.O., S. 75; vgl. *Kritik der praktischen Vernunft,* in: Weischedel, Bd. IV, (Im folgenden zitiert als *Kritik der praktischen Vernunft*) S. 145. »Alle Materie praktischer Regeln beruht immer auf subjektiven Bedingungen, die ihr keine Allgemeinheit für vernünftige Wesen als lediglich die bedingte (im Falle ich dieses oder jenes *begehre,* was ich alsdenn tun müsse, um es wirklich zu machen) verschaffen.« Vgl. auch *Eine Vorlesung Kants über Ethik,* hrsg. von Paul Menzer, Berlin 1924, (Im folgenden zitiert als *Vorlesung zur Ethik*) S. 45: ». . . ein moralisches Gesetz sagt kategorisch, was geschehen soll, es mag gefallen oder nicht. Es ist also keine Befriedigung unserer Neigung; alsdann dürfte auch kein moralisches Gesetz sein, sondern jeder möchte nach seinem Gefühl handeln.«

5 Daß Kant dies mit seiner Unterscheidung zwischen hypothetischen und kategorischen Imperativen im Sinn hatte, hat Sidgwick ganz deutlich gesehen (a.a.O., S. 6-7): »Wir schreiben häufig vor, daß dies oder das getan oder angestrebt werden ›sollte‹, ohne ausdrücklich auf einen weiteren Zweck Bezug zu nehmen, obgleich ein solcher Zweck stillschweigend vorausgesetzt wird. Es ist offenkundig, daß es sich bei solchen Vorschriften lediglich um, wie Kant sie nennt, hypothetische Imperative handelt: sie betreffen niemanden, der nicht zuvor den Zweck akzeptiert hat . . . Ein Arzt geht davon aus, daß sein Patient gesund sein möchte: er sagt ihm, daß er früh aufstehen, einfach leben und anstrengende körperliche Übungen machen *sollte.* Wenn nun der Patient Annehmlichkeiten und ein gutes Leben der Gesundheit entschieden vorzieht, dann sind die Vorschriften des Arztes hinfällig: sie gelten für ihn nicht mehr . . .«

§ 2

Kants Begriff des »kategorischen Imperativs« ist aber nicht immer in dieser Weise interpretiert worden. Und mit einiger Berechtigung. Kant selbst nämlich änderte seine Verwendung des Ausdrucks, ohne diese Veränderung explizit anzugeben. Er benutzte den Ausdruck nicht immer in der Weise, wie er ihn definiert hatte. Er ging von einer Bedeutung von »kategorisch«, in der ein kategorischer Imperativ nur ein moralischer Imperativ ist – im Gegensatz zu einem Klugheitsimperativ – über zu einer Bedeutung, in der ein kategorischer Imperativ so aufgefaßt wird, daß er unverletzlich ist, unter allen Umständen und Bedingungen gilt und keine Ausnahmen zuläßt. Das ist Kants ethischer Rigorismus oder Absolutheitsanspruch, für den er so oft getadelt wurde. Eine der Ursachen dafür scheint die unglückliche Terminologie zu sein, die er wählte, um den Unterschied zwischen moralischen Regeln und Klugheitsregeln auszudrücken, die Termini »kategorisch« und »hypothetisch«. Von »kategorisch« als Gegensatz zu »hypothetisch« ist es ein kleiner Schritt zu »unbedingt« als Gegensatz zu »bedingt«. Und von einer unbedingten *Regel* ist es nur ein kleiner Schritt zu einer unbedingten *Pflicht*, die ohne Rücksicht auf Bedingungen oder Umstände gilt, was, wie Kant versichert, für die Pflicht der Wahrhaftigkeit zutrifft. Aber dort, wo Kant zum erstenmal vom kategorischen Imperativ spricht, sagt er, daß er nicht durch irgendeinen Zweck des *Handelnden* bedingt sei oder darauf beruhe, und er unterscheidet ihn von einem hypothetischen Imperativ auf der Grundlage, daß der letztere auf einem Zweck des Handelnden beruhe oder dadurch bedingt sei.

Er scheint also seine Auffassung von einem kategorischen Imperativ als einem, der nicht durch die Zwecke des *Handelnden* bedingt ist, dahingehend geändert zu haben, daß ein solcher Imperativ durch *überhaupt nichts* bedingt ist. Allerdings folgt daraus, daß ein Satz der Form »A sollte x tun« nicht auf irgendwelchen Zwecken von A beruht oder durch sie »bedingt« ist, nicht, daß er nicht auf Zwecken anderer beruhen oder durch sie bedingt sein könnte, um derentwillen A x tun sollte. Und ebenso folgt daraus nicht, daß der Satz nicht auf anderen Umständen beruht oder durch sie bedingt ist. Der

Imperativ »Wenn A B versprochen hat, ihm das Geld zu leihen, um das er gebeten hat, dann sollte A B das Geld leihen, um das er gebeten hat« ist zum Beispiel kein hypothetischer Imperativ in dem Sinn, in dem Kant diesen Terminus definiert hat. Er ist nicht bedingt durch irgendwelche Wünsche von A; dennoch ist er bedingt. Der Imperativ »A sollte B das Geld leihen um das er ihn gebeten hat, beruht in diesem Fall auf einem vorgängigen Versprechen und ist dadurch bedingt. Es kann nicht von einem verlangt werden, daß man jedem, der darum bittet, Geld leiht. Also scheint Kant durch die unglückliche Wahl seiner Sprache in die Irre geführt worden zu sein.

Das klingt vielleicht seltsam; aber andere sind durch die gleiche fehlerhafte Terminologie irregeführt worden. Ein Beispiel dafür ist die folgende Stelle:

Gewöhnliche moralische Regeln bestehen weitgehend aus solchen praktischen Imperativen. Moderne Philosophen haben jedoch versucht, scharf zwischen beiden zu trennen, und zwar mit dem Grund, daß moralische Regeln absolut verbindlich seien, während die anderen bedingt sind. Die Regeln der Ökonomie, der Klugheit oder der Hygiene sind in dem Sinn bedingt, daß wir ihnen folgen müssen, *wenn* wir bestimmte Ziele erreichen wollen. Es kann aber sein, daß uns diese Ziele völlig egal sind, und dann brauchen wir die Regeln nicht zu befolgen. Moralische Regeln wie die, daß man nicht lügen soll, gelten in dem Sinn absolut, daß wir ihnen unter allen Umständen folgen müssen und ohne Rücksicht auf Neigungen oder Vorlieben. Nun besteht kein Zweifel, daß viele moralische Regeln von vielen Leuten als in diesem Sinn absolut empfunden werden. Aber reflektierte Leute, die nach den Gründen für gewöhnliche moralische Regeln zu fragen pflegen, akzeptieren nicht immer ihren absoluten Charakter ... Einige zum Beispiel stimmen mit Kant darin überein, die Regel, man sollte nicht lügen, als in dem Sinn absolut anzusehen, daß sie unter keinen wie auch immer gearteten Umständen verletzt werden darf, nicht einmal, um ein Menschenleben zu retten.[6]

Daß die Autoren dieses Textes nicht von sich selbst meinen, sie stimmten mit Kant überein, bewahrt sie nicht davor, Kants Irrtum zu verfallen. Daraus, daß moralische Regeln »unter allen Umständen gelten, ohne Rücksicht auf die Neigungen und Vorlieben« *des Handelnden*, folgt nicht, daß »sie unter allen möglichen Umständen nicht verletzt werden dürfen«, noch

6 Morris C. Cohen und Ernest Nagel, *An Introduction to Logic and Scientific Method*, New York 1934, S. 365.

folgt daraus, daß man sie ohne Rücksicht auf Neigungen und Vorlieben anderer befolgen müsse. Daraus, daß moralische Regeln nicht »bedingt sind in dem Sinn, daß wir sie befolgen müssen, um bestimmte Zwecke zu erreichen«, folgt nicht, daß sie »absolut verbindlich« sind.

Kant verfällt diesem Mißverständnis nicht immer, was durchaus die Interpretation stützt, die ich hier entwickele. Seine Unterscheidung zwischen »vollkommenen« und »unvollkommenen« Pflichten beruht zum Beispiel darauf, daß einige Pflichten durch die Wünsche oder Zwecke anderer bedingt sind oder auf ihnen beruhen. So sagt er etwa: »... man ... (unterscheidet) dasjenige Gesetz, welches bloß einen *Grund* zur Verbindlichkeit anheimgibt, von dem ..., welches in der Tat verbindend ist (...), (wie z. B. das Gesetz desjenigen, was das *Bedürfnis* der Menschen im Gegensatz dessen, was das *Recht* derselben von mir fordert, wovon das letztere wesentliche, das erstere aber nur außerwesentliche Pflichten vorschreibt)«.[7] Kant ist auch der Ansicht, daß wir die Pflicht haben, die Glückseligkeit anderer zu befördern, und das wäre kaum möglich, wenn nicht mindestens einige unserer Pflichten durch die Zwecke anderer bedingt wären.[8]

Wenn mein Argument also schlüssig ist, folgt daraus, daß es nicht zur Bedeutung des Terminus »kategorischer Imperativ« gehört, ein kategorischer Imperativ dürfe nicht verletzt werden. Ein kategorischer Imperativ ist einfach eine moralische Regel, und wenn man meint, ein kategorischer Imperativ dürfe unter keinen Umständen verletzt werden, er sei unter allen beliebigen Bedingungen verbindlich, dann verändert man die Bedeutung des Terminus; man verwechselt dann *einen* kategorischen Imperativ im Sinn einer moralischen Regel mit *dem* kategorischen Imperativ, der ein moralisches Prinzip ist.

Das vielleicht berühmteste Beispiel für Kants Rigorismus ist sein nahezu fanatisches Beharren darauf, daß es immer nicht

7 *Kritik der praktischen Vernunft*, S. 297.

8 Vgl. *Einleitung zur Tugendlehre*, in: Weischedel, Bd. IV, S. 524. In diesem Zusammenhang sollte man den folgenden Satz erwähnen: »... mit Aufopferung seiner eigenen Glückseligkeit (seiner wahren Bedürfnisse) anderer ihre zu befördern, würde eine an sich selbst widerstreitende Maxime sein, wenn man sie zum allgemeinen Gesetz machte. – Also ist diese Pflicht nur eine *weite;* sie hat einen Spielraum, mehr oder weniger hierin zu tun, ohne daß sich die Grenzen davon bestimmt angeben lassen.«

richtig sei zu lügen, daß man selbst dann nicht lügen dürfe, wenn man damit jemanden davor bewahren könnte, ermordet zu werden. Das kann man durch zahlreiche Beispiele aus der *Rechtslehre* veranschaulichen, in denen dieser Standpunkt besonders nachdrücklich vertreten wird. In diesem Werk behauptet Kant, »der jetzt bestehenden gesetzgebenden Gewalt gehorchen zu sollen«, ist »ein kategorischer Imperativ ...«, der verbietet, »der *Geschichtsurkunde«* dieser Gewalt nachzuspüren, zumindest in der Absicht, »die jetzt bestehende Verfassung mit Gewalt abzuändern«, und er sagt, »daß sein Widerstand [sc. des Volkes] wider die höchste Gesetzgebung niemals anders als gesetzwidrig, ... gedacht werden muß.« Es ist »Pflicht des Volks, einen, selbst den für unerträglich ausgegebenen Mißbrauch der obersten Gewalt dennoch zu ertragen.«[9] Dann spricht er auch wieder davon, »daß der kategorische Imperativ der Strafgerechtigkeit (die gesetzwidrige Tötung eines anderen müsse mit dem Tode bestraft werden) bleibt«, und macht solche Bemerkungen wie: »Selbst wenn sich die bürgerliche Gesellschaft mit aller Glieder Einstimmung auflösete (z. B. das eine Insel bewohnende Volk beschlösse, auseinander zu gehen und sich in aller Welt zu zerstreuen), müßte der letzte im Gefängnis befindliche Mörder vorher hingerichtet werden.«[10]

Es ist jetzt nicht meine Absicht zu untersuchen, ob Kant wirklich meinte, was er hier zu sagen scheint, oder welche spezifischen Gründe ihn zu solchen Äußerungen veranlaßten. Allgemein kann man, glaube ich, feststellen, daß Kant sie mindestens in der *Rechtslehre,* auf die eine oder andere Weise modifiziert, wenn er sie anwendet oder ihre Beziehung zueinander untersucht.[11] Wichtig ist hier die Beziehung zwischen Kants Rigorismus und seinem ersten moralischen Prinzip, *dem* kategorischen Imperativ, »Handle nur nach derjenigen Maxime, durch die du zugleich wollen kannst, daß sie ein allgemeines

9 Rechtslehre, in: Weischedel, Bd. IV (im folgenden zitiert als Rechtslehre), S. 438, 462/3, 440.

10 A.a.O., S. 459, 455.

11 Es ist bemerkenswert, daß Kant Fälle zugestehen würde, in denen es nicht richtig wäre, mit der Absicht zu täuschen, eine falsche Aussage zu machen; nur würde er solche Aussagen nicht »Lügen« nennen. Vgl. dazu *Vorlesung zur Ethik,* S. 270. Zu dem Diktum »Du sollst nicht lügen, die Umstände mögen sein, wie sie wollen« vgl. a.a.O., S. 17.

Gesetz werde«, und welche Schlüsse allgemein aus diesen in charakteristischer Weise »Kantschen« Äußerungen in bezug auf das Prinzip gezogen wurden. Generell wurde daraus der Schluß gezogen, daß das Prinzip der Allgemeinheit falsch sein müsse, wenn nicht einfach absurd. Ein Kritiker schreibt etwa:

Das Konzept des Kriteriums der Universalisierung als Handlungskriterium ist von den Kritikern einhellig und zweifellos mit guten Gründen zurückgewiesen worden. Die Argumente dagegen sind wohl jedem Studenten mit elementaren Kenntnissen der Moralphilosophie vertraut. Uns ist allen sehr früh das Beispiel des Unschuldigen vermittelt worden, der von Mördern verfolgt wird und dessen Leben durch eine Lüge zur rechten Zeit gerettet werden könnte. Es ist wohl unnötig, diesen gut gepflügten Boden noch einmal zu beackern.[12]

Diese Ansicht ist vollkommen irrig. Besonders groteske Trugschlüsse entstehen oft aus der Annahme, daß ein Boden »gut gepflügt« sei. Was hier vorliegt, ist, daß Kant selbst sein eigenes Prinzip falsch anwandte, und daraus wurde ohne jegliche *unabhängige Prüfung* der Schluß gezogen, daß das Prinzip nicht gültig sein könne. Aber der ethische Rigorismus, die Ansicht, daß bestimmte moralische Regeln absolut oder unter allen Umständen gelten, folgt aus Kants erstem moralischen Prinzip ebensowenig wie aus dem Argument der Verallgemeinerung. Ich möchte hier nicht die Argumente wiederholen, die zu diesem Thema bereits angeführt worden sind. Statt dessen schlage ich vor, alle vernünftigen Zweifel in bezug auf diesen Punkt auszuräumen, indem ich direkt die Argumente Kants in seinem berühmten Essay *Über ein vermeintes Recht aus Menschenliebe zu lügen* prüfe, in dem er seine An-

12 G. C. Field, *Kant's First Moral Principle*, in: *Mind*, Bd. XLI (Januar 1932), S. 19. Wiederabgedruckt in Fields *Studies in Philosophy*, Bristol 1935, S. 179. Für die These, daß das Prinzip der Allgemeinheit notwendig zum Rigorismus führt, vgl. Edward Caird, *The Critical Philosophy of Immanuel Kant*, Glasgow 1889, Bd. II, S. 188-90: »Kants Weise, das Prinzip mit bestimmten Regeln der Moral zu verbinden, scheint zu beinhalten, daß eine jede solche Regel als selbst allgemein behandelt werden sollte, als absolutes Gesetz, das bei keiner Gelegenheit außer Kraft gesetzt werden kann ... Kant ... ist, weil er als das universale Prinzip der Moral das nur formale Prinzip der Widerspruchsfreiheit ansieht, gezwungen, jede moralische Regel als absolutes Gesetz aufzufassen; denn das formale Prinzip kann nicht benutzt werden, um die Beziehungen zwischen verschiedenen Regeln festzulegen, die Ausdruck verschiedener Interessen im moralischen Leben sind; wenn es vielmehr eine bestimmte Regel in irgendeiner Weise verbindlich macht, muß es sie zum absoluten Gesetz weihen.« Für dieses nahezu kanonisierte Mißverständnis kann es kein besseres Beispeil geben.

sicht, es könne niemals richtig sein zu lügen, am nachdrücklichsten vertritt.[13]

§ 3

Kant schrieb diesen Essay als Antwort auf eine Kritik von Benjamin Constant, den er wie folgt zitiert:

Der sittliche Grundsatz: es sei eine Pflicht, die Wahrheit zu sagen, würde, wenn man ihn unbedingt und vereinzelt nähme, jede Gesellschaft zur Unmöglichkeit machen. Den Beweis davon haben wir in den sehr unmittelbaren Folgerungen, die ein deutscher Philosoph aus diesem Grundsatze gezogen hat, der so weit geht zu behaupten: daß die Lüge gegen einen Mörder, der uns fragte, ob unser von ihm verfolgter Freund sich nicht in unser Haus geflüchtet, ein Verbrechen sein würde (S. 637).

Constants Gegenargumente und Kants direkte Replik auf diese Argumente zu diskutieren, wäre möglicherweise interessant, würde aber vielleicht das, was im vorliegenden Zusammenhang relevant ist, eher verschleiern. Wir wollen nur Kants Bemerkungen dazu, was er »das unbedingte Prinzip der Wahrhaftigkeit« nennt, untersuchen. In diesem Zusammenhang behauptet er:

Wahrhaftigkeit in Aussagen, die man nicht umgehen kann, ist formale Pflicht des Menschen gegen jeden, es mag ihm oder einem anderen daraus auch noch so großer Nachteil erwachsen; und, ob ich zwar dem, welcher mich ungerechter Weise zur Aussage nötigt, nicht Unrecht tue, wenn ich sie verfälsche, so tue ich doch durch eine Verfälschung, die darum auch (obzwar nicht im Sinn des Juristen) Lüge genannt werden kann, im wesentlichsten Stücke der Pflicht *überhaupt* Unrecht: d. i. ich mache, soviel an mir ist, daß Aussagen (Deklarationen) überhaupt keinen Glauben finden, mithin auch alle Rechte, die auf Verträgen gegründet werden, wegfallen und ihre Kraft einbüßen; welches ein Unrecht ist, das der Menschheit überhaupt zugefügt wird.
Die Lüge also ... schadet jederzeit einem anderen, wenngleich nicht einem anderen Menschen, doch der Menschheit überhaupt, indem sie die Rechtsquelle unbrauchbar macht. (S. 638).

Es muß festgehalten werden, daß Kant hier wirklich der Frage ausweicht. Er behauptet scheinbar, Lügen sei in diesem Fall darum nicht richtig, weil es zwar keinem anderen Indivi-

13 Über ein vermeintes Recht aus Menschenliebe zu lügen, in: Weischedel, Bd. IV, S. 637 ff.

duum, aber der Menschheit im allgemeinen schaden würde. Aber in Wirklichkeit tut er das gar nicht. In Wirklichkeit behauptet er, jemanden anzulügen *müsse* sogar in einer Situation, wie sie gerade beschrieben wurde, der Menschheit überhaupt schaden, weil es nicht richtig wäre. Aber ob es nicht richtig wäre, ist gerade die Frage. Die Behauptung, Lügen müsse nicht richtig sein, weil es die Quelle der Gerechtigkeit verletzt oder dazu beitragen würde, die Grundlagen des Vertragsprinzips zu zerstören, ist ebenfalls nur ein Ausweichmanöver. Man könnte ihr entgegnen, daß in einer solchen Situation nicht zu lügen darum nicht richtig wäre, weil es die Bande menschlichen Vertrauens zerstören würde, die es verlangen, daß man sich darauf verlassen kann, daß einer dem anderen gegen einen Gewalttäter beistehen wird.

Aber das alles ist nur nebensächlich. Wichtiger in diesem Zusammenhang ist, daß dieses Argument sicherlich keine Anwendung des kategorischen Imperativs ist. Tatsächlich wendet Kant den kategorischen Imperativ in dieser Schrift überhaupt nicht an. Man kann den falschen Schluß daraus, was sich aus einer Anwendung wohl ergeben würde, schwerlich als eine Anwendung gelten lassen. Hätte Kant sein erstes moralisches Prinzip auf diesen Fall angewandt, würde er argumentieren, daß es nicht richtig sei, in einer solchen Situation zu lügen, weil man es nicht als allgemeines Gesetz wollen könnte, daß jeder das täte. Statt dessen begnügt er sich mit Versicherungen wie etwa der folgenden: »Es ist also ein heiliges, unbedingt gebietendes, durch keine Konvenienzen einzuschränkendes Vernunftgebot: in allen Erklärungen *wahrhaft* (ehrlich) zu sein.« (IV S. 639)[14] »Die Pflicht der Wahrhaftigkeit ... (ist eine) *unbedingte Pflicht* ..., die in allen Verhältnissen gilt« (IV, S. 641). Die Regel der Wahrhaftigkeit, fährt er fort, ist eine »Regel, die ihrem Wesen nach keiner Ausnah-

14 Der Gebrauch des Wortes »also« in diesem Satz kann als Zeichen dafür angesehen werden, daß Kant nicht einfach kühne Behauptungen aufstellt, sondern argumentiert. Und in gewisser Weise tut er das auch: »Wer also *lügt*, so gutmütig er dabei auch gesinnt sein mag, muß die Folgen davon, selbst vor dem bürgerlichen Gerichtshofe, verantworten und dafür büßen: so unvorhergesehen sie auch sein mögen; weil Wahrhaftigkeit eine Pflicht ist, die als die Basis aller auf Vertrag zu gründenden Pflichten angesehen werden muß, deren Gesetz, wenn man ihr auch nur die geringste Ausnahme einräumt, schwankend und unnütz gemacht wird.« (639) Wenn das auch ein Argument ist, so ist es doch sicher keine Anwendung des kategorischen Imperativs.

me fähig ist, weil sie sich in dieser geradezu selbst widerspricht« (IV S. 642).
Keine dieser Behauptungen wird nun in irgendeiner Weise durch das Prinzip der Allgemeinheit gestützt. Kant nimmt hier offensichtlich an, daß es in sich widersprüchlich wäre, von einer berechtigten Ausnahme zu reden, da die Regel der Wahrhaftigkeit ein kategorischer oder unbedingter und kein hypothetischer Imperativ ist. Und er nimmt an, diese Regel sei durch eine vorgängige Anwendung *des* kategorischen Imperativs bereits als ein kategorischer Imperativ im Sinne einer ausnahmslos geltenden Regel ausgewiesen. Aber diese Annahme ist einfach falsch. Nichts dergleichen ist ausgewiesen worden.
Wir wollen uns das berühmte Beispiel in der *Grundlegung* ansehen, in dem Kant den kategorischen Imperativ auf das Problem der Lüge (oder des lügenhaften Versprechens) anwendet. Was kam bei dieser Anwendung des Prinzips heraus? Was herauskam, war, daß die Maxime in diesem Fall (»wenn ich in Geldnot zu sein glaube, so will ich Geld borgen und versprechen, es zu bezahlen, ob ich gleich weiß, es werde niemals geschehen«)

> niemals als allgemeines Naturgesetz gelten und mit sich selbst zusammenstimmen könne, sondern sich notwendig widersprechen müsse. Denn die Allgemeinheit eines Gesetzes, daß jeder, nachdem er in Not zu sein glaubt, versprechen könne, was ihm einfällt, mit dem Vorsatz, es nicht zu halten, würde das Versprechen und den Zweck, den man damit haben mag, selbst unmöglich machen, indem niemand glauben würde, daß ihm etwas versprochen sei, sondern über alle solche Äußerungen, als eitles Vorgeben, lachen würde.[15]

Die Pointe dieser Überlegungen Kants besteht darin, daß es überhaupt keine Versprechen mehr geben würde, wenn eine solche Regel allgemein befolgt würde. Es wäre in sich widersprüchlich zu sagen, jeder habe, wann immer es ihm paßt, das Recht, ein lügenhaftes Versprechen abzugeben. Es ist für ein

15 *Grundlegung*, S. 53, vgl. S. 30: ich kann »zwar die Lüge, aber ein allgemeines Gesetz zu lügen gar nicht wollen . . ., denn nach einem solchen würde es eigentlich gar kein Versprechen geben, weil es vergeblich wäre, meinen Willen in Ansehung meiner künftigen Handlungen andern vorzugeben, die diesem Vorgeben doch nicht glauben, oder, wenn sie es in übereilter Weise täten, mich doch mit gleicher Münze bezahlen würden, mithin meine Maxime, sobald sie zum allgemeinen Gesetz gemacht würde, sich selbst zerstören müsse«.

Versprechen wesentlich, daß man von jemandem, der versprochen hat, etwas zu tun, im allgemeinen annehmen kann, daß er es auch tun wird. Wenn niemand die Absicht hätte, seine »Versprechen« zu halten, könnte man von niemandem sagen, er hätte etwas versprochen; der Ausdruck »Ich verspreche« würde seinen Sinn verlieren – er könnte nicht dazu verwendet werden, ein Versprechen zu geben –. Und da aus diesem Grund die Handlung nicht für jeden richtig sein könnte, wäre sie für niemanden richtig, zumindest für den nicht, der keine speziellen Gründe anführen kann. Aber daraus folgt keineswegs, daß es *immer* nicht richtig ist zu lügen oder ein falsches Versprechen zu geben. Alles, was Kant nachgewiesen hat, ist, daß es im allgemeinen nicht richtig ist (und das ist sicher genug). Er hat nicht nachgewiesen, daß, gleich unter welchen Umständen, die Annahme, jeder würde unter solchen Umständen ein lügenhaftes Versprechen machen, zu dieser Konsequenz führen würde. Aber das hätte gezeigt werden müssen, um nachzuweisen, daß Lügen oder ein falsches Versprechen geben ohne Rücksicht auf die Umstände immer nicht richtig ist. Und das kann eben nicht gezeigt werden. Denn man kann sich Situationen vorstellen, in denen jeder ein falsches Versprechen geben kann, ohne daß dadurch in solchen Situationen oder im allgemeinen das Versprechen und der Zweck, den man damit haben mag, selbst unmöglich werden. Es wäre vielmehr in sich widersprüchlich zu behaupten, Lügen sei immer und nicht nur im allgemeinen nicht richtig, *weil*, wie ich bereits aufgezeigt habe, *die Gründe, die zur Festlegung dieser Regel führen, dieselben sind, die unter gewissen Umständen dazu hinreichen, sich über sie hinwegzusetzen.*

Nun ist der Fall, in dem es darum geht, jemanden anzulügen, um einen Unschuldigen vor Schaden zu bewahren, gerade ein Fall dieses Typs. Die näheren Umstände sind in dem oben zitierten Passus bereits beschrieben worden. Aber um es noch deutlicher zu machen, wollen wir uns folgende Situation vorstellen, in der die Möglichkeit, gar nichts zu sagen, ausgeschlossen ist. A versteckt sich im Haus von B. Der Mörder kommt und fragt B, bei dem sich zufällig C aufhält, ob A im Hause ist, und droht an, er werde ihn und C umbringen, wenn er ihm keine Antwort gibt. B hat drei Möglichkeiten zu handeln. Er kann die Wahrheit sagen; dann wird A ermordet werden. Er kann eine Antwort verweigern; dann werden er und C, der ebenso unschuldig ist wie A, ermordet werden; oder er kann eine wohlkalkulierte Lüge erzählen, um das Leben von A ebenso wie sein eigenes Leben und das von C zu retten. Nun lautet die Frage, die Kant bei der Behandlung dieses Problems hätte stellen müssen, »Könnte man es als allgemeines Gesetz wollen, daß jeder in einer solchen Situation lügen sollte?« Aber das hat er nicht getan. Anstatt eine solche Frage zu stellen, nahm er einfach an, seine vorausgehenden Anwendungen des kategorischen Imperativs würden die Pflicht der Wahrhaftigkeit als »eine unbedingte Pflicht« ausweisen, »die in allen Verhältnissen gilt«. Anstelle den kategorischen Imperativ auf diese speziellen Umstände anzuwenden, wandte er diese harte und starre Regel an. Daraus kann aber auf keine Weise abgeleitet werden, daß der kategorische Imperativ in gewisser Weise mangelhaft ist. Mangelhaft ist vielmehr die Art, in der Kant ihn benutzt hat. Und mehr noch, das Ergebnis einer Anwendung des kategorischen Imperativs auf diese Art Situation wäre sowohl von dem, was Kant, als auch von dem, was seine Kritiker so unkritisch annahmen, ganz verschieden. Denn es wäre nicht in sich widersprüchlich oder die Handlungsweise würde sich nicht selbst ad absurdum führen, wenn jeder unter den spezifischen Umständen lügen würde. Und die Frage ist, ob Lügen *unter den spezifischen Umständen*, und nicht, ob Lügen im allgemeinen richtig oder nicht richtig ist. Wenn daher jeder in einer ähnlichen Situation lügen würde, würde die Lüge sich nur dann ad absurdum führen – der Mörder würde ihr nicht vertrauen –, wenn der Mörder über die näheren Umstände Bescheid wüßte, d. h. nur wenn er wüßte, daß sein Opfer sich im Haus befindet. Aber wenn er das wüßte, würde die ganze Frage sich erst gar nicht stellen. Darüber hinaus sollte man bedenken, daß es in dieser Situation ja darum geht, einen Unschuldigen vor Schaden zu bewahren, indem man einen Mörder anlügt. Die Frage »könnte man es als allgemeines Gesetz wollen, daß jeder lügen sollte, um einen Unschuldigen vor Schaden zu bewahren?« beantwortet sich praktisch von selbst. Es sprechen mehr Gründe dafür, daß es unmöglich ist, das Gegenteil zu wollen.

§ 4

Kant hätte noch eine andere Beweisführung wählen können (obwohl er das anscheinend nicht getan hat), um seine Behauptung zu begründen, es sei immer, sogar in einem Situationstyp, wie er eben beschrieben wurde, nicht richtig zu lügen. Er hätte sich auf sein Prinzip der Menschheit oder der Persönlichkeit berufen können: »Handle so, daß du die Menschheit, sowohl in deiner Person als in der Person eines jeden andern, jederzeit zugleich als Zweck, niemals bloß als Mittel brauchest«. Denn bei der Anwendung dieses Prinzips auf das Beispiel des falschen Versprechens hatte Kant gesagt:

So wird der, so ein lügenhaftes Versprechen gegen andere zu tun im Sinne hat, sofort einsehen, daß er sich eines andern Menschen *bloß als Mittel* bedienen will, ohne daß dieser zugleich den Zweck in sich enthalte. Denn der, den ich durch ein solches Versprechen zu meinen Absichten brauchen will, kann unmöglich in meine Art, gegen ihn zu verfahren, einstimmen und also selbst den Zweck dieser Handlung enthalten.[16]

Kant hätte also argumentieren können, daß es nicht richtig sei, den Mörder anzulügen, weil er nicht dazu einstimmen könnte, daß man ihn belügt, und er selbst den Zweck dieser Handlung nicht »in sich enthalten« könne. Denn wenn man jemanden belügt, so behandelt man ihn (oder »die Menschheit in seiner Person«) nach Kants Auffassung bloß als Mittel. So redet er von »Diese (r) Achtung erweckende (n) Idee der Persönlichkeit, welche uns die Erhabenheit unserer Natur (ihrer Bestimmung nach) vor Augen stellt ...« und stellt die rethorische Frage:

Hat nicht jeder auch nur mittelmäßig ehrlicher Mann bisweilen gefunden, daß er eine sonst unschädliche Lüge, dadurch er sich entweder selbst aus einem verdrießlichen Handel ziehen, oder wohl gar einem geliebten und verdienstvollen Freunde Nutzen schaffen konnte, bloß darum unterließ, um sich insgeheim in seinen eigenen Augen nicht verachten zu dürfen? Hält nicht einen rechtschaffenen Mann im größten Unglück des Lebens, das er vermeiden konnte, wenn er sich nur hätte über die Pflicht wegsetzen können, noch das Bewußtsein aufrecht, daß er *die Menschheit in seiner Person doch in ihrer Würde erhalten* und ... geehrt habe ...?[17]

Kant vertritt die These, daß jemand, der einen anderen anlügt,

16 A.a.O. S. 61-62.
17 Kritik der praktischen Vernunft S. 211. (Hervorhebung von mir.)

nicht nur den Belogenen bloß als Mittel behandelt, sondern die »Menschheit in seiner *eigenen* Person« mißbraucht – er behandelt sich selbst bloß als Mittel.

Aber das beweist einfach nicht, daß es immer nicht richtig sei, zu lügen. Wenn es überhaupt etwas beweist, dann allenfalls, daß mit dem Prinzip der Persönlichkeit etwas nicht stimmt. Tatsächlich hat man häufig die Unbestimmtheit dieses Prinzips hervorgehoben. »Was heißt es, jeden einzelnen als Zweck an sich zu behandeln? Heißt es, eine Regierung habe kein Recht, jemanden gegen seinen Willen zum Kriegsdienst einzuziehen und ihn dazu zu zwingen, einen Mitmenschen im Kampf zu töten oder selbst getötet zu werden? Heißt es, wir dürfen beim Bau von Straßen oder Brücken nicht Leute enteignen, die sehr am Haus ihrer Vorfahren hängen?«[18] Dieses Prinzip ist aber nicht nur unbestimmt. Im Kontext von Kants Ethik ist es grundsätzlich zweideutig. Denn das Wort »Zweck«, wie Kant es verwendet, ist gewöhnlich zweideutig; er versteht darunter einerseits »rationale« oder »objektive« und andererseits subjektive Zwecke, die von Neigungen oder Wünschen abhängen.

Angenommen, man würde sagen, in einer Situation, wie sie eben beschrieben wurde, würde man das Opfer bloß als Mittel für den Zweck des Mörders behandeln, wenn man die Wahrheit sagt, und es sei daher nicht richtig, ihn nicht zu belügen. Zu diesem Ergebnis würde wahrscheinlich jede unbefangene Interpretation des Prinzips kommen. Aber Kant hätte eine Antwort parat. Wenn man jemanden belügt, würde man, sogar für den Fall, daß man damit den Zweck verfolgt, einen Menschen vor dem Tod zu retten, dessen Menschheit, sein rationales oder *noumenales* Selbst, seinen bloß sinnlichen oder *phänomenalen* Wünschen unterwerfen. Nur als Mitglied der phänomenalen Welt, als Mensch mit sinnlichen Neigungen oder Trieben, würde man eine Lüge für wünschenswert halten. Als Mitglied der noumenalen Welt würde man wollen, daß die Wahrheit gesagt wird, und zwar in dieser wie in jeder anderen Situation; denn das würde ein vollkommen rationales Wesen wollen, dessen Willen von keinen sinnlichen

18 Morris R. Cohen, *»A Critique of Kant's Philosophy of Law«* in: *The Heritage of Kant*, hrsg. von Whitney and Bowers, Princetown 1939, S. 298-9; abgedruckt in Cohens *Reason and Law*, Glencoe 1950, S. 124.

Neigungen oder äußeren Ursachen affiziert wird. Und was ein vollkommen rationales Wesen, ein Wesen ohne sinnliche Neigungen in dieser Situation tun *würde*, ist das, was man tun *sollte*.

Die Zweideutigkeit dieses Prinzips liegt also an der Zweideutigkeit von rein »rationalen« oder »noumenalen« Zwecken einerseits und bloß subjektiven oder »phänomenalen« Zwekken andererseits. Aber das macht das Prinzip, so verstanden, absolut unbrauchbar. Es ist überhaupt kein moralisches Kriterium, sondern ein ad hoc eingeführter Kunstgriff, der nur dazu dient, einem Urteil darüber, was getan werden sollte, vor seiner Anwendung eine gewisse rationale Achtbarkeit zu verschaffen. Bevor die Frage nicht aufgrund eines anderen Kriteriums entschieden ist, kann man gar nicht entscheiden, mit welcher Handlungsweise man jemanden bloß als Mittel zu »Zwecken« gebraucht, die er selbst nicht »in sich enthalten« kann. Die Beweisführung verläuft nicht, wie es den Anschein hat: »Damit würde man jemanden bloß als Mittel gebrauchen; daher ist es nicht richtig«, sondern vielmehr: »Das wäre nicht richtig, daher würde man damit jemanden bloß als Mittel gebrauchen«. Aber in dem Fall, der zur Diskussion steht, weicht man, wie in vielen anderen Fällen, mit diesem Verfahren bloß der Frage aus.

Zweifellos hat Kant das Prinzip der Allgemeinheit und das Prinzip der Persönlichkeit für äquivalent gehalten. Er sagt z. B.: »Die angeführten drei Arten, das Prinzip der Sittlichkeit vorzustellen, sind aber im Grunde nur so viele Formeln eben desselben Gesetzes ... Das Prinzip: handle in Beziehung auf ein jedes vernünftige Wesen (auf dich selbst und andere) so, daß es in deiner Maxime zugleich als Zweck an sich selbst gelte, ist demnach mit dem Grundsatz: handle nach einer Maxime, die ihre eigene allgemeine Gültigkeit für jedes vernünftige Wesen zugleich in sich enthält, im Grunde einerlei.«[19] Und man hat sehr oft gemeint, das Prinzip der Persönlichkeit sei in gewisser Hinsicht besser oder adäquater als Kants erstes Moralprinzip, das man für zu »formal« und leer hielt. Aber wenn die vorangehenden Argumente schlüssig sind, sind alle beiden Meinungen falsch. Kants erstes und sein zweites mo-

19 Grundlegung, S. 69, 71.

ralisches Prinzip sind nicht äquivalent, denn aufgrund der eigentümlichen Dialektik von phänomenaler und noumenaler Welt bei Kant können sie miteinander in Konflikt geraten. Und zu »formal« und leer ist gerade das letztere der beiden Prinzipien. Es ist überhaupt kein Kriterium, denn was es in einer besonderen Situation genau erfordern würde, bleibt solange unbestimmt, bis man festgelegt hat, wessen Zwecke als »rational« gelten sollen. Es dient mehr der emotionalen Erbauung; eine spezifische Bedeutung hat es kaum.

Wir wollen aber das Prinzip aus dem Kontext der Kantschen Moraltheorie einmal herauslösen und unabhängig davon diskutieren. Es würde dann nicht mehr diese Zweideutigkeit von objektiven und bloß subjektiven Zwecken enthalten, und es ist klar, daß die besondere Kritik, die soeben dagegen vorgebracht wurde, nicht mehr zuträfe. Denn wenn es auch noch vage und unbestimmt wäre, so wäre es doch nicht zweideutig und leer. Nehmen wir an, wir würden es etwa in der folgenden Weise neu formulieren: »Niemand sollte einen anderen jemals bloß als Mittel zu seinen eigenen Zwecken benutzen, ohne ihn zugleich als eine Person mit ihren eigenen Zwecken und Plänen zu behandeln.« (Das heißt »als einen Zweck«); oder, »Jeder sollte andere niemals bloß als Mittel für die Verwirklichung seiner eigenen Zwecke, sondern immer zugleich als Personen mit ihren eigenen Zwecken und Zielen behandeln«. (Es ist festzuhalten, daß ich jeden Bezug auf »die Menschheit in der *eigenen* Person mißbrauchen« eliminiert habe; denn ich verstehe nicht, wie jemand *sich selbst* bloß als Mittel gebrauchen kann.) Mit anderen Worten, das Prinzip legt fest, daß es zwar erlaubt ist, andere als Mittel oder Instrumente für die Verwirklichung seiner Zwecke zu behandeln und zu gebrauchen, aber nicht erlaubt, sie *bloß* als Mittel zu behandeln, denn damit würde man sie lediglich als Sachen und nicht als Personen, die ihre Zwecke selbst festlegen, behandeln. So verstanden, werden durch dieses Prinzip gewisse Praktiken wie etwa menschliche Ausbeutung und Sklaverei eindeutig als unmoralisch gekennzeichnet. Und so verstanden kann es möglicherweise einen Platz auf unserer Liste moralischer Prinzipien finden, denn es scheint unwahrscheinlich, daß es mit irgendeinem der Prinzipien, die ich bereits erarbeitet habe, in Konflikt geraten kann. Es mag, so verstanden, sogar äquivalent mit dem Prinzip der Allgemeinheit sein, zumindest in dem Sinn, daß es nicht mit ihm kollidieren kann. Dieses Prinzip bleibt jedoch weiterhin vage und bedarf einer näheren Überprüfung. Erfordert es zum Beispiel eine Qualifikation etwa der Art »ohne einen Grund oder eine Rechtfertigung« oder nicht, und kann es eine Rechtfertigung dafür geben, einen anderen lediglich als ein Mittel zu gebrauchen? Mit anderen Worten, ist es *immer* nicht richtig, einen anderen bloß als Mittel zu gebrauchen oder ist es präsumptiv nicht richtig und manchmal zu rechtfertigen? Und wie kann man bestimmen, ob jemand »den Zweck einer Handlung in sich enthalten kann«? Wie ist dies etwa auf das Beispiel der Strafe oder Todesstrafe anwendbar? Kann jemand, der hingerichtet werden soll, wirklich »den Zweck der Handlung in sich enthalten«? Dieses Prinzip erfordert eindeutig eine weitere Überprüfung und Klärung *als ein moralisches Prinzip* und nicht bloß als ein Aspekt der Kantischen Ethik, und meines Wissens ist es einer derartigen Prüfung nie unterzogen worden. Aber ich finde es nicht nötig, hier damit anzufangen.

§ 5

Ich habe argumentiert, daß Kants ethischer Rigorismus oder Absolutismus durch sein erstes ethisches Prinzip nicht nur nicht gestützt wird, sondern mit ihm tatsächlich unvereinbar ist. Es wird gut sein, wenn ich dieses Argument noch etwas weiter expliziere.

Rigorismus ist die Auffassung, es gebe bestimmte moralische Regeln, die unter allen Umständen oder unter allen Bedingungen gelten. Dieser Auffassung zufolge sind also bestimmte Handlungen immer nicht richtig ohne Rücksicht auf ihre Umstände und ohne Rücksicht auf ihre Zwecke. In solchem rigoristischen Stil behauptet Kant, Lügen sei eine Handlung dieses Typs.

Nun ist der kategorische Imperativ als ein Prinzip eingeführt worden, das über die Richtigkeit oder Nicht-Richtigkeit einer jeden Handlung entscheiden soll. Aber es kann auf keine Handlung unabhängig von einem bestimmten Kontext angewandt werden. Die Handlung, auf die es angewandt werden kann, muß immer spezifiziert sein als eine Handlung unter bestimmten Umständen oder zu einem bestimmten Zweck. Der Beweis dafür ist, daß die »Maxime« der Handlung notwendig einen Bezug auf die Umstände und den Zweck der Handlung enthält. Und Kant betont immer wieder, daß man die Maxime einer Handlung als allgemeines Gesetz müsse wollen können, nicht die Handlung unabhängig von einer bestimmten Maxime, d. h. unabhängig von einem bestimmten Zweck oder bestimmten Umständen. Er sagt: »Deine Handlungen mußt du also zuerst nach ihrem subjektiven Grundsatze betrachten: ob aber dieser Grundsatz auch objektiv gültig sei, kannst du nur daran erkennen, daß ... er sich zu einer solchen allgemeinen Gesetzgebung qualifiziere.«[20]

Wenn das aber zutrifft, dann gilt die aus der Anwendung des kategorischen Imperativs abgeleitete Regel nur unter den Umständen, in denen sie angewendet wurde, und natürlich für jeden in denselben oder ähnlichen Umständen, aber nicht in allen möglichen Umständen. Daraus, daß man es nicht als allgemeines Gesetz wollen könnte, wenn jeder unter bestimmten Umständen auf eine bestimmte Weise handeln würde, folgt nicht, daß man es nicht als allgemeines Gesetz wollen könnte, daß jeder unter bestimmten anderen Umständen so handelt. Auf Grund des kategorischen Imperativs kann eine Handlung, die unter bestimmten Umständen nicht richtig wäre, unter anderen Umständen sehr wohl richtig sein. Kant hat übersehen, daß eine Lüge um eines persönlichen Vorteils willen und eine Lüge zu dem Zweck, das Leben eines Unschuldigen zu retten, zwei verschiedene Arten von Handlung sind, Handlungen mit ganz verschiedenen Maximen. Somit ist Kants ethischer Rigorismus weder eine Folge von Kants Prinzip der Allgemeinheit, noch ist er mit ihm vereinbar. Rigorismus ist daher reine Willkür. Die besonderen Regeln, die absolute Geltung haben sollen, sind willkürlich herausgegriffen. Es gibt keinen guten Grund, die eine anstelle der anderen zu wählen, noch dafür zu sagen, es sei immer nicht richtig zu lügen, aber es sei nicht immer nicht richtig zu töten oder einem anderen in Not nicht zu helfen. Kants ethischer Rigorismus ist somit kein Argument gegen die Gültigkeit des kategorischen Imperativs als moralisches Prinzip.

20 Rechtslehre, S. 331.

IX Die Anwendung des kategorischen Imperativs

Bis jetzt habe ich in bezug auf den kategorischen Imperativ gezeigt, daß er bestimmte Folgen, die allgemein mit ihm verbunden wurden, in Wirklichkeit nicht hat. Das zeigt jedoch nur, daß ein wichtiges Argument gegen ihn nicht schlüssig ist, und begründet noch nicht seine Gültigkeit. Abgesehen von diesem Argument würde vermutlich ein Konsens darüber bestehen, daß er »schwerwiegende Fehler« enthält und »bedauerlich unzureichend« sei. Ich behaupte, daß das weit von der Wahrheit entfernt ist. Der kategorische Imperativ ist, richtig verstanden, vollkommen gültig. Bevor wir das jedoch als begründet ansehen können, müssen wir einige andere wichtige und zunächst überzeugende Einwände ausräumen. Nur mit diesem Verfahren kann wirksam eine angemessene Interpretation des kategorischen Imperativs erarbeitet werden.

Allgemein besteht die Methode dieser Kritik darin, Beispiele von Maximen oder Handlungen zu zitieren, die (a) universalisiert werden können und dennoch nicht richtig sind oder (b) nicht universalisiert werden können und dennoch keineswegs nicht richtig sind. Wenn sich einer dieser Einwände durchhalten ließe, würde das zeigen, daß der kategorische Imperativ zu nicht richtigen Handlungen führt oder daß mit ihm nicht angemessen zwischen richtig und nicht-richtig unterschieden werden kann. Das Prinzip wäre also definitiv widerlegt. Es gibt aber, und das ist zu beachten, in jedem Fall zwei Fragen, die berücksichtigt werden müssen. Erstens: stimmt es, daß man die Maxime universalisieren kann oder daß man es nicht kann? Zweitens: angenommen, es stimmt, worauf gründet sich die Behauptung, daß die fragliche Handlung richtig oder nicht richtig ist? Ist diese Behauptung schlüssig? Es reicht sicherlich nicht, auf eine Handlung zu verweisen, die von vielen Leuten oder an vielen Orten als richtig oder nicht richtig angesehen wird, die aber nicht mit Hilfe des kategorischen Imperativs als richtig oder nicht richtig bestimmt werden kann. Es gibt viele Leute, die es als nicht richtig ansehen, zu tanzen oder Lippenstift zu benutzen. Daß es dafür keine Grundlage im kategorischen Imperativ gibt, erweist das Prinzip nicht als fehlerhaft. Ist es nicht richtig – moralisch nicht richtig – zu tanzen oder Lippenstift zu benutzen? Das ist wirklich nur ein Tabu ohne rationale Grundlage.

Als leicht variiertes Beispiel für dieses allgemeine Verfahren der Kritik, dessen allgemeine Methode natürlich ausnahmslos ist, können wir uns das folgende Argument ansehen, in dem behauptet wird, Kants Prinzip sei »keine angemessene Formulierung des Wesens von Verpflichtung«, weil es unter anderem

> möglich ist, jede Art von Maximen, die niemand (und Kant ganz gewiß nicht) für obligatorisch halten würde, zu universalen Regeln zu verallgemeinern. Ich könnte zum Beispiel ohne weiteres behaupten, jeder, der sich ein neues Buch kauft, sollte seinen Namen auf das Vorsatzblatt schreiben, wenn er das Buch erwirbt. Es ist nichts Widersprüchliches an dieser Maxime; sie bleibt jedoch moralisch neutral – wir fühlen keine Verpflichtung, unseren Namen einzutragen oder es zu unterlassen ...[1]

Das ist nicht nur ein gutes Beispiel für eine bestimmte Art der Kritik, es ist auch ein gutes Beispiel für ein typisches Mißverständnis, das nützlicherweise gleich zu Anfang eliminiert werden sollte. Wenn die Maxime einer Handlung nicht als allgemeines Gesetz gewollt werden kann, dann ist es nicht richtig, nach ihr zu handeln, und wir haben die Pflicht oder die Verpflichtung, es nicht zu tun, und man kann sagen, daß wir es nicht tun sollten. Wenn jedoch eine Maxime als allgemeines Gesetz gewollt werden *kann*, folgt daraus nicht, daß es obligatorisch wäre, nach ihr zu handeln, oder daß es nicht richtig wäre, es nicht zu tun. Daraus folgt nur, daß es erlaubt ist, nach ihr zu handeln, und keineswegs nicht richtig (also richtig im permissiven Sinn) und daß folglich nicht gesagt werden kann, daß wir es nicht tun sollten – was nicht dasselbe ist wie zu sagen, daß man es tun sollte. Folgt daraus, daß der kategorische Imperativ nur ein »negatives Prinzip« ist, mit dem wir vielleicht nur bestimmen können, was wir nicht tun sollten, nicht aber, was wir tun sollten? Das ist oft gesagt worden, aber darum wird es nicht wahrer. Wenn eine bestimmte

1 W. T. Jones, *A History of Western Philosophy*, New York 1952, Bd. II, S. 855. Die Formulierungen »schwerwiegende Fehler« und »bedauerlich unzureichend« stammen daher.

Handlung nicht richtig ist, dann sollten wir sie nicht tun; wenn es jedoch nicht richtig ist, sie nicht zu tun, dann sollten wir sie tun, und es gibt viele Handlungen, die auf der Grundlage des kategorischen Imperativs als verbindlich bestimmt werden können. Wenn es jedoch weder nicht richtig ist, etwas Bestimmtes zu tun, noch nicht richtig, es nicht zu tun, dann stellt sich im Hinblick auf diese Handlung die Frage der moralischen Verpflichtung nicht. Nach mehr zu fragen und sich zu beklagen, »Ich stimme dem zu, was ich *nicht* tun sollte, ich weiß aber immer noch nicht, was ich tun *sollte*«, bedeutet, daß man das moralische »sollte« mit dem der Klugheit verwechselt und – fälschlicherweise – annimmt, daß es keine moralisch indifferenten Handlungen gibt.

Es wäre nicht schwierig, eine Reihe von Stellen zu zitieren, die diese Kant-Interpretation stützen.[2] Allerdings halte ich das nicht wirklich für nötig. Nehmen wir an, daß Kant, was ich im Augenblick nicht glaube, diesen Fehler wirklich gemacht und es als obligatorisch angesehen hätte, nach jeder Maxime, die universalisiert werden kann, zu handeln? Was würde das beweisen? Nur, daß Kant sich in diesem Punkt geirrt hätte, nicht aber, daß der kategorische Imperativ fehlerhaft ist. Selbst wenn man zeigen könnte, daß dieser Gedanke in *Kants* Interpretation des kategorischen Imperativs notwendig enthalten ist, würde daraus keineswegs folgen, daß es auch in unserer Interpretation enthalten sein muß. Diese Art von Kritik, den kategorischen Imperativ mit allem zu identifizieren, was Kant über ihn gesagt hat (oder angeblich gesagt hat), ist allerdings zu verbreitet, als daß es wirklich leicht wäre, ihre Absurdität nachzuweisen.

Sehen wir uns eine andere Methode der Kritik an, die ich schon erwähnt habe. Nachdem er den Schluß gezogen hat, der gegebene Fall zeige, »daß Universalisierung kein positives Kriterium der Pflicht« sein könne, behauptet der eben zitierte Autor darüber hinaus, sie sei auch »kein negatives Kriterium. Es gibt viele Handlungen, deren Maximen universalisiert werden können und die dennoch von Kant (und vielen anderen) verurteilt werden. Kant dachte, es sei unsere Pflicht,

2 Vgl. z. B. *Grundlegung*, S. 74. Rechtslehre, S. 329, und vgl. H. J. Paton, *The Categorical Imperative*, Chicago 1948, S. 141-42; deutsch: *Der kategorische Imperativ*, Berlin 1962.

nicht Selbstmord zu begehen; es ist aber nichts Widersprüchliches daran, wenn jemand, der sich umbringen will, auch wollen würde, daß jeder andere Selbstmord beginge.« Nun bin ich auch der Ansicht, daß der kategorische Imperativ den Selbstmord nicht per se als unmoralisch erweist, und meiner Ansicht nach ist Kants Argument dagegen völlig unzulänglich und sogar sophistisch. Sein Argument dagegen enthält nicht einmal eine wirkliche Anwendung des kategorischen Imperativs. Es gibt keinen Grund, nicht als allgemeines Gesetz zu wollen, daß jeder sich selbst das Leben nehmen darf, »wenn das Leben bei seiner längeren Frist mehr Übel droht, als es Annehmlichkeit verspricht«, vorausgesetzt, daß man damit die Rechte anderer nicht verletzt; denn es gibt keinen Grund, daß diese Maxime, wenn sie allgemein akzeptiert würde, sich selbst aufhöbe. (Die Maxime ist in diesem Fall, und das muß man beachten, nicht einfach die, Selbstmord zu begehen, wenn es unerträglich erschiene, weiterzuleben.) Das beweist aber nichts, außer, daß Kant sich geirrt hat. Die Frage ist, ob Selbstmord unmoralisch ist. Welche Bestätigung gibt es dafür? Es ist wahr, daß viele Leute dieser Ansicht sind. Das löst aber das Problem nicht. Es gibt kaum etwas, das nicht zu dieser oder jener Zeit von vielen Leuten für unmoralisch gehalten wurde. Natürlich kann Selbstmord unmoralisch sein. Und er ist es bestimmt, wenn man damit eine Pflicht auf jemand anderen abwälzt, und so verhält es sich wohl auch in vielen Fällen. Auf welcher Grundlage kann man aber behaupten, daß Selbstmord nicht richtig sei, wenn die Rechte anderer nicht verletzt werden? Ich möchte damit keineswegs den Selbstmord empfehlen. Wenn er nicht unmoralisch ist, ist er doch meistens unsinnig oder unklug oder man kann annehmen, daß er das ist. Normalerweise ist diese Handlung die Folge einer unausgeglichenen Gemütsverfassung. Einige Selbstmorde sind allerdings auch heroische Taten, und andere werden kühl und überlegt und aus völlig ehrenwerten Gründen von berechnenden Egoisten begangen. Man kann also mit guten Gründen annehmen, daß die Frage nicht genügend durchdacht worden ist. Jedenfalls ist es unmöglich zu fordern, ein Kriterium müsse mit dem übereinstimmen, was jeder, oder doch nahezu jeder, denkt.

Das ist der allgemeine Typ der Kritik, die zu behandeln sein wird. Es ist jedoch nicht der einzige Gegenstand dieses Kapitels, verschiedene Kritikpunkte zu diskutieren, sondern darüber hinaus müssen wir noch bestimmen, wie sich der kategorische Imperativ zum Argument der Verallgemeinerung verhält. Sind sie äquivalente oder wesentlich verschiedene Prinzipien? Ich werde mich hauptsächlich mit den Kriterien beschäftigen, mit denen bestimmt wird, ob die Maxime einer Handlung universalisiert werden kann oder nicht, und mit der moralischen Relevanz dieser Kriterien im allgemeinen und in bestimmten Fällen. Zunächst ist es jedoch notwendig, den Begriff »Maxime« ausführlich zu diskutieren. Das ist nicht nur ein zentraler Begriff, sondern der Bezug des kategorischen Imperativs auf Maximen ist einer der zwei Aspekte, durch die er sich vom Argument der Verallgemeinerung unterscheidet oder sich zu unterscheiden scheint.

§ 1

Kant definiert eine Maxime als »ein subjektives Prinzip zu handeln«. Sie ist »ein Grundsatz, nach welchem das Subjekt *handelt*«, und wird einem »objektive(n) Prinzip, gültig für jedes vernünftige Wesen«, gegenübergestellt, das ein »Grundsatz ist, nach dem es *handeln soll*«.[3] Eine Maxime ist folglich eine bestimmte Art von Regel, und wenn man von der Maxime einer Handlung spricht, spricht man von der Regel, nach der jemand handelt. Wie Kant sagt: »Die Regel des Handelnden, die er sich selbst aus subjektiven Gründen zum Prinzip macht, heißt seine Maxime«; und die subjektiven

3 *Grundlegung*, S. 51, Anm.: »*Maxime* ist das subjektive Prinzip des Wollens, das objektive Prinzip (d. i. dasjenige, was allen vernünftigen Wesen auch subjektiv zum praktischen Prinzip dienen würde, wenn Vernunft volle Gewalt über das Begehrungsvermögen hätte) ist das praktische *Gesetz*. Kant sagt auch (vgl. *Grundlegung*, S. 56), ein subjektives Prinzip oder eine persönliche Maxime sei eines, »nach welchem wir handeln zu dürfen Hang und Neigung haben.« Man muß beachten, daß Kant den Terminus »Prinzip« oder »praktisches Prinzip« häufig im Sinn eines Motivs oder einer Disposition verwendet, z. B. wenn er von dem bestimmenden Prinzip des Willens spricht. So redet er (*Kritik der praktischen Vernunft*, S. 200) von einem »subjektive(n) Grund der Tätigkeit, d. i. als *Triebfeder* zur Befolgung desselben«. Vgl. a.a.O., S. 125: »Praktische *Grundsätze* sind Sätze, welche eine allgemeine Bestimmung des Willens enthalten, die mehrere praktische Regeln unter sich hat. Sie sind subjektiv, oder *Maximen*, wenn die Bedingung nur als für den Willen des Subjekts gültig von ihm angesehen wird; objektiv aber, oder praktische *Gesetze*, wenn jene als objektiv, d. i. für den Willen jedes vernünftigen Wesens gültig erkannt wird.«

Gründe, aus denen man die Maxime bildet, sind die Neigungen oder habituellen Wünsche.[4] Als Beispiel für eine Maxime können wir die von Kant in seinem Beispiel des »lügenhaften Versprechens« formulierte nehmen: »Wenn ich in Geldnot zu sein glaube, so will ich Geld borgen und versprechen, es zu bezahlen, ob ich gleich weiß, es werde niemals geschehen.«

Kants Äußerungen über eine Maxime sind nicht immer so klar wie diese, und es ist nicht einmal klar, ob das selbst eine wirklich genaue Formulierung der Maxime ist, die in diesem Fall vorliegt. Dennoch geht daraus bis zu einem gewissen Grad hervor, warum Kant so viel Nachdruck auf die Maxime einer Handlung legt. Zu sagen, jemand handele nach einer bestimmten Maxime, heißt zu implizieren (wenn nicht zu sagen), daß er zu einem bestimmten Zweck handelt oder im Hinblick auf einen bestimmten Zweck oder mit einer bestimmten Intention; und die Maxime einer bestimmten Handlung zu spezifizieren bedeutet, ihren Zweck oder ihre Intention zu spezifizieren, wie auch etwas von ihren Umständen. Zu dem, was Kant betonen möchte, wenn er die Maxime hervorhebt, gehört die Intention oder der Zweck der Handlung. Das wird dadurch deutlich, daß die Formulierungen des kategorischen Imperativs, die er in der Vorlesung zur Ethik benützt, nicht auf die *Maxime* einer Handlung, sondern auf ihre *Intention* Bezug nehmen: »Stimmt die Intention der Handlung, wenn sie zur allgemeinen Regel gemacht wird, mit sich selbst, so ist sie moralisch möglich; stimmt die Intention der Handlung, wenn sie allgemein gemacht wird, nicht mit sich selbst, so ist

4 *Rechtslehre*, S. 331. In der *Kritik der praktischen Vernunft* spricht Kant »von den Maximen, die jeder auf seine Neigung gründet« (S. 186). Vgl. auch *Grundlegung*, S. 58, wo Kant sagt, daß Maximen aus Begierden und Neigungen, »durch Mitwirkung der Vernunft« entspringen. Aber Kant unterscheidet zwischen zwei Arten von Maximen, solchen, die auf Neigungen oder subjektiven Zwecken beruhen und die er »material« nennt, und solchen, für die das nicht gilt und die er »formal« nennt: »Praktische Prinzipien sind *formal*, wenn sie von allen subjektiven Zwecken abstrahieren; sie sind aber *material*, wenn sie diese, mithin gewisse Triebfedern, zum Grunde legen«; *Grundlegung*, S. 59. Vgl. a.a.O., S. 13. Wenn es zur Bedeutung des Ausdrucks »Maxime« gehört, daß Maximen auf Neigungen gegründet sind, wie Kant manchmal zu unterstellen scheint, dann haben wir hier nicht so sehr zwei verschiedene Arten von Maximen vor uns als vielmehr zwei verschiedene Bedeutungen des Ausdrucks. Aber das ist nicht ganz klar. Jedenfalls behandele ich nur »materiale« Maximen, denn genau die sollen durch die Anwendung des kategorischen Imperativs geprüft werden.

sie moralisch unmöglich ... Das ist also eine unmoralische Handlung, deren Intention sich selbst aufhebt und zerstört, wenn sie zur allgemeinen Regel gemacht wird.«[5] Es macht offensichtlich keinen Unterschied, ob in diesen Formulierungen der Terminus »Maxime« (oder sogar »Zweck«) anstelle von »Intention« benutzt wird.

Einer der Gründe Kants, Maximen zu betonen – oder mindestens eine der Folgen dieser Betonung – ist offenbar, klarzustellen, daß die Handlungen, auf die der kategorische Imperativ angewendet wird, moralisch bestimmt sind, daß es Handlungen sind, auf die moralische Termini angewendet werden können. Da die Maxime einer Handlung zu spezifizieren bedeutet, etwas von ihren Umständen und ihren Zwecken zu spezifizieren, ist dieses Spezifizieren der Maxime Teil des Verfahrens, das ich in einem früheren Kapitel als »Angeben des Kontextes einer Handlung« beschrieben habe. Die Maxime einer Handlung zu spezifizieren bedeutet also, den Charakter der Handlung klarer anzugeben. Ebenso wie die gleiche Art von Handlung in verschiedenen Kontexten oder Umständen ausgeführt werden kann, kann sie nach verschiedenen Maximen oder zu verschiedenen Zwecken getan werden; und ähnlich kann ihre Moralität – ob sie richtig oder nicht richtig ist – von ihrer Maxime abhängen.

Das ist aber keineswegs alles, was Kant unter einer Maxime versteht. Kant ist der Ansicht, daß jede Handlung zweckgerichtet ist; daß »jede Handlung ... also ihren Zweck (hat).[6] Er vertritt also die These, daß, wann immer jemand handelt, er nach einer Maxime handelt, in dem Sinn, daß er mit einem bestimmten Zweck handelt oder um einen bestimmten Zweck zu erreichen. Aus dieser Sicht kann von niemandem gesagt werden, er handele, in dem Sinn, in dem er für seine Handlungen als verantwortlich gilt – in dem Sinn also, in dem er frei handelt –, wenn er nicht nach einem bestimmten Plan oder Grundsatz handelt. Darüber hinaus muß der Plan dem Handelnden offenbar bewußt sein. Mit anderen Worten, Kant impliziert bei seinem Gebrauch des Terminus »Maxime«

5 *Vorlesung zur Ethik*, S. 53.

6 *Einleitung zur Tugendlehre*, S. 514. Vgl. Paton, *Der kategorische Imperativ*, a.a.O., S. 90: »Nach Kant zielt jede Handlung auf ein Ergebnis oder einen Zweck oder ein Objekt.«

manchmal, daß jeder immer nach einer Regel handelt, der er bewußt und überlegt folgt. Er sagt zum Beispiel, daß Maximen »selbstauferlegte Regeln« sind;[7] und in dieser Weise muß der Terminus sicherlich in Äußerungen wie dieser interpretiert werden: »Ich habe z. B. es mir zur Maxime gemacht, mein Vermögen durch alle sicheren Mittel zu vergrößern«, und »es kann sich jemand zur Maxime machen, keine Beleidigung ungerächet zu erdulden«.[8] In diesem Sinn ist eine Maxime ein Plan oder ein Beschluß oder eine Handlungsstrategie, die man bewußt im Hinblick darauf faßt, wie man in einer bestimmten Art von Situation handeln wird. Ich weiß nicht, ob Kant jemals ausdrücklich sagt, eine Maxime müsse bewußt sein. Ganz gewiß sind einige bewußt, aber es ist nicht sicher, daß es alle sind. Meiner Ansicht nach ist Kants Position in dieser Frage nicht besonders klar. Nicht nur, daß er nicht klar sagt, was genau er unter einer Maxime versteht, sondern er ist auch häufig wenig sorgfältig in seinen Formulierungen. Es scheint ihm auch niemals bewußt zu sein, daß es oft eine schwierige Angelegenheit ist, die Maxime einer Handlung präzise zu formulieren. Für uns ist es allerdings nicht nötig, diesen Fragen weiter nachzugehen; denn es ist sicherlich völlig falsch, daß jeder immer in Übereinstimmung mit einem vorgefaßten Plan handelt, ob er nun bewußt ist oder nicht, oder daß jeder immer zweckgerichtet handelt. Darüber hinaus – und das ist wichtiger – sind diese Annahmen für die Zwecke eines moralischen Urteils nicht notwendig. Notwendig ist, daß eine Handlung willentlich geschieht; eine unwillentliche Handlung ist keine, für die man als verantwortlich gilt, und in einem bestimmten Sinn kann man sagen, es sei überhaupt keine Handlung. Nicht notwendig ist allerdings, daß eine Handlung zweckgerichtet ist oder in Übereinstimmung mit (oder unter Verletzung von) einer selbstauferlegten Regel unternommen wird. (Man darf nicht übersehen, daß es ein Unterschied ist, ob man sagt, jemand habe vorsätzlich gehandelt oder er habe zweckgerichtet gehandelt; ob man sagt, jemand habe etwas mit Absicht getan oder er habe es mit einer

7 *Grundlegung*, S. 80. Vgl. *Rechtslehre*, S. 332: »*Maxime* aber ist das subjektive Prinzip zu handeln, *was sich das Subjekt selbst zur Regel macht* (wie es nämlich handeln will).« (Hervorhebung von mir.)

8 *Kritik der praktischen Vernunft*, S. 136, 125. In diesem Sinn kann man von Maximen unabhängig von Handlungen sprechen.

bestimmten Absicht getan. Man kann ziellos oder gedankenlos handeln, einfach aus Gewohnheit oder ohne klare Vorstellung, warum man es tut oder auch was man tut, und dennoch für seine Handlungen (oder Unterlassungen) als verantwortlich gelten. Man kann nämlich die Pflicht haben, in bestimmten Situationen zu wissen, was man tut, oder ein bestimmtes Ziel oder einen bestimmten Zweck zu haben. Das zeigt sich daran, daß das Argument der Verallgemeinerung und folglich der kategorische Imperativ auf solche Handlungen anwendbar sind – »Was würde passieren, wenn jeder ziellos in den Tag lebte, ohne sich zu überlegen, in welche Richtung er geht?« oder »Wie wäre es, wenn jeder in deiner Situation nicht realisierte, was er tut?«

Was die Handlungen betrifft, die auf Maximen gegründet sein können, gibt es so etwas wie Unterlassungen, die nicht zu sein brauchen; ebenso wie jemand für bestimmte Taten verantwortlich gemacht werden kann, kann er auch für ein Nicht-Tun verantwortlich gemacht werden (z. B. für das Nicht-Einhalten eines Vertrages); und ein Nicht-Tun oder eine Unterlassung muß nicht wohlüberlegt sein oder nach einer tatsächlichen Entscheidung erfolgen. Es besteht ein Unterschied zwischen einer Weigerung zu handeln, die überlegt sein muß, und einem einfachen Versäumnis, das nicht überlegt sein muß. Man kann sich der Nachlässigkeit schuldig machen, und Nachlässigkeit muß nicht überlegt oder bewußt oder beabsichtigt sein. Daraus folgt, daß der Bezug auf Maximen im kategorischen Imperativ nicht wirklich notwendig ist, und soweit er impliziert, daß jede Handlung auf Maximen beruhen muß, kann er ernsthaft in die Irre führen.

Ich habe schon einmal darauf hingewiesen, daß ebenso wie dieselbe Art von Handlungen in verschiedenen Kontexten dieselbe Art von Handlung auch nach verschiedenen Maximen ausgeführt werden kann. Insoweit also das Spezifizieren der Maxime einer Handlung bedeutet, daß man ihren Kontext spezifiziert, ist das Konzept der Maxime bereits im Prinzip der Verallgemeinerung enthalten. Denn ihre Funktion ist bereits durch die Modifikation »Personen mit ähnlichen individuellen Voraussetzungen und unter ähnlichen Umständen« erfüllt. Darüber hinaus ist die Unterscheidung zwischen der Handlung und ihrem Zweck oder ihrer Intention nicht so scharf, wie ein

Insistieren auf der Verwendung des Begriffs zu implizieren scheint. Wenn wir manchmal von zwei Leuten sagen, sie hätten das gleiche getan, nur mit unterschiedlichen Motiven oder Intentionen, können wir im Hinblick auf diese Verschiedenheit ihrer Intentionen ebensogut sagen, sie hätten völlig verschiedene Dinge getan. Und häufig enthält die Beschreibung einer Handlung einen Bezug auf das, was man, wenn man die Handlung weniger informativ beschreibt, ihren Zweck oder ihre Intention nennen könnte. Es sind zwei völlig verschiedene Handlungen, Handlungen mit ganz verschiedenen Maximen, ob man nur zum eigenen Vorteil lügt oder um das Leben eines Unschuldigen zu schützen. Ähnlich sind die beiden Handlungen, jemanden niederzuschlagen, um an sein Geld zu kommen, und jemanden niederzuschlagen, um sich selbst zu retten, in einem ganz angemessenen und keineswegs unüblichen Sinn des Wortes zwei völlig verschiedene Handlungen, obgleich die dabei vorkommenden Körperbewegungen genau die gleichen sein können. Natürlich kann man ebenso korrekt sagen, es handele sich um Handlungen der gleichen Art, die zu verschiedenen Zwecken oder mit verschiedenen Maximen ausgeführt werden. Aber außerhalb ganz bestimmter Zusammenhänge – wie etwa bei Gerichtsverfahren – gibt es einfach kein präzises Kriterium, das diesen Sprachgebrauch regelt. Der Begriff einer Handlung ist dehnbar, und die Beschreibung einer Handlung kann mehr oder weniger davon enthalten, was bei einer anderen Beschreibung für die Umstände oder für den Zweck der Handlung gehalten würde.

Es ist folglich nicht nötig, die »Maxime« einer Handlung immer als etwas von der Handlung selbst Verschiedenes zu spezifizieren. Und es ist bemerkenswert, daß Kant das Wort »Handlung« häufig in dieser Weise benutzt, so daß er es für unnötig hält, die Maxime der Handlung zu spezifizieren. Ein Beispiel dafür ist die folgende Stelle:

Die Regel der Urteilskraft unter Gesetzen der reinen praktischen Vernunft ist diese: Frage dich selbst, ob die Handlung, die du vorhast, wenn sie nach einem Gesetze der Natur, von der du selbst ein Teil wärest, geschehen sollte, sie du wohl als durch deinen Willen möglich ansehen könntest. Nach dieser Regel beurteilt in der Tat jedermann *Handlungen*, ob sie sittlich-gut oder böse sind. So sagt man: »*Wie*, wenn *ein jeder*, wo er seinen Vorteil zu schaffen glaubt, sich erlaubte, zu betrügen, oder befugt hielte, sich das Leben abzukürzen, sobald ihn ein völliger Überdruß desselben befällt, oder anderer Not mit völliger Gleichgültigkeit ansähe ...«[9]

Daß der kategorische Imperativ hier unmittelbar auf Handlungen angewendet wird, und nicht auf der Maxime der Handlung, macht überhaupt keinen Unterschied. Wie ich im ersten Kapitel bei einer Anwendung des Arguments der Verallgemeinerung erwähnt habe, ist es kein Unterschied, ob man sagt »Wenn das jeder täte ...«, »Wenn jeder in dieser Weise handelte«, »Wenn jeder nach dieser Regel handelte« oder »Wenn jeder nach dieser Maxime handelte«. Aus genau den gleichen Gründen spielt das auch bei der Anwendung des Prinzips der Allgemeinheit keine Rolle.

Die Einführung von Maximen hat jedoch ganz bestimmte Vorteile. Sie versetzt uns in die Lage, einzusehen, daß das Prinzip der Allgemeinheit nicht nur als Testverfahren für individuelle Handlungen, sondern auch als Testverfahren für Maximen oder Handlungsregeln gebraucht werden kann. Auch wenn wir nicht immer im voraus eine Handlungsstrategie entwickeln und nicht immer nach Regeln handeln, die wir uns selbst vorgeben, so tun wir das immerhin in manchen Fällen. Und oft können wir uns Handlungsregeln oder Strategien vornehmen, ob wir nun nach ihnen handeln oder nicht. Ich könnte zum Beispiel den Entschluß fassen, morgens immer früh aufzustehen, um Gymnastik zu machen; ein Staatsmann könnte es sich zur Regel machen, niemals telefonisch Interviews zu geben; jemand könnte sich die Maxime zu eigen machen, zu allen Leuten immer freundlich zu sein; ein anderer könnte beschließen, nie mehr als einen Drink zu sich zu nehmen. Zweifellos geben sich Leute häufig solche Regeln oder Maximen vor, um ihr zukünftiges Verhalten danach auszurichten (und das tun sie nicht nur am Neujahrsabend oder am Morgen danach); und sie haben dabei zumindest die Absicht, sie auch zu befolgen. Nun kann der kategorische Imperativ ebenso wie das Argument der Verallgemeinerung nicht nur dazu benutzt werden, zu entscheiden, ob einzelne Handlungen, die einer selbstgegebenen Regel entsprechen mögen oder nicht, richtig oder nicht richtig, sondern auch, ob solche Regeln oder Maximen selbst richtig oder nicht richtig sind. Das kann

9 A.a.O., S. 188 (Hervorhebung von mir). Es sollte hinzugefügt werden, daß das Prinzip der Persönlichkeit keinen Bezug auf Maximen enthält.

dadurch erreicht werden, daß wir überlegen, was geschähe, wenn jeder oder jeder unter bestimmten Umständen sich eine solche Maxime zu eigen machen würde oder beschlösse, nach einer solchen Regel zu handeln. Hier prüfen wir die *Regel* oder *Maxime,* unabhängig von einer besonderen Handlung, die ihr konform wäre. (Ob das einfach heißt, eine bestimmte *Art* von Handlung im Unterschied zu einer einzelnen Handlung zu prüfen, ist eine Frage, die ich hier offenlasse.) Man sollte jedoch erwähnen, daß der Zweideutigkeit des Wortes »Handlung« eine Zweideutigkeit des Wortes »Maxime« entspricht: Manchmal ist in der Formulierung einer Maxime schon der Zweck enthalten, und dann ist es sinnlos, nach ihrem Zweck zu fragen oder nach dem Zweck, um dessentwillen man sie sich zu eigen macht; manchmal ist das nicht so, und dann ist es tatsächlich sinnvoll, nach ihrem Zweck zu fragen. Das hängt ganz offensichtlich davon ab, in welcher Ausführlichkeit eine Maxime formuliert wird. Aber später mehr darüber.

§ 2

Daß das Argument der Verallgemeinerung keinen Bezug auf das »wollen können« enthält, ist der andere Aspekt, durch den es sich vom kategorischen Imperativ unterscheidet. Worauf läuft dieser Unterschied hinaus? Um was für ein Kriterium handelt es sich hier und worin liegt seine moralische Relevanz?

Kant hat nun zwei Kriterien, um zu entscheiden, ob die Maxime einer Handlung universalisierbar ist oder nicht, von denen das eine, und zwar das engere, das andere nach sich zieht:

> Man muß *wollen können,* daß eine Maxime unserer Handlung ein allgemeines Gesetz werde: dies ist der Kanon der moralischen Beurteilung derselben überhaupt. Einige Handlungen sind so beschaffen, daß ihre Maxime ohne Widerspruch nicht einmal als allgemeines Naturgesetz *gedacht* werden kann; weit gefehlt, daß man noch *wollen* könne, es *sollte* ein solches werden. Bei anderen ist zwar jene innere Unmöglichkeit nicht anzutreffen, aber es ist doch unmöglich, zu *wollen,* daß ihre Maxime zur Allgemeinheit eines Naturgesetzes erhoben werde, weil ein solcher Wille sich selbst widersprechen würde.[10]

10 Grundlegung, S. 54-55 Kant fügt hinzu, daß »die erstere der strengen oder engeren (unnachläßlichen) Pflicht, die zweite nur der weiteren (verdienstlichen)

Wir wollen zunächst das engere Kriterium diskutieren. Kant sagt, es gebe bestimmte Handlungsweisen oder Handlungsmaximen, die gar nicht universalisiert werden können. Ich habe bereits Gründe dafür angeführt, daß das auf gewisse Handlungsweisen zutrifft, wie z. B. das Lügen, wenn es zur Regel wird oder wenn es einem gerade paßt. (Um mit Alice zu reden: wenn jeder erst redete, wenn man ihn anspräche, würde niemand reden). Doch das ist einer der Aspekte von Kants Ethik, der am häufigsten und am heftigsten – und man kann hinzufügen, am gedankenlosesten – verurteilt wurde. Mill z. B. behauptet, daß es Kant »in fast grotesker Weise versäumt, nachzuweisen, daß sich irgendein Widerspruch, irgendeine logische (um nicht zu sagen physische) Unmöglichkeit ergäbe, wenn alle rationalen Wesen die abscheulichsten unmoralischen Verhaltensregeln praktizierten. Er zeigt nur, daß die *Konsequenzen* aus ihrer allgemeinen Befolgung derart wären, daß niemand sich ihnen gern aussetzen würde.«[11] Doch Mill selbst entgeht in fast grotesker Weise, worauf Kant hinauswollte. Damit steht er jedoch nicht allein, und in der Tat findet sich hier eine ziemlich bunte Gesellschaft zusammen. Berühmt ist Hegels Kritik an Kant,
der Satz:

Beachte ob deine Maxime könne als ein allgemeiner Grundsatz aufgestellt werden, wäre sehr gut, wenn wir schon bestimmte Prinzipien über das hätten, was zu thun sey. Indem wir nämlich von einem Prinzipe verlangen, es soll auch Bestimmung einer allgemeinen Gesetzgebung seyn können, so setzt eine solche einen Inhalt schon voraus, und wäre dieser da, so müßte die Anwendung leicht werden. Hier aber ist der Grundsatz selbst noch nicht vorhanden, und das Kriterium, daß kein Widerspruch seyn soll, erzeugt nichts, da, wo nichts ist, auch kein Widerspruch seyn kann.

Daß kein Eigentum Statt findet, enthält für sich ebenso wenig einen Widerspruch, als daß dieses oder jenes einzelne Volk, Familie u.s.f. nicht existiere, oder daß überhaupt keine Menschen leben. Wenn es sonst für sich

Pflicht widerstreite«. Diese Unterscheidung entspricht offensichtlich der zwischen vollkommenen oder engen und unvollkommenen oder weiten Pflichten.

11 Mill, *Utilitarianism,* New York 1910, Kap. I, § 4, S. 4. Vgl. Kap. V § 22, S. 49: »Es gibt keine plausiblen Gründe dafür, daß eine Regel, auch wenn es sich um eine Regel des extremsten Egoismus handelte, *unmöglich* von allen rationalen Wesen akzeptiert werden könnte, – daß dem in der Natur der Dinge ein unüberwindliches Hindernis entgegenstehe. Um Kants Prinzip überhaupt einen Sinn abzugewinnen, muß es so verstanden werden, daß wir unser Verhalten nach einer Regel formieren sollten, die alle rationalen Wesen *mit Nutzen* für ihr kollektives Interesse akzeptieren könnten.« (Hervorhebung im Text)

fest und vorausgesetzt ist, daß Eigentum und Menschenleben seyn und respektiert werden soll, dann ist es ein Widerspruch, einen Diebstahl oder Morde zu begehen; ein Widerspruch kann sich nur mit Etwas ergeben, das ist, mit einem Inhalt, der als festes Prinzip zum Voraus zu Grunde liegt.[12]

Dieser Einwand Hegels ist fast unglaublich einfältig. Denn er ignoriert vollkommen, daß die Maxime einer Handlung, die der kategorische Imperativ testen soll, selbst ein »bestimmtes Prinzip« ist und »bereits einen Inhalt« hat. Hegel nimmt an, der kategorische Imperativ solle in einem Vakuum – oder mit anderen Worten, auf gar nichts oder höchstens auf sich selbst – angewendet werden, und es ist dieselbe Annahme, an der der übliche Vorwurf krankt, daß Kants Ethik ein »leerer Formalismus« sei. Wenn jemand beabsichtigt, sich eine bestimmte Maxime zu eigen zu machen oder unter bestimmten Umständen in einer bestimmten Weise zu handeln, um einen bestimmten Zweck zu erreichen, dann haben wir bereits »ein bestimmtes Prinzip«, etwas, das bereits »einen Inhalt« besitzt, auf den der kategorische Imperativ angewendet werden kann. Also ist der »Inhalt vorausgesetzt«, aber unglücklicherweise ist die »Anwendung des Prinzips« nicht immer einfach.

Hegel scheint sich darüber im klaren zu sein, daß es so etwas wie Eigentum nicht mehr gäbe, wenn jeder, wann es ihm beliebt und was ihm beliebt, stehlen würde, und daß dadurch der Zweck des Stehlens vereitelt würde. Das ist jedenfalls in seiner Anspielung darauf, »daß kein Eigentum Statt findet«, enthalten. Doch scheint er sich darüber völlig im unklaren zu sein, warum es folglich nicht richtig wäre zu stehlen. Kant sagt an keiner Stelle: »daß kein Eigentum Statt findet, enthält« einen Widerspruch. Mit anderen Worten, er sagt an keiner Stelle, das Vorhandensein von Eigentum sei eine logische Notwendigkeit. Er sagt auch nicht, daß »es ein Widerspruch (ist), Diebstahl oder Mord zu begehen« oder irgend etwas, das auch nur im entferntesten dem nahekommt. Kants Pointe (und das stimmt, auch wenn er nicht gerade dieses Beispiel benutzt) ist relativ einfach, und das mag vielleicht der Grund

12 Hegel, *Philosophie des Rechts* in: Georg Wilhelm Friedrich Hegel, Sämtliche Werke, hrsg. von H. Glockner, Stuttgart 1952, Bd. VII, Zusatz zu § 135, S. 195 und § 135, S. 194.
Bradley folgt in diesem Punkt fast sklavisch seinem Meister. Vgl. seine *Ethical Studies*, Oxford 1927, Essay 4, bes. S. 154 ff.

sein, warum die tiefgründigen Überlegungen Hegels sie so weit verfehlen. Man könnte es nicht als allgemeines Gesetz wollen, daß jeder stehlen kann, wann es ihm paßt, denn wenn jeder stehlen würde, wann es ihm gerade paßt, oder etwas an sich nehmen würde, was er gerne hätte, gäbe es kein Eigentum mehr und folglich auch nichts mehr zu stehlen – es gäbe nichts mehr, was er sein eigen nennen könnte. Stehlen setzt voraus, daß es so etwas wie Eigentum gibt – etwas, das gestohlen werden kann – und das setzt ein gewisses Maß an Stabilität in einer Gemeinschaft voraus. Jemand, der etwas stehlen will, wünscht es sich vermutlich als sein Eigentum; aber wenn jeder so handeln würde, könnte niemand mehr etwas auf Dauer als sein Eigentum haben, und der Effekt wäre, daß es so etwas wie Eigentum gar nicht mehr gäbe. Nicht nur der Zweck der eigenen Handlung wäre vereitelt, wenn jeder dasselbe täte, sondern es *könnte* nicht jeder mehr in der beschriebenen Weise handeln. Um es anders zu formulieren, wenn jeder auf diese Weise handeln würde, könnte niemand mehr so handeln. (Ebenso wie niemand mehr ein Recht auf irgend etwas hätte, wenn jeder ein Recht auf alles hätte.) Daher hat nicht jeder ein Recht, in dieser Weise zu handeln. Aber da nicht jeder das Recht hat zu stehlen, hat *niemand* das Recht zu stehlen, und es ist daher nicht richtig zu stehlen. In diesem letzten Schritt der Argumentation ist nun das Prinzip der Verallgemeinerung maßgebend; was für einen richtig ist, muß für jeden anderen mit ähnlichen individuellen Voraussetzungen und unter ähnlichen Umständen richtig sein. Der Schluß »niemand hat das Recht zu stehlen« muß daher als eine verkürzte Form des Satzes verstanden werden »niemand hat das Recht, ohne einen Grund oder eine Rechtfertigung zu stehlen«. Wenn Kant irgendeinen Fehler machte, dann den, daß er diese Einschränkung übersah. Denn wenn die Umstände oder Zwecke der Handlung derart sind, daß jeder unter solchen Umständen oder zu solchen Zwecken stehlen könnte, dann ist das Kriterium unanwendbar (obwohl ein anderes immer noch anwendbar sein kann).

Nehmen wir ein anderes Beispiel. Jemand, der sich weigert, seine Steuern zu zahlen, »könnte es nicht als ein allgemeines Gesetz wollen, daß jeder das täte«. Denn wenn jeder sich weigerte, Steuern zu zahlen, würde damit gerade die Verwirklichung der Ziele vereitelt, die er dadurch, daß er seine Steuern nicht zahlt, zu erreichen sucht. Vermutlich ist der Zweck, den jemand mit seiner Weigerung, Steuern zu zahlen, verfolgt, der, mehr Geld für seinen persönlichen Gebrauch oder für seine eigenen Zwecke zur Verfügung zu haben. Das muß daher als Bestandteil seiner Maxime und somit seiner Handlung betrachtet werden. Wenn nun niemand Steuern zahlte, würde die Regierung mit allen ihren öffentlichen Einrichtungen zusammenbrechen, das Finanzsystem würde zusammenstürzen und das gesparte Geld hätte keinen Wer mehr. Es würde sich in der Tat nicht mehr um Geld, sondern wertlose Münzen oder Stücke Papier handeln. Die Zwecke, die man durch seine Weigerung, Steuern zu zahlen, zu erreichen sucht, hängen von einem Rechtssystem (einschließlich einem komplexen Kreditsystem) ab, das zerstört würde, wenn jeder dasselbe täte. Indem er sich somit weigert, Steuern zu zahlen, übervorteilt er andere. Er beansprucht für sich selbst ein Privileg, das er ihnen nicht zugestehen wollte, denn sein eigenes Auskommen hängt davon ab, daß andere nicht dasselbe tun. Das ist genau der Grund, warum seine Handlung nicht richtig ist.

Diesem Argument müssen noch zwei Qualifikationen hinzugefügt werden, und es ist gleich, ob man das schon jetzt tut oder es für einen späteren Zeitpunkt aufspart. Erstens einmal mag das Beispiel der Weigerung, seine Steuern zu zahlen, unrealistisch erscheinen, weil es, wie jedermann weiß, Gesetze gibt, die das verbieten, und, zumindest in diesem Land, diesen Gesetzen auch ziemlich wirksam Geltung verschafft wird. So ist es ganz abgesehen von der Frage der moralischen Richtigkeit, um die sich sowieso niemand, der realistisch denkt, kümmert, ganz einfach unklug, das zu tun. Man läuft gewiß Gefahr, Schwierigkeiten zu bekommen, und das ist der Grund, warum man Steuern zahlen sollte. »Er täte besser daran, andernfalls ...« Das ist im wesentlichen wahr (der Bezug auf »*die* Vernunft« wird ignoriert). Aber nur im wesentlichen, weil diese Überlegung dazu tendiert, die Unklugheit überzubewerten, die darin liegt, die Regierung zu hintergehen. Viele Leute und sehr viele Gesellschaften betrügen den Staat ungestraft um Steuern. Die Risiken sind von Zeit zu Zeit, sowie von Land zu Land verschieden und jeweils von der individuellen Situation abhängig. Das alles ist in Wirklichkeit aber irrelevant, da ich mich entschieden habe, von der Tatsache zu abstrahieren, daß man gesetzlich gezwungen ist, Steuern zu zahlen, und folglich auch davon, daß die bloße Existenz eines solchen Gesetzes moralisch relevant ist für die Regel, daß es im allgemeinen nicht richtig – und nicht bloß unklug – ist, das Gesetz zu brechen. Hier geht es um die Frage, ob es moralisch nicht richtig ist, sich zu weigern oder sich davor zu drücken, seine Steuern zu zahlen – ganz unabhängig von der Frage, ob es ratsam ist – und welche Gründe dafür und dagegen sprechen. So ist das Beispiel in Wirklichkeit gar nicht so unrealistisch, wie man hätte meinen können. Wir brauchen uns nicht jemanden vorzustellen, der seine Weigerung, Steuern zu zahlen, öffentlich bekannt gibt und somit die Regierung herausfordert, ihn einzusperren. Und jemand könnte auch die moralische Qualität des Gesetzes in Frage stellen, nach dem *er* Steuern zahlen muß. Zweitens ist jemand, der sich weigert, seine Steuern zu zahlen, nicht *notwendig* des Steuer*betrugs* schuldig. Man muß nicht unbedingt den Zweck verfolgen, mehr Geld zur eigenen Verfügung zu haben. Es kann sich jemand aus Prinzip weigern – weil er eine bestimmte Steuer nicht für richtig hält oder weil er es nicht für richtig hält, die Regierung, die sie verlangt, zu unterstützen. So jemand könnte und würde es gewöhnlich auch wollen, daß jeder andere dasselbe tut. Das würde die Zwecke, die er mit seiner Weigerung verfolgt, nicht vereiteln, sondern gerade zu dem Ergebnis führen, das er erreichen will, wenn es auch noch andere Resultate mit sich bringen kann, die er nicht gewollt hatte. Thoreau ist ein Beispiel für jemanden, der sich weigerte, eine bestimmte Steuer zu zahlen, weil er die Maßnahmen der Regierung (den Krieg gegen Mexiko) mißbilligte und hoffte, genug andere Leute würden seinem Beispiel folgen und so die Regierung zwingen, ihre Aktionen einzustellen. Aber das widerspricht dem, was bisher gesagt worden ist, in keiner Weise. Das zur Diskussion stehende Argument legt fest, daß jemand seine Weigerung, Steuern zu zahlen, rechtfertigen muß und nicht, daß es immer und überall nicht richtig ist, keine Steuern zu zahlen. Wenn man beansprucht, sich aus Prinzip zu weigern, beansprucht man, gerechtfertigt zu sein (moralisch natürlich und nicht rechtlich). Das hat zumindest die Form einer Rechtfertigung. Ob der Anspruch eingelöst werden kann, ist eine andere Frage. Dasselbe

gilt für alle Regeln, die durch eine Anwendung des Prinzips der Allgemeinheit begründet werden.
Nehmen wir nun als nächstes ein Beispiel, das Kant selbst benutzt hat (und das ich im vorhergehenden Kapitel diskutiert habe), nämlich das des lügenhaften Versprechens. Ein falsches oder lügenhaftes Versprechen geben heißt, ein Versprechen geben ohne die Absicht, es auch zu halten. Ein ehrliches oder aufrichtiges Versprechen geben heißt also, ein Versprechen geben *in* der Absicht, es zu halten. Es ist darauf hinzuweisen, daß diese Unterscheidung mit der Frage, ob ein Versprechen tatsächlich *eingehalten* wird oder nicht, gar nichts zu tun hat. Daher gehört es zur Bedeutung des Wortes »Versprechen«, daß jemand, der verspricht, etwas zu tun, auch beabsichtigt, das zu tun, was er versprochen hat. Das gibt man zu verstehen oder versucht man zu verstehen zu geben, wenn man sagt »ich verspreche« oder wenn man eine Geste macht, mit der gewöhnlich Versprechen gegeben werden. So ist es für ein Versprechen wesentlich (wie ich schon vorher sagte), daß man von jemandem, der etwas zu tun verspricht, im allgemeinen erwarten kann, daß er das auch zu tun beabsichtigt. Das ist ein Aspekt, der von der Praxis oder Institution des Versprechens nicht wegzudenken ist. Nun heißt das nicht, daß es unmöglich sei, ein Versprechen zu geben ohne die Absicht, es zu halten, oder, daß man in einem solchen Fall gar nicht wirklich ein Versprechen gegeben hätte. (Was jemand vortäuscht, wenn er ein lügenhaftes Versprechen gibt, ist nicht, daß er ein Versprechen gegeben hat – denn er hat eines gegeben, ob er nun beabsichtigt, es zu halten oder nicht – sondern, daß er nicht beabsichtigt, das zu tun, was er versprochen hat.) Es heißt auch nicht, man müsse von jedem Versprechen annehmen, es sei aufrichtig gemeint. Es heißt, daß das eine Präsumption ist, mit der man normalerweise oder gewöhnlich rechnet, solange nichts Gegenteiliges bekannt ist, und ohne die das Versprechen etwas ganz anderes und keine menschliche Form der Interaktion mehr wäre. Wenn man meistens das Gegenteil annehmen müßte, wie könnte man dann noch seine Absichten zu verstehen und wie ein Versprechen geben? So wie es nicht möglich wäre, daß jede Situation eine Ausnahme darstellt, obgleich die eine oder andere Situation eine Ausnahme sein kann (und ebenso wie es nicht möglich wäre, daß jeder Satz bedeutungs-

los ist, obgleich der eine oder andere Satz bedeutungslos sein kann), so wäre es nicht möglich, daß jedes Versprechen ohne die Absicht, es einzuhalten, gegeben wird. Ohne diese allgemeine Präsumption, daß Versprechen aufrichtig gegeben werden – wenn wir also normalerweise nicht annehmen könnten, ein uns geleistetes Versprechen sei uns in der Absicht, es einzuhalten, gegeben worden – »könnte es im eigentlichen Sinn gar keine Versprechen mehr geben«. Daher könnte man es nicht als allgemeines Gesetz wollen, daß jeder mit Kants Worten »versprechen könne, was ihm einfällt, mit dem Vorsatz, es nicht zu halten«, denn ein solches Gesetz »würde das Versprechen und den Zweck, den man damit haben mag, selbst unmöglich machen«.

Genau diese Gründe gelten nicht nur für Versprechen, sondern auch für andere Formen menschlicher Vereinbarungen, wie Kontrakte, Bündnisse und Verträge. Und ein ganz analoges Argument gilt auch in bezug auf die Einhaltung von Versprechen und Abkommen. Wie es für ein Versprechen wesentlich ist, daß man im allgemeinen voraussetzen kann, es sei aufrichtig gemeint gewesen, ist es fast ebenso wesentlich, daß man im allgemeinen voraussetzen kann, ein Versprechen werde eingehalten werden. Wenn jeder jedes Versprechen, »wie es ihm gefällt«, brechen würde – wenn jeder seine Versprechen bräche, wenn es ihm gerade danach zumute ist oder es ihm unzweckmäßig erscheint, sie zu halten – dann würden Versprechen normalerweise gebrochen werden, und das »würde das Versprechen und den Zweck, den man damit haben mag, selbst unmöglich machen.« Also könnte man es nicht als ein allgemeines Gesetz wollen, daß jeder ein Versprechen brechen kann, wann es ihm gefällt; und wer das gerne tun würde, könnte nicht wollen, daß jeder andere dasselbe täte. Wenn jeder dasselbe täte, wäre es unmöglich, überhaupt noch Versprechen zu machen (einschließlich des Versprechens, das man nun brechen will), denn ein Versprechen ist eine Transaktion, die zumindest zwei Parteien voraussetzt; und niemand könnte wollen, daß andere die Versprechen, die sie ihm gegeben haben, brechen, was wirklich geschehen würde, wenn niemand mehr Skrupel hätte, Versprechen zu brechen.

Man kann diese Frage auch unter folgendem Gesichtspunkt betrachten: Wer dieses Versprechen bricht oder zu brechen wünscht, wann immer es ihm gefällt, sieht Versprechen nicht als bindend, zumindest nicht als für ihn bindend an. Aber wenn Versprechen für ihn nicht bindend sind, sind sie es für niemand, und das ist in sich widersprüchlich. Ebenso würde niemand Versprechen für bindend halten, wenn jeder jedes Versprechen brechen würde, wann es ihm gefällt. Ist das möglich? Was würde man dann unter einem Versprechen verstehen?

Wir kommen nun, als unserem letzten Beispiel, zum Gebrauch von Sprache im allgemeinen. Ein lügenhaftes Versprechen ist tatsächlich nur ein Spezialfall des Lügens, das darin besteht, daß man in der Absicht, jemanden zu täuschen, etwas als wahr hinstellt, von dem man weiß oder glaubt, daß es falsch ist, und Kant hat diese beiden Fälle in der Tat nicht unterschieden. Sie sind jedoch nicht identisch, da man lügen kann, ohne etwas zu versprechen (es sei denn, man versteht den Gebrauch von Sprache als eine implizite Verpflichtung auf das Versprechen, nicht zu lügen), und das Versprechen enthält Züge, die sich nicht in allen Arten des Gebrauchs von Sprache finden. In einer Hinsicht sind sie identisch: für den Gebrauch von Sprache als ein Mittel der Kommunikation ist es wesentlich, daß die meisten Aussagen aufrichtig, ohne Täuschungsabsichten, gemacht werden. Denn sonst könnten wir nicht von der Annahme ausgehen, daß die Leute normalerweise die Wahrheit sagen, und wir würden nichts von dem glauben, was irgend jemand sagte oder was wir lasen, ohne besondere Nachforschungen anzustellen, um die Wahrheit herauszufinden. Aber es besteht hier kein Anlaß, das schon an früherer Stelle (in Kapitel V) angeführte Argument gegen das Lügen zu wiederholen. Statt dessen werde ich einen Einwand dagegen diskutieren, der vielleicht hilft, die Implikationen dieses Arguments deutlicher zu machen.

Wenn wir die Regel »Sag die Wahrheit« durch die Regel »lüge« ersetzen könnten, dann hätte wirklich weder die Sprache selbst noch die einfachste der bestehenden sozialen Institutionen entwickelt werden können. Eine Umkehrung der Regel der Wahrhaftigkeit würde eine Änderung implizieren, die notwendig zu einer Modifikation einiger der wesentlichsten Attribute der Menschheit führen würde. Aber auch in einem solchen Fall ist die Regel »betrüge andere« nicht in einem formalen Sinn widersprüchlicher als die Regel »betrüge andere nicht«, und man kann sich vielleicht

Bedingungen ausdenken, unter denen es für einen Volksstamm vorteilhaft ist, sich gegenseitig zu betrügen. Zweifellos würde ein derartiger Stamm ohne Sprache auskommen müssen und ohne viele andere Dinge, die für die Gesellschaft, wie wir sie kennen, wesentlich sind. Sie können den Zustand allgemeiner Wahrhaftigkeit für die Gesellschaft für so wesentlich halten, wie sie nur wollen, aber es ist illegitim, diese zweifellos wichtige Feststellung mit der Feststellung zu vermengen, die entgegengesetzte Regel sei logisch unmöglich. Daß alle lügen, ist nicht in sich widersprüchlich; es ist nur im Rahmen unserer Erkenntnis unmöglich.[13]

Das ist nicht ganz falsch; und doch liegt hier andererseits eine schwerwiegende Verwirrung vor. Die Argumente, die ich bereits angeführt habe, weisen, wie ich meine, hinreichend nach, daß Lügen unmöglich zur Regel und die Wahrheit Sagen zur Ausnahme werden könnte, da dies den Gebrauch von Sprache (oder eines jeden Kommunikationssystems) ausschließen würde, ohne die es unmöglich wäre zu lügen. Lügen muß daher eine Ausnahme bleiben (aber das heißt nicht: es dürfe nicht häufig vorkommen), wenn es das überhaupt geben soll. Es stimmt, daß die Regel »lüge« nicht formal in sich widersprüchlich ist. Aber was soll das? Es ist unmöglich, daß jeder so handelt, daß jeder in der Regel lügt, und das ist genug. Merkwürdigerweise scheint der zur Diskussion stehende Passus das mit seinem Eingeständnis einzuräumen, wonach »ein derartiger Stamm ohne Sprache auskommen müßte«. Aber wie ist es dann noch möglich, sich »Bedingungen auszudenken, unter denen es vorteilhaft ist, sich gegenseitig zu täuschen«? Denn wie wäre es ohne den Gebrauch von Sprache für diese Leute möglich, sich gegenseitig zu täuschen? Natürlich könnte man sich Bedingungen ausdenken, unter denen Täuschung – sogar gegenseitige Täuschung – für das Überleben vorteilhaft oder notwendig wäre (obwohl es gut wäre, diese Bedingungen genau festzulegen), aber das wäre dann nicht möglich, wenn es die allgemeine Praxis wäre, der sich niemand entziehen könnte. Sprache ist also nicht bloß eine nützliche, sondern eine notwendige soziale Institution. Ohne sie gäbe es überhaupt keine anderen sozialen Institutionen. Der Grund, warum Lügen nicht richtig ist, ist in der Tat *nicht einfach* der, daß man es nicht allgemein akzeptieren und in der Regel danach verfahren könnte; es ist darum nicht richtig, weil der Zweck des Lügens

13 Leslie Stephen, *The Science of Ethics*, London 1882, Kap. V, § 32, S. 206-7.

vereitelt würde, wenn jeder dasselbe täte, so daß jemand, der lügen möchte, nicht wollen könnte, daß die Maxime seiner Handlung zu einem allgemeinen Gesetz werde. (Aber man muß berücksichtigen, daß das jeweils von der Maxime abhängen kann.) Das heißt wiederum nicht, daß Lügen immer nicht richtig ist; es heißt, daß es gewöhnlich nicht richtig ist. (Denn die Maxime von jemandem könnte so beschaffen sein, daß man sie als allgemeines Gesetz wollen *könnte*.) Aber das ist eine hinreichende Begründung der Regel, man solle nicht lügen, die den Anspruch stellt, jede Lüge müsse gerechtfertigt werden, und nicht, jede Lüge müsse nicht richtig sein. Was will man mehr?

Damit beende ich vorläufig die Diskussion über Kants – wie ich es genannt habe – »engeres Kriterium« zur Bestimmung der Universalisierbarkeit einer Maxime oder einer Handlung. Man muß nicht unbedingt annehmen, daß in allen Fällen Kants Anwendung des Kriteriums schlüssig ist. Manche Anwendungen sind es sicherlich nicht – das vielleicht herausragendste Beispiel ist seine Argumentation gegen den Selbstmord, aber es gibt auch andere. Es ist auch gleichgültig, ob die Unmöglichkeit, daß jeder in einer bestimmten Weise handelt, eine *logische* Unmöglichkeit ist oder nicht, die ausschließlich a priori und ohne Bezug auf empirische Fakten bestimmt wird. Es reicht schon aus, wenn es in einem etwas schwächeren Sinn unmöglich ist.[14] Wenn nämlich als Folge davon, daß jeder versucht, in einer bestimmten Weise zu handeln, niemand in dieser Weise handeln könnte, dann hat niemand das Recht,

14 Könnte Kant das zugeben? Warum nicht? Es ist völlig vereinbar mit seinem Verfahren, mit dem, was er tatsächlich sagt in den Beispielen, auf die er sein Prinzip anwendet (ganz gleich, ob es mit seinen erklärten Absichten übereinstimmt). In dem Beispiel des lügenhaften Versprechens sagt er: ». . . nach einem solchen würde es eigentlich gar kein Versprechen geben, weil es vergeblich wäre, meinen Willen in Ansehung meiner künftigen Handlungen anderen vorzugeben, die diesem Vorgeben doch nicht glauben, oder, wenn sie es übereilter Weise täten, mich doch mit gleicher Münze bezahlen würden.« (*Grundlegung*, S. 30); und wiederum ». . . niemand (würde) glauben . . ., daß ihm was versprochen sei, sondern über alle solche Äußerung, als eitles Vorgeben, lachen . . .« (a.a.O., S. 53). Wenn Kant sagt, diese Maxime könne niemals ein allgemeines Gesetz werden, ist das sicher die Bestätigung, auf die er sich beruft. Daher muß es als eine Bestätigung dessen gelten, was er meinte. Um jedoch den kategorischen Imperativ als moralisches Prinzip zu verstehen, spielt es nicht wirklich eine Rolle, ob Kant dem zustimmen würde oder nicht, und es wäre gut, wenn das allmählich selbstverständlich würde.

in dieser Weise zu handeln, wenn er nicht einen speziellen Grund dafür anführen kann. Solange dieses Kriterium anwendbar ist, ist die Art der darin enthaltenen Unmöglichkeit unwesentlich.

§ 3

Aber wie Kant zeigt, ist das Kriterium nicht auf alle Fälle anwendbar. In diesen anderen Fällen soll das weitere Kriterium angewendet werden, nämlich das der Unmöglichkeit *zu wollen*, daß jeder in einer bestimmten Weise handelt, ohne daß es unmöglich wäre, daß jeder in dieser Weise handelt. Nun wird dieses Kriterium, *wie Kant es anwendet*, kompliziert durch seine Ansicht, daß es bestimmte wesentliche Zwekke der Menschheit oder bestimmte wesentliche (oder notwendige) Zwecke der Natur gibt. Aus Kants Sicht gibt es bestimmte Zwecke, die jedes vernünftige Wesen aufgrund seiner Vernunft notwendig »will«, bestimmte Zwecke, die jedes vernünftige Wesen notwendig hat. Dieser Gesichtspunkt leitet zumindest in einigen Fällen die Anwendung des Kriteriums. Z. B. sagt Kant von jemandem, der seine Talente nicht zu pflegen wünscht: »... allein, er kann unmöglich *wollen*, daß dieses ein allgemeines Naturgesetz werde oder als ein solches in uns durch Naturinstinkt gelegen sei. Denn als ein vernünftiges Wesen will er notwendig, daß alle Vermögen in ihm entwickelt werden, weil sie ihm doch zu allerlei möglichen Absichten dienlich und gegeben sind.«[15]

Dieser Gedanke ist zweifellos etwas verwirrend und sogar etwas mysteriös. Es trifft sich daher gut, daß wir ihn für unsere gegenwärtigen Zwecke nicht untersuchen müssen. Kants Kriterium der »Unmöglichkeit zu wollen« kann nämlich unabhängig von dem Konzept wesentlicher oder vernünftiger Zwecke erhellt werden. Ich bin sogar der Ansicht, daß es nicht angemessen verstanden und gewiß nicht sinnvoll angewandt werden kann, wenn man es nicht unabhängig von dem Gedanken, »was ein vernünftiges Wesen notwendig will«, sieht.

Um also zu verstehen, was das Kriterium enthält, muß man

15 *Grundlegung*, S. 53/54.

nicht der Ansicht zustimmen, daß es bestimmte wesentliche Zwecke der Menschheit gibt oder daß »ein vernünftiges Wesen ... notwendig (will), daß alle Vermögen in ihm entwikkelt werden«. Man muß z. B. nicht der Meinung sein, daß »in der Menschheit Anlagen zu größerer Vollkommenheit (sind), die zum *Zwecke der Natur* in Ansehung der Menschheit in unserem Subjekt gehören«.[16] Das verdunkelt nur, was an diesem Kriterium wichtig ist; es sollte klar sein, daß dieses Kriterium einen, wenn auch versteckten, Bezug auf die Nicht-Wünschbarkeit der Folgen davon enthält, daß jeder in einer bestimmten Weise handeln würde. Kants Begriff wesentlicher Zwecke ist dann nur eine ganz bestimmte und nicht sehr plausible Auffassung des geeigneten Maßstabs, um zu bestimmen, daß diese Folgen nicht wünschenswert sind. Wenn Kant sagt, es sei unmöglich zu wollen, daß eine bestimmte Maxime ein allgemeines Gesetz werde, meint er *wenigstens*, daß die Folgen davon, daß jeder nach dieser Maxime handelte, nicht wünschenswert wären. Er kann – und vermutlich tut er es auch – mehr meinen als das, aber er kann nicht weniger meinen.

Was Kant darüber hinaus meint, ist vielleicht nicht so mysteriös, wie es zu sein scheint. H. J. Paton schlägt als Interpretation vor, Kant habe hier den Gedanken einer »systematischen Harmonie der Zwecke« als Maßstab. Paton formuliert es so:

Wenn wir die Maxime einer beabsichtigten Handlung testen wollen, müssen wir uns fragen, ob sie, allgemein befolgt, eine systematische Harmonie der Zwecke im Individuum und in der Menschengattung hervorbringen würde. Nur dann können wir sagen, daß sie geeignet sei, als ein allgemeines moralisches Gesetz gewollt werden zu können ...

16 A.a.O., S. 62 (Hervorhebung von mir). Das sagt Kant, nebenbei bemerkt, mit Bezug auf dasselbe Beispiel, nämlich das der Pflicht, seine eigenen Talente zu fördern, nur geht es in diesem Zusammenhang um die Anwendung des Prinzips der Persönlichkeit. Kant behauptet übrigens, daß »der Naturzweck, den alle Menschen haben, ihre eigene Glückseligkeit (ist)«. (Vgl. Vorlesung zur Ethik, S. 5/6, S. 23). Aber seine Auffassung, es gebe gewisse »wesentliche« oder »rationale« Zwecke, ist Grund der Äquivokation, die im vorhergehenden bei seinem Prinzip der Persönlichkeit aufgewiesen wurde. Vgl. Paton, *The Moral Law*, S. 141, 69, Anm. 1: »Der *Zweck der Natur* in Ansehung der Menschheit muß streng unterschieden werden von dem *Naturzweck*, den alle Menschen suchen und der ihre eigene Glückseligkeit ist«. Das erste Konzept setzt voraus, daß Natur einen letzten Zweck oder ein Ziel habe, der sich nicht in der Natur selbst findet. Das zweite Konzept beruht auf der Beobachtung der Natur und kann durch solche Beobachtung bestätigt werden.«

Wenn wir fragen, ob wir eine beabsichtigte Maxime als Naturgesetz wollen könnten, fragen wir, ob ein Wille, der auf eine systematische Harmonie der Zwecke in der Menschennatur zielt, diese besondere Maxime ohne Widerspruch als ein Gesetz der Menschennatur wollen könnte ...[17]

Das ist eine mögliche und auch plausible Interpretation, und obgleich Kant niemals ausdrücklich sagt, daß er das meint, wird die Interpretation durch einiges, was er sagt, gestützt. Zum Beispiel: »... da sonst ein allgemeines Naturgesetz alles einstimmig macht, so würde hier, wenn man der Maxime die Allgemeinheit eines Gesetzes geben wollte, grade das äußerste Widerspiel der Einstimmung, der ärgste Widerstreit und die gänzliche Vernichtung der Maxime selbst und ihrer Absicht erfolgen«.[18] Darüber hinaus gibt es einen interessanten Absatz in den Ethikvorlesungen, der den Gedanken noch klarer herausbringt:

Die Unterordnung unseres Willens unter die Regel allgemeingültiger Zwecke ist die innere Bonität und absolute Vollkommenheit der freien Willkür, denn stimmt sie mit allen Zwecken überein. ... Die moralische Bonität ist also die Regierung unserer Willkür durch Regeln, wodurch alle Handlungen meiner Willkür allgemeingültig übereinstimmen. Und solche Regel, die das Principium der Möglichkeit der Übereinstimmung aller freien Willkür ist, ist die moralische Regel ... Nun ist in Ansehung unserer freien Handlungen eine Regel nötig, wodurch alle Handlungen einstimmig sind, und das ist die moralische Regel. Stimmen meine Handlungen nach der pragmatischen Regel, so stimmen sie zwar nach meiner Willkür überein, aber nicht mit der Willkür anderer ...[19]

17 Paton, *The Moral Law,* S. 31, *Der Kategorische Imperativ,* S. 172.
18 *Kritik der praktischen Vernunft,* S. 137. Dieser Gedanke einer systematischen Harmonie der Zwecke scheint in Kants Konzept (von dem er sagt, es sei »zugegebenermaßen nur ein Ideal«) eines »Reichs der Zwecke« enthalten zu sein: »Ich verstehe aber unter einem *Reiche* die systematische Verbindung verschiedener vernünftiger Wesen durch gemeinschaftliche Gesetze. Weil nun Gesetze die Zwecke ihrer allgemeinen Gültigkeit nach bestimmen, so wird, wenn man von dem persönlichen Unterschiede vernünftiger Wesen, im gleichen allem Inhalte ihrer Privatzwecke abstrahiert, ein Ganzes aller Zwecke (sowohl der vernünftigen Wesen als Zwecke an sich, als auch der eigenen Zwecke, die ein jedes sich selbst setzen mag), in systematischer Verknüpfung, d. i. ein Reich der Zwecke gedacht werden können, welches nach obigen Prinzipien möglich ist.« (*Grundlegung*, S. 66). Kant sagt, nebenbei, (a.a.O., S. 72) »Ein solches Reich der Zwecke würde nun durch Maximen, deren Regel der kategorische Imperativ allen vernünftigen Wesen vorschreibt, wirklich zu Stande kommen, *wenn sie allgemein befolgt würden.*«
19 *Vorlesung zur Ethik,* S. 21/22. Kant fügt hinzu: »Daher müssen Regeln sein, wonach meine Handlungen allgemein gelten, und diese werden von den allgemeinen Zwecken der Menschen hergeleitet und nach denen müssen unsere Handlungen übereinstimmen, und das sind moralische Regeln.«

Das allein reicht aus, um die Ansicht als absurd zu erweisen, Kant habe die Folgen einer Handlung im Hinblick auf die Frage, ob sie richtig oder nicht richtig ist, für völlig irrelevant gehalten und auch halten müssen. Es zeigt sich nämlich klar, daß er den Standpunkt vertritt, ob eine Handlung richtig sei, hänge davon ab, »was passieren würde«, wenn jeder in dieser Weise handelte, und das ist eine Berufung auf die Folgen. Wenn noch mehr Beweise gewünscht werden, sollte das folgende Beispiel genügen, in dem der kategorische Imperativ ohne Bezug auf die »Unmöglichkeit zu wollen« (oder selbst auf Maximen) angewendet wird.

... indem es gar nicht mit der menschlichen Natur zusammenstimmt, denjenigen zu hassen und zu verfolgen, der einem Wohltaten erzeigt hat, und indem es auch einen entsetzlichen Schaden verursachen würde, wenn alle Menschen dadurch von allem Wohltun abgeschreckt würden und dadurch Misanthropen würden, weil sie sehen möchten, daß sie dafür schlecht behandelt würden ...

Wenn also ein Staat einmal Frieden gebrochen hat, so kann der andere zur Vergeltung keinen Frieden brechen. Denn würde das stattfinden können, so würde kein Friede sicher sein ... Wenn nun ein Mensch falsche Nachrichten erdichtet, so tut er dadurch keinem Menschen insbesondere Tort, aber der Menschheit. Denn wenn das allgemein wäre, so würde die Wißbegierde des Menschen vereitelt.[20]

Diese Argumente setzen voraus – wenn sie es nicht sogar deutlich sagen – daß die Folgen eines solchen Verhaltens, wenn es zur Regel würde, verheerend oder nicht wünschenswert wären.

Es wäre jedoch ein Fehler, daraus zu schließen, es gebe keinen wesentlichen Unterschied zwischen dem kategorischen Imperativ und dem Argument der Verallgemeinerung. Die größere Schwierigkeit der Interpretation liegt darin, daß sie nicht herausbringt, was für dieses Prinzip der Allgemeinheit und das

20 A.a.O., S. 277, 287. Die Auffassung, Kant habe die Folgen einer Handlung nicht als in irgendeiner Weise für das moralische Urteil relevant erachtet, oder er habe kein Recht, das zu tun, rührt zweifellos von seinem wohlbekannten Insistieren darauf ab, Ethik müsse apriorisch sein und nicht empirisch. Dieses Insistieren ist zwar wohlbekannt, aber keineswegs wohlverstanden worden. Denn mit dieser Behauptung unterschied Kant das, was er als das oberste Prinzip der Moral ansah und das ihm zufolge apriorisch und nicht durch Rekurs auf Folgen begründet werden muß, von den *Anwendungen* des Prinzips. Bei der Anwendung des Prinzips erachtete Kant empirische Erwägungen, und daher die Erwägung von Folgen nicht nur als relevant, sondern als notwendig. Vgl. Grundlegung, S. 38 Anm., S. 40.

Kriterium »wollen zu können« wichtig und charakteristisch ist. Das Kriterium enthält nämlich nicht nur einen Bezug auf die Nicht-Wünschbarkeit der Folgen davon, daß jeder in einer bestimmten Weise handelt. Es liefert auch eine Methode, mit der sich bestimmen läßt, wann man die Folgen davon, daß jeder in einer bestimmten Weise handelt, als nicht wünschenswert *ansehen muß*, wann es unvernünftig und unlogisch wäre, das nicht zu tun, und das ist wirklich wichtig und charakteristisch für es. Ich schlage daher vor, die Sache neu zu überdenken, und zwar unabhängig von Kants Vorstellung der »Zwecke der Natur für die Menschheit« oder davon, »was ein vernünftiges Wesen notwendig will«, und auch unabhängig von der Vorstellung oder dem Ideal einer »systematischen Harmonie der Zwecke«.

§ 4

Was könnte gemeint sein, wenn Kant sagt »wir müssen *wollen können*, daß die Maxime unserer Handlung ein allgemeines Gesetz werde«? Diese Formulierung ist schwierig, weil sie ungeläufig ist und Kant nie wirklich sagt, was er damit meint. Es ist aber nicht unmöglich, sie zu erhellen. Eines, was Kant meint, wenn er sagt »wir müssen wollen können« ist, daß wir *ohne Widerspruch* wollen können müssen. Das geht klar aus seiner Formulierung hervor, daß »es unmöglich ist zu wollen ... weil ein solcher Wille sich selbst widerspräche.« Aber obgleich uns das etwas Aufschluß gibt, sagt es uns nicht sehr viel. Wir müssen nach wie vor feststellen, was es heißt, etwas zu *wollen*, und speziell, was es heißt, zu *wollen, daß* eine Maxime ein allgemeines Gesetz werde.[21] Eine Möglichkeit ist, daß wir das im Zusammenhang von *willens sein* verstehen. Die Frage also, »Kannst du wollen, daß deine Maxime ein allgemeines Gesetz würde?« kann interpretiert werden als »Würdest du willens sein, daß jeder deine Maxime annähme?« oder »Könntest du ohne Widerspruch willens sein, daß

21 Kant sagt: »Der Wille wird als ein Vermögen gedacht, der Vorstellung gewisser Gesetze gemäß sich selbst zum Handeln zu bestimmen.« (*Grundlegung*, S. 59) »Eine bestimmte Handlung zu wollen«, heißt also, sich dazu zu bestimmen, in einer bestimmten Weise (nach der einen oder anderen Maxime) zu handeln. Aber was heißt es, zu wollen, *daß*, oder zu wollen, *daß* eine Maxime zum allgemeinen Gesetz werde (oder werden sollte)?

jeder in der Weise, wie du es vorschlägst, handelt?« Und »Glaubst du wirklich, daß man jedem, der unter den gleichen Umständen handelte wie du, erlauben sollte, in dieser Weise zu handeln?« Daß diese Interpretation nicht völlig an dem vorbeigeht, was Kant meint, zeigt sich an Stellen wie der folgenden: »*Würde ich wohl damit zufrieden sein,* daß meine Maxime (mich durch ein unwahres Versprechen aus Verlegenheit zu ziehen) als ein allgemeines Gesetz (sowohl für mich als andere) gelten solle, und *würde ich wohl zu mir sagen können:* es mag jedermann ein unwahres Versprechen tun, wenn er sich in Verlegenheit befindet, daraus er sich auf andere Art nicht ziehen kann?«[22]

Das gibt uns aber vielleicht nur äquivalente Formulierungen und keine Erklärung. Daher wollen wir statt dessen lieber einige Beispiele diskutieren, in denen klar ein »Widerspruch im Willen« vorliegt, ganz gleich, wie man das beschreiben will.

Mein erstes Beispiel mutet vielleicht etwas seltsam an, und ich will es auch nicht als ernsthafte Möglichkeit hinstellen. Ich benutze es nur deshalb, weil es den Punkt in so netter Weise verdeutlicht. Kann es jemanden geben, der so lasziv ist, daß er wollen kann, jeder (einschließlich er selbst) solle vergewaltigt werden. Es ist wohl klar, daß das nicht möglich ist. Wenn man nämlich beachtet, daß vergewaltigt zu werden bedeutet, daß man unfreiwillig – *d. h. gegen den eigenen Willen* – einer Gewalt unterworfen wird, und wenn das Individuum, das wir uns gerade vorstellen, wollen würde, daß das jedem, einschließlich ihm selbst, widerfährt, dann wäre es aufgrund der Hypothese nicht gegen seinen Willen und daher keine Vergewaltigung. Man kann möglicherweise wollen, daß jemand anders einen für seine unzüchtigen Zwecke mißbraucht. Aber daraus folgt nicht, daß man wollen kann, jeder solle vergewaltigt werden. Alles, was daraus folgt, ist, daß man wollen kann,

22 A.a.O., S. 29/30 (Hervorhebungen von mir). Was Paton »die Formel des Naturgesetzes« nennt: »handele so, als ob die Maxime deiner Handlung durch deinen Willen zum allgemeinen Naturgesetze werden sollte«, die Kants alternative Formulierung des Prinzips der Allgemeinheit ist, mag hier relevant sein. Somit kann, was Kant meinte, vielleicht in der folgenden Weise ausgedrückt werden: »Nimm an, daß als Folge davon, daß du unter diesen Umständen in dieser Weise handelst, (es eine allgemeine Regel würde, daß) jeder immer unter denselben Umständen in derselben Weise handeln würde; würdest du dann wollen oder willens sein, in dieser Weise zu handeln?« Aber ich erwähne das nur als eine Möglichkeit.

daß *jeder, der in ähnlicher Weise nicht unwillig ist,* in dieser Weise behandelt würde. Und das heißt sicher nicht, daß man Vergewaltigung als allgemeines Gesetz will. Die Schwierigkeit bei diesem Beispiel ist natürlich, daß der Widerspruch in dem einzigen Fall auftritt, unabhängig von der Universalisierung. Denn da es unmöglich ist, daß jemand vergewaltigt werden will, ist die Universalisierung hier überflüssig. Um diese Schwierigkeit zu vermeiden, können wir das Beispiel ein bißchen modifizieren. Anstelle von jemand, der »vergewaltigt werden« will, wollen wir uns jetzt jemanden vorstellen, der vergewaltigen will. Dafür brauchen wir unglücklicherweise keine so lebhafte Phantasie. Könnte ein solcher Mensch wollen, daß jeder in dieser Weise handelte? Da niemand sich selbst vergewaltigen kann, müßte jeder, oder jeder, der vergewaltigt, jemand anderen vergewaltigen. Wenn aber jeder jemand anderen vergewaltigen müßte (d. h. jemand anderen als sich selbst), wäre die Folge davon, daß jeder vergewaltigt würde. Ich glaube nicht, daß das eine absolut notwendige Folge ist, aber es reicht, daß sie nicht unmöglich ist. Das ist zweifellos ein möglicher Zustand, obgleich es sicher kein wünschenswerter ist. Aus den genannten Gründen ist es jedoch für jeden unmöglich zu wollen, daß er eintritt. Daher könnte niemand wollen, daß jeder wen immer er möchte vergewaltigt, da niemand wollen könnte, selbst vergewaltigt zu werden. Das ist der Grund, warum ein solcher Zustand nicht wünschenswert wäre. Er wäre nicht *wünschenswert,* weil er *nicht gewünscht* werden könnte.

Das Prinzip, das in den vorangegangenen Beispielen enthalten ist, kann sofort verallgemeinert werden: es ist für jeden unmöglich zu wollen, in einer Weise behandelt zu werden, in der er nicht behandelt werden will, oder etwas tun zu wollen, das er nicht tun will. Also kann niemand wollen, daß er *gezwungen wird,* etwas zu tun, d. h., etwas gegen seinen Willen zu tun. Das genügt, um die Immoralität solcher Dinge wie Sadismus, Ausbeutung von Menschen und solcher Einrichtungen wie die Sklaverei zu zeigen. Jemand, der einen anderen zwingt, etwas gegen seinen Willen zu tun, könnte nicht wollen, daß jeder andere dasselbe täte, weil er nicht wollen könnte, gezwungen zu werden, etwas gegen *seinen* Willen zu tun, und das wäre mit ziemlicher Sicherheit darin enthalten. Vergewaltigung ist nur ein Spezialfall dieser allgemeinen Regel. Und es reicht nicht aus zu sagen, daß »jeder außer mir« in dieser Weise behandelt werden soll, weil man damit nicht nur diese Behandlung nicht als allgemeines Gesetz wollte, es widerspricht auch dem Prinzip der Verallgemeinerung. Jeder kann dasselbe sagen. Man müßte also zeigen, in welcher Weise man eine Ausnahme ist, und man weist sich nicht dadurch als Ausnahme aus, daß man selbst nicht so behandelt werden möchte. Es ist daher nicht richtig, wenn man jemand anders zwingt, etwas gegen seinen Willen zu tun (außer unter besonderen Umständen), weil jemand, der in dieser Weise handeln möchte, nicht wollen würde, daß andere ebenso handelten (und im besonderen nicht wollen könnte, daß jemand sich ihm selbst gegenüber so verhielte); er beansprucht also ein Privileg, das er anderen nicht gewähren wollen würde. Wenn es aber richtig für ihn ist, muß es für jede Person mit ähnlichen individuellen Voraussetzungen und unter ähnlichen Umständen auch richtig sein – folglich ist es, wenn es nicht für jeden richtig ist, für niemanden richtig, der nicht einen speziellen Grund angeben kann.

Was im Zusammenhang mit diesen Beispielen gesagt worden ist, reicht meiner Ansicht nach aus, nicht nur herauszubringen, was in der Rede von dem »Widerspruch im Willen« enthalten ist, oder darin, daß man sagt, es sei unmöglich zu wollen, daß eine bestimmte Maxime ein allgemeines Gesetz werde, sondern auch, um die Bedeutung dieses Begriffs für moralische Urteile klar zu machen. Es wird uns daher im Zusammenhang mit einem Beispiel nützlich sein, das Kant tatsächlich benutzt und das Gegenstand zahlreicher Kontroversen und beachtlicher Mißverständnisse geworden ist. Das Beispiel, auf das ich mich beziehe, ist das eines Mannes, dem »es wohl geht«, der es aber ablehnt, irgend etwas zu tun, um anderen zu helfen, die der Hilfe bedürfen. »Nun könnte allerdings«, sagt Kant,

wenn eine solche Denkungsart ein allgemeines Naturgesetz würde, das menschliche Geschlecht gar wohl bestehen und ohne Zweifel noch besser, als wenn jedermann von Teilnehmung und Wohlwollen schwatzt, auch sich beeifert, gelegentlich dergleichen auszuüben, dagegen aber auch, wo er nur kann, betrügt, das Recht der Menschen verkauft oder ihm sonst Abbruch tut. Aber obgleich es möglich ist, daß nach jener Maxime ein allgemeines Naturgesetz wohl bestehen könnte, so ist es doch unmöglich, zu *wollen,* daß ein solches Prinzip als Naturgesetz allenthalben gelte. Denn ein Wille, der dieses beschlösse, würde sich selbst widerstreiten, indem der Fälle sich doch manche ereignen können, wo er anderer Liebe und Teilnehmung bedarf und wo er durch ein solches aus seinem eigenen Willen entsprungenes Naturgesetz sich selbst alle Hoffnung des Beistandes, den er sich wünscht, rauben würde.[23]

Gegen dieses Argument ist vorgebracht worden, daß »kein Widerspruch im Willen« ausgemacht worden sei, daß es einen unerlaubten Bezug auf Eigenliebe enthalte und daher nur zeigt, daß es unklug wäre, anderen die Hilfe zu verweigern; und es enthalte einen Bezug auf empirisches Wissen über Menschen, der doch nach Kants Ansicht unzulässig sein sollte. Diese Einwände sind jedoch, wenn nicht ganz und gar falsch, einfach irrelevant.

Man muß zugeben, daß Kants Formulierung nicht besonders sorgfältig ist; das betrifft speziell die Maxime der Handlung, die überhaupt nicht genau formuliert wird. Es fällt aber nicht schwer zu bestimmen, daß wir mit dem Fall einer Person konfrontiert sind, die sich weigert, anderen zu helfen, die Hilfe brauchen (»Was geht's mich an?«), weil sie selbst keine Hilfe braucht (»dem es wohl geht«). Seine Gründe, sich so zu entscheiden, sind ganz klar die, daß er die Unbequemlichkeiten und Opfer vermeiden will, die die Hilfe für andere mit sich bringen würde. Und da er selbst keine Hilfe braucht, sieht er keinen Gewinn darin, anderen zu helfen, der diese unvermeidliche Unbequemlichkeit ausgleichen würde. Das impliziert offenbar, daß er für eine Belohnung oder Bezahlung oder etwas, das er sich wünscht, die Mühe auf sich nehmen würde; aber wir vermuten, daß das hier nicht zur Debatte steht. Nun kann man die hier enthaltene Maxime mindestens in zwei alternativen Weisen formulieren, nämlich (a) »Niemals jemandem zu helfen, der Hilfe braucht«, oder (b) »Wann immer ich selbst keine Hilfe brauche, werde ich mich weigern, jemandem zu helfen, der Hilfe braucht.«

Es spielt aber keine Rolle, welche Maxime nach unserer Ansicht hier wirksam ist; denn in dem Zusammenhang laufen sie beide auf das gleiche hinaus, und die zweite enthält lediglich eine Bedingung explizit, die von der ersten nur vorausgesetzt wird. (Wenn wir wollten, könnten wir fortfahren, die Maxi-

23 *Grundlegung*, S. 54.

me in noch komplizierterer Weise zu formulieren: »Wann immer ich selbst keine Hilfe brauche, werde ich mich weigern, anderen zu helfen, die Hilfe brauchen, es sei denn, man verspricht mir etwas, das ich im Austausch für meine Dienste haben möchte.« Das ist aber nicht nötig). In keinem der beiden Fälle kann die Maxime als allgemeines Gesetz gewollt werden. Wenn man die erste Maxime universalisiert, würde sie lauten: »Niemand braucht jemals jemandem, der in Not ist, zu helfen«; und die zweite: »Jeder, der nicht selbst Hilfe braucht, kann es ablehnen, anderen zu helfen, die Hilfe brauchen.« Nun ist gezeigt worden, daß x »der, der Wohlwollen nur unter der Bedingung des Wohlwollens der anderen will, eine Maxime des Wohlwollens hat, die, zum Gesetz gemacht, jede Möglichkeit des Wohlwollens aufheben würde. Denn wenn jeder in seinem Wohlwollen davon abhängt, daß der andere ihm wohl will, so ist offenkundig, daß für niemanden die Möglichkeit des Wohlwollens besteht.«[24] Ein ganz ähnlicher, aber nicht identischer Punkt kann hier geltend gemacht werden.

Angenommen, ich wollte mir diese Maxime zu eigen machen, was sehr gut möglich ist, so könnte ich doch nicht wollen, daß sie ein allgemeines Gesetz würde; denn auch wenn ich (nehmen wir das einmal an) im Augenblick keinerlei Hilfe bedarf, so kann sich doch eine Situation ergeben, in der ich Hilfe nötig habe. Das liegt sicherlich nicht in meiner Gewalt. Aber sollte ich jemals in eine Situation kommen, in der ich wirklich Hilfe

24 Julius Ebbinghaus, *Deutung und Mißdeutung des kategorischen Imperativs*, in: ders., *Gesammelte Aufsätze, Vorträge und Reden*, Darmstadt 1968, S. 80.
Die folgende Stelle aus diesem Aufsatz wird hier auch nützlich sein:
Ebenso abwegig aber ist die Behauptung, wer sich gegen Not gesichert fühle, könne die Maxime der *Teilnahmslosigkeit* sehr wohl als Gesetz wollen. Die Maxime *als Gesetz* würde lauten, jeder, der sich gegen Not gesichert fühlt, mag gegen fremde Not taub sein. Es ist offenkundig, daß er dies Gesetz, wie sicher er auch immer gegen Not zu sein glaubt, *nicht* wollen kann. Der Grund ist der, daß die verallgemeinerte Maxime des Hartherzigen, er mag sich drehen und wenden, wie er will, ja nun doch die Fälle, in denen ihm nicht geholfen wird, nicht in Abhängigkeit hält von der Bedingung seines Einverständnisses mit ihr, daß *er* nämlich gegen Not gesichert sei. Sondern jeder ist nun durch die Maxime befugt, die Hilfe zu versagen, sofern nur er seinerseits gegen Not gesichert ist, ohne Rücksicht auf die Lage dessen, dem die Hilfe versagt wird. Folglich ist in den Willen, der die Maxime der Hartherzigkeit als Gesetz will, mit Notwendigkeit der Wille mit eingeschlossen, in dem doch nicht an und für sich unmöglichen Falle der der eigenen Not im Stich gelassen zu werden, und folglich ist es ein sich selbst widerstreitender Wille.

brauche (und daß ich im Augenblick nicht in einer solchen Situation bin, ist irrelevant), so hätte ich im zweiten Fall gewollt, daß *jeder, der sich nicht in einer solchen Situation befindet*, mir nicht zu helfen braucht – und im ersten Fall, daß mir überhaupt niemand zu helfen braucht. Nun könnte ich, sollte ich jemals in eine Situation kommen, in der ich wirklich Hilfe brauche, nicht wollen, daß man mir nicht hilft, und, um es noch einmal zu sagen: daß ich im Augenblick nicht in einer derartigen Situation bin, ist unwichtig.

Es ist zu beachten, daß diese Überlegungen ganz allgemein sind. Die Gründe, warum ich nicht wollen kann, daß diese Maxime ein allgemeines Gesetz werde – warum ich nicht wollen könnte, daß jeder danach handelt – sind nicht meine besonderen Gründe, und sie zeigen daher, daß niemand, und ganz gewiß niemand, der sich diese Maxime zu eigen machen will, wollen könnte, daß sie allgemein praktiziert wird. Es stimmt, daß es Leute gibt, die es in Situationen, in denen andere sofort oder nach einigem Zögern nach Hilfe rufen, vorziehen würden, daß man ihnen nicht hilft, und daß einige Leute selbstgenügsamer sind als andere. Aber das alles ist ebenso irrelevant wie die Tatsache, daß verschiedene Leute in verschiedenen Situationen verschiedenartige Hilfe brauchen. Niemand, ganz egal wie reich, wie stark oder wie selbstgenügsam er auch sein mag, kann alles im voraus so einrichten, daß er niemals auf irgendeine Art oder irgendein Maß an Hilfe angewiesen ist. Daher könnte niemand, ganz egal wie reich, wie stark oder wie selbstgenügsam er auch sein mag, wollen, daß andere seine Notlage ignorieren, *wenn er wirklich* auf Hilfe angewiesen ist. Daraus folgt also, daß es im allgemeinen nicht richtig ist, anderen, die in Not sind, Hilfe zu verweigern, wenn man zu helfen in der Lage ist; und daß es immer nicht richtig ist, bloß darum, weil man selbst keine Hilfe benötigt, einem anderen die Hilfe zu verweigern oder zu versäumen, ihm zu helfen. Daß man selbst keine Hilfe benötigt, ist, mit anderen Worten, keine Rechtfertigung.

Die soeben formulierte Regel sagt natürlich nichts darüber aus, was für eine Art von Hilfe oder in welchem Ausmaß man Hilfe leisten muß, oder wann man jemandem zu Hilfe kommen oder was für eine Form sie annehmen soll. Das wird alles von der Situation abhängen, und die verschiedenen Fälle sind zu zahlreich, als daß man sie in eine systematische Ordnung bringen könnte, (es handelt sich hier, wie Kant sagen würde, bloß um eine weite Pflicht). Aber es gibt keinen Grund, die Regel auf irgendeine Art von Hilfe einzuschränken und z. B. anzunehmen, sie träfe nur auf den Fall finanzieller Hilfe zu. Das ist keinesfalls so. Ich würde sogar meinen, daß die Fälle, in denen sie verlangt, man solle jemanden finanziell unterstützen, relativ selten sind. Ich hätte nicht das Recht, jemandem, der darauf angewiesen ist, einfach darum meine finanzielle Hilfe zu versagen, weil ich gerade keine benötige; ebensowenig wie er das Recht hätte, sich zu weigern, mich vor dem Ertrinken zu retten, weil er selbst gerade nicht am Ertrinken ist. Niemand kann legitimerweise behaupten, die Regel träfe nur auf jene Arten von Hilfe zu, die er benötigt (oder möglicherweise benötigen wird), und daß er, da er eine bestimmte Art von Hilfe nicht benötigt, keinerlei Verpflichtungen habe, sie jemandem, der sie benötigt, zu leisten. Denn jeder kann so argumentieren, und deshalb ist dieses Argument in bezug auf jede Art von Hilfe iterierbar. Daher muß der Grund, die Regel auf irgendeine Art von Hilfe einzuschränken – wenn es dafür überhaupt einen Grund gibt – doch etwas anderes geartet sein. Aber die Regel lautet einfach, daß es nicht richtig ist, jemandem, der Hilfe benötigt, sie zu verweigern oder es zu unterlassen, ihm zu helfen, wenn man dazu in der Lage ist (vorausgesetzt, es wäre nicht *zu* gefährlich oder *zu* schwierig, ihm zu helfen), und daß eine solche Handlung oder Unterlassung immer gerechtfertigt werden muß. Zweifellos ist diese Regel, so formuliert, für viele Zwecke, wie etwa für die Entscheidung eines konkreten Falls, viel zu unbestimmt. Für den gegenwärtigen Zweck braucht sie jedoch nicht präziser formuliert zu werden.

Wir wollen uns nun einigen Einwänden zuwenden, die gegen dieses Argument – zumindest gegen dieses Argument, wie es Kant formuliert hat –, vorgebracht worden sind. Einige der intelligentesten und typischsten stammen von Sidgwick, der an erster Stelle einwendet: »Daß jeder, der in Not ist, wünscht, andere mögen ihm helfen, ist ein empirischer Satz, den Kant nicht *a priori* erkennen kann«.[25] Ich halte diesen Punkt für

25 Dieses sowie die folgenden Zitate von Sidgwick stammen aus: *The Methods of Ethics*, London 1907, S. 389.

irrelevant, weil es keinen Grund dafür gibt, daß Kant diesen Satz *a priori* erkennen muß. Aber ich halte ihn auch für falsch und sogar für verworren. Die Schwierigkeit liegt in dem Ausdruck »jeder, der in Not ist«; und man muß die Frage stellen: »was benötigt er?«. Das Argument, das ich soeben angeführt habe, impliziert nicht, jeder, der, sagen wir Nahrungsmittel oder neue Kleidung benötigt, müsse »wünschen, daß andere ihm helfen«. Bei diesem Argument geht es darum, daß jemand Hilfe benötigt, und nichts anderes. Somit ist alles, was das Argument in bezug auf Nöte impliziert, der Satz, daß jeder, der *Hilfe benötigt,* Hilfe benötigt, und das ist gewiß harmlos genug. Für sich genommen ist das natürlich nicht ausreichend, um zu bestimmen, wann jemand Hilfe benötigt, und es sind, wie wir gesehen haben, die verschiedensten Fälle und individuellen Unterschiede möglich, aber das ist alles irrelevant. Muß jeder, der Hilfe benötigt, »wünschen, daß andere ihm helfen«? Die Antwort lautet, daß er es muß, insoweit er Hilfe benötigt. Wenn es für mich, um ein Ziel zu erreichen, das ich erreichen will, nötig ist, daß andere mir helfen, dann wünsche ich, sofern ich das Ziel zu erreichen wünsche, daß andere mir helfen. Zu sagen, jemand, der Hilfe benötigt, wünsche nicht irgendeine Art von Hilfe zu erhalten, heißt, er wünsche, nicht in einer solchen Situation zu sein, und das ist wiederum etwas ganz anderes. Das ist auch der Fall, wenn jemand, der Hilfe benötigt, vielleicht zu stolz ist, um andere um Hilfe zu bitten.

Sidgwicks zweiter Kritikpunkt ist folgender: »Wir können uns sicher jemanden vorstellen, dessen Bedürfnis nach Unabhängigkeit und dessen Abneigung gegenüber Verpflichtungen, die auf ihn zukommen könnten, so stark wäre, daß er lieber alle möglichen Entbehrungen auf sich nähme, als von anderen Hilfe anzunehmen.« Was mich betrifft, so kann ich das nicht, und ich bezweifle, ob das überhaupt jemand kann. Zweifellos sind manche Menschen unabhängiger als andere und es widerstrebt ihnen mehr als anderen, fremde Hilfe anzunehmen; aber das beweist gar nichts. Sidgwick ist vielleicht dadurch irregeführt worden, daß er ausschließlich an *finanzielle* Hilfe und *finanzielle* Entbehrungen dachte, aber für diese Einschränkung gibt es keinen Grund. Ich kann mir jemanden vorstellen, der eher verhungern als von irgend jemandem eine finanzielle Unterstützung annehmen würde (oder der das zumindest von sich behaupten würde), aber ich kann mir niemanden vorstellen, der, nachdem er von einer Bande von Gangstern überfallen wurde, lieber geschlagen, ausgeraubt, gefoltert und getötet würde, als sich zur Flucht helfen zu lassen. Wenn man das annimmt, dann nimmt man an, es sei möglich, daß jemand lieber auf alle seine Ziele verzichten würde, als sich bei der Verwirklichung auch nur eines dieser Ziele von jemandem helfen zu lassen, und das ist unmöglich. Es ist möglich, daß jemand auf ein bestimmtes Ziel verzichtet, weil er nicht will, daß ihm jemand hilft, es zu realisieren. Aber es ist niemandem möglich, auf alle seine Ziele zu verzichten; denn diese Annahme würde zu einem Widerspruch führen. Gewiß ist ein Ziel solcher Leute und, wie es scheinen könnte, ein oberstes Ziel, sich nicht von anderen helfen zu lassen. Aber nehmen wir an, er benötigt, um *dieses Ziel* zu verwirklichen, d. h. um die gutgemeinte aber unerwünschte Hilfe einiger weniger abzuwehren, die Hilfe anderer (auch wenn es sich hierbei nur um das Nichteinmischungsgebot eines Gerichtshofes handelt). Was würde er dann wollen? Die Frage, um die es geht, ist, ob man sich jemanden vorstellen kann, der ehrlich und wahrhaftig von sich sagen kann: »*Das einzige*, was ich will, ist, daß mir von niemand anders geholfen wird.« Geholfen wird, um was zu tun? Streng genommen ist das gar kein Wunsch oder ein mögliches Ziel, was sich daran zeigt, daß so jemand die Hilfe eines anderen wollen, wünschen und benötigen mag, um es zu verwirklichen.

Der letzte Einwand Sidgwicks lautet: »Aber auch vorausgesetzt, daß jeder unter dem unmittelbaren Druck seiner Notlage notwendigerweise wünschen muß, daß andere ihm helfen, wird doch der Starke, nachdem er alle Wechselfälle des Lebens gegeneinander abgewogen hat, leicht zu dem Schluß kommen, daß er und seinesgleichen im ganzen mehr dabei profitieren, wenn sie sich generell die Maxime des Egoismus zu eigen machten; denn Wohltätigkeit würde ihnen wahrscheinlich mehr Verdruß als Nutzen bringen.« Der schwache Punkt dieses Einwands liegt in der Bezugnahme auf Wohltätigkeit. Die Verpflichtung, anderen, die in Not sind, zu helfen, (zu versuchen, jemanden vor dem Ertrinken zu retten; Hilfe zu holen, um jemanden vor Räubern und Mördern zu retten), ist nicht eine Frage der Wohltätigkeit. Möglicherweise hat Kant das gemeint. Das ist aber unwesentlich. Wohltätigkeit – anderen Gutes tun – geht über das hinaus, wozu man moralisch verpflichtet werden kann. Das heißt aber nicht, daß es nicht richtig sein muß, sondern nur, daß es nicht vorgeschrieben werden kann. Jemand anderem in Not zu helfen, wenn man es kann, das kann einem jedoch vorgeschrieben werden. Zweifellos mag ein Egoist »leicht zu dem Schluß kommen, daß er und seinesgleichen im ganzen mehr dabei profitieren, wenn sie sich generell die Maxime des Egoismus zu eigen machten«, und damit mag er wohl recht haben. Das heißt aber nicht, daß das ein moralisches Verhalten ist. Die Maxime des Egoismus ist die Maxime, anderen nicht zu helfen, wenn man selbst nicht Hilfe braucht, ohne dafür ein greifbares Entgelt zu erhalten. Man kann nach dieser Maxime handeln; es mag im ganzen gesehen klug sein, so zu handeln; aber wer so handelt, verhält sich unmoralisch. Denn niemand könnte wollen, daß andere sich diese Maxime auf seine Kosten zu eigen machen. Also könnte es niemand als allgemeines Gesetz wollen, daß jeder so handelt. Das ergibt sich aus den bereits angeführten Argumenten, und Sidgwicks letzter Kritikpunkt läßt darüber keine neuen Zweifel aufkommen. Aber es lohnt sich zu erwähnen, daß diese Argumente auch für den Nachweis hinreichen, wie grundfalsch die Annahme ist, daß ein Egoist »wollen kann, jeder solle Egoist sein«, und daß es Kant daher vernachlässigt, mit seinem Prinzip den Egoismus auszuschließen. Die Schwierigkeit, genau zu spezifizieren, was man unter einem »Egoisten« versteht, wollen wir einmal beiseite lassen; wenn derjenige ein Egoist ist, der nur an seinem eigenen Vorteil und an dem anderer nur insoweit interessiert ist, als er zu seinem eigenen beiträgt, dann ist ein Egoist sicherlich der letzte, der wollen könnte, die Maxime des Egoismus solle zum allgemeinen Gesetz werden.

Dieser kurze Hinweis auf die Frage des Egoismus bringt uns zu unserem letzten Einwand gegen dieses Argument, nämlich dem Vorwurf, es impliziere einen unzulässigen Appell an das Eigeninteresse, so daß Kant nur gezeigt habe, daß anderen nicht zu helfen unklug, und nicht, daß es unmoralisch sei. Dieser Vorwurf beruht auf einem Irrtum. Denn Kant sagt an keiner Stelle, der Grund, warum ich anderen, die in Not sind, helfen sollte, sei der, daß sie, wenn ich ihnen nicht helfe, sich weigern werden, mir zu helfen, wenn ich Hilfe benötige. Mit anderen Worten, er sagt nirgendwo, die Folge *meiner* Weigerung, ihnen zu helfen, wird sein, daß sie sich weigern werden, mir zu helfen, und daß das der Grund dafür sei, warum ich ihnen helfen sollte. Aber so hätte das Argument lauten müssen, damit man es mit einiger Plausibilität als Appell an das Eigeninteresse interpretieren kann. Kant appelliert aber daran, was geschähe, wenn *jeder* sich diese Maxime zu eigen machen würde, und nicht daran, was geschähe, wenn *ich* das täte. Zwischen dieser Überlegung und einer Überlegung nach bloßen Regeln der Klugheit besteht ein meilenweiter Unterschied; und dieser Punkt wird dadurch nicht in Frage gestellt und sollte dadurch auch nicht verunklart werden, daß Kants Prinzip einen Appell daran enthält, was man wollen könnte, das geschähe. In dem moralischen Argument wird nicht daran appelliert, daß es unklug, sondern daß es unfair wäre, so zu handeln.

Besonders gut läßt sich dieser Irrtum anhand des folgenden Passus veranschaulichen, auch wenn er nicht auf dieses Beispiel Bezug nimmt.

Es stimmt, daß niemand mehr irgend etwas glauben würde, was ein anderer ihm sagt, wenn jeder habituell lügen würde. Es stimmt ebenfalls, daß man zwar eine Lüge wollen kann, aber nicht, daß Lügen zur allgemeinen Regel wird. Aber wenn wir nur darum nicht lügen sollten, weil das Lügen sich selbst ad absurdum führte, wenn man es universalisieren würde, so liefe das auf dasselbe hinaus wie zu sagen »Sei kein Dummkopf, es zahlt sich nicht aus.« Genau diese Art zu argumentieren rechtfertigt Mills Kritik: Er zeigt lediglich, daß die Konsequenzen ihrer allgemeinen Befolgung derart wären, daß niemand sie sich wünschen würde ... Sagt Kant nicht, daß ich lügen sollte, weil niemand mehr einen andern täuschen könnte, wenn jeder lügen würde, und weil niemandem mehr Glauben geschenkt wird; und wenn das der Grund ist, nie lügen zu sollen, worin liegt dann der Unterschied zwischen dem, daß ich sage, Lügen sei unmoralisch und Lügen sei unklug?[26]

26 A. E. Teale, *Kantian Ethics*, London 1951, S. 106-7. Eine weitere köstlich konfuse Darstellung von Kants Argument erscheint auf den Seiten 154-5, wo gesagt wird, daß Kant »zu zeigen versucht, daß ein Widerspruch darin enthalten sei, wenn ich mir, ohne die Absicht, es zurückzuzahlen, Geld borge. Hier hat er leichtes Spiel: denn niemand würde Geld verleihen, wenn er wüßte, daß der, der es leiht, nicht die Absicht hat, es zurückzuzahlen. Aber der Widerspruch besteht nicht, wie Kant nahelegt, zwischen Selbstliebe und leeren Versprechen, sondern darin, daß man arglistig an jemandes guten Glauben appelliert«.

Aber der Satz: »wenn wir nur darum nicht lügen sollten, weil das Lügen sich selbst ad absurdum führte, wenn man es universalisieren würde, so liefe das auf dasselbe hinaus wie zu sagen ›Sei kein Dummkopf, es zahlt sich nicht aus‹« stimmt nicht. Es stimmt, daß der Zweck (und sogar die Möglichkeit) des Lügens vereitelt würden, wenn *jeder* lügen würde; aber daraus folgt ganz und gar nicht, daß eine einzelne Lüge sich selbst ad absurdum führt oder daß Lügen »sich nicht auszahlt«. Die Annahme wäre ausgesprochen absurd, daß dann, wenn eine Person die Strategie verfolgt, regelmäßig zu lügen, das die Ursache dafür sein wird, daß jeder das tut; und doch könnte nur aus einer solchen Annahme ein derartiger Schluß gezogen werden. Die rhetorische Frage, mit der dieser Passus schließt, bedarf keiner Antwort mehr und in diesem Stadium der Untersuchung auch nicht einmal mehr einer eingehenden Analyse. Der »Unterschied zwischen dem, daß ich sage, Lügen sei unmoralisch und Lügen sei unklug«, wird tatsächlich durch das Prinzip der Allgemeinheit bestimmt.

§ 5

Das Argument der Verallgemeinerung lautet: wenn die Folgen davon, daß jeder in einer bestimmten Weise handelt, nicht wünschenswert wären, dann hat niemand das Recht – ohne einen Grund oder eine Rechtfertigung – so zu handeln. Das Prinzip der Allgemeinheit, wie ich es interpretiert habe, lautet: wenn als eine Folge davon, daß jeder in einer bestimmten Weise handelt oder zu handeln versucht, niemand mehr so handeln könnte, dann hat niemand das Recht – ohne einen Grund – so zu handeln. Das ist in der Tat der entscheidende Unterschied zwischen beiden Kriterien. Dem letzteren zufolge ist eine Handlung nicht darum nicht richtig, weil die Folgen davon, daß jeder so handelt, nicht wünschenswert wären, sondern weil nicht jeder so handeln *könnte;* oder, angenommen, jeder könnte so handeln, weil niemand wollen könnte, daß jeder so handelt, weil das gerade die Zwecke, um derentwillen man so handelt, vereiteln würde und jeder, der diese Zwecke erreichen will, nicht zugleich wollen kann, daß sie vereitelt werden.

Aber das erklärt zugleich, warum jede vernünftige Person die

Folgen davon, daß jeder in dieser Weise handelt, für nicht wünschenswert halten muß. Es ist nicht nötig, daß der bloße Gedanke daran sie mit Schrecken erfüllt; es ist auch nicht nötig, daß sie wirklich wünscht, sie mögen nicht eintreten. Sie muß sich lediglich darüber klar werden, daß niemand mehr so handeln könnte, wenn jeder in dieser Weise handeln würde, und daß das *ihren* Zweck, den sie damit verfolgt, vereiteln würde. Wenn das ihre Zwecke waren, muß sie ihre Verhinderung für nicht wünschenswert halten.

Dieser Gedanke, daß *der Zweck*, den man mit einer bestimmten Handlungsweise verfolgt (oder um dessentwillen man sich eine bestimmte Maxime zu eigen macht), vereitelt würde, wenn jeder das gleiche täte, ist wirklich von höchster Bedeutung. Er wird nicht nur dazu nützlich sein, noch verbleibende Zweifel hinsichtlich des Arguments in seiner Anwendung auf die Regel, anderen zu helfen, auszuräumen, sondern er wird auch dabei nützlich sein, die bislang von mir unterschiedenen beiden Kriterien für die Universalisierbarkeit einer Maxime zu koordinieren. Darüber hinaus wird er für die Widerlegung noch verbleibender Einwände gegen den kategorischen Imperativ als moralisches Prinzip nicht unwesentlich sein.

Es gibt eine Vielzahl von Maximen, deren »natürlicher« oder »normaler« Zweck, wie man ihn vielleicht nennen kann – wenn auch nicht gerade jeder Zweck –, um dessentwillen jemand sich diese Maxime zu eigen macht, vereitelt würde, wenn jeder sie sich zu eigen machen würde ... Wenn der Zweck, um dessentwillen ich es mir zur Regel mache, Versprechen abzugeben, die ich nicht einhalten kann, der ist, von anderen Hilfe ohne Gegenleistung zu erhalten, dann wird mein Zweck vereitelt werden, wenn jeder sich meine Maxime zu eigen macht ... Wenn der Zweck, um dessentwillen ich es mir zur Regel mache, anderen, die sich in einer Notlage befinden, nicht zu helfen, der ist, von der Hilfe anderer ohne Gegenleistung zu profitieren, dann wird mein Zweck vereitelt, wenn jeder sich meine Maxime zu eigen macht.[27]

Diesen Passus halte ich für unanfechtbar. Die im einzelnen angeführten Sachverhalte sind Anwendungsfälle des folgenden Kriteriums: Wenn der Zweck, um dessentwillen man sich eine bestimmte Maxime zu eigen macht, vereitelt würde, wenn jeder sie sich zu eigen machte, dann ist es für einen jeden nicht

27 Jonathan Harrison, *Kant's Examples of the First Formulation of the Categorial Imperative*, in: *The Philosophical Quarterly*, Bd. VII (Januar 1957), S. 59.

richtig, jene Maxime sich zu eigen zu machen. Denn in den angeführten Fällen ist ganz klar, daß jemand, der beabsichtigt, sich die Maxime um des genannten Zweckes willen zu eigen zu machen, nicht wollen könnte, daß sie ein allgemeines Gesetz würde (mit anderen Worten, nicht wollen könnte, daß jeder sie sich zu eigen macht), da das die Zwecke vereiteln würde, um derentwillen er sie sich zu eigen machte, wenn das also der normale oder natürliche oder gewöhnliche Zweck ist, eine solche Maxime anzunehmen, dann ist es der Zweck, den man bei jedem vermuten kann; folglich kann man auch vermuten, daß niemand diese Maxime als allgemeines Gesetz wollen könnte; und daraus folgt, daß man von vornherein vermuten kann, es sei nicht richtig, sich die Maxime zu eigen zu machen.

Das soeben angeführte Kriterium: nicht wollen zu können, daß eine Maxime zum allgemeinen Gesetz werde, ist dasjenige, das ich an früherer Stelle Kants umfassenderes Kriterium genannt habe. Dieses Kriterium kann auch in den Fällen noch anwendbar sein, in denen das engere Kriterium, das der Unmöglichkeit, daß jeder so handelt, es nicht ist. Es ist z. B. ohne weiteres möglich, daß jeder sich die Maxime zu eigen macht, »niemals anderen, die sich in einer Notlage befinden, zu helfen«, und sogar danach zu handeln, auch wenn die Konsequenz davon, daß jeder sie sich zu eigen macht, die sein wird, daß der Zweck – gerade die Absicht – in der man sie angenommen hat, vereitelt würde. Daher kann, um die Ausdrucksweise Kants zu gebrauchen, diese Maxime *in dieser Formulierung* ohne Widerspruch als ein allgemeines Gesetz gedacht werden, aber sie kann nicht ohne Widerspruch als solches gewollt werden.

Diese Unterscheidung hängt aber lediglich davon ab, wie ausführlich oder wie explizit die Maxime formuliert wird. Ich habe schon an früherer Stelle, bei meiner Diskussion der Maximen, betont, daß der Begriff einer Maxime, wie der einer Handlung, fließend ist, daß manchmal in der Formulierung einer Maxime der Zweck schon enthalten ist und manchmal nicht. Anstatt zu sagen, jemand mache sich die Maxime zu eigen, »niemals anderen, die sich in einer Notlage befinden, zu helfen« und anschließend den Zweck zu nennen, den er dabei verfolgte, können wir z. B. sagen, er mache sich die Maxime zu eigen, »niemals anderen, die sich in einer Notlage befinden, zu helfen, um von der Hilfe anderer zu profitieren, ohne etwas für sie zu tun«. Wenn man Maximen so charakterisiert, so wird das zweifellos häufig zu äußerst komplizierten und unrealistischen Formulierungen führen. Aber man kann es tun. Der Zweck, um dessentwillen sich jemand eine bestimmte Maxime zu eigen macht, ist sein Grund, sie sich zu eigen zu machen, das Ziel, das er damit zu erreichen hofft, und wenn man den Zweck spezifiziert, so spezifiziert man damit die Umstände, unter denen die Maxime anwendbar ist; somit ist das alles – wie auch die enger formulierte Maxime – nur ein Aspekt einer umfassenderen Handlungsstrategie. Wenn die Maxime also in dieser ausführlichen Weise formuliert wird, so daß sie nicht nur angibt, wie jemand zu handeln beabsichtigt, sondern auch, wann und warum er in dieser Weise zu handeln beabsichtigt, dann wird Kants engeres Kriterium in jedem Fall, in dem das umfassendere anwendbar ist, auch anwendbar sein. Es wird nicht nur möglich sein, zu *wollen*, daß jeder die Maxime sich zu eigen machen soll, sondern es wird unmöglich sein, daß jeder sie sich zu eigen macht oder mit Erfolg ihr gemäß handelt – würde jeder sie sich zu eigen machen, dann könnte das niemand mehr tun.

Es scheint also, daß diese beiden Kriterien der Universalisierbarkeit einer Maxime gar nicht so verschieden sind, wie wir auf den ersten Blick vielleicht vermutet haben. Und es sollte klar sein, daß die Situation die gleiche ist, wenn wir nicht auf die Handlungsmaximen, sondern auf die Handlungen selbst Bezug nehmen. Das ist ja an den zuvor diskutierten Beispielen bereits veranschaulicht worden – in dem einen ging es darum, daß jemand sich weigert, Steuern zu zahlen, um mehr Geld zu seiner Verfügung zu haben, in dem anderen darum, daß jemand alles, was ihm gerade gefällt, zum eigenen Gebrauch und Genuß an sich nimmt. Wenn wir wollten, könnten wir die Maximen dieser Handlungen spezifizieren; aber das ist nicht nötig – die Beschreibungen der Handlungen selbst nehmen schon Bezug auf einen Zweck. Wenn ich etwas bloß darum stehle, weil ich es gerade für meinen eigenen Gebrauch wünsche, dann handle ich, ob ich mir dessen bewußt bin oder nicht, gemäß der Regel oder Maxime, was mir gerade gefällt, zum eigenen Gebrauch an mich zu nehmen. Das ist so, ob ich nun

konsequent oder regelmäßig nach dieser Maxime handle oder nicht – das heißt, in dieser Weise handle – und auch wenn ich es niemals vorher getan habe und nie wieder werde tun wollen. Es ist so, auch wenn ich niemals *beabsichtige*, es wieder zu tun.
Ich denke, das zeigt zur Genüge die Bedeutung des Zwecks oder der Intention, ebenso wie der Umstände einer Handlung. Es zeigt auch zur Genüge, daß nicht alle Handlungen, die nicht universalisiert werden können in dem Sinne, daß sie von allen getan werden können, darum nicht richtig sind. Denn der Zweck einer bestimmten Handlungsweise kann *erreicht* und nicht vereitelt werden, wenn jeder so handeln würde; und in diesem Fall wäre so zu handeln keinesfalls nicht richtig, weil es keinen Grund gäbe, der dagegen spricht. Daß man das übersehen hat, ist der Anlaß für eine Anzahl verfehlter Einwände gegen den kategorischen Imperativ, die ich nun der Reihe nach durchgehen möchte.

§ 6

1. Nehmen wir an, daß jeder sich weigern würde, sich bestechen zu lassen. Daraus würde folgen, daß niemals Bestechungsgeschenke angenommen würden, und sicherlich wohl auch, daß keine Bestechungsangebote gemacht werden. Bestechung als menschliche Verhaltensweise würde verschwinden. Das allerdings würde die *Weigerung*, sich bestechen zu lassen, unmöglich machen, da ja keine Bestechungen versucht würden. Folgt nun aus dem kategorischen Imperativ, daß es nicht richtig wäre, Bestechungsgeschenke abzulehnen? Das ist meiner Ansicht nach offenkundig nicht so, wenn es auch nicht allen so klar zu sein scheint. Nach einem Interpreten hat Kant die folgende Position:

Geld zu leihen, ohne daß man die Absicht hat, es zurückzuzahlen, ist unmoralisch ... weil alles Verleihen und Leihen aufgehoben würde, wenn man diese Maxime allgemein wollen und immer leihen würde, ohne die Absicht, zurückzuzahlen; damit würde das Prinzip, es allgemein zu wollen, sich selbst widersprechen. Wenn man Kants Theorie auf den Fall anwendet, in dem jemand sich weigert, eine Bestechung zu akzeptieren, ist das Ergebnis ziemlich sensationell. Würde eine allgemeine Weigerung alle Angebote verhüten und damit auch alle Weigerungen, sich bestechen zu lassen? Wenn es sich so verhielte, wäre es nach Kant nicht richtig, sich zu weigern, denn die Universalisierung der Maxime dieser Handlung würde ihrer Universalisierung widersprechen.

Einem anderen Kritiker zufolge war Kant durch sein Prinzip gezwungen,

sich in elaborierte und manchmal verschlungene oder sogar trugschlüssige Diskussionen zu verwickeln, um zu bestimmen, was genau in bestimmten Fällen gerecht *ist*. Deposita z. B. müssen dem Eigentümer zurückerstattet werden, denn wenn sie allgemein nicht zurückerstattet würden, würden keine Deposita mehr niedergelegt und die Vorschrift »Erstatte Deposita nicht zurück!« hätte sich selbst zunichte gemacht. Franz Brentano hat dieses Argument durch eine reductio ad absurdum zurückgewiesen. In gleicher Weise, sagte er, könnten wir beweisen, daß angebotene Bestechungsgeschenke angenommen werden müssen; wenn sie nämlich allgemein abgelehnt würden, gäbe es auch keine Bestechungsangebote mehr, und folglich würde sich die Vorschrift »Akzeptiere keine Bestechungen!« selbst zunichte machen.[28]

Der Autor sagt, daß er diese »reductio ad absurdum« für »amüsant« hält. Dem stimme ich zu, aber aus völlig anderen Gründen.

Wenn jeder sich weigern würde, Bestechungsgeschenke anzunehmen, dann wäre niemand dazu in der Lage, da wir annehmen, daß Bestechungen dann vermutlich nicht mehr angeboten würden. Angenommen, das stimmt. Was dann? Das würde die Zwecke nicht aufheben, deretwegen man sich weigert, sich bestechen zu lassen, wie im Fall des Lügens oder Stehlens oder der Weigerung, Steuern zu bezahlen. Jemand, der stehlen möchte, will das gestohlene Gut als sein Eigentum behalten und es als sein eigenes benützen und sich daran erfreuen. Wenn Stehlen jedoch die Regel wäre, wäre das unmöglich, da es keine Sicherheit und Stabilität des Eigentums gäbe. Das gilt nicht im Fall der Weigerung, Bestechungen zu akzeptieren. Im Gegenteil, die Zwecke, die man mit dem Ablehnen von Bestechungen verfolgt, würden völlig erreicht, wenn jeder das gleiche täte. Denn man könnte das Aussterben von Bestechungen keineswegs für nicht wünschenswert halten, und darum gibt es keinen Grund, die Maxime dieser Handlung nicht als allgemeines Gesetz wollen zu können. Noch einmal: jemand,

28 Gardner Williams, *Humanistic Ethics*, New York 1951, S. 29, Anm.; Heinrich Gomperz, *Philosophical Studies*, Boston 1953, S. 194, Anm. 3.

der sich weigert, Steuern zu bezahlen, tut das, um mehr Geld für sich zur Verfügung zu haben. Würde sich aber jeder weigern, Steuern zu bezahlen, dann hätte niemand überhaupt irgendwelches Geld, da das Finanzsystem zusammenbräche. Das würde den Zweck der Weigerung, Steuern zu bezahlen, aufheben, und auch das gilt im Fall der Bestechung nicht.

Natürlich mache ich hier eine Annahme über die »Maxime« der Person, die sich weigert, eine Bestechung zu akzeptieren: ich nehme an, daß sie das aus moralischen Gründen tut, weil sie Bestechungen mißbilligt oder sie für nicht richtig hält. Das ist ganz und gar wesentlich. Nur mit einer solchen Annahme kann man es für plausibel halten, daß sich die Folgen, die der Einwand für sicher hält, auch einstellen. Mit anderen Worten: nur die Universalisierung dieser (oder einer ähnlichen) Maxime würde die Bestechung auslöschen. Es ist bezeichnend, daß in den Stellen, die ich zitiert habe, die Maxime der Person, die sich weigert, Bestechungen zu akzeptieren, nicht erwähnt wird. (In der ersten Stelle wird erwähnt, daß es eine Maxime gibt, nicht aber, welche es ist.) Wenn man bei der Weigerung, eine Bestechung zu akzeptieren, nur den Grund hat, daß sie nicht hoch genug ist, dann folgt man der Maxime »Niemals eine Bestechung zu akzeptieren, die nicht hoch genug ist« – was natürlich implizieren würde, daß man eine akzeptierte, die hoch genug wäre – und die Universalisierung dieser Maxime würde nicht dazu führen, daß Bestechungen ausstürben. Höchstens würde es dazu führen, daß Bestechungen verschwänden, die nicht hoch genug sind, aber nicht einmal das ist sicher. Und weiter: wenn der Grund dafür, Bestechungen abzulehnen, der ist, daß es unter gegebenen Umständen zu riskant wäre, dann lautete die Maxime »Niemals Bestechungen zu akzeptieren, die zu riskant sind«, was natürlich impliziert, daß man sich bestechen ließe, wenn man es für wahrscheinlich hält, dabei nicht erwischt zu werden. Aber die Universalisierung dieser Maxime würde ebenso nicht dazu führen, daß Bestechungen verschwänden. Und es reicht auch nicht aus, wenn man annimmt, daß jemand sich aus dem Grund weigert, sich bestechen zu lassen, weil er *diese besondere* Bestechung für nicht richtig hält, nicht aber Bestechungen im allgemeinen. Selbst wenn man davon ausgeht, daß diese Annahme sinnvoll ist, was kaum möglich ist, kann diese Maxime universalisiert werden, ohne die Bestechung verschwinden zu lassen. Dann wäre die Situation nur die, daß jeder sich weigern wird, Bestechungen anzunehmen, die er zufällig für unmoralisch hält. Es ist also leicht einzusehen, daß man Bestechungen aus dem Grund ablehnen muß, weil man es für nicht richtig hält, Bestechungen anzunehmen, und nicht einfach, weil man es für nicht richtig hält, *diese* Bestechung anzunehmen; die Maxime muß also lauten »Ich werde niemals Bestechungen annehmen, weil ich es für unmoralisch halte, das zu tun« und nicht »Ich werde niemals eine Bestechung annehmen, die ich für unmoralisch halte«. Sonst ergäben sich die Folgen, um die es geht – die Aufhebung der Bestechung –, nicht. Wenn diese Maxime universalisiert wird, hat sie die Form »Jeder wird sich weigern, Bestechungen anzunehmen, weil er es für nicht richtig hält, sie anzunehmen« und nicht »Jeder, *der* es für nicht richtig hält, Bestechungen anzunehmen, wird sich weigern, es zu tun.« Nun ist es vollkommen klar, daß diese Maxime universalisiert werden kann, ohne den Zweck aufzuheben, den ihre Annahme hatte, daß sie sich nicht selbst aufheben würde oder unmöglich wäre, wenn jeder danach handelte, und daß man daher wollen kann, daß sie zum allgemeinen Gesetz würde.

Das folgende Beispiel ist dem von der Bestechung in gewisser Hinsicht ähnlich: Wenn sich jeder weigern würde, Schweinefleisch zu kaufen, würde es niemand verkaufen, und es würde vielleicht niemand mehr in der Lage sein, sich zu weigern, es zu kaufen, weil es keine Gelegenheit zur Weigerung gäbe. Das würde jedoch die Zwecke, die man haben könnte, wenn man sich weigert, Schweinefleisch zu kaufen, nicht auflösen oder aufheben, obwohl es für diejenigen, die sich mit der Produktion oder dem Verkauf von Schweinefleisch beschäftigen, mindestens vorübergehend harte Zeiten bedeuten würde. Die Zwecke würden sich aber nicht einmal in dem Sinn aufheben, daß die Möglichkeit ihres Auftretens verschwände. Der Kniff liegt in der Weise, wie die Handlung beschrieben worden ist: als *Weigerung*, Schweinefleisch zu kaufen. Ebenso wie ich mich nicht *weigern* kann, mich an einer Wahl zu beteiligen, bei der ich keine Gelegenheit habe zu wählen, kann ich mich nicht weigern, etwas zu kaufen, wenn ich gar keine Gelegenheit dazu habe. Also hätte natürlich niemand die Möglichkeit, *sich zu weigern*, Schweinefleisch zu kaufen, wenn überhaupt kein

Schweinefleisch verkauft wird. Wenn man die Handlung anstatt als *Weigerung* Schweinefleisch zu kaufen einfach als »kein Schweinefleisch kaufen« beschreiben würde, wäre die Schwierigkeit völlig ausgeräumt.

Das zeigt, daß das Argument, das wir gerade geprüft haben, auf einer verbalen Anomalie beruht. Angenommen, wir beschreiben, anstatt von »Weigerung, eine Bestechung zu akzeptieren« oder von »Zurückweisung einer angebotenen Bestechung« zu sprechen, die Handlung einfach als Nicht-Akzeptieren einer Bestechung. Dann würden wir, anstatt zu fragen »Was würde passieren, wenn jeder sich weigerte, eine Bestechung zu akzeptieren?« fragen, »Was würde passieren, wenn niemand Bestechungen akzeptierte?« Das läßt vielleicht alle Bestechungsangebote verschwinden und macht es folglich unmöglich, eine anzunehmen (wie es auch unmöglich machen würde, sich zu weigern, eine anzunehmen). Aber es würde es nicht unmöglich machen, eine Bestechung nicht zu akzeptieren; mit anderen Worten: es würde dadurch nicht notwendig, Bestechung zu akzeptieren. Also ist es falsch, daß die »Vorschrift, ›Nimm keine Bestechung an!‹ sich selbst zunichte machen würde«.

2. Eine der Stellen, die ich gerade zitiert habe, enthält einen Bezug auf »Deposita« und eine Interpretation dessen, warum es aus Kants Sicht nicht richtig ist, ein Depositum seinem rechtmäßigen Eigentümer nicht zurückzuerstatten. Nun behandelt Kant tatsächlich ein solches Beispiel, und es lohnt sich, sein Argument wiederzugeben, und zwar nicht nur deshalb, weil das, was Kant darüber sagt, nicht genau dem entspricht, was vorgebracht worden ist, sondern auch, weil es eine besonders bemerkenswerte Anwendung des kategorischen Imperativs darstellt. Kant sagt:

Ich habe z. B. es mir zur Maxime gemacht, mein Vermögen durch alle sicheren Mittel zu vergrößern. Jetzt ist ein *Depositum* in meinen Händen, dessen Eigentümer verstorben ist und keine Handschrift darüber zurückgelassen hat. Natürlicherweise ist dies der Fall meiner Maxime. Jetzt will ich nur wissen, ob jene Maxime auch als allgemeines praktisches Gesetz gelten könne. Ich wende jene also auf gegenwärtigen Fall an, und frage, ob sie wohl die Form eines Gesetzes annehmen, mithin ich wohl durch meine Maxime zugleich ein solches Gesetz geben könnte: daß jedermann ein Depositum ableugnen dürfe, dessen Niederlegung ihm niemand beweisen kann.

Ich werde sofort gewahr, daß ein solches Prinzip, als Gesetz, sich selbst vernichten würde, weil es machen würde, daß es gar kein Depositum gäbe.[29]

Hier liegt deutlich ein klarer Fehler vor. Das Ergebnis wäre nicht, daß es keine Deposita mehr gäbe, sondern höchstens, daß für jedes Depositum ein Beweis hinterlegt würde. Also würde ein solches Gesetz es nicht unmöglich machen, irgend jemandem ein Depositum anzuvertrauen, sondern es würde es nur unmöglich machen, ein Depositum zu treuen Händen zu geben, ohne eine schriftliche Bestätigung zu behalten, die als Beweis benutzt werden könnte. Aber in jedem Fall ist schwer zu sehen, wie die Universalisierung der Maxime sie selbst aufheben würde oder sie unmöglich machte. Möglicherweise hatte Kant im Sinn, daß man diese Maxime nicht als allgemeines Gesetz wollen könne (obgleich er das Kriterium hier nicht benutzt) – daß man nicht willens sein könnte, daß »jedermann ein Depositum ableugnen dürfe, dessen Niederlegung ihm niemand beweisen kann«, weil es möglich wäre, daß er selbst eines Tages jemandem ein Depositum anvertrauen möchte und »durch ein solches aus seinem eigenen Willen entsprungenes Naturgesetz, sich selbst alle Hoffnung ... rauben würde« für die Möglichkeit, die er für sich selbst wünscht. Das erscheint aber ziemlich weit hergeholt: Jemand mit so wenig Skrupeln im Hinblick auf das Geld anderer Leute würde wahrscheinlich seins nicht irgend jemandem anvertrauen.

29 *Kritik der praktischen Vernunft*, S. 136. Bergson gibt eine einfach köstliche Zusammenfassung dieser Ausführungen Kants, in: *The Two Sources of Morality and Religion*, New York 1935, S. 77: »Wenn Kant uns erzählt, ein Depositum müsse zurückgezahlt werden, weil es nicht länger ein Depositum wäre, wenn der Verwalter es in Besitz nähme, so jongliert er offensichtlich mit Worten.«
Offensichtlich jongliert hier jemand mit Worten, aber Kant ist es nicht. Die einzige weitere Darstellung von Kants Überlegungen, die mit Bergsons meines Wissens überhaupt vergleichbar ist, ist diejenige, die Hegel in der *Phänomenologie des Geistes* zu Papier gebracht hat: »Es wird ein Depositum bei mir gemacht, es ist das Eigentum eines anderen, und ich anerkenne es, *weil es so ist,* und erhalte mich unwankend in diesem Verhältnisse. Behalte ich für mich das Depositum, so begehe ich nach dem Prinzip meines Prüfens, der Tautologie, ganz und gar keinen Widerspruch; denn alsdann sehe ich es nicht mehr für das Eigentum eines anderen an; etwas behalten, das ich nicht für das Eigentum eines anderen ansehe, ist vollkommen konsequent ... Sosehr ich – wie ich tue, wenn ich etwas wegschenke – die Ansicht, daß etwas mein Eigentum ist, in die Ansicht, daß es das Eigentum eines anderen ist, verändern kann, ohne dadurch eines Widerspruchs schuldig zu werden, ebensosehr kann ich den umgekehrten Weg gehen.« Um es mit Bradleys berühmtem Satz zu sagen, »in einem Sinn, aber nicht überhaupt.« (*Phänomenologie des Geistes,* hrsg. von Johannes Hoffmeister, Hamburg ^{6}1952, S. 311 f.)

Müssen wir jetzt den Schluß ziehen, daß wir damit ein echtes Gegenbeispiel gegen den kategorischen Imperativ haben, aus dem wir bündig seine Unangemessenheit ableiten könnten? Denn es scheint doch fraglos nicht richtig, sich eine Geldsumme, die einem anvertraut wurde, anzueignen, weil der rechtmäßige Besitzer tot ist und niemand beweisen kann, daß einem das Geld nicht gehört; und mit dem kategorischen Imperativ scheint man das nicht zeigen zu können. Ich glaube nicht. Ein Depositum ist schließlich etwas, das man in die Obhut oder den sicheren Gewahrsam von jemand anders gegeben hat. Die fragliche Handlung liegt daher im Bereich einer Reihe von Regeln, die alle ganz klar durch den kategorischen Imperativ begründet sind. Zunächst ist es ein Vertrauensbruch und als solches auch ein gebrochenes Versprechen, denn die Handlung, ein Depositum zu akzeptieren (zuzustimmen, für jemanden auf etwas aufzupassen), enthält notwendig ein implizites Versprechen, es zurückzugeben. Die Handlung ist aber auch ein Fall von Diebstahl, weil in ihr enthalten ist, daß sich jemand etwas aneignet, das einem anderen gehört und von dem er weiß, daß es einem anderen gehört. Und schließlich ist die Handlung eine Form der Lüge, weil sie impliziert, daß man behauptet, das fragliche Depositum sei rechtmäßig das eigene, was entschieden unwahr ist (und die Handlung kann auch noch implizieren, daß explizit geleugnet wird, das Objekt sei einem zur sicheren Aufbewahrung anvertraut worden). Ergibt sich ein Unterschied daraus, daß kein Beweis geliefert werden kann? Der einzige Unterschied liegt darin, daß man faktisch und vor dem Gesetz ungestraft davonkommen kann. Moralisch ist das jedoch irrelevant. Man wäre z. B. nicht gerechtfertigt, ein Versprechen deshalb zu brechen, weil es keinen unabhängigen Beweis dafür gibt, daß man es gegeben hat. Wenn jemand gerechtfertigt wäre, nur aus diesem Grund so zu handeln, dann wäre es auch jeder andere. Aber was würde passieren, wenn das jeder täte? Es ist wohl nicht nötig, das weiter auszuführen.

3. Es gibt ein weiteres angebliches Gegenbeispiel gegen den kategorischen Imperativ, das dem über die Bestechung sehr ähnlich ist und interessant und kompliziert genug, daß man es diskutieren sollte. Ein Autor, der sich zu diesem Thema äußert, behauptet, man könne »Maximen angeben, die man nicht zu

einem allgemeinen Gesetz machen kann, die aber Handlungen hervorbringen, die die meisten Leute als richtige ansehen würden«, und nennt als Beispiel

die Maxime, gegen ansteckende Krankheiten zu impfen. Wenn wir annehmen, daß im Fall einer bestimmten Krankheit die bereits kranken Personen die einzige Quelle für den Impfstoff sind und daß man sich die Krankheit nur durch Ansteckung bei Erkrankten zuziehen kann, dann ist ganz klar, daß die Krankheit ausgerottet würde, wenn die Impfung allgemein vorgenommen würde, und der Impfstoff wäre nicht mehr erhältlich. Es wäre dann nicht mehr möglich, die Leute gegen die Krankheit zu impfen. Und es wäre ja auch nicht mehr nötig – eine Folge, die allgemein als Rechtfertigung für die Impfung angesehen würde. Daß jedoch die allgemeine Anwendung der Maxime zu impfen die allgemeine Impfung unmöglich machen würde, scheint bei einer strikten Anwendung von Kants Imperativ doch zu zeigen, daß es bedeutet, einen Widerspruch zu wollen, wenn man diese Maxime will ...[30]

Obgleich ich die Erfindungskraft, die zur Konstruktion dieses komplizierten Beispiels führte, sehr bewundere, kann ich nicht das gleiche für seine Richtigkeit behaupten, und es braucht wohl nicht gesagt zu werden, daß ich die Schlußfolgerung hier für einen Irrtum halte. Die Hauptschwäche ist hier, wie in dem Beispiel über die Bestechung, die, daß die Universalisierung der »Maxime zu impfen« den Zweck, aus dem man sie annimmt, nicht aufheben würde. Also gibt es überhaupt keine Schwierigkeit zu wollen, daß diese »Maxime« ein allgemeines Gesetz würde – ein solcher Wille würde sich in keiner Weise »selbst widersprechen«. Eine untergeordnete Schwierigkeit, die zu erklären hilft, wie die hauptsächliche entsteht, ist die, daß keine bestimmte Maxime angegeben und uns daher nicht klar mitgeteilt wird, welches die fragliche Handlung ist. Das mag in manchen Fällen nicht besonders wichtig sein, aber in diesem Fall ist es wichtig. »Die Maxime, gegen ansteckende Krankheiten zu impfen«, ist nicht wirklich eine *Maxime*, sondern eine Vorschrift. Was sollen wir annehmen, wessen Maxime es sei? Wen sollen wir uns dieser Maxime gemäß handelnd vorstellen? Diese Information ist wesentlich, wenn wir bestimmen wollen, was universalisiert werden soll und wel-

30 Lucius Garvin, *A Modern Introduction to Ethics*, Cambridge 1953, S. 420. Das gleiche Beispiel benutzt Frank Chapman Sharp in seinem Buch *Ethics*, New York 1928, S. 317; Garvin scheint es von dort übernommen zu haben.

che Form es dann haben wird. Wenn wir diesem Beispiel irgendeinen Sinn abgewinnen sollen, dann müssen wir doch wohl annehmen, daß wir uns hier gar nicht mit einer Art von *Handlung* beschäftigen, sondern mit einer Art, *behandelt zu werden*. Die Handlung muß also nicht *impfen*, sondern *geimpft werden* sein, und was wir uns als universalisiert vorstellen müssen, ist nicht »jeder impfend« – das können wir gleich ausschließen –, sondern jeder *wird geimpft*. Nun ist aus den angegebenen (hypothetischen) Fakten klar, daß nicht jeder gegen die Krankheit geimpft werden könnte, denn wenn die Krankheit »ausgerottet wird ... wäre der Impfstoff nicht mehr erhältlich. Eine Handlung ist jedoch (und das ist sicherlich Kants Standpunkt) ebenso wie eine Art der Behandlung unabhängig von einer bestimmten Maxime moralisch nicht bestimmt. Der Zweck, den man verfolgt, wenn man gegen eine Krankheit geimpft werden möchte, ist sicher der, dagegen immun zu werden. Hier müßte man also etwa die Maxime haben: »Ich will gegen die Krankheit geimpft werden, um dagegen immun zu werden.« Es ist doch wohl selbst im Hinblick auf die angegebene Hypothese offenkundig, daß man diese Maxime ohne Widerspruch als allgemeines Gesetz wollen kann. Darüber hinaus ist selbst diese Maxime zu speziell formuliert. Möchte man nur gegen *diese* Krankheit geschützt sein und nicht gegen irgendeine andere? Das ist nicht nur irrational, sondern auch unwahrscheinlich. Wenn wir jedoch die Maxime einer Handlung in einer in diesem Punkt erforderlichen allgemeineren Weise beschreiben, verliert das Beispiel jeden Funken von Plausibilität. In einer auf das Argument der Verallgemeinerung zugeschnittenen Sprache, die hier völlig angemessen ist, können wir sagen, daß das Argument bei der Anwendung auf eine *so beschriebene* Maxime oder Handlungsweise iterierbar ist.

4. Genau die gleiche Schwierigkeit trifft die anderen Beispiele dieser Art, die von Zeit zu Zeit angeführt worden sind. Der eben zitierte Autor etwa fährt fort:

Die gleiche Situation ... würde wohl im Zusammenhang mit Maßnahmen entstehen, von denen man annimmt, daß sie die Welt von einer Reihe verschiedener anderer Übel befreien könnten – etwa Sklaverei, Ignoranz, Armut oder Krieg. Sehen wir uns z. B. die Maxime an »Gib die Hälfte deines Reichtums ab zur Verteilung unter die Armen«. Oder die Maxime

»Liebe deine Feinde«. Wenn jeder diesen Maximen folgte, gäbe es vermutlich keine Armen mehr, für die gesorgt werden müßte, und keine Feinde mehr, die man lieben könnte. Der Erfolg des Versuchs, diese Maximen zu allgemeinen zu machen, würde gleichzeitig den Fehlschlag dieses Versuchs markieren. Also können sie nicht ohne Widerspruch als allgemeines Naturgesetz gedacht werden.[31]

Es ist anzumerken, daß die hier angeführten spezifischen »Maximen« Schwierigkeiten ganz besonderer Art enthalten. Sie werden natürlich angeführt als »Maximen«, die es wert wären, daß man ihnen folgt, und es wird vorausgesetzt, daß es eine gute Sache wäre, wenn jeder danach handelte – sonst könnten sie nicht als Gegenbeispiele funktionieren. Dieser Gedanke liegt mir so fern, daß ich sie nicht einmal für sinnvoll halte, mindestens nicht ohne beachtliche Bearbeitung. So wie sie da stehen, sind sie überhaupt nicht wirkliche *Maximen* im Kantischen Sinn des Terminus, sondern Vorschriften oder Empfehlungen an andere; und wenn wir es nicht mit einer Maxime zu tun haben, ist der kategorische Imperativ und auch eine Kritik daran nicht anwendbar. Um uns dieser Sache anzunähern, müssen wir uns jemanden vorstellen, der sich vornimmt, die Hälfte seines Reichtums zur Verteilung an die Armen abzugeben. Aber was ist sein Grund – sein Motiv, der Zweck, den er erreichen möchte? Und welches sind die Bedingungen, unter denen er diesen Vorsatz faßt? Was ist, mit anderen Worten, seine Situation? Fragen dieser Art zu stellen, bedeutet, nach der Maxime seiner Handlung zu fragen, und das heißt nur, spezifischer und genauer die Art seiner Handlung zu bestimmen. Die möglichen Antworten auf diese Fragen sind zahllos. Jemand kann sich vornehmen, die Hälfte seines Reichtums abzugeben, weil er es haßt, Steuern zu bezahlen, und hofft, auf diese Weise den fälligen Steuerbetrag zu senken; ein anderer, weil er seine Verwandten ärgern will, ein anderer aus einer Anzahl von Gründen und wieder ein anderer aus überhaupt keinem sinnvollen Grund (oder, was auf

31 Garvin, a.a.O., S. 420-21. Vgl. Bradley, *Ethical Studies*, S. 155: »›Hilf den Armen‹ negiert *und* setzt Armut voraus (postuliert sie also). ... Wenn man seine Feinde lieben soll, sollte man niemals ohne Feinde sein; und dennoch versucht man, sie loszuwerden. Ist das stimmig? Kurz gesagt, jede Pflicht, die voraussetzt, daß man etwas negiert, ist keine Pflicht; es ist eine unmoralische Regel, weil sie widersprüchlich ist.« Und wieder, »in einem bestimmten Sinn, aber nicht als solche«. Tatsächlich nicht einmal in einem bestimmten Sinn.

dasselbe hinausläuft, aus rein sentimentalen Gründen). Das braucht wohl nicht weiter ausgeführt zu werden. Die Schwierigkeit liegt darin, festzustellen, was eigentlich universalisiert werden soll. Wie die Sache formuliert ist, ergibt die »Maxime« keinen Sinn und wird noch sinnloser, wenn wir uns ihre Universalisierung vorstellen. Sollen wir uns vorstellen, daß jeder die Hälfte seines Besitzes zur Verteilung an die Armen abgibt? Angenommen, ich bin selbst arm und besitze nur einen Dollar? Sollte ich dann die Hälfte davon zur Verteilung an die Armen abgeben? Worin liegt der Sinn dabei? Und wann soll dieser Vorgang aufhören? Wenn ich die Hälfte meines Besitzes abgegeben habe, soll ich dann die Hälfte des Restes abgeben und dann die Hälfte von diesem Rest usw.? Das ist natürlich absurd. Wenn wir allerdings die »Maxime« nehmen, wie sie formuliert ist, würde ihre Universalisierung das erfordern. Wie Kant sagte, »... mit Aufopferung seiner eigenen Glückseligkeit (seiner wahren Bedürfnisse) anderer ihre zu befördern, würde eine sich selbst widerstreitende Maxime sein, wenn man sie zum allgemeinen Gesetz machte.«[32] Das ist genau die Situation, die hier vorliegt. Wenn *jeder* die Hälfte seines Besitzes an die Armen abgeben soll, an wen soll das dann verteilt werden? Angenommen, die Regel wird so eingeschränkt, daß sie nur für solche gilt, die einen bestimmten Besitzstand erreicht haben, und dabei selbstverständlich ist, daß eine solche Schenkung von jedem nur einmal verlangt wird. Wenn man die Regel so einschränkt, ist sie ungerecht. Denn es verlangt nur von denen, die über einen bestimmten Geldbetrag verfügen, die Hälfte davon abzugeben. Dann aber macht es diese Leute ärmer als diejenigen, die die Grenze gerade nicht erreicht haben. Würde das die Armut verschwinden lassen? Nein, es würde nur große Vermögen eliminieren.

Wir wollen uns nun der »Maxime«: »Liebe deine Feinde« zuwenden. Können wir annehmen – abgesehen von der Frage, ob es so etwas wie eine Pflicht, jemanden zu lieben d. h. eine bestimmte Zuneigung zu haben, geben kann –, daß jemand, der sich eine solche Regel zu eigen macht, sie auf seine Feinde beschränken und somit seine Freunde und Verwandten nicht

32 *Einleitung zur Tugendlehre*, S. 524.

lieben soll? Das ist absurd. Die Regel sollte nicht lauten »Liebe deine Feinde«, sondern »Liebe einen jeden, einschließlich deiner Feinde«; und (indem wir die Frage einmal beiseite lassen, was in diesem Zusammenhang »lieben« eigentlich heißen könnte und was für ein Verhalten folglich von der Regel erfordert wird) die Universalisierung dieser Regel könnte in keiner Weise ihren Gegenstand – Leute, die zu »lieben« sind – eliminieren und würde sich somit nicht selbst ad absurdum führen.

Es ist nicht nötig, weitere derartige Gebote wie »Befreit die Unterdrückten«, »Helft den Notleidenden«, »Heilt die Kranken«, »Erzieht die Unwissenden«, »Bekleidet die Nackten«, »Beherbergt die Obdachlosen«, »Speist die Hungernden« und »Zieht kranke Zähne« noch im Detail zu erörtern; jedes von ihnen kann als Basis eines Einwands dieses Typs vorgebracht werden. Das alles sind aber nur Scheineinwände und manche von ihnen schon an sich absurd.

5. Ich möchte nun einen Einwand etwas anderer Art diskutieren, der uns zu der Regel, man solle nicht lügen, zurückführen und somit in die Lage vesetzen wird, einige weitere Fragen zu behandeln, die noch auf eine Antwort warten. Ich habe im vorangehenden behauptet, es wäre unmöglich, daß Lügen zu einer allgemein akzeptierten gesellschaftlichen Verhaltensweise und die Wahrheit sagen zur Ausnahme würde; und ich habe es dabei die ganze Zeit für erwiesen erachtet, daß das die Folge davon wäre, wenn jeder lügen würde, wann immer ihm danach zumute ist. Aber nehmen wir nun einmal an, jeder würde lügen, wann ihm danach zumute ist – aber immer nur dann, wenn ihm danach zumute ist. Heißt das, daß jeder (oder fast jeder) in der Regel lügen würde? Und folgt daraus, daß die Möglichkeit zu lügen und somit die Zwecke, um derentwillen man lügt, vereitelt würden? Genau das wird in dem folgenden subtilen und scharfsinnigen Argument bestritten:

Meint unsere Formel ganz buchstäblich »jeder« oder vielmehr »jeder, der das wünscht«? Anscheinend das erstere ... Nehmen wir einmal das Beispiel der Lüge. Wenn jeder, jedesmal wenn er seine Sprechorgane benutzt, lügen würde, so würde niemand mehr dem, was ein anderer gesagt hat, irgendwelche Beachtung schenken. Reden und damit auch unaufrichtiges Reden würde unmöglich. Aber tatsächlich haben wir im normalen Umgang mit anderen kaum jemals ein Motiv, sie anzulügen. Wenn folglich Menschen nur dann lügen würden, wenn sie jemanden irreführen wollen, so würde das nicht so häufig geschehen, daß damit alle Kommunikation unmöglich gemacht würde; es würde nur zu ernsten Schäden führen. Wenn Kants Formel uns daher den Grund dafür liefern soll, Unaufrichtigkeit zu verurteilen, dann muß das Wort *jeder* ernst genommen und der Imperativ so interpretiert werden: Diejenige Handlung ist nicht richtig, die sich selbst ad absurdum führen würde, wenn sie jeder jederzeit, bei jeder Gelegenheit, vollzöge, ob er das nun gerade wünscht oder nicht.[33]

Untersuchen wir zunächst einmal die Behauptung: »Im normalen Umgang mit anderen haben wir kaum jemals ein Motiv, sie anzulügen«. Das ist natürlich eine empirische Frage, aber da sie einmal gestellt wurde, muß sie auch beantwortet werden. Stimmt das? Ich denke nicht. Richtig ist, daß wir in unserem normalen Umgang mit anderern gewöhnlich nicht lügen; und das trifft auf uns alle zu mit Ausnahme jener habituellen oder unbelehrbaren Lügner, denen man aber meistens auf die Schliche kommt. Aber das heißt nicht, daß wir gewöhnlich keine Motive haben zu lügen. Ich würde vielmehr sagen, daß wir gewöhnlich eine Vielzahl verschiedener Motive oder Gründe haben zu lügen, daß diese Versuchungen oder Anreize ständig aufkommen und daß niemand ganz frei von ihnen ist. Es heißt nur, daß diese Motive normalerweise nicht die Oberhand gewinnen – normalerweise werden sie in der Tat durch das eine oder andere einer ganzen Anzahl gegenläufiger Motive aufgewogen, wie z. B. den Wunsch, nicht bei einer Lüge ertappt zu werden (egoistisches Motiv), den Wunsch, seinen guten Ruf zu bewahren (das Motiv ist in diesem Fall Klugheit), den Wunsch, einem anderen nicht Leid zuzufügen oder ihn nicht zu enttäuschen (hier ist Wohlwollen das Motiv) oder die Überzeugung, daß zu lügen nicht richtig ist (moralisches Motiv). Da alle diese Motive und noch mehr normalerweise vorhanden sind, wird unser Motiv zu lügen gewöhnlich dadurch aufgewogen, und man lügt im Durchschnitt relativ selten.

Wenn ich nun die Frage stelle »Was würde passieren, wenn jeder lügen würde, wann immer ihm danach zumute ist?«, so verstehe ich unter »danach zumute sein zu lügen« nicht nur

33 Sharp, a.a.O. S. 316.

Lügen um seiner selbst willen oder den ausgesprochenen Wunsch haben zu lügen, obwohl ich auch diesen Fall einbeziehe. Ich beziehe auch jene Fälle ein, in denen jemand vielleicht spürt, daß er in Wirklichkeit gar nicht lügen *wollte*, in dem Sinn, daß er es vorgezogen hätte, nicht zu lügen, es aber doch tat, einfach um etwas anderes zu erreichen, was er haben wollte. »Nur so konnte ich ihn dahin bringen, daß er einverstanden war«, »Nur so konnte ich ihn dazu bringen, nicht mehr so dumme Fragen zu stellen« usw. Die Frage läuft also eigentlich darauf hinaus: »Was würde passieren, wenn jeder lügen würde, wann immer er irgendeinen Grund oder ein Motiv oder einen Anreiz zu lügen hat?« Ich behaupte nun, es würde folgendes passieren: Lügen würde zur allgemeinen Regel, und, da die gewöhnlichen Skrupel gegenüber dem Lügen ausfielen, würde niemand mehr glauben, was ein anderer sagt. Das würde nicht nur zu ernsten Schäden führen, obwohl es richtig ist, daß es dazu führen würde. Es würde auch alle Kommunikation unmöglich und somit das Lügen ebenso wie die Wahrheit sagen fast vollkommen wirkungslos machen. Das trägt natürlich zu dem Schaden bei. Aber nicht nur das. Der Schaden würde mit Sicherheit nicht nur die anderen treffen, sondern auch den, der selbst in dieser Weise zu handeln beabsichtigt. Aus diesem Grund kann er die Maxime seiner Handlung konsequenterweise nicht als allgemeines Gesetz wollen. Jemand könnte denken, daß es für ihn ganz richtig ist, in dieser Weise zu handeln, aber niemand könnte denken, daß es für andere richtig ist. Wenn jeder lügen würde, wann immer er dazu Lust hat, würde niemand mehr die Regel, man solle nicht lügen, für verbindlich halten, am wenigsten man selbst. Aber dann könnte sie niemand konsequenterweise als verbindlich für andere ansehen, folglich könnte niemand sie für verbindlich halten. Das ist ein Widerspruch in sich.

Prüfen wir nun die Behauptung, mit der der Passus schließt, wonach das im kategorischen Imperativ implizierte Kriterium lauten muß »Diejenige Handlung ist nicht richtig, die sich selbst ad absurdum führen würde, wenn sie jeder jederzeit, bei jeder Gelegenheit, vollzöge, ob er das nun gerade wünscht oder nicht.« Das ist eine sehr paradoxe Formulierung. Aber sogar so *reicht* sie *aus*, eine allgemeine Regel zu begründen, derzufolge eine solche Handlung nicht richtig ist,

vorausgesetzt, jemand wünscht, das zu tun. Ohne diese Bedingung gäbe es gar keinen Zweck oder Wunsch, der vereitelt würde, wenn jeder so handelte, und somit keinen Grund, warum man diese Handlungsweise nicht als allgemeines Gesetz wollen könnte. Tatsächlich würde sich diese Frage gar nicht stellen. Doch diese Formulierung des Problems übersieht, daß nach Kant immer die Maxime einer Handlung universalisierbar sein muß und die Maxime immer in irgendeiner Weise eine Beziehung auf den Wunsch impliziert, in dieser Weise zu handeln – sei es um des Handelns selbst willen oder als Mittel für einen weiteren Zweck oder als Teil einer umfassenderen Handlungsstrategie. Für das moralische Urteil ist es hinreichend, wenn die Zwecke, um derentwillen man sich die Maxime zu eigen macht (oder so handelt), vereitelt würden, wenn jeder dasselbe täte, d. h. wenn jeder um eines derartigen Zweckes willen in einer derartigen Weise handeln würde.
6. Wir kommen nun noch zu einem anderen Typ von Einwand.

Jedes beliebige Verhalten ist universalisierbar, wenn es einem nur gleich ist, was passiert. Kant sagt, Lügen könne nicht zum allgemeinen Gesetz werden, weil man sonst keine Versprechen mehr machen könnte. Aber warum *sollte* man Versprechen machen? Offenkundig weil wir voraussetzen, daß das menschliche Zusammenleben, das zu seiner Aufrechterhaltung ein bestimmtes Maß an gutem Glauben erfordert, für sich genommen gut und wünschenswert sei; und das können wir nicht tun, ohne auf die natürliche Basis der Wünsche zurückzugehen, die Kant aufgegeben hat. Wenn wir menschliches Zusammenleben nicht schon für gut hielten, bräuchten wir uns bloß zu entschließen, auch ohne es auszukommen, und es bestünde kein Hindernis mehr, Lügen zu einem allgemeinen Gesetz zu machen ... Mit Kants Prozedur wird also nur unter der Bedingung etwas auszurichten sein, daß die allgemeine Form der Moral Zwecke voraussetzt, die man bereits für wertvoll hält.[34]

Dieser Typ von Kritik, der von Hegel herrührt, wird wohl niemals ganz ausgeräumt werden können, weil es wahrscheinlich immer wieder jemanden geben wird, der ihn von neuem entdeckt. Damit wird er aber nicht besser. Es stimmt, daß der kategorische Imperativ nur unter der Bedingung anwendbar ist, daß jemand wünscht, in einer bestimmten Weise zu handeln; denn sonst gäbe es gar keinen Anlaß für eine moralische

34 Arthur Kenyon Rogers, *The Theory of Ethics,* New York 1922, S. 67.

Beurteilung dieser Handlungsweise, und für eine moralische Beurteilung muß es immer einen Anlaß geben. Wenn niemand je den Wunsch hätte, in einer bestimmten Weise zu handeln (oder nicht zu handeln), oder wenn es nie ein Bedürfnis nach einer solchen Handlung gäbe, würden hinsichtlich dieser Handlungsweise keine moralischen Probleme entstehen. Wenn also nie jemand den Wunsch hätte zu lügen, Versprechen zu brechen oder etwas, das einem anderen gehört, ohne dessen Erlaubnis an sich zu nehmen, dann gäbe es überhaupt keinen Anlaß für die moralische Beurteilung eines solchen Benehmens, da die Frage, ob ein derartiges Verhalten richtig oder nicht richtig, ob jemand jemals gerechtfertigt ist, so zu handeln, sich gar nicht stellen würde. Aber das alles heißt doch nur, daß der kategorische Imperativ immer auf eine bestimmte Handlungsmaxime angewendet werden muß; und daß, wenn niemand den Wunsch hätte, in einer bestimmten Weise zu handeln oder irgendeinen Zweck, den er mit dieser Handlung erreichen will, es gar keine Maxime gäbe, auf die er angewandt werden könnte, und somit auch kein Anwendungsproblem. Es heißt nicht, daß man schon im vorhinein voraussetzen muß, solche Verhaltensweisen seien nicht wünschenswert, oder die Institutionen des Eigentums, des Versprechens und der Sprache seien gut und wünschenswert. Sie mögen so wünschenswert oder so notwendig sein, wie sie wollen, aber daß sie das sind, wird bei der Anwendung des kategorischen Imperativs nicht vorausgesetzt, wenn auch so etwas Ähnliches bei der Anwendung des Arguments der Verallgemeinerung vorausgesetzt wird. Der Grund, warum man es nicht ohne Widerspruch als allgemeines Gesetz wollen kann, daß jeder seine Versprechen brechen mag, wann immer ihm danach zumute ist, ist nicht der, daß damit eine nützliche und wünschenswerte Verhaltensform abgeschafft würde (obwohl das der Fall wäre), sondern daß dies gerade die Zwecke vereiteln würde, derentwegen man etwas verspricht, einschließlich der Zwecke dessen, der ein Versprechen brechen will. Man könnte sein Versprechen nicht brechen, wenn man keines gegeben hätte. Damit, daß jemand ein Versprechen gegeben hat, gibt er folglich zu verstehen, daß er diese Verhaltensform für nützlich hält, ob er sein Versprechen nun brechen will oder nicht, und daß er die Abschaffung dieser Verhaltensform für nicht wünschenswert hielte. Denn das würde die Möglichkeit zerstören, ein Versprechen zu geben, und es unmöglich machen, die Zwecke zu erreichen, die man durch Versprechen erreichen will und von denen er den einen oder anderen vermutlich selbst verfolgte. Nun kann niemand legitimerweise für sich das Privileg beanspruchen, Versprechen zu brechen, wenn er nicht zugleich bereit ist, es auf andere auszudehnen. Aber genau das kann man nicht tun, ohne sich selbst zu widersprechen.

Es kann natürlich jemanden geben, dem es gleich ist, ob man Versprechen macht oder nicht, der niemals selbst eines macht oder nie den Wunsch hat, das zu tun (oder zumindest keinen Wunsch, dem nicht eine starke Abneigung entgegenstünde). Aber ich kann nicht sehen, was das bedeuten soll. Wenn es jemanden gibt, der nie ein Versprechen macht, dann gäbe es auch nicht das Problem, daß er jemals eines bricht. Der kategorische Imperativ verlangt nicht, jeder sollte Versprechen geben.

7. Stimmt es also, daß »jedes beliebige Verhalten universalisierbar ist, wenn es einem nur gleich ist, was passiert«; oder daß man fast alles wollen kann, vorausgesetzt, es ist einem gleich, was passiert? Die Pointe einer solchen Behauptung ist zweifellos folgende:

> Es hängt vieles davon ab, was man so wollen könnte, und das hängt seinerseits nicht nur von der Konsistenz der Überlegungen ab, sondern auch von der Eigenart der eigenen Wünsche und Wertungen. Wenn die Zwecke von jemandem anormal werden, dann ist, was er als allgemeines Gesetz wollen könnte, kein zuverlässiges Kriterium für das, was richtig ist; und wenn sie ausgesprochen verfehlt werden, hat Kants Prinzip praktisch überhaupt keinen Nutzen mehr.35

Doch eine solche Behauptung ist schon in sich absurd: jemand, dem es gleich ist, was passiert, könnte überhaupt nichts wollen. Kann es so jemanden wirklich geben – einen Menschen, dem es gleich ist, was passiert, ob es nun ihn trifft oder jemand anderen? Ich weiß, daß Leute das gelegentlich *sagen.* »Mir ist es gleich, was passiert. Mir ist alles gleich«. Aber meinen sie das auch so, wie sie es gesagt haben? Man sagt so etwas in tiefer Verzweiflung oder in der Hitze des Augenblicks. Es ist Ausdruck der Angst, und daß Leute so etwas sagen, zeigt,

35 Thomas E. Hill, *Ethics in Theory and Practice*, New York 1956, S. 69.

daß es ihnen nicht gleich ist. Ein Mensch, dem alles gleich wäre, wäre einer, der keine Nöte, Wünsche, Bedürfnisse, Anliegen, Verlangen, Zwecke, Pläne oder Ziele hat, und ich würde sagen, daß das ein Widerspruch in sich wäre. Ein solches Wesen wäre kein Mensch mehr, und Moral gilt für den Menschen, nicht für welken Seetang. Sie gilt auch nicht für Engel, noch für geschwätzige, aber auch nicht für stille Irre.

§ 7

Bei meiner Diskussion des kategorischen Imperativs habe ich mich in der Hauptsache auf diejenigen Aspekte konzentriert, in denen er sich vom Argument der Verallgemeinerung unterscheidet und somit vorrangig auf den Gedanken: wollen zu können, daß eine Handlungsmaxime zum allgemeinen Gesetz werden sollte. Dementsprechend habe ich in diesem Kapitel nur jene Einwände und Kritikpunkte untersucht, die speziell ihn betreffen, und bin auf jene, die für beide gelten würden, nicht weiter eingegangen. Der einzig wichtige Unterschied zwischen ihnen ist der, daß die Anwendung des Arguments der Verallgemeinerung schon voraussetzt, daß die Konsequenzen nicht wünschenswert wären, wenn jeder in einer bestimmten Weise handeln würde, während die Anwendung des kategorischen Imperativs das nicht tut; daher sollte evident sein, daß mit dieser einen Ausnahme alle Einwände gegen das Argument der Verallgemeinerung auch Einwände gegen den kategorischen Imperativ sind, und diese sind bereits ausführlich diskutiert worden. Aber es sollte auch evident sein, daß mit dieser einen Ausnahme alle Bedingungen der Anwendung des Arguments der Verallgemeinerung auch Bedingungen der Anwendung des kategorischen Imperativs sind, und das habe ich in der Tat das ganze Kapitel hindurch vorausgesetzt. Denn das Verhältnis zwischen beiden ist, wie man leicht einsehen sollte, so, daß, *wenn der kategorische Imperativ ein gültiges moralisches Prinzip ist, das auch das Argument der Verallgemeinerung ist.* Das läßt sich jedoch nicht umkehren.

Es mag nützlich sein, einige dieser Bedingungen, wie sie auch für den kategorischen Imperativ gelten, in Erinnerung zu rufen. Da beide Prinzipien das Prinzip der Verallgemeinerung implizieren, sind alle mit ihm verknüpften Modifikationen auch für diese beiden anderen Prinzipien erforderlich. Das heißt im einzelnen, daß auch der kategorische Imperativ der von mir so genannten Bedingung eingeschränkter Allgemeinheit unterliegt und daß die Folgerung aus irgendeiner seiner Anwendungen im allgemeinen durch ein anderes Argument derselben Form widerlegt werden kann. Und ich habe auch bei Gelegenheit versucht, das zu illustrieren. Weiter ist jede Anwendung des kategorischen Imperativs, die umkehrbar ist, ungültig, ebenso wie jede Anwendung, die iterierbar ist. Im Zusammenhang mit dem kategorischen Imperativ wird die Festlegung dieser Bedingungen zweifellos einige Modifikationen erfordern, aber das kann leicht nachgeholt werden. So ist der kategorische Imperativ hinsichtlich einer bestimmten Maxime oder Handlung *umkehrbar*, wenn weder jene Maxime noch ihr Gegenteil (ihr Gegensatz) als ein allgemeines Gesetz gewollt werden kann – wenn man weder »jeder sollte x tun«, noch »niemand sollte x tun« als allgemeines Gesetz wollen kann. Und der kategorische Imperativ ist in bezug auf x *vollkommen unanwendbar*, wenn man sowohl »jeder sollte x tun« als auch »niemand sollte x tun« als allgemeines Gesetz wollen kann. Das sollte das, was ich meine, hinreichend deutlich machen, und diese verschiedenen Bedingungen brauchen hier nicht mehr eigens diskutiert zu werden.

Das gilt ebenfalls für das Problem, das ich an früherer Stelle das Problem konkurrierender Beschreibungen genannt habe, das fast immer als ein Einwand gegen den kategorischen Imperativ vorgebracht wird. In bezug auf den kategorischen Imperativ wird dieser Einwand natürlich darauf hinauslaufen, daß er auf die verschiedenen Arten hinweist, wie man eine Maxime formulieren, und nicht so sehr auf die verschiedenen Arten, wie man eine Handlung beschreiben kann. Aber das Prinzip ebenso wie die Antwort sind dieselben. Alle diese Einwände übersehen, daß eine Anwendung des kategorischen Imperativs, um gültig zu sein, weder iterierbar noch umkehrbar sein darf.

Es ist eine gängige Meinung, daß die Formulierung der Maxime, nach der jemand handelt, willkürlich sei. Aber wenn es auch schwierig sein kann, die Maxime einer Handlung zu formulieren, ebenso wie es schwierig sein kann, zu bestimmen,

was für eine Art von Handlung jeweils vorliegt, so ist das doch nicht willkürlich. Man kann die Maxime, nach der jemand gehandelt hat, nicht verändern, ebensowenig wie man die Umstände und den Zweck der Handlung verändern kann. Insbesondere steht es niemandem frei, die Maxime seiner Handlung so zu formulieren, daß sie (logisch) nur auf ihn unter genau diesen Umständen zutreffen könnte. Denn jeder andere kann dasselbe tun, und das Argument kann somit für jede Maxime desselben Typs iteriert werden. Und in der Praxis ist dieser Typ wirklich nicht sehr schwer zu bestimmen. Es stimmt, daß es Fälle gibt, in denen man verschiedene Alternativen hat, die Maxime einer Handlung zu formulieren, und daß bestimmte Probleme auftreten können, wenn sie eher auf die eine als auf die andere Weise formuliert wird. Aber das sind alles Anwendungsprobleme, analog der Frage, wie zu bestimmen sei, welche Fakten zu dem Fall gehören. Ich meine nicht, diese Probleme seien trivial, sondern nur, daß sie die Gültigkeit des Prinzips als solches nicht tangieren.
Ein gutes Beispiel für diese Auffassung bietet folgender Passus:

> Nehmen wir an, ein Student hat von seinem Zimmergenossen DM 29,66 ausgeliehen und überlegt, ob er es ihm zurückzahlen sollte. Er hält die Maxime »Wenn du Geld ausgeliehen hast, zahl' es nicht zurück« nicht für universalisierbar. Aber es gibt noch spezifiziertere Maximen, die er ebensogut als Maximen seiner Handlung ansehen kann. Er kommt z. B. auf folgende: »Wann immer ein Student in einem kleinen gemischten College genau DM 29,66 von einem anderen Studenten ausleiht, der sein Zimmergenosse ist, und wenn am Tag des Ausleihens der Ausleihende genau – Jahre (Angabe des Lebensalters) alt ist und der Gläubiger genau – Jahre alt und der Ausleihende genau – wiegt und – groß ist und wenn es für den Ausleihenden sehr unangenehm ist, das Geld zurückzuzahlen, dann laß ihn das Geld nicht zurückzahlen.« Der Student ist sehr geneigt, diese Maxime zu universalisieren. Folglich schließt er, es sei moralisch erlaubt, die Schulden auf sich beruhen zu lassen.[36]

Auf den hier vorliegenden Trugschluß ist schon verschiedentlich – sowohl bei der Diskussion des Prinzips der Verallgemeinerung als auch des Arguments der Verallgemeinerung – hingewiesen worden, und der springende Punkt ist in bezug auf den kategorischen Imperativ derselbe. Dieser Schluß ist falsch,

36 Richard B. Brandt, *Ethcial Theory*, Englewood Cliffs 1959, S. 34.

weil dasselbe Argument für jede Maxime desselben Typs iterierbar ist, und das würde implizieren, daß es für jeden moralisch erlaubt wäre, seine Schulden auf sich beruhen zu lassen, was sicher nicht so ist. Da diese Anwendung des Prinzips iterierbar ist, ist sie aus diesem Grund ungültig, wie jede andere Anwendung dieser Art. Es sollte eigentlich evident sein, daß es wirklich nicht so schwierig ist, zu bestimmen, um was für eine Art es sich handelt.

Ein verwandter Mythos, der zerstört werden muß, ist die Meinung, der kategorische Imperativ müsse in einem moralischen Vakuum angewendet werden, in völliger Unkenntnis irgendwelcher moralischer Regeln oder anderer Vorstellungen von richtig und nicht richtig. Es stimmt, daß Kants Ausdrucksweise das manchmal nahelegen kann und er manchmal so redet, als ob es gar keine anderen moralisch relevanten Prinzipien mehr gäbe. Aber hier handelt es sich einfach um eine unwichtige Extravaganz. Es stimmt auch, daß er viele seiner Anwendungsbeispiele so diskutiert, als ob es keine anderen moralischen Regeln und Prinzipien gäbe, von denen her der Fall entschieden werden könnte. Aber das geschieht nur zum Zweck der Verdeutlichung. Ich habe ja schon gezeigt, wie der kategorische Imperativ dazu verwendet werden kann, moralische Regeln zu begründen und zu klären, und daraus folgt, daß es viele Fälle gibt, in denen er nicht unmittelbar auf eine Handlung angewendet werden muß. Vielmehr braucht man bei seiner Anwendung nie von moralischen Regeln zu abstrahieren, solange nicht die Regel (oder angebliche Regel) selbst in Frage gestellt wird. Nun gründen viele der Einwände, die gegen ihn vorgebracht worden sind, in dieser Meinung, vor allem jene, die auf die Möglichkeit alternativer Beschreibungen hinweisen, und sie können folglich dadurch widerlegt werden, daß man auf diesen Punkt aufmerksam macht. Immer wenn eine besondere Maxime angeführt wird, die eindeutig nicht richtig zu sein scheint und die der kategorische Imperativ aufgrund der besonderen Formulierung der Maxime allem Anschein nach nicht als nicht richtig nachweisen kann, sollte folgende Frage gestellt werden: Gibt es irgendeine moralische Regel, die selbst vom kategorischen Imperativ abgeleitet werden kann und aufgrund derer man präsumieren kann, daß die fragliche Handlung nicht richtig ist? Wenn es das nicht gibt, was für einen Grund hat man dann, sie für nicht richtig zu halten? Wenn es aber eine solche Regel gibt, dann bedarf die zur Diskussion stehende Handlung einer Rechtfertigung: Reichen die in der betreffenden Maxime spezifizierten Bedingungen für ihre Rechtfertigung aus? Wenn diese Schwierigkeiten so angegangen werden, so werden sie gewiß einen anderen Aspekt erhalten.

Diese Überlegungen können auf den folgenden Einwand angewendet werden:

Wenn wir eine Regel haben, die wir ohne Widerspruch in unserem Verhalten universalisieren können, so folgt daraus nicht, daß, was sie erlaubt, auch richtig ist. Jemand, der erpreßt wird, könnte ohne Widerspruch in seinem Verhalten wollen, es solle eine allgemeine Verhaltensweise sein, daß jedes Opfer, wenn es kann, seinen Erpresser umbringt; aber es würde nicht folgen, daß es richtig ist, Erpresser umzubringen. Wir können akzeptieren, daß eine Regel, die *nicht* universalisiert werden kann, *nicht richtig* ist, aber daraus folgt nicht, daß sie *richtig* ist, wenn man sie universalisieren *kann*.[37]

Da ist ein erfindungsreiches Beispiel, und es ist komplexer, als es erscheint, aber ich glaube nicht, daß es seinen wesentlichen Punkt wirklich begründet. Es gibt keinen Grund, die »Regel« hier auf Leute einzuschränken, die erpreßt werden. An Erpressung ist nichts, das so speziell wäre. Desgleichen könnte man anführen, daß jemand, auf dessen Eigentum Übergriffe erfolgen, es als allgemeines Gesetz wollen könnte, daß jedes Opfer solcher Übergriffe den Eindringling ermordet, wenn er dazu in der Lage ist. Genau das gleiche Argument kann für jeden iteriert werden, der durch andere einer Gefahr oder Furcht oder mißlichen Lage ausgesetzt ist. Dann wäre aber die Maxime in diesem Fall: »Wann immer mich jemand der Furcht oder einer Gefahr oder mißlichen Lage aussetzt, aus der ich mich befreien kann, wenn ich ihn umbringe, werde ich ihn umbringen.« Und diese Maxime kann man nicht als allgemeines Gesetz wollen. Das würde nämlich den völligen Zusammenbruch von Gesetz und Ordnung bedeuten und folglich die dauerhafte Präsenz von Furcht, Gefahr und Mißlichkeit. Daß man erpreßt wird, ist keine hinreichende Rechtfertigung dafür, jemanden umzubringen – auch den Erpresser nicht – vor-

37 A. Campbell Garnett, *Ethics: A Critical Introduction*, New York 1960, S. 201.

ausgesetzt, man befindet sich nicht in der Situation des Naturzustandes. Ich gebe jedoch zu, daß die Universalisierung einer solchen Maxime eine effektive Methode wäre, Erpressung aus einer Gesellschaft verschwinden zu lassen. Das mag ein Punkt zu ihren Gunsten sein.

Unter Berücksichtigung der verschiedenen Argumente, die angeführt wurden, ziehe ich also den Schluß, daß das Prinzip der Allgemeinheit, wenn man es richtig versteht, vollkommen gültig ist. Sein angemessenes Verständnis erfordert jedoch, daß es im Zusammenhang mit den anderen Prinzipien interpretiert wird, die in diesem Buch erarbeitet worden sind.

X Die Grundlage der Moral

Was haben wir also erreicht? Haben wir eine Grundlage für Moral geschaffen? Was ist die Grundlage der Moral? Hat Moral eine Grundlage? Oder ist sie nur, wie so oft behauptet worden ist, eine Frage der Konvention, der Tradition, des Geschmacks oder der Meinung?

Die in diesem Buch entwickelten Prinzipien geben eine ausreichende Antwort auf diese Frage, und alles, was noch zu tun bleibt, ist, sie auszuführen. Die Rationalität dieser Prinzipien zu begründen heißt, die Rationalität der Moral zu begründen. Denn diese rationalen Prinzipien sind selbst die Grundlage der Moral – nicht irgendeiner Moral oder irgendeiner Sache, die man Moral nennen könnte, sondern einer rationalen Moral. Jede Moral enthält Elemente des Brauchs, der Konvention und Tradition, die eine mehr, die andere weniger. Viele Regeln sind, wenn man von diesen Faktoren absieht, nicht erklärlich. Wenn man sich für einen bestimmten Moralkodex erklärt, ist das in vieler Hinsicht so, als wenn man sich für ein bestimmtes Rechtssystem entscheidet. Eine rationale Moral ist jedoch eine, deren grundlegende Regeln und Prinzipien durch Gründe ausgewiesen sind. Und damit haben wir es hier zu tun, nicht mit Tabus oder den Vorurteilen einer Spießbürgermoral.

Das trägt etwas dazu bei, unsere Frage abzugrenzen, es trägt aber nicht zur Begründung der Prinzipien selbst bei. Haben sie irgendeine rationale Grundlage? Wenn man davon ausgeht, daß moralische Regeln durch den Bezug auf moralische Prinzipien begründet werden können und daß beide daran beteiligt sind, die Moral von Handlungen zu bestimmen, wie kann man dann die moralischen Prinzipien selbst begründen? Vielleicht sind sie selbst nur eine Frage der Konvention, einer willkürlichen »prinzipiellen Entscheidung« oder letzter Voraussetzungen, die sich nicht durch Gründe stützen lassen. Das wird häufig behauptet. »Von den Berufs-Philosophen wird jetzt fast allgemein akzeptiert«, sagt ein Berufs-Philosoph, daß letzte ethische Prinzipien willkürlich sein müssen. Man kann aus dem, was der Fall ist, keine Schlüsse darüber ziehen, was sein sollte; man kann nicht entscheiden, wie sich Leute verhalten sollten, nur aus der Kenntnis, wie sie sich tatsächlich verhalten. Wenn man in der Ethik an irgendeiner Schlußfolgerung ankommt, muß man mindestens eine ethische Prämisse haben. Und so können wir unendlich weiter zurückgehen, aber nicht für immer. Früher oder später müssen wir schließlich zu einer ethischen Prämisse kommen, die nicht abgeleitet ist, sondern schlicht behauptet wird. Hier müssen wir nicht-rational sein; weder rational noch irrational, denn hier ist kein Platz für Vernunft, nicht einmal dafür, daß sie den falschen Weg geht.[1]

Ich weiß nicht, ob diese Ansicht »bei Berufs-Philosophen nahezu allgemein akzeptiert« wird, und es interessiert mich auch nicht besonders. Ich vermute, daß unser Autor vornehmlich an die Kreise denkt, in denen er verkehrt. Aber das spielt keine Rolle. Diese Ansicht ist auf jeden Fall irrig. Es stimmt nicht, daß »letzte ethische Prinzipien« willkürlich sein müssen, denn die Prinzipien, die ich zu verteidigen versucht habe, sind es nicht. Der Fehler liegt in der Annahme, ein Prinzip müsse, um rational zu sein, aus evidenten Prämissen abgeleitet werden, und daß es »schlicht behauptet« sein müsse, wenn es »nicht deduziert« ist. Die Rationalität der Prinzipien, die in dieser Arbeit verteidigt werden, wird durch die Argumente bewiesen, mit denen sie gestützt werden, und diese Argumente zeigen nicht, daß diese Prinzipien irgendwie weniger Prinzipien wären oder irgendwie weniger »letzte Prinzipien«.

Wir werden zu gegebener Zeit darauf zurückkommen. Zunächst müssen wir das Fundament legen. Es bleiben noch einige Punkte, die sich sowohl auf das Argument der Verallgemeinerung als auch auf den kategorischen Imperativ beziehen und die diskutiert werden müssen, bevor wir mit unserer Untersuchung zum Schluß kommen. Das wird gleichzeitig auch klarer machen, was rationale Moral ist und worin sie besteht.

1 Brian Medlin, *Ultimate Principles and Ethical Egoism*, in: *The Australazian Journal of Philosophy*, Bd. XXXV (August 1957), S. 111.

§ 1

Kommen wir noch einmal auf die Unterscheidung von Klugheit und Moral zurück. Bis jetzt habe ich den Unterschied zwischen beiden hervorgehoben, und jetzt möchte ich die Beziehung zwischen ihnen klären.

Die Bedeutung von Klugheit ist sehr gut von Whately formuliert worden: »Was immer man ganz und ausschließlich aus Gründen der persönlichen Zweckdienlichkeit tut – aus Berechnung des individuellen Vorteils oder Verlustes – ist immer als eine Frage der Klugheit und nicht der Tugend anzusehen.«

Wenn sich irgendwelche Personen dem Willen anderer unterwerfen, weil es ihr Interesse ist oder sie nicht wagen, Widerstand zu leisten, sprechen wir von dieser Unterordnung nicht als einer Angelegenheit der *Pflicht*, sondern nur der Klugheit. Wenn Räuber dich ergreifen und als Sklave verschleppen würden und dir dabei mit dem Tod drohten für den Fall, daß du Widerstand leisten oder einen Fluchtversuch machen solltest, kannst du es für *ratsam* halten, dich zu unterwerfen, wenn du sähest, daß Widerstand aussichtslos wäre: du würdest dich aber nicht für an die *Pflicht* gebunden halten, das zu tun. Oder wenn dir ein guter Lohn für mühevolle Arbeit angeboten würde, könntest du es für zweckdienlich halten, das Angebot zu akzeptieren, aber du würdest es nicht für eine moralische Pflicht halten ... Und genauso urteilen wir in jedem Fall, in dem jemand nur unter dem Gesichtspunkt seines persönlichen Vorteils handelt.[2]

Klugheit ist aber nicht dasselbe wie Egoismus. Eine kluge Person ist nicht notwendig ein Egoist, jemand, der *ausschließlich* im Hinblick auf seinen eigenen Vorteil handelt, ohne die gebotene Rücksicht auf andere. Noch ist ein Egoist oder eine selbstsüchtige Person notwendig auch klug. In manchen Fällen kann Selbstsucht tatsächlich entschieden unklug sein.

Natürlich enthält Klugheit immer einen Bezug auf *das eigene Interesse*, die eigenen Bedürfnisse, Wünsche oder Sehnsüchte – oder aber auf das Interesse einer Person oder Gruppe oder Organisation, die man vertritt und mit der man, soweit man in dieser Funktion handelt, sein eigenes Interesse identifiziert. Das andere Element der Klugheit ist der Gebrauch der Intelligenz oder Rationalität oder Voraussicht im Hinblick auf die-

2 Richard Whately, *Paley's Moral Philosophy: With Annotations*, London 1859, S. 68, 89-90.

ses Interesse. Unklug zu handeln heißt töricht oder irrational (oder sogar dumm) zu handeln, wenn man es unter dem Gesichtspunkt des eigenen Interesses oder der eigenen Ziele sieht oder unter dem Gesichtspunkt der Interessen, die man vertritt. Dennoch bedeutet es nicht unbedingt, auf Kosten oder zum Nachteil anderer zu handeln, wenn man im Hinblick auf das eigene Interesse handelt und also versucht, die eigenen Zwecke zu erreichen oder zu sichern. Denn die eigenen Interessen müssen ja nicht notwendig denen von anderen widersprechen. Egoismus ist unmoralisch, Klugheit ist es nicht. Klugheit ist mehr ein *rationales* oder *aufgeklärtes* Selbstinteresse als ein reines Selbstinteresse, das kurzsichtig und unaufgeklärt sein kann.

Aber obgleich Klugheit nicht unmoralisch ist, ist sie doch auch nicht, mindestens nicht im allgemeinen, moralisch verbindlich. Denn auch Unklugheit ist nicht unmoralisch. Die beiden Begriffe sind voneinander getrennt, und wir können Klugheitsgründe von moralischen Gründen unterscheiden, Klugheitsurteile von moralischen Urteilen und kluge Handlungen von moralischen – ebenso wie unkluge von unmoralischen Handlungen. Um die Klugheit einer Handlung einzuschätzen, müssen wir uns ansehen, welche Wirkung sie auf den Handelnden hat. Ihre Moral hängt von ihren Wirkungen auf andere ab. Daß eine Handlung dazu geeignet wäre, einem Kummer zu bereiten, ist ein Grund dafür, sie als unklug anzusehen; daß eine Handlung dazu geeignet wäre, anderen Kummer zu machen, ist ein Grund dafür, sie als unmoralisch anzusehen, nicht aber, sie für unklug zu halten.

Ich betone das in dieser Weise, weil eine Verwechslung der beiden Begriffe häufig vorkommt. Wenn Beispiele gewünscht sind (und einige habe ich bereits genannt), liefert die folgende Stelle ein ganz besonders gutes. Das Beispiel gibt zunächst einen geschraubten Dialog wieder und dann einen Kommentar dazu. Hier also zunächst der Dialog:

A: Es ist deine Pflicht zu wählen

B: Nein, meine Stimme wird das Wahlergebnis nicht verändern

A: Du könntest kaum wünschen, daß alle anderen sich genauso verhalten!

Nun der Kommentar:

A's Erwiderung, die an Kants kategorischen Imperativ erinnert, hat fraglos ihren Platz bei Argumenten des gesunden Menschenverstandes. Wie kann man ihre Relevanz erklären? Obgleich keine unmittelbare Folge genannt wird, die sich aus B's Standpunkt ergäbe, ist sie doch ergiebig darin, indirekte Folgen vermuten zu lassen. B könnte anderen ein Vorbild sein, das er nicht begrüßen würde. Oder er könnte seinen Einfluß aufheben, indem er andere veranlaßt zu wählen, weil die Leute von Natur aus mißtrauisch sind gegen diejenigen, die »nicht praktizieren, was sie predigen«. Oder er könnte unkooperative Gewohnheiten entwickeln, die weit über den vorliegenden Fall hinauswirken. Diese Aspekte erklären sicherlich zum Teil das Gewicht von A's Argument; und die Erklärung in dieser statt in Kants Weise fortzusetzen, scheint nur mit dem Prinzip der Sparsamkeit übereinzustimmen.[3]

Es scheint mir eine Schande, für diese Übung in Irrelevanz das Prinzip der Sparsamkeit verantwortlich zu machen; seine verständige Anwendung könnte wohl kaum zu absurden Ergebnissen führen. In diesem Zusammenhang jedoch ist die Berufung auf das Prinzip der Sparsamkeit nur eine Berufung auf Vorurteile (um es technisch auszudrücken: ein argumentum ad populum). Es wird behauptet, daß jemand die Pflicht hat zu wählen. Wenn er nicht wählt, das ist wahr, *könnte* B ein »Vorbild für andere sein, das er nicht begrüßen würde«. Wenn es sich so verhielte, zeigte das nur, daß es für ihn *ratsam* wäre zu wählen, nicht aber, daß es seine Pflicht ist; das ist ein Klugheitsgrund und kein moralischer. Dasselbe gilt für die anderen »indirekten« Folgen von B's Standpunkt. Das, was ich bereits dazu besagt habe, erübrigt wohl jeden weiteren Kommentar. Diese irrelevanten Anmerkungen können nichts dazu beitragen, die »Relevanz« des Arguments zu erklären. Sie bedürften vielmehr selbst der Erklärung. Warum man diese Folgen, die wohl wirklich ziemlich unwahrscheinlich sind, als »indirekt« ansehen sollte und nicht als »direkt«, ist mir unergründlich. Ist »indirekt« hier ein Synonym für »unwahrscheinlich« oder für »irrelevant«?

3 Charles L. Stevenson, *Ethics and Language*, New Haven, 1944, S. 121-22. Die Frage »Wie kann man ihre Relevanz erklären?« bedeutet wirklich – das muß man richtig verstehen – »Wie kann ihre psychologische Wirkung erklärt werden?« Denn nach Mr. Stevensons Ansicht kann »Jede Äußerung über *irgendeine* Tatsache, von der *irgendein* Sprecher glaubt, sie könne Verhaltensweisen ändern, als ein Argument für oder gegen ein moralisches Urteil angeführt werden«. (S. 114), und dieselbe Äußerung kann dazu benutzt werden zu erklären, was aus dieser Sicht mit »Relevanz« gemeint wäre. Dieser Punkt ist jedoch nur eine weitere Bestätigung für die Irrelevanz dieser Art von Standpunkt.

Daß ein Unterschied zwischen Klugheit und Moral besteht, macht die Existenz von Grenzfällen nicht unmöglich. Es gibt tatsächlich viele solche Fälle. Eine Handlung kann sowohl unklug als auch unmoralisch sein (oder sowohl klug als auch moralisch richtig). Ein Satz der Form »A sollte x tun« kann gleichzeitig Ausdruck eines Klugheitsurteils und eines moralischen Urteils sein. Und ein Grund dafür, daß A x tun sollte, kann gleichzeitig ein Grund dafür sein, daß es unklug wie auch daß es unmoralisch wäre, wenn A x nicht täte. So können etwa Fälle auftauchen, bei denen es unmöglich wäre, genau zu sagen, was man im Sinn hat, und es ist, glaube ich, eine Stärke des oben (Kap. VIII, § 1) entwickelten Kriteriums, daß es in der Lage ist, einen solchen Sachverhalt zu berücksichtigen. Ich habe bereits gesagt, daß ein Satz der Form »A sollte x tun«, wenn er durch den Bezug auf die Bedürfnisse oder Wünsche anderer gestützt wird, Ausdruck eines moralischen Urteils ist. Man könnte meinen, daß der Bezug auf Wünsche und Bedürfnisse anderer nicht ausreicht, ein Urteil zu einem moralischen zu machen, aber soweit das geht, ist es ausreichend. Das heißt nämlich nicht, daß ein solcher Bezug allein ausreicht, um das Urteil zu begründen oder zu beweisen, daß die Handlung nicht richtig ist; es handelt sich um einen moralischen Grund, obgleich er vielleicht nicht schlüssig ist. Noch bedeutet es, daß das Urteil nicht gleichzeitig ein Klugheitsurteil sein kann. Das ist durchaus möglich. Ist die Beziehung vielmehr so, daß der Bezug auf die Bedürfnisse und Wünsche anderer *notwendig* ist dafür, daß ein Urteil ein moralisches ist? Nur, wenn man es so versteht, daß ein solcher Bezug implizit sein kann. Man kann einfach darauf hinweisen, was passieren würde, wenn jeder in dieser Weise handelte, ohne tatsächlich genau anzugeben, in welcher Weise anderen dabei geschadet oder ihre Interessen verletzt würden.

Angenommen, man sagt, du solltest dies oder das tun, weil deine Mutter es von dir möchte, und zwar so sehr möchte, daß sie es unglücklich machte, wenn du es nicht tätest; und nehmen wir an, du möchtest, daß deine Mutter glücklich ist. Handelte es sich dann um ein moralisches oder ein Klugheitsurteil? Beides könnte zutreffen; es gibt keinen Grund anzunehmen, daß es nur eines davon sein könne. Man kann den Wunsch nach dem Wohlergehen eines anderen haben. Der hier vorliegende Bezug auf deinen Wunsch, deine Mutter glücklich zu sehen, macht das Urteil zu einem Klugheitsurteil; das reicht aber nicht aus, um zu zeigen, daß es unklug wäre, nicht so zu handeln. Auf der anderen Seite ist der Bezug auf den Wunsch deiner Mutter ausreichend, um zu zeigen, daß das Urteil ein moralisches ist; aber er reicht allein nicht aus, um zu zeigen, daß es unmoralisch wäre, die Handlung zu unterlassen. Wir müssen unterscheiden zwischen einem Grund für den Schluß, daß ein bestimmtes Urteil ein moralisches Urteil ist, was nur etwas über den Anspruch der Handlung besagt, und einem Grund für den Schluß, daß eine Handlung unmoralisch ist.

Also gibt es Grenzfälle, und im Hinblick auf die allgemeine Übereinstimmung zwischen Klugheit und Moral ist das auch nicht überraschend. In unserer Gesellschaft, so, wie sie momentan konstituiert ist, und in jeder Gesellschaft, die nicht bis an die Wurzeln faul ist, gibt es eine allgemeine Übereinstimmung zwischen dem, was klug und dem, was moralisch ist, wie auch zwischen dem, was unklug und dem, was unmoralisch ist. Der Grad und das Ausmaß dieser Übereinstimmung sind zu verschiedenen Zeiten und an verschiedenen Orten verschieden. Eine gewisse Übereinstimmung ist jedoch nötig, damit eine Gesellschaft überhaupt existieren kann. Die folgende Passage faßt beinahe alles zusammen, was zu diesem Thema zu sagen ist.

> Ich halte es für gänzlich überflüssig, mich über die alte Weisheit zu verbreiten, daß Anständigkeit die beste Politik sei. Das Thema ist so ausgiebig bearbeitet worden, daß es kaum noch der Argumente bedarf, obgleich es noch einen breiten Raum für rhetorische Künste gäbe. Wenn man sich überlegt, wie sehr wir von unseren Nachbarn und ihrer guten Meinung abhängig sind, und wenn man an die enorme Schwierigkeit denkt, sich diese gute Meinung zu erhalten, ohne sie zu verdienen, kann kein ernsthafter Zweifel bestehen, daß im Durchschnitt jeder auf seine Rechnung kommt, wenn er den etablierten Moralkodex zur Kenntnis nimmt und sich die entsprechenden Instinkte zulegt. Mit der Familie gut auszukommen, nicht zu plündern und zu stehlen, in würdiger Weise nüchtern, fleißig und gutartig zu sein, sind Verhaltensregeln, die so offenkundig sind, daß es überflüssig ist, sie eigens hervorzuheben. Ich nehme eine allgemeine Übereinstimmung zwischen den Regeln der Moral und denen der Klugheit an ...[4]

4 Leslie Stephen, *The Science of Ethics*, London 1882, S. 403-4.

Aber obgleich es diese Übereinstimmung zwischen Klugheit und Moral gibt, besteht sie nur im allgemeinen und nicht immer und überall; es gibt auch einen Bereich des Konflikts.

Wenn wir uns nun einmal den tatsächlich tyrannischen Usurpatoren, den niederträchtigen Staatsmännern, den erfolgreichen Anführern unberechtigten Aufruhrs und allgemein den großen Kriminellen zuwenden, deren Position sie der Reichweite des Gesetzes entzieht, dann scheint es nicht so, als ob die moralische Verachtung, der sie ausgesetzt sind, in dem egoistischen Kalkül von Gewinn und Verlust aus ihren Taten ein wichtiger Faktor sei. Diese Verachtung kommt nur bei einem Teil der Gesellschaft zum Ausdruck, und die Äußerung der Verachtung geht oft in dem lautstarken Applaus der Menge unter, deren Bewunderung von moralischen Erwägungen weitgehend unabhängig ist. Noch fehlt es an Philosophen und Historikern, deren Urteil eine ähnliche Unabhängigkeit von moralischen Erwägungen erkennen läßt.[5]

Es ist also nicht immer unklug, sich unmoralisch zu verhalten. Und man braucht nicht einmal selbstsüchtig, schlecht und böswillig zu sein, um in eine Situation zu geraten, in der der Weg der Klugheit in Widerspruch steht zu dem, was moralisch richtig wäre, in der mit anderen Worten ein Konflikt zwischen Interesse und Pflicht besteht. Nehmen wir z. B. an, man ist Zeuge eines Mordes geworden und wird für den Fall, daß man vor Gericht aussagt, mit dem Tod oder einem anderen Übel bedroht. In einer solchen Situation sind schon viele selbst ehrenhafte Leute gewesen. Wie sollte man sich in einer solchen Lage verhalten? Der Weg der Klugheit scheint zu sein, daß man, um sein eigenes Leben und das seiner Familie zu retten, die Aussage verweigert – obgleich das natürlich dazu führen kann, daß man seinen guten Ruf und seine Selbstachtung verliert und als Feigling oder Beschützer von Kriminellen verschrieen wird; und die Folgen davon könnten schließlich noch schlimmer sein. Auf der anderen Seite ist es im Interesse jedes gesetzestreuen Bürgers (und selbst der anderen), daß Gesetzesbrecher, und besonders Mörder und Gangster, dingfest gemacht und bestraft werden. Wenn aber niemand gegen sie aussagte, würden sie nicht bestraft. Folglich sollte man gegen sie aussagen, ganz gleich, ob man bedroht wird oder nicht. Und also trifft es hier nicht wirklich zu, daß die Frage nicht zu beantworten wäre. Die Entscheidung ist jedoch oft hart,

5 Henry Sidgwick, *The Methods of Ethics*, London [7]1907, S. 166-67.

und wenn die Drohung wirklich ernst gemeint ist, kann das ein mildernder Umstand sein. Das gilt besonders dann, wenn die Polizeibeamten korrupt oder mit der Gangsterbande verbündet sind oder wenn man kein Vertrauen in ihre Fähigkeit hat, einen zu beschützen (obgleich das auf eine Naturzustandssituation hindeutet). Sollte man dann den Weg der Klugheit gehen? (Man beachte den Gebrauch von »sollte«. Welcher Weg wäre unter diesen Umständen der der Klugheit? Gäbe es einen Klugheitsweg?)

Man kann nicht behaupten, daß in der Gesellschaft, wie sie sich gegenwärtig konstituiert, solche Konflikte niemals auftreten könnten. Es ist eine vielleicht unglückliche, aber dennoch unleugbare Tatsache, daß es nicht immer im eigenen Interesse ist, das zu tun, was moralisch richtig ist (es sei denn, man definiert sein Interesse so), und daß Leute häufig von Handlungen profitieren können und es auch tun, die moralisch nicht richtig sind – und es ist auch an der Zeit, das zu erkennen. Tatsächlich bemerken es beinahe nur die Leute, die davon profitieren. Ich nehme nicht nur einfach an, daß unmoralische Handlungen vorkommen oder daß Leute sie mit der Einbildung tun, daß sie einträglich sind und sie damit davonkommen; und daß dieser Glaube sich häufig als irrig erweist, zum äußersten Unbehagen des Täters. Ich meine vielmehr, daß einige unmoralische Handlungen sich unter bestimmten Umständen für den Handelnden als einträglich erweisen, und zwar sowohl für den Augenblick als auch auf lange Sicht. Es ist gesagt worden, daß »Der Versuch, eine völlige Übereinstimmung zwischen Tugend und Glück zu etablieren, in der Ethik in Geometrie und Mechanik dem Versuch entspricht, die Quadratur des Kreises oder das Perpetuum mobile zu entdecken. Dieses hoffnungslose Streben gibt man meiner Ansicht nach besser freimütig auf.«[6] Das ist wohl nicht zu leugnen. Damit können wir uns aber nicht zufriedengeben. Die Situation, wie sie ist, ist sicherlich nicht wünschenswert; man kann sich sicherlich eine bessere vorstellen, und bis zu einem gewissen Grad ist sie auch erreichbar. Wenn es überhaupt sinnvoll ist, von einer idealen Gesellschaft zu sprechen, dann wäre es sicher eine solche, in der es keine Konflikte zwi-

6 Stephen, a.a.O., S. 430.

schen Klugheit und Moral gäbe, in der es nie im Interesse von jemandem wäre, das zu tun, was moralisch nicht richtig ist, und nie dem Interesse von jemand schaden würde, das zu tun, was moralisch richtig ist. Das mindestens wäre die Struktur einer idealen Gesellschaft, was immer sie beinhalten würde. Und obgleich ein solcher Zustand nur ein Ideal ist, ist er nicht unrealistisch. Es ist etwas, dem wir uns im Prozeß des Ausgleichs widerstreitender Wünsche, der Versöhnung sich widersprechender Ziele und im Kompromiß zwischen widerstreitenden Programmen annähern und annähern können, wenn das alles in vernünftiger und aufgeklärter Weise geschieht. Das Ideal gibt uns darüber hinaus den Maßstab an die Hand, soziale Institutionen im Hinblick darauf zu bewerten, in welchem Ausmaß sie dazu beitragen, dieses Ziel zu erreichen.
Aber der Unterschied zwischen Klugheit und Moral wird nicht einfach dadurch definiert, daß es einen Bereich gibt, in dem sie miteinander in Konflikt stehen. Klugheit erstreckt sich auf ein weiteres Feld von Tätigkeiten als Moral, so daß es einen Bereich von Tätigkeiten gibt, in dem sie gar nicht miteinander in Berührung kommen. Ich denke hierbei an die Handlungen, die moralisch indifferent oder erlaubt sind, die wir nach unserem Belieben tun oder auch lassen können; so daß beides, was immer wir auch tun würden, nicht moralisch falsch wäre. Daher sind viele Handlungen vollkommen richtig in dem Sinne, daß es keinen moralischen Grund gibt, sie zu unterlassen; moralische Überlegungen spielen hier gar keine Rolle. Es werden aber Klugheitserwägungen eine Rolle spielen, denn viele solcher Handlungen werden immer noch entweder klug oder unklug sein. Das ist ein weiterer Beweis dafür, daß es nicht immer unmoralisch ist, unklug zu sein.
Man kann jedoch nicht sagen, es sei niemals unmoralisch, unklug zu sein. Es gibt gewisse Umstände, unter denen Klugheit selbst moralisch verbindlich ist. Das ist ganz eindeutig dann der Fall, wenn man es übernommen hat, die Interessen eines anderen zu vertreten oder in seinem Interesse zu handeln, oder wenn man als Repräsentant oder offizieller Vertreter einer Gruppe oder einer Organisation handelt. Im Hinblick auf die Interessen, die man vertritt, ist man moralisch dazu verpflichtet, klug zu sein. So ist z. B. ein Rechtsanwalt, der einen Klienten, oder ein Regierungsbeamter, der die Re-

gierung vertritt, moralisch verpflichtet, in seinen Amtshandlungen oder öffentlichen Handlungen Klugheit walten zu lassen, d. h. in solchen Handlungen, die die Interessen betreffen, deren Wahrnehmung er übernommen hat.
Aber das sind nicht die einzigen Umstände, unter denen Klugheit moralisch verbindlich ist. Man muß nicht unbedingt für andere oder in einer offiziellen oder repräsentativen Eigenschaft handeln, um unter die Regel zu fallen. Gewisse Handlungen, die dazu führen, daß man sich selbst schadet, und folglich unklug sind, können nicht nur möglicherweise dazu führen, auch anderen zu schaden, sondern derart sein, daß sie das aller Wahrscheinlichkeit nach tun. Wenn die Handlung so ist, daß man unter den gegebenen Umständen vernünftigerweise erwarten kann, daß sie anderen schadet, dann ist sie moralisch nicht richtig. Es ist festzuhalten, daß es in bezug auf die besondere Handlung nicht hinreichend ist, wenn sie faktisch jemand anderem schadet. Das kann nur ein Zufall oder ein unglückliches Zusammentreffen sein, für das man nicht eigentlich verantwortlich gemacht werden kann. Man muß vernünftigerweise vorhersehen können, daß aus der Unklugheit für andere Schaden entsteht. Und jemand muß nicht einmal wirklich die Intention haben, anderen zu schaden. In solchen Fällen ist die tatsächliche Intention für die moralische Qualität der Handlung irrelevant. Der Schwachkopf, der mit einer Geschwindigkeit von hundert Kilometer pro Stunde durch ein dicht besiedeltes Wohngebiet fährt, mag vielleicht tatsächlich nicht die Intention haben, irgend jemandem zu schaden, ebensowenig wie er beabsichtigen mag, sich selbst Schaden zuzufügen. Es kann sein, daß er einfach den Geschwindigkeitsrausch liebt oder das Gefühl, andere zu konsternieren, oder daß er sich seiner tatsächlichen Geschwindigkeit oder der Art seiner Umgebung gar nicht bewußt ist. Das ist aber unwichtig. Vorausgesetzt, er ist ein moralisch verantwortlich Handelnder und nicht in Wirklichkeit ein Irrer, so ändert das nichts daran, daß seine Handlung unmoralisch ist. Hier ist die Frage seiner Intention nur für die Beurteilung seines Charakters von Bedeutung und nicht für die moralische Qualität der Handlung. So jemand mag nicht wirklich bösartig sein; nichtsdestoweniger ist seine Handlung unmoralisch. Man ist moralisch dazu verpflichtet, sich am Steuer eines Wagens klug zu verhal-

ten. Also ist schon bloße Nachlässigkeit, Gedankenlosigkeit, Mangel an gebotener Vorsicht oder Sorgfalt, mit einem Wort, Unklugheit, unmoralisch. Wenn man vernünftigerweise vorhersehen kann, daß eine solche Handlung wahrscheinlich dazu führen wird, daß andere Schaden erleiden, ist sie moralisch nicht richtig. Daß man vielleicht tatsächlich nicht vorhergesehen hat, sie werde anderen schaden oder wahrscheinlich schaden, ist keine legitime Entschuldigung. Denn wenn der Schaden vernünftigerweise vorherzusehen war, so daß es unvernünftig gewesen wäre, nicht damit zu rechnen, hätte man ihn vorhersehen sollen (im moralischen Sinn). Die Verteidigung von jemandem müßte lauten, daß die Umstände, unter denen er handelte, derart waren, daß er sie *nicht* vorhersehen konnte oder daß man das vernünftigerweise nicht von ihm hat erwarten können; oder daß er sich des Risikos zwar bewußt, unter den Umständen aber in seiner Handlungsweise gerechtfertigt war. Das bezieht sich nicht auf seine Intention. Meinungsverschiedenheiten über derartige Fragen, die fast unvermeidlich sind, können die allgemeine Regel oder was aufgrund dieser Regel alles für eine solche Beurteilung dieser Probleme spricht, nicht in Frage stellen.

Nun ist das Kriterium, das hier zur Anwendung kommt, aus dem Argument der Verallgemeinerung herzuleiten: Was würde passieren, wenn jeder unter solchen Umständen es versäumen würde, die gebotene Vorsicht walten zu lassen, und jeder nachlässig, gedankenlos oder unklug wäre? Wo die Folgen nicht wünschenswert wären, ist man moralisch dazu verpflichtet, sich klug zu verhalten. Das gibt nur die allgemein anerkannte Auffassung wieder, daß man unter bestimmten Umständen, oder wenn man in einer bestimmten Eigenschaft handelt, die gebotene Vorsicht und Sorgfalt walten lassen sollte. Und es gibt viele mehr oder weniger unbestimmte, aber nichtsdestoweniger anwendbare Regeln oder Standards, die nicht nur bestimmen, wann man die gebotene Vorsicht oder Klugheit walten lassen sollte, sondern auch was unter verschiedenen Umständen gebotene Vorsicht *ist.* Diese Standards, die angeben, was ein vernünftiger Mensch oder ein Mensch von durchschnittlicher Klugheit unter gewissen Umständen tun oder wissen oder erwarten würde, sind nicht bloß Teil unseres Rechts, sondern auch Teil unserer Moral. Sie sind nicht bloß rechtliche, sondern auch moralische Standards. Das wird durch das Argument der Verallgemeinerung erwiesen.

§ 2

Die Diskussion der Klugheit führt natürlich zu der Frage, ob es irgendwelche Pflichten des Menschen gegen sich selbst gibt. Viele haben das gemeint. Eine der geläufigsten Einteilungen der Pflichten basiert auf der Unterscheidung zwischen solchen Pflichten, die man »gegen sich selbst« und solchen, die man »gegen andere« hat. So hat man oft gesagt, man habe sich selbst gegenüber die Pflicht, sein Leben zu erhalten, seine Talente zu entwickeln oder seine Selbstachtung zu wahren. Folglich hat man Selbstmord und Faulheit häufig für moralisch nicht richtig gehalten, weil sie die Pflicht, die man gegen sich selbst hat, verletzen würden. Wenige würden vielleicht so weit gehen wie Kant, der behauptet: »Die Pflichten gegen sich selbst ... haben den obersten Rang und sind die wichtigsten unter allen ... Demnach sind die Pflichten gegen sich selbst die Bedingung, unter der die Pflichten gegen andere können beobachtet werden.«[7] Doch würden viele zustimmen, daß das sowohl eine authentische als auch wichtige Unterscheidung ist, und sie scheint in der traditionellen Moralphilosophie ebenso wie in den gewöhnlichen moralischen Auffassungen einen festen Platz zu haben.

Trotzdem ist es, wie ich nachweisen werde, vollkommen unmöglich, daß es so etwas wie Pflichten des Menschen gegen sich selbst im wörtlichen Sinn gibt, denn wörtlich genommen enthält dieser Gedanke einen Widerspruch. Was man »Pflichten gegen sich selbst« nennt, sind entweder gar keine gemeinen moralischen Pflichten, oder, wenn sie es sind, keine Pflichten *gegen sich selbst.* Das läßt natürlich die Frage offen, welche Bedeutung die verschiedenartigen Ausdrücke haben können, in denen solche »Pflichten« formuliert werden, denn ich behaupte gewiß nicht, derartige Ausdrücke seien im Grunde bedeutungslos oder sollten nie verwendet werden. Ich werde auf diese Frage gleich antworten.

7 Kant, *Vorlesung zur Ethik*, hrsg. Paul Menzer, Berlin 1924, S. 146-7.

Es gibt gewisse Pflichten, die wir ganz eindeutig als Pflichten von Personen ansehen können, in dem Sinn, daß wir von einer Pflicht *gegen jemanden* sprechen können, gewisse Handlungen zu tun oder zu unterlassen. Das gilt insbesondere für Pflichten (oder Verpflichtungen), die aus Verträgen oder Abkommen entstehen, obgleich das nicht auf solche Fälle eingeschränkt ist.[8] Wenn ich dir versprochen habe, etwas zu tun, dann habe ich dir gegenüber die Pflicht, zu tun, was ich dir versprochen habe, und du bist die Person, der gegenüber ich eine Verpflichtung habe. Wenn ich von dir Geld geborgt habe, dann schulde ich es dir und niemand anderem (solange du nicht den geschuldeten Betrag an jemand anderen überschrieben hast), und man kann von mir sagen, daß ich dir gegenüber eine Pflicht habe, nämlich dir das Geld zurückzuzahlen, das ich geborgt habe, und damit habe ich keine Pflicht einem anderen gegenüber. (Das wird natürlich einfacher und treffender mit dem Satz gesagt, daß ich dir eine bestimmte Summe Geld schuldig bin). Wenn ich nun dir gegenüber eine Pflicht habe, dann hast du mir gegenüber oder in Hinsicht auf mich ein Recht. Also, wenn ich dir eine bestimmte Summe Geld schuldig bin, dann hast du ein Recht, von mir das Geld zurückzufordern und zu erhalten. Allgemein gesagt: wenn A gegenüber B eine Pflicht hat, dann hat B gegenüber A oder in Hinsicht auf A ein Recht.[9] Aber daraus folgt, daß eine *Pflicht*

8 Obwohl eine solche Unterscheidung für bestimmte Zwecke sehr nützlich sein mag, unterscheide ich hier nicht zwischen Pflichten und Verpflichtungen, vgl. H. L. A. Hart, *Are there any Natural Rights?*, in: *The Philosophical Review*, Bd. LXIV (April 1955), S. 179 Anm., vgl. auch S. 180-1.

9 Dieser Satz ist keineswegs eine erschöpfende Antwort auf die Frage nach dem Verhältnis von Rechten und Pflichten. Als solcher ist er aber auch nicht gemeint. Das Thema ist komplex, aber ich möchte doch noch erwähnen, daß die Frage, ob und inwiefern Rechte und Pflichten korrelativ sind, nicht nur durch das Versäumnis verdunkelt worden ist, zwischen verschiedenen Bedeutungen von »korrelativ«, sondern auch zwischen verschiedenen Arten von Rechten zu unterscheiden. Es gibt, wie ich meine, mindestens dreierlei: (a) *aktive Rechte*, d. h. Rechte, bestimmte Dinge *zu tun* oder in bestimmter Weise zu handeln; (b) was man *Leistungsrechte* nennen kann, d. h. Rechte, bestimmte Dinge zu *erhalten* oder in bestimmter Weise *behandelt* zu werden; und (c) *Eigentumsrechte*, d. h. Rechte *an* oder *auf* etwas. (Man kann vielleicht sehen, daß die ersten beiden Typen von Rechten dem entsprechen, was ich an früherer Stelle als die beiden Seiten des Prinzips der Verallgemeinerung unterschieden habe.) Diese verschiedenen Arten von Rechten sind in verschiedener Weise aufeinander bezogen, und sie sind auch in verschiedener Weise auf Verpflichtungen bezogen; so daß, was für das eine gilt, nicht unbedingt auch für die anderen gelten muß, vgl. die analoge Unterscheidung von

gegen sich selbst haben hieße ein *Recht gegen sich selbst* haben, und das ist sicherlich Unsinn. Was könnte man unter einem Recht oder einem Anspruch gegen sich selbst verstehen? (Könnte man vor Gericht gegen sich eine Klage auf Wiedererstattung des Geldes einreichen, das man sich selbst schuldet?)

Aber mein Argument beruht nicht allein darauf, daß es unsinnig ist, von einem Recht gegen sich selbst zu reden, und daß das sich notwendig aus der Rede von einer Pflicht gegen sich selbst ergibt. Es ist in Wirklichkeit von fundamentalerer Art. Für eine Verpflichtung ist es wesentlich, daß sich niemand dadurch von ihr befreien kann, daß er sie nicht zu erfüllen wünscht oder sich entschließt, sie nicht zu erfüllen, oder dergleichen. Mit anderen Worten, niemand kann sich von einer Verpflichtung befreien, wie sich niemand von einem Versprechen befreien kann. Gewiß kann man das Versprechen oder die Verpflichtung *brechen*. Man kann es ablehnen, es zu erfüllen. Aber damit befreit man sich nicht selbst davon. Man kann aber von der Person, der gegenüber man die Verpflichtung hat, von einer Verpflichtung *befreit werden*, ebenso wie man von der Person, der man das Versprechen gegeben hat, von dem Versprechen befreit werden kann. Denn man kann sein Recht gegen jemanden aufgeben oder sich entschließen, es nicht wahrzunehmen, und somit jemanden von einer Verpflichtung befreien. Aber dann wäre eine Pflicht gegen sich selbst eine solche, von der man sich nach Belieben befreien kann, und das ist in sich widersprüchlich. Eine »Pflicht«, von der man sich selbst nach Belieben befreien könnte, ist im wörtlichen Sinn gar keine Pflicht.

In dem analogen Fall eines Versprechens sich selbst gegenüber liegt die gleiche Situation vor. Kann man sich selbst *versprechen*, etwas zu tun? Das ist eine übliche Redeweise. Man sagt »Ich habe mir versprochen, zu . . .« (zu beachten ist, daß das Verb in der Vergangenheit steht.) Aber ein Versprechen gegen sich selbst wäre ein Versprechen, von dem man sich nach Belieben befreien könnte, und somit gar kein genuines Versprechen. Es muß sich hier um eine metaphorische Redeweise handeln. Wenn man sagt »Ich habe mir versprochen, zu . . .«, so

Roscoe Pound, *An Introduction to the Philosophy of Law*, New Haven 1922, S. 191-2.

sagt man »Ich bin fest entschlossen, zu ...« Man bringt damit den festen Entschluß zum Ausdruck, die betreffende Handlung zu tun, und in manchen Fällen den Wunsch, nicht mehr davon abgebracht zu werden. Obgleich daher ein »Versprechen gegen sich selbst« in gewisser Beziehung einem Versprechen ähnlich ist, ist es doch kein genuines Versprechen, oder kein Versprechen im wörtlichen Sinn. Denn man kann ein genuines Versprechen geben, ohne entschlossen zu sein oder zu beabsichtigen, das zu tun, was man versprochen hat. In diesem Fall hätte man zwar ein falsches oder lügenhaftes aber immerhin ein Versprechen gegeben. Dazu gibt es bei einem »Versprechen gegen sich selbst« keine Analogie. Sich selbst versprechen, etwas zu tun, *ist* nichts anderes als fest entschlossen sein, es zu tun, und wenn man sich anders besinnen und nicht tun würde, was man beabsichtigte, so hätte man kein Versprechen gebrochen.

Sehen wir uns auch derartige Ausdrücke an wie »Ich bin mir das schuldig ...« oder »Du bist dir das schuldig ...« Kann man im wörtlichen Sinn sich selbst etwas *schuldig*, sich selbst gegenüber in Schuld sein? Auch hier muß es sich um eine metaphorische Redeweise handeln. Wenn man sagt »Ich bin mir das schuldig ...«, so unterstreicht man damit sowohl sein *Recht* als auch seine Entschlossenheit, das zu tun. Jemandem zu sagen, er sei es sich selbst schuldig, sagen wir, Ferien zu machen, ist eine etwas nachdrückliche Art und Weise, ihm zu verstehen zu geben, daß er ein Recht darauf hat, und seine Überzeugung auszudrücken, daß es ausgesprochen unklug von ihm wäre, wenn er das nicht täte. Man sagt damit also nur, er sollte das tun, in dem Sinn, daß es unklug von ihm wäre, es nicht zu tun (»Du brauchst Ferien, du wärst dumm, wenn du keine machen würdest«.), nur sagt man es mit mehr Nachdruck. Ebensowenig kann sich jemand im wörtlichen Sinn drohen oder befehlen oder sich gewaltsam hindern, obwohl eine solche Redeweise gelegentlich einen psychologischen oder sozialen Nutzen haben kann.

Genau dieselben Überlegungen gelten für den Begriff einer Pflicht gegen sich selbst. Wenn man sagt, jemand habe eine Pflicht gegen sich selbst (oder sei es sich schuldig), etwas zu tun, so ist das eine nachdrückliche Weise zu sagen, daß er ein Recht hat, es zu tun – daß dem keine moralischen Einwände entgegenstehen – und es dumm oder unklug von ihm wäre, es nicht zu tun. Man sagt damit eben, er sollte die betreffende Handlung tun, wobei »sollte« nur den Sinn hat von: er sollte das klugerweise tun. Wenn man also annimmt, es gebe tatsächlich so etwas wie eine Pflicht gegen sich selbst im wörtlichen Sinn, so vermengt man das Recht, etwas zu tun, mit der Pflicht es zu tun, und eine unkluge mit einer unmoralischen Handlung.

Wenn meine Argumentation schlüssig ist, dann sind derartige Ausdrücke, wie ich sie gerade erörtert habe, gar nicht wörtlich zu verstehen. Doch in der normalen Rede haben sie eine interessante Funktion. Zu sagen »Ich habe mir selbst versprochen, zu ...« kann oft sowohl eine Methode sein, Einwände anderer gegen die eigene Handlungsweise, von der man sie unterrichtet, abzuwehren und sich selbst darin zu bestärken, diesen Einwänden entgegenzutreten, als auch eine Methode, seine Entschlossenheit zu *bekräftigen.* Wenn wir meinen, wir hätten eine Pflicht, etwas zu tun, kann uns das häufig die mühsame Arbeit ersparen, uns darüber klar zu werden, was wir tun sollen. Jemand anderem zu sagen, er sei sich das selbst schuldig oder etwas sei seine Pflicht gegen sich selbst, kann oft ein sehr effektives Mittel sein, ihn zu überreden, das zu tun. Denn es kann den Gedanken vermitteln, es handele sich hier um einen Fall, in dem Eigeninteresse und Pflicht zusammen eine bestimmte Handlungsweise erfordern. Anscheinend liegt also hier ein Appell an das Eigeninteresse vor, der in die Sprache der Pflicht gekleidet ist.

Das Argument, das ich gegen die Vorstellung, es gäbe Pflichten einer Person in bezug auf sich selbst, vorgebracht habe, beruht im wesentlichen auf den folgenden drei Sätzen: (1) wenn A eine Pflicht gegen B hat, dann hat B ein Recht gegen A, (2) wenn B ein Recht gegen A hat, kann B das Recht aufgeben und A von der Verpflichtung befreien; und (3) niemand kann sich selbst von einer Verpflichtung befreien. Ich muß gestehen, daß ich nicht sehe, wie man diese Sätze vernünftigerweise leugnen kann. Doch könnte ein möglicher Einwand gegen die von mir verfochtene These die folgende Form annehmen: Nicht in jedem Fall kann man von einer Verpflichtung oder Pflicht befreit werden. Das kann nur dort gelten, wo die Pflicht aus einem Vertragsverhältnis oder irgendeiner anderen freiwillig eingegangenen Verpflichtung entsteht. Daher ist es möglich, daß Pflichten einer Person in bezug auf sich selbst nicht Pflichten der Art sind, von denen man befreit werden kann.

Meine Antwort auf diesen Einwand lautet, daß das Verhältnis, das meiner Meinung nach zwischen Rechten und Pflichten besteht, – Satz (1) oben – nur in bezug auf solche Pflichten oder Verpflichtungen gilt, von denen man sagen kann, daß man sie *gegen* jemanden hat. Wenn man folglich vernünftigerweise von sich sagen könnte, man habe eine Pflicht *gegen* sich selbst, dann hätte man ein Recht gegen sich selbst, das man aufgeben und sich damit selbst von der Pflicht befreien könnte, was Satz (3) widerspräche und folglich in sich widersprüchlich wäre. Nun sehe ich keinen guten Grund für die Annahme, jede Pflicht müsse eine Pflicht *gegen* jemanden sein. Gewiß sind viele Pflichten Pflichten gegenüber Personen, Pflichten *gegen* ein identifizierbares Individuum oder eine Gruppe, und dieser Aspekt charakterisiert, wie ich schon gesagt habe, Pflichten, die aus Verträgen oder Versprechen entstehen. Warum sollen dann alle Pflichten dieses Charakteristikum haben? Es ist wichtig, hier nicht die Person, *gegen die* man verpflichtet ist, mit der Person, *in Hinblick auf die* man verpflichtet ist, zu verwechseln – d. h. mit der Person, die von der Erfüllung der Pflicht profitiert – denn diese sind nicht immer ein und dieselben.[10] A kann im Hinblick auf C eine Pflicht haben, ohne eine Pflicht *gegen* C zu haben. So kann A B gegenüber die Pflicht haben, C eine bestimmte Summe Geld zu zahlen, in welchem Falle B und nicht C das entsprechende Recht gegen A hat. Möglicherweise ist diese Verwirrung verantwortlich für die Verwirrung in der Frage von Pflichten einer Person *im Hinblick auf sich selbst.* Möglichweise sind sogenannte »Pflichten gegen sich selbst« eher Pflichten oder angebliche Pflichten *im Hinblick auf* sich selbst – in dem Sinn, daß man

10 Vgl. Hart, a.a.O., S. 181: »Es ist für die ganze Logik des Rechts wesentlich, daß die Person, die von der Erfüllung einer Pflicht profitiert, ermittelt wird, indem man überlegt, was geschähe, wenn die Pflicht nicht erfüllt würde; und daß hingegen die Person, die ein Recht hat (der man die Erfüllung schuldig ist oder schuldet), ermittelt wird, indem man die Transaktion oder die vorausgehende Situation oder das Verhältnis der Parteien untersucht, aus denen die »Pflicht entsteht«. Vgl. zu dieser Unterscheidung auch W. D. Lamont, *The Principles of Moral Judgment,* Oxford 1946, S. 80 f.

selbst primär oder an erster Stelle von ihrer Erfüllung oder Nichterfüllung tangiert wäre – und nicht Pflichten *gegen* sich selbst. Aber damit würde diese Redeweise nicht weniger irreführend, und ich bezweifle, ob diese Unterscheidung wirklich auf diese Weise aufrechterhalten werden kann.

Was soeben gesagt wurde, reicht aus, um einen anderen möglichen Einwand gegen das von mir vorgebrachte Argument zu zerstreuen, der aus den Argumenten abgeleitet werden kann, die man anführt, um eine angebliche Pflicht als Pflicht hinzustellen. Ich habe meine Zweifel, ob es, um die Beispiele herauszugreifen, die gewöhnlich zitiert werden, im allgemeinen und unabhängig von ganz besonderen Umständen eine Pflicht ist, sein Leben zu erhalten und seine Talente zu entwickeln. Aber nehmen wir einmal an, es sei so und es sei moralisch nicht richtig, Selbstmord zu begehen oder seine Talente zu vernachlässigen. Daraus, daß das Pflichten des Menschen in bezug auf sich selbst wären, würde ganz und gar nicht folgen, das seien Pflichten des Menschen gegen sich selbst. Einer, der im Militärdienst steht, kann die Pflicht haben, dafür zu sorgen, daß seine Schuhe glänzen, seine Haare kurz geschnitten sind und er im allgemeinen ein sauberes und gepflegtes Erscheinungsbild abgibt. Aber das sind keine Pflichten, die er gegen sich selbst hat, und sie werden auch nicht als solche hingestellt. Kants Argumente für die Immoralität von Selbstmord und Faulheit (sein erstes und drittes Beispiel für den kategorischen Imperativ) zeigen, auch wenn sie schlüssig wären, doch nicht im geringsten, daß es sich hier um Pflichten des Menschen gegen sich selbst handelt. Daß es Pflichten gegen sich selbst gibt, ist eine Voraussetzung, von der Kant ausgeht, nicht eine Folgerung aus seinem Argument. Die Frage, ob alle Pflichten in dem spezifizierten Sinn relativ sind, ist folglich nicht so außerordentlich wichtig. Wenn man von einer Pflicht nicht sagen kann, sie sei in dieser Weise relativ auf ein in spezifischer Weise identifizierbares Individuum oder eine Gruppe, muß sie darum nicht schon für eine Pflicht des Menschen gegen sich selbst gehalten werden. Man kann sie, wenn man das so will, als eine Pflicht gegenüber der Gesellschaft oder der Menschheit im allgemeinen betrachten. (In diesem Falle würde es sich um etwas handeln, was man eine allgemeine Pflicht nennen könnte, der ein allgemeines oder »dingliches« Recht entspricht und nicht so sehr eine spezielle Pflicht [oder Verpflichtung] mit einem entsprechenden speziellen oder »persönlichen« Recht.) Ein solcher Fall liegt z. B. bei der Pflicht vor, Steuern zu zahlen oder zur Wahl zu gehen. Sollte es also wirklich eine Pflicht sein, sein eigenes Leben zu erhalten, dann kann es als eine Pflicht gegenüber der Menschheit im allgemeinen (wenn nicht der eigenen Familie gegenüber) verstanden werden. Aber das erfordert eine andere Klassifikation von Pflichten als die, die ich eingangs erwähnt habe.

Wenn ich bestreite, daß es Pflichten des Menschen gegen sich selbst gebe, so bestreite ich damit natürlich nicht, daß es so etwas wie Fehler oder Laster des Menschen in Hinblick auf sich selbst gibt. Ebenso wie ich nicht bestreite, daß man sich selbst schaden oder sich verletzen, oder seine eigenen Zwecke vereiteln oder etwas tun kann, was dem eigenen Interesse abträglich ist, wenn ich bestreite, man könne sich im wörtlichen Sinn etwas versprechen, etwas schuldig sein, drohen, befehlen oder sich gewaltsam hindern. Natürlich kann man das. Ein Laster ist eben ein Charakterfehler oder ein nicht wünschenswerter Charakterzug, ein Habitus, den man besser nicht hätte. Man sagt z. B. oft, Rauchen sei ein Laster. Nehmen wir an, es wäre eines. Wenn es eines ist, dann darum, weil es allen zugänglichen Gründen nach sich für den Handelnden wohl als schädlich erweisen wird und somit ein Habitus ist, den er vom Gesichtspunkt seines wohlverstandenen Interesses her besser nicht hätte. Aber daraus folgt nicht, daß es ein *moralisches* Laster ist. Wenn wir sagen, ein Laster sei ein nicht wünschenswerter Charakterzug oder Habitus, müssen wir die Interessen, in bezug auf die es nicht wünschenswert ist, bzw. die Person oder die Gruppe von Personen unterscheiden, *für die* es nicht wünschenswert ist. Wenn es der Person, die das Laster hat, schadet, dann ist es nicht wünschenswert in bezug auf ihre Interessen und ist somit aus dem Gesichtspunkt der Klugheit nicht wünschenswert. Es ist folglich ein Laster dieser Person im Hinblick auf sich selbst oder ein Laster, das gegen die Klugheit verstößt. Wenn es andererseits einem anderen oder der Gesellschaft schadet, dann ist es in bezug auf deren Interessen und somit moralisch nicht wünschenswert. Es ist folglich ein Laster, das gegen die Moral verstößt. Aber nicht alle Laster, und ebenso nicht alle Tugenden, haben moralischen Charakter, und es drängt sich der Verdacht auf, daß jene, die mit moralischen Argumenten gegen solche Dinge wie das Rauchen zu Felde gezogen sind, sich dieser Art von Verwirrung schuldig gemacht haben. Zu dieser Frage hat Mill fast das letzte wenn auch nicht das allerletzte Wort gesagt:

Die Fehler eines Menschen in Bezug auf sich selbst ... sind nicht unmoralisch im eigentlichen Sinn und wie weit sie auch immer gehen mögen, so machen sie doch nicht die Schlechtigkeit eines Menschen aus. Sie mögen ein großes Maß an Torheit oder Mangel an persönlicher Würde und Selbstachtung beweisen; aber sie sind nur dann ein Gegenstand moralischer Mißbilligung, wenn sie die Verletzung einer Pflicht anderen gegenüber implizieren, derentwegen der Betreffende verpflichtet ist, auf sich selbst zu achten.

Die sogenannten Pflichten des Menschen gegen sich selbst sind nur dann sozial verbindlich, wenn Umstände hinzukommen, die sie zugleich zu Pflichten gegen andere werden lassen ...[11]

§ 3

Das bringt uns zu der Frage nach der Motivation, der Frage »Warum sollte ich moralisch sein?« Die Frage scheint einfach und klar zu sein. Aber davon ist sie weit entfernt. Vielmehr ist sie entschieden zweideutig und verworren, und aus diesem Grund schien es immer so schwierig, sie zu beantworten.

Wir können die Frage zunächst einmal in die Form bringen »Warum sollte ich tun, was ich tun sollte?« Moralisch zu sein heißt schließlich, das zu tun, was man tun sollte. In dieser Form ist die Frage einfach widersprüchlich, und auch Allwissenheit würde nicht ausreichen, sie zu beantworten. Diese Frage zu stellen heißt z. B. nicht, daß man fragt »Warum sollte ich tun, was du mir *sagst*, das ich tun sollte?« Wenn nur das gemeint wäre, handelte es sich um die einfache Forderung, die Gründe für ein moralisches Urteil anzugeben, und es würden keine wie auch immer gearteten speziellen Probleme entstehen. Die Frage bedeutet vielmehr »Warum sollte ich tun, was ich *zugegebenermaßen* tun sollte?« und das heißt auf der einen Seite, daß man darüber übereinstimmt, was man tun sollte, und daß man die Gründe akzeptiert, aus denen das folgt, während es auf der anderen Seite bedeutet, daß man einen

11 John Stuart Mill, *On Liberty*, New York 1910, Kap. IV, § 6, S. 135.

weiteren Grund verlangt, das zu akzeptieren und darin übereinzustimmen. Die Frage widerspricht also ihren eigenen Implikationen. Das ist so als ob man sagte: »Ich stimme zu, daß ich das tun sollte, und ich bin überzeugt, daß diese die Gründe sind, warum ich es tun sollte. Nun sag mir weiter, warum sollte ich es tun?« Die Frage ist irrational (wenn nicht gar ein Zeugnis von Dummheit). Alles, was man vielleicht antworten könnte, ist »Weil du es solltest, und das ist alles, was dazu gesagt werden kann.« Das läuft aber wirklich darauf hinaus, daß man sagt, es gebe keinen weiteren Grund dafür, daß man tun sollte, was man tun sollte. Alle Gründe sind schon angegeben worden.

Um es anders zu formulieren: eine solche Frage zu stellen, heißt, einen moralischen Grund dafür zu verlangen, daß man moralische Gründe überhaupt akzeptiert. Das ist natürlich eine unmögliche Forderung. Durch die in der Frage verwendeten Ausdrücke ist alles, was ein moralischer Grund sein könnte, selbst die Instanz, nach der gefragt wird, und daher selbst die Instanz, für die man einen Grund verlangt, um sie zu akzeptieren. Also ist es nicht möglich, die Frage zu beantworten. Jemandem, der nicht schon bereit ist, moralische Erwägungen zu akzeptieren und nach ihnen zu handeln, kann auch kein *moralischer* Grund genannt werden, es zu tun; ein moralischer Grund ist ja gerade die Art von Überlegung, die er nicht zu akzeptieren bereit ist.

Wenn jemand einfach fragt, warum er dies oder das oder jenes tun sollte, ist die Frage völlig verständlich und gehört zu einem Fragetyp, der beantwortet werden kann. Manchmal wird die Antwort zweifellos lauten, daß er es nicht tun sollte; manchmal, daß er es nicht zu tun braucht, da es keinen guten Grund gibt, warum er es tun sollte. Manchmal kann die Frage, so wie sie dasteht, beantwortet werden – man kann Gründe dafür anführen, warum man etwas tun sollte, und der Fragende kann zufriedengestellt werden. Das ist aber nur dann möglich, wenn er bereit ist, etwas als einen moralischen Grund anzuerkennen. Wenn er das nicht ist, wenn es nichts gibt, das er als solchen akzeptieren würde, ist es nicht möglich, ihn zufriedenzustellen. Seine Frage ist dann sinnlos und bestenfalls das Produkt eines Mißverständnisses. (Das setzt allerdings voraus, daß die Frage Ausdruck einer ernsthaften Beschäftigung mit dem Thema ist, und das ist vielleicht zu optimistisch.) Es ist also ein großer Unterschied, ob ich frage, warum ich diese oder jene bestimmte Handlung tun oder dieser oder jener bestimmten Regel folgen sollte, oder ob ich frage, warum ich tun sollte, was ich tun sollte, oder warum ich überhaupt irgend etwas tun sollte.

Schauen wir uns eine ähnliche Frage an. Angenommen, jemand würde fragen »Warum sollte ich vernünftig sein?« oder »Warum sollte ich rational sein?« Es gibt überhaupt keine Möglichkeit, eine solche Frage zu beantworten. Eine solche Frage würde wohl vermutlich nicht in der Absicht gestellt, daß man sie wörtlich nimmt, aber das ist hier irrelevant. Rational zu sein heißt, sein Verhalten und seine Überzeugungen an Gründen oder rationalen Überlegungen zu orientieren; es heißt folglich, daß man bereit ist, Gründe für oder gegen eine Überzeugung oder eine Handlung zu akzeptieren, und das beinhaltet die Bereitschaft, »auf die Vernunft zu hören«. Man kann aber nicht jemandem, der dazu nicht bereit ist, einen Grund dafür angeben, daß er vernünftig sein sollte. Mit jemandem, der völlig unvernünftig ist, kann man nicht argumentieren; und es ist eine schlichte Tautologie, daß jemand, der nicht bereit ist, auf die Vernunft zu hören, nicht bereit ist, auf die Vernunft zu hören. Es kann einem ein Grund genannt werden, dies oder das zu glauben. Es kann auch ein Grund dafür angeführt werden, vernünftiger zu sein, als er es ist. Es kann einem aber kein Grund angegeben werden, daß man überhaupt irgend etwas glauben soll oder irgend etwas als Grund akzeptieren soll. Eine solche Person wäre irrational, und das ist alles, was man dazu sagen kann.

Es ist gut möglich, daß es (außerhalb von Institutionen) überhaupt niemanden gibt, der rationalen Überlegungen ganz und gar unzugänglich wäre. Sicherlich ist es eine Seltenheit, daß eine solche Frage in der allgemeinen und umfassenden Form gestellt wird, wie ich sie formuliert habe. Aber ob es so ist oder nicht, spielt keine Rolle. Wenn es jemanden gibt, der überhaupt nicht bereit ist, irgendwelche Gründe zu welchem Thema auch immer zu akzeptieren, dann besteht keine Möglichkeit, ihm einen Grund anzugeben, keine Möglichkeit, mit ihm zu argumentieren, und keine Möglichkeit, ihn von irgend etwas zu überzeugen. Natürlich *sollte* er rational sein, ebenso wie er moralisch sein sollte, aber er glaubt das nicht, und es gibt keinen möglichen Weg, ihn dazu zu bringen, es zu glauben. Ein Grund kann einen nicht zwingen, vernünftig zu sein. Ein Grund ist ein Appell an die Vernunft. Der Gebrauch von Zwang ist etwas anderes. Man kann also weiterhin irrational oder unmoralisch sein, ganz gleich, wie viele Gründe dagegen sprechen.

Es würde sich kaum lohnen, darüber zu reden, wenn das nicht so oft übersehen worden wäre. Ich bin überzeugt davon, daß der moralische Skeptizismus gerade in dieser Verwirrung seinen Grund hat. Man hat oft angenommen, die Tatsache, daß Leute über moralische Fragen nicht übereinstimmen oder manchen Leuten moralische Überlegungen gleichgültig sind, sei ausreichend für den Zweifel an der Objektivität oder an dem rationalen Charakter der Moral, und diese Tatsache zeige, daß moralische Urteile subjektiv sein müßten. Man hört zum Beispiel oft, daß zwei Leute in bezug auf alle Fakten eines Falles übereinstimmen, aber dennoch in bezug auf ihr moralisches Urteil über diesen Fall (oder ihre »Haltung« dazu) nicht übereinstimmen, und es wird angenommen, daraus folge, daß moralische Urteile subjektiv (oder emotional oder Emotionen hervorrufend usw.) sein müßten. Das ist einfach absurd. Daß das bei zwei Leuten *wirklich* der Fall sein kann, daß solche Nicht-Übereinstimmungen auftreten können, beweist überhaupt nichts. Gezeigt werden müßte, daß keine der an dem Disput beteiligten Parteien irrational oder unvernünftig ist, wenn sie nicht übereinstimmen, und das folgt nicht allein aus dem Faktum, daß sie nicht übereinstimmen. Ebenso wie manche Leute unmoralisch sind, sind manche irrational. Man könnte sich nicht der Hoffnung hingeben, einen Caligula davon zu überzeugen, daß er moralisch sein sollte oder daß er dies eher als das hätte tun sollen, nicht, weil es hier keine guten Gründe gäbe, sondern weil ein Caligula unmoralisch ist. An den Tatsachen eines Falles ist sicher nichts, das die Leute *zwingen* könnte, in ihrem moralischen Urteil darüber übereinzustimmen; ebensowenig gibt es in den Fakten der gegenwärtigen internationalen Lage etwas, das die Leute zwingen könnte, darin übereinzustimmen, was dabei herauskommen oder demnächst passieren wird. (Sind deshalb alle Voraussagen subjektiv oder emotional oder Ausdruck von Haltungen?)

Das Fehlen universaler oder auch nur weitverbreiteter Übereinstimmung widerlegt deshalb ein moralisches Urteil oder eine moralische Doktrin nicht und ist sicher kein Kriterium für die Subjektivität oder den nicht-rationalen Charakter moralischer Urteile im allgemeinen.

Wenn wir davon ausgehen, daß manche Leute unmoralisch und manche Leute irrational sind und daß niemand von uns immer moralisch handelt oder vernünftige Überzeugungen hat, sollten wir nicht überrascht sein, wenn wir Nicht-Übereinstimmung in moralischen Fragen feststellen. Wir können Nicht-Übereinstimmung in bezug auf alle Arten von Fragen finden. Es scheint die komische Ansicht zu kursieren, daß es möglich sei, in Fragen der Logik oder in Fragen empirischer Fakten – »der Art von Dingen, die wissenschaftlich behandelt werden können« – eine universale Übereinstimmung zu erreichen; daß diese Angelegenheiten daher objektiv seien. In Fragen der Ethik, der Moral und der »Werte« sei es dagegen nicht möglich, zu einer universalen Übereinstimmung zu kommen; diese Angelegenheiten seien daher nicht objektiv und nicht rational entscheidbar. Dieser Standpunkt kann nur das Ergebnis einer unschuldigen Weltsicht sein. Er ist nämlich selbst weder ein empirisches Faktum noch durch empirische Mittel gestützt, sondern ein philosophisches Dogma. (»Woher weißt du, daß es möglich wäre, in diesen Fragen eine universale Übereinstimmung zu erreichen? Sicherlich besteht eine solche Übereinstimmung nicht? Weil dieser Satz wahr und jener falsch ist und du beweisen kannst, daß dieser wahr und jener falsch ist? Aber sicher stimmt nicht jeder zu, daß diese Behauptung wahr und jene falsch ist.

Jeder *sollte* zustimmen, weil es bewiesen werden kann? Läßt nicht die Tatsache, daß nicht jeder zustimmt, daß nicht jeder deinen Beweis akzeptiert, Zweifel an deiner Behauptung angebracht erscheinen? Berührt das nicht die Gültigkeit deines Beweises? Wenn das für die Moral gilt, warum dann nicht für die Wissenschaft? Und, in der Tat, warum nicht für die Logik?«) Es gibt tatsächlich keinen guten Grund anzunehmen, daß man in allen Fragen oder auch nur in allen Arten von Fragen universale Übereinstimmung erzielen könnte, auch wenn man davon ausgeht, was keineswegs sicher ist, daß es erstrebenswert sei, eine solche Übereinstimmung zu erzielen.

Wir müssen nur zwischen einer vernünftigen und einer unvernünftigen Nicht-Übereinstimmung unterscheiden, und deswegen müssen wir hinter die Tatsache, daß Nicht-Übereinstimmung besteht, zurückgehen. Nun ist Nicht-Übereinstimmung oder die Weigerung, zu einem bestimmten Schluß zu kommen, in dem Maße vernünftig, in dem man seine Ansicht durch Gründe stützen kann. Sonst ist sie nicht einmal relevant. Man sollte nicht vergessen, daß moralische Fragen nicht die einzigen sind, bei denen Nicht-Übereinstimmung auftaucht, und daß moralische Dispute nicht die einzigen sind, bei denen es zu erhitzten und beleidigenden Wortwechseln kommt oder sogar zu Tätlichkeiten. Es ist auch nicht charakteristisch für moralische Dispute, daß sie zu beleidigenden Worten führen. Die Frage »Warum sollte ich moralisch sein?« ist daher ebenso wie die Frage »Was geht mich das an?« keine Verteidigung für den moralischen Skeptizismus. Sie ist nicht einmal eine Entschuldigung dafür.

Aber kehren wir zu der Frage der Motivation zurück. Bisher habe ich die Frage »Warum sollte ich moralisch sein?« so interpretiert, daß sie bedeutet »Warum sollte ich das tun, was ich (zugegebenermaßen) tun sollte?«, und ich habe gezeigt, daß sie bei dieser Interpretation keinen Sinn hat, weil sie widersprüchlich ist. Das ist jedoch nicht die einzige Bedeutung, die die Frage haben kann, noch ist es ihre fairste oder plausibelste Interpretation.

Eine andere Interpretation ist die folgende: Man könnte »moralisch sein« damit identifizieren, daß man den Standards oder dem Kodex einer bestimmten Gruppe entspricht, oder damit, daß man einer bestimmten Regel folgt. Das wäre sicherlich ein eingeschränkter Gebrauch von »moralisch sein«, aber dieser Gebrauch ist nicht unmöglich und kommt tatsächlich ziemlich häufig vor. In diesem Sinn ist die Frage »Warum sollte ich moralisch sein?« identisch mit der Frage »Warum sollte ich tun, was in dieser oder jener Gruppe ›moralisch‹ *genannt wird?*« und in diesem Sinn kann sie sicher beantwortet werden. Da sie jetzt nicht den allumfassenden Charakter der vorigen Interpretation hat, ist es ganz und gar keine sinnlose Frage. Sie verlangt einfach die Rechtfertigung der Standards oder Kodizes oder Regeln, die zur Debatte stehen, und dafür können auf die eine oder andere Weise moralische

Gründe angeführt werden. Sie ist also äquivalent der Frage »Warum sollte ich das tun, was mir *gesagt wird*, daß ich es tun sollte?« und als solche wirft sie keine speziellen Probleme auf, die nicht schon behandelt worden wären. Wiederum wird manchmal dabei herauskommen, daß man nicht tun sollte, was gesagt worden ist, man sollte es tun, manchmal, daß man es nicht zu tun braucht, und in diesen Fällen zeigt sich, daß die allgemeine Ansicht, der Standard oder Kodex, der zur Debatte steht, nicht zu rechtfertigen ist.

Weiter kann die Frage »Warum sollte ich moralisch sein?« einfach bedeuten »Was kommt für mich dabei heraus?« Da das Wort »sollte« im Hinblick darauf zweideutig ist, ob es im Sinn der Moral oder im Sinn der Klugheit zu verstehen ist, ist die Frage »Warum sollte ich tun, was ich tun sollte?« nicht notwendig widersprüchlich. Sie könnte bedeuten »Warum sollte ich (im Sinn der Klugheit) tun, was ich (im Sinn der Moral) tun sollte?« und das ist mindestens verständlich und kann wohl auch das sein, was meistens mit der Frage gemeint wird. Aber auch jetzt ist die Frage nicht ganz und gar unzweideutig und kann nicht zufriedenstellend beantwortet werden. Wenn man einfach meint, warum er im *allgemeinen* vom Standpunkt der Klugheit tun sollte, was er moralisch tun sollte, kann man ihm antworten, indem man ihn auf die im allgemeinen bestehende Übereinstimmung von Klugheit und Moral verweist. »Im ganzen gesehen ist Anständigkeit die beste Politik, der man folgen kann.« Wenn man jedoch fragen will, warum man *in diesem speziellen Fall* vom Standpunkt des eigenen Interesses das tun sollte, was man moralisch tun sollte, kann es sein, daß man ihm nicht antworten kann, weil es keine *notwendige* Übereinstimmung zwischen Klugheit und Moral gibt. Anständigkeit ist nicht immer die beste Politik; manchmal profitieren Leute selbst auf lange Sicht davon, daß sie sich unehrenhaft verhalten. Alles, was man ihm dazu sagen kann, ist vielleicht, daß das eigene Interesse nicht alles bedeutet, daß es keinen Grund gibt, warum für ihn etwas dabei herauskommen sollte, und daß es keinen Grund gibt, warum er das erwarten sollte, und daß er einfach unmoralisch ist, wenn er nicht tut, was er tun sollte. Sicherlich würde er nicht wollen, daß jeder diese Haltung einnimmt. »Warum sollte für dich etwas dabei herauskommen und was für einen Unterschied macht es, ob es das tut oder nicht. Wie würdest du es finden, wenn jeder diese Einstellung hätte und nur das täte, was er tun sollte, wenn er meinte, daß es zu seinem Vorteil sei?« Das kann wirken oder auch nicht. Wenn es wirkt, dann deshalb, weil er dazu gebracht worden ist, eine von seiner ursprünglichen Frage verschiedene zu stellen. Wenn es nicht wirkt, hat es keinen Zweck, auf Dialektik zu rekurrieren, wenn auch vielleicht auf Psychologie oder Rhetorik.

Die Ambiguität von »sollte« führt, nebenbei gesagt, noch zu einer anderen möglichen Interpretation der Frage »Warum sollte ich tun, was ich tun sollte?« Sie könnte bedeuten »Warum sollte ich klug sein?« Ich halte es für offenkundig, daß diese Frage sinnlos ist. Es kommt oft vor, daß es Leuten gleichgültig ist – oder daß sie es mindestens sagen – was ihnen passiert oder was, im ganzen gesehen, zu ihrem Besten sein wird. Wenn jemand eine solche Einstellung hat, stoßen Appelle an die Klugheit auf taube Ohren. Solche Leute sind irrational, mindestens für den Augenblick. Die Existenz oder die Rationalität von Klugheit hängt von solchen menschlichen Verirrungen nicht ab. Daß Leute nicht automatisch und invariabel ihr eigenes Wohl im Auge haben oder danach handeln, ist genau der Grund, warum sie es tun sollten, und der Grund dafür, es zu sagen.

Die Maxime, daß »Anständigkeit die beste Politik« sei (und ihre verwandte Maxime »Verbrechen zahlen sich nicht aus«), die mehrfach erwähnt worden ist, verdient jetzt einige Aufmerksamkeit. Im ganzen und im allgemeinen ist Anständigkeit die beste Strategie; und das ist ein Grund, sogar ein guter Grund, sich anständig zu verhalten. Manchmal ist es auch der einzig zugängliche Grund. Dennoch sollte man wissen, daß es kein *moralischer* Grund ist. Anständigkeit *als eine* Politik zu empfehlen, bedeutet nicht, sie moralisch oder aus Gründen der Moral zu empfehlen. Es bedeutet vielmehr, das sollte offenkundig sein, sie aus Gründen der Klugheit zu empfehlen. Moral ist keine Frage einer Politik, und moralisch zu sein, bedeutet nicht, sich eine Politik zu eigen zu machen. Ich meine nicht, daß es unmoralisch sein müsse, eine Politik zu verfolgen, vielleicht sogar die Politik, immer der Moral gemäß zu handeln. Es ist möglich, daß jemand immer moralischen Regeln und Prinzipien gemäß handelt, so daß er faktisch niemals etwas tut, das nicht richtig ist, soweit er das feststellen kann, einfach weil er das für die beste Politik, für den klügsten Weg hält. Dennoch wäre eine solche Person nicht im vollen Sinn des Wortes moralisch. Wenn nämlich jemals eine Gelegenheit käme, in der er es für vorteilhaft als auch für sicher hält, etwas zu tun, das nicht richtig ist, wird er es mit ziemlicher Sicherheit tun. Das ist nicht nur akademisch. Es weist darauf hin, daß es wichtig ist, moralische Motive einzubeziehen.

Das ist ein Grund mehr, den Unterschied zwischen diesen beiden Arten von Gründen, moralischen Gründen und Klugheitsgründen, klar zu sehen. Wenn dein Kind zum Beispiel wissen möchte, warum es die Blumen des Nachbarn nicht pflücken sollte, gibt es zwei wesentlich verschiedene Möglichkeiten, die Frage zu beantworten. Man könnte einerseits sagen »Weil das Stehlen wäre und Stehlen nicht richtig ist« oder »Weil der Nachbar nicht möchte, daß du das tust.« oder »Wie würdest du es finden, wenn jemand anders deine Blumen pflückte« – oder, was auf dasselbe hinausläuft und in dem Kontext sogar passender ist – »Wie würdest du es finden, wenn jemand dein Spielzeug kaputtmachen würde?«. Andererseits könnte man sagen »Weil ich dich schlagen werde, wenn du es tust«, »Weil du bestraft werden wirst, wenn du es tust« oder »Weil der Nachbar auf dich ärgerlich sein wird«. Diese letzteren sind keine moralischen Gründe, sondern Gründe der Klugheit. Natürlich kann man im voraus nicht sagen, welche Gründe die wirkungsvollsten sein werden, und es kann sein, daß sich für den unmittelbaren Zweck eine Kombination aus beiden als am wirkungsvollsten erweist. Wenn man jedoch nur Klugheitsgründe anführt, wo man moralische Gründe angeben kann, ist das selbst unmoralisch, denn es ist wesentlich korrumpierend. Das heißt letztlich, daß man nicht wirklich *Gründe* angibt, sondern nur Motive. Dasselbe gilt im wesentlichen für den Fall, daß das Kind fragt, warum es andere Kinder nicht schlagen sollte. Wenn man ihm sagt, daß die anderen Kinder zurückschlagen werden oder daß es dafür bestraft werden wird, dann nennt man ihm ein Motiv; wenn man ihm sagt, daß es nicht richtig sei und daß es deshalb nicht richtig sei, weil es selbst nicht mögen würde, von anderen Kindern geschlagen zu werden, und daß die anderen Kinder es ebenso nicht mögen, geschlagen zu werden, dann gibt man ihm einen

Grund an. Nur Motive zu nennen, wenn man Gründe anführen kann, ist selbst moralisch nicht richtig. Das würde zu der Entwicklung des Charakters des Kindes nicht nur nichts beitragen, sondern eher dazu geeignet sein, ihn zu verderben. Wenn also nach einem Motiv gefragt wird, wenn man fragt, warum man moralisch sein sollte, ist das etwas, das häufig gegeben werden kann. Und wenn das verlangt ist, wenn man die Rechtfertigung moralischer Prinzipien verlangt, dann kann eine solche Rechtfertigung häufig gegeben werden. Nur wäre das keine moralische Rechtfertigung, und ein solcher Grund wäre kein moralischer Grund.

Kommen wir zu einem letzten Punkt. Es sollte sich deutlich gezeigt haben, daß die Frage »Warum sollte ich moralisch sein?« im Hinblick auf das, was gefragt wird, unklar ist. Durch eine Analyse kann man die verschiedenen möglichen Bedeutungen unterscheiden. Es besteht jedoch kein Grund anzunehmen, daß jemand, der tatsächlich fragt, sich über die Ambiguität der Frage im klaren ist. Also wird die Frage auch weiterhin gestellt werden. Darüber hinaus geht es nicht um die Frage, den Fragenden zu der *Einsicht* zu bringen, daß er tun sollte, was er tun sollte – daß er moralisch sein sollte. Die Schwierigkeit ist vielmehr, ihn dazu zu bringen, zu *tun*, was er tun sollte, ganz gleich ob er verbal zustimmt oder nicht. Wenn er es nicht einsieht, ist er irrational. Aber wenn er es nicht tut, ist er unmoralisch. Die Überzeugung, daß man etwas tun sollte, wirkt normalerweise selbst als Motiv, es zu tun, obwohl es vielleicht in manchen Fällen nicht *überwiegt*. Zu fragen »Warum sollte ich moralisch sein?« bedeutet wirklich, daß man nach einem *weiteren* Motiv fragt, und es kann möglich sein oder auch nicht, ein weiteres anzugeben. Die Frage zu stellen, ist jedoch bereits ein Symptom dafür, daß jemand unmoralisch ist, weil sie impliziert, daß er nicht bereit ist, zu tun, was er tun sollte, wenn nicht noch mehr für ihn dabei herauskommt. Und jemand, der fragt, ob er dies oder das tun sollte oder warum er dies oder etwas anderes tun sollte, von dem behauptet wird, er sollte es tun, impliziert, indem er fragt, daß er bereit ist zu tun, was er tun sollte, soweit er es erkennen kann. Er fragt nicht, warum er moralisch sein sollte, sondern sieht es als sicher an, daß er es sollte, und das ist die Voraussetzung dafür, ein moralisches Problem zu haben. Wenn er fortfahren würde zu fragen, warum er moralisch sein sollte, zeigt das, daß seine erste Frage unernst war. Also hätte die Frage, mit der wir uns beschäftigt haben, wenig Relevanz im Zusammenhang mit einem moralischen Problem.

Für tugendhafte Leute ist daher die Tugend selbst der Lohn – was bedeutet, daß sie keiner Belohnung bedarf. Für andere ist sie das nicht, und dann sind Zuckerbrot und Peitsche, Belohnungen und Strafen erforderlich. Wenn man jedoch annimmt, daß niemand je etwas nur deshalb tut, weil er glaubt, daß es moralisch nicht richtig wäre, wenn er es nicht täte, lebt man in einer Traumwelt. Das wäre vielleicht keine idealistische Welt, eine realistische ist es aber auch nicht.

§ 4

Als ich moralische Regeln und Prinzipien diskutiert habe (Kap. V), habe ich argumentiert, daß man moralische Prinzipien von moralischen Regeln so unterscheiden müsse, daß die ersteren unter allen Umständen gelten und keine Ausnahmen zulassen; daß Prinzipien immer relevant sind, Regeln hingegen nicht; daß Prinzipien invariant sind und sich unter veränderten Umständen oder Bedingungen nicht ändern; und daß es bei Prinzipien unmöglich ist, daß sie in Widerspruch zueinander stehen. Ich habe weiter zu zeigen versucht, wie moralische Prinzipien – und besonders das Prinzip der Verallgemeinerung und das Argument der Verallgemeinerung – in der Begründung moralischer Regeln enthalten sind und besonders, wie sie verschiedene Regeln unter verschiedenen Umständen begründen können. In diesem Zusammenhang habe ich zwischen fundamentalen Regeln, lokalen Regeln und neutralen Normen unterschieden. Lokale Regeln, das war meine These, hängen in einer Weise von regionalen Bedingungen ab, wie es für fundamentale Regeln nicht zutrifft; sie sind folglich für bestimmte Gruppen und Gemeinschaften spezifisch und ändern sich mit ihnen – d. h. mit verschiedenen Umständen. Neutrale Normen sind lokale Regeln, die in einer Weise konventionell sind, wie es für andere Regeln nicht gilt, aber sowohl neutrale Normen als auch lokale Regeln hängen von sozialen Bedürfnissen und Zwecken ab, die dadurch erreicht werden, daß man sie im allgemeinen beachtet, und die durch ihre allgemeine Verletzung gehindert oder unmöglich gemacht würden. Also würden Veränderungen dieser Bedürfnisse, Zwecke oder Bedingungen auch Veränderungen dieser Regeln erfordern, obgleich das nicht immer eintritt.

Ich erwähne das alles jetzt, um die Relevanz dieser Unterscheidung für das Problem herauszustellen, das sich durch die Verschiedenheit moralischer Kodizes und Standards ergibt, und ihre Relevanz für die Verwirrung, die daraus entstanden ist. Ich habe hierbei die Theorie des ethischen Relativismus im Sinn, die häufig als Index moralischen oder wissenschaftlichen Scharfsinns angesehen wird und die vielleicht die populärste Form des moralischen Skeptizismus ist.

Wir wollen zwischen moralischer (oder kultureller) Verschiedenheit und ethischem (oder moralischem) Relativismus unterscheiden. Das sind zwei verschiedene Sachen, und wenn man sie identifizierte, wäre Verwirrung das einzige Resultat. Daß sich ihre Namen so häufig geändert haben, kann ein Faktor sein, der zu dieser Verwirrung beigetragen hat. Unter kultureller Verschiedenheit (oder Relativität) verstehe ich die empirisch gesicherte Tatsache, daß es sehr viele verschiedene und sogar sich widersprechende Regeln gibt, die jeweils zu verschiedenen Zeiten und an verschiedenen Orten vorwiegen, so daß (mindestens scheint es so zu sein) dieselbe Handlung an einem Ort als richtig und an einem anderen als nicht richtig betrachtet werden kann. Unter ethischem Relativismus verstehe ich die Theorie, daß alle moralischen Vorstellungen notwendig »relativ« sind im Hinblick auf eine bestimmte Gesellschaft und in dem Sinn, daß sie den »Standpunkt« einer bestimmten Gesellschaft widerspiegeln und nur für diese Gesellschaft »gültig sind«; im Fall eines Konflikts zwischen diesen verschiedenen Standards gäbe es also keinen unparteiischen oder objektiven Weg, zwischen ihnen zu entscheiden; jeder Grund, den man anführen würde, würde nur wieder seinerseits den Standpunkt der Gruppe, zu der man gehört, widerspiegeln. Von dieser Theorie her sind alle moralischen Urteile unvollständig, wenn sie nicht den »Standpunkt« spezifizieren, von dem aus sie gefällt werden, und es ist eine weitere Folge der Theorie, daß moralische Urteile Ausdrücke von Einstellungen oder charakteristischen Verzerrungen einer bestimmten Gruppe sind. Aus dieser Sicht gibt es, mit anderen Worten, nichts, von dem man korrekt sagen könnte, es sei richtig oder nicht richtig; das ist nur eine Frage, was man »richtig« oder »nicht richtig« *nennt* und von welcher Gruppe es so genannt wird.

Daß es verschiedenartige Vorstellungen von Moral und moralischen Codes gibt, ist ein unbestrittenes Faktum. Der ethische Relativismus ist jedoch nicht ein Faktum, sondern eine Theorie, die Gründe für dieses Faktum zu geben sucht. Das Faktum einer Vielfalt moralischer Anschauungen ist natürlich eine Hauptquelle dieser Theorie, da sie die Data liefert, die diese Theorie zu erklären suchen. Aber für sich genommen reicht es nicht aus, zu einer solchen Theorie Anlaß zu geben oder sie zu begründen. Zu diesem Zweck sind andere Voraussetzungen erforderlich, und diese können selbst nicht begründet werden.

Diese Theorie entsteht in erster Linie aus dem Versäumnis, moralische Regeln und besondere moralische Urteile von moralischen Prinzipien zu unterscheiden. Es liegt das Versäumnis zugrunde, die invarianten moralischen Prinzipien von den variablen Bedingungen zu unterscheiden, die, in Übereinstimmung mit diesen Prinzipien, eine Vielfalt verschiedener Regeln und Verhaltensformen erfordern oder erlauben. Obgleich Verhaltensformen und Regeln »relativ« sein mögen, folgt daraus nicht, daß Prinzipien relativ sind. Aber das unterstellt diese Theorie. Es sollte wirklich offenkundig sein, daß moralische Prinzipien, und ich denke hier insbesondere an das Prinzip und das Argument der Verallgemeinerung, keine Einheitlichkeit der Verhaltensformen unter verschiedenen Umständen verlangen. Was in einem Zusammenhang oder in einer in bestimmter Weise strukturierten Situation richtig ist, kann in einem anderen Zusammenhang nicht richtig sein, und Unterschiede in den sozialen oder geographischen Bedingungen oder in sozialen oder kulturellen Bedürfnissen können als relevante Unterschiede der Handlungsumstände gelten. Was in Pommern richtig ist, braucht also nicht in Polynesien oder bei den Dobuanern oder in Rom richtig sein. Rätselhaft ist mir, daß man das von jeher angenommen haben soll. Denn dieser Gedanke, daß moralische Prinzipien mit einer breiten Vielfalt von Regeln und Verhaltensformen zusammen bestehen können und sie nicht ausschließen, ist schon früher, und zwar von einer Vielfalt von »Standpunkten« her immer wieder geltend gemacht worden. In dieser Weise wurde er z. B. im Jahre 1758 noch lange vor den Entdeckungen der modernen Anthropologie ausgesprochen:

Auch wenn alle Menschen in allen Fällen richtig beurteilen würden, was Tugend und richtiges Verhalten ist, so würde doch zu verschiedenen Zeiten und in verschiedenen Ländern eine ganz beträchtliche Vielfalt in ihren moralischen Verhaltensformen vorherrschen. Der Grund dafür ist offenkundig: zu verschiedenen Zeiten und unter verschiedenen Umständen stehen dieselben Verhaltensformen oft in anderen Zusammenhängen und sind mit anderen Tendenzen und Wirkungen verbunden. Die Situation des menschlichen Lebens ändert sich ständig und ist in demselben Zeitraum in verschiedenen Nationen sehr verschieden ... Neue Verpflichtungen müssen entstehen und die Eigentümlichkeiten des Verhaltens sich verändern, da neue Zusammenhänge sich ergeben und neue Bräuche, Gesetze und politische Konstitutionen eingeführt werden. Viele Verhaltensformen, die unter einer Regierungsform oder bei der Einrichtung einer Gemeinschaft, oder bei Menschen einer bestimmten Wesensart, bei denen besondere Vorschriften und Meinungen vorherrschen, sehr berechtigt und angemessen sind, können unter anderen Umständen oder bei Menschen mit anderen Charaktereigenschaften und mit anderen Bräuchen ganz falsch sein.[12]

Dieser Punkt sollte in Hinsicht auf lokale Regeln ganz klar sein, da ich bereits hervorgehoben habe, daß solche Regeln je nach den Bedingungen und Bedürfnissen, die zu verschiedenen Zeiten und an verschiedenen Orten verschieden sind, variieren und von ihnen abhängen und daß diese Eigentümlichkeit derartige Regeln charakterisiert. In Hinsicht auf fundamentale Regeln mag das jedoch nicht so offenkundig sein. Denn es gibt allem Anschein nach Gesellschaften, in denen derartige Regeln wie die, man solle nicht lügen, gar nicht anerkannt werden und in denen man Lügen nicht für nicht richtig hält; oder in denen zumindest der Geltungsbereich der Regel drastisch eingeschränkt ist, so daß sie für relativ wenig Leute gilt. Aber die

12 Richard Price, *A Review of the Principal Questions in Morals*, hrsg. D. Daiches Raphael, Oxford 1948, Kap. VII, S. 175, vgl. S. 176: »Wenn man die Verschiedenheit menschlicher Einstellungen zu einzelnen Verhaltensformen betrachtet, wird es ratsam sein, u. a. nicht die Verschiedenheit der realen äußeren Umstände außer acht zu lassen, die von der Verschiedenheit von Zeit und Ort herrühren, und nicht zu übersehen, inwiefern sie das Verhältnis solcher Verhaltensformen zu den allgemeinen Prinzipien der Moral verändern.« Vgl. zu demselben Punkt auch Sir W. David Ross, *Foundations of Ethics*, Oxford 1939, S. 18-19. Frank Chapman Sharp, *Ethics*, New York 1928, Kap. XI; Morris R. Cohen, *Reason and Nature*, New York 1931, S. 349, 411-2; und Morris Ginsberg, *Reason and Unreason in Society*, London 1947, S. 305-7.

Tatsache, daß es in manchen Gesellschaften keineswegs nicht richtig ist zu lügen, oder daß man es keineswegs für nicht richtig hält, ist mit der Regel, wonach Lügen im allgemeinen nicht richtig ist, nicht unverträglich. Denn die Regel sagt nicht, daß es immer nicht richtig sei zu lügen; und unter bestimmten Bedingungen, die in bestimmten Gesellschaften vorherrschen können, mag *keine* Präsumption zugunsten der Regel bestehen. Wo es eine anerkannte und klar definierte Klasse von Ausnahmen von der Regel gibt, ist es möglich, eine subsidiäre Regel zu formulieren, welche die Bedingungen festlegt, unter denen die fundamentale Regel nicht gilt, in der also die Präsumption nicht besteht. Sollten die Umstände, unter denen die subsidiäre Regel maßgebend ist, allgemein werden, so daß sie nicht mehr die Ausnahme sind, dann kann die subsidiäre Regel die Priorität gewinnen. So kann es ganze Gesellschaften oder Zeiträume geben, in denen die subsidiäre Regel eher als die fundamentale Regel für das Verhalten von Menschen maßgebend ist. Eine so strukturierte Situation wäre, wie wir gesehen haben, der »Naturzustand«, den Hobbes so lebendig beschrieben hat. Wo gegenseitiges Mißtrauen und Feindseligkeiten in einer Weise vorherrschen, daß die Wahrheit zu sagen im allgemeinen darauf hinausläuft, sich in eine ausgesprochen unvorteilhafte Position zu begeben, da besteht im allgemeinen auch keine Verpflichtung, die Wahrheit zu sagen.[13] Unter solchen Umständen ist Lügen ein Mittel, um zu überleben (oder man sieht es als solches an), ein Instrument der Selbstverteidigung, und unter solchen Umständen wären die Folgen der allgemeinen Verletzung der Regel nicht das, was

13 Vgl. A. Macbeath, *Experiments in Living*, London 1952, S. 372-3. Wenn jemand, wie z. B. der Bantu, glaubt, der eine oder andere von seinen Nachbarn sei möglicherweise und einige von ihnen seien wirklich mit übernatürlichen Kräften begabt, die sie zu seinem eigenen und anderer Nachbarn Schaden brauchen könnten; und wenn er weiter glaubt, er gebe ihnen dadurch, daß er ihnen Informationen liefert, Mittel an die Hand, jene Kräfte zu gebrauchen, so haben wir einen Zustand vor uns, in dem wahrscheinlich nicht wechselseitiges Vertrauen, sondern wechselseitige Verdächtigungen und Furcht gedeihen. Unter solchen Umständen hält man es wohl nicht für eine Tugend, die Wahrheit zu sagen, außer in Situationen wie z. B. der vor Gericht, wo man anderen wahrscheinlich Gutes tut, wenn man die Wahrheit sagt, und ihnen schadet, wenn man lügt.« Es sollte berücksichtigt werden, daß es bei diesen Fragen wesentlich ist, zwischen Erklärung und Rechtfertigung zu unterscheiden. In allen Fällen, in denen eine bestimmte Verhaltensform durch eine bestimmte Art von Überzeugung erklärt werden kann, stellt sich immer noch die Frage, ob die Überzeugung selbst gerechtfertigt ist.

sie normalerweise wären. In der Tat erwartet man unter solchen Umständen im allgemeinen nicht, daß die Wahrheit gesagt wird. Zweifellos ist eine derartige Situation nicht wünschenswert, aber das ist wieder etwas anderes; und natürlich könnten die Menschen, die unter diesen Umständen leben, nicht die ganze Zeit über lügen oder einen jeden belügen. Nun gibt es auch heute bestimmte Gesellschaften und Bereiche, in denen das Leben der Menschen dem Naturzustand (in dem das menschliche Leben »einsam, armselig, schwer, grausam und kurz« ist) so nahekommt, wie es nur geht. (Man vergleiche die Bedingungen in einem Konzentrationslager oder in einer Räuberhöhle oder auf der »Schattenseite des Lebens«.)

Aber zweitens entsteht diese Theorie auch aus der seltsamen Annahme, die den wahren Sachverhalt verdeckt, daß eine bestimmte Verhaltensform, die an einem bestimmten Ort vorherrscht, darum auch schon notwendigerweise richtig für diesen Ort ist und daß eine Regel, die von den Angehörigen einer bestimmten Gruppe nicht *anerkannt* oder *befolgt* wird, darum für die Angehörigen dieser Gruppe auch nicht *gilt* und nicht *verbindlich* für sie ist. Diese Annahme ist nicht nur seltsam; sie führt zu einem Widerspruch. Es besteht kein Grund, diese Annahme auf eine Gruppe oder eine Gesellschaft einzuschränken; wenn sie für eine Gruppe gilt, dann würde sie für jedes beliebige Individuum gelten. (Oder, wenn man es lieber so will: eine Person kann selbst eine Gesellschaft ausmachen). Nach dieser Annahme könnte man eine Gruppe von Dieben organisieren, die durch das bloße Faktum, daß sie das wollen oder wünschen, gerechtfertigt wären zu stehlen. Nach dieser Annahme wären die Angehörigen der »Mörder A.G.« vollkommen gerechtfertigt, jeden umzubringen, wie es ihnen gefällt, weil sie keine Skrupel hätten. Nach dieser Auffassung könnte man sich tatsächlich in allem rechtfertigen, was man gerade will, indem man sich weigert, Regeln anzuerkennen, die das verbieten, oder indem man auf einer Vorliebe beharrt. Ich habe schon betont, wie widersprüchlich das ist. Niemand ist schon dadurch gerechtfertigt, irgendeine moralische Regel oder die Rechte eines anderen zu verletzen, daß er das wünscht oder angenehm findet oder einfach, weil er skrupellos ist; und niemand wäre einfach dadurch gerechtfertigt, daß er einer Gruppe mit ähnlichen Dispositionen angehört.

Wenn ich dir plötzlich ohne allen Grund oder »weil mir gerade danach zumute war«, mit den spitzen Zacken einer zerbrochenen Flasche auf den Kopf schlüge, so wäre das unmoralisch, und es gibt keine Möglichkeit, eine derartige Handlung (so, wie sie beschrieben worden ist) zu rechtfertigen, auch wenn ich ohne Bestrafung davonkomme. Hier handelt es sich um den Fall einer mutwilligen Aggression, um Grausamkeit um der Grausamkeit willen, und das ist ohne Rücksicht auf die Umstände immer nicht richtig. Es wird berichtet, daß die Indianer im Territorium an der Hudson Bay, nachdem sie Gewehre erhalten hatten, sie dazu »benutzten, um sich einen Sport daraus zu machen, Eskimos zu jagen, wie wir Bären oder Wild jagen ... Als schließlich die Eskimos Gewehre erhielten, ließen die Indianer sie in Ruhe«.[14] Zweifellos war es zumindest zeitweilig eine anerkannte Verhaltensform dieser Indianer-Gemeinschaft, sich einen Sport daraus zu machen, Eskimos zu jagen; das kann sogar den Status einer Institution erreicht haben, in die die Jüngeren durch kunstvolle Zeremonien eingeführt wurden. Aber auch nicht bei angestrengtester Arbeit der Einbildungskraft folgt daraus, daß es gerechtfertigt war, und ich habe die Prinzipien, mit denen man das zeigen kann, bereits ausgeführt. Von einer Verhaltensform zu berichten, ist eine Sache, eine andere, ihren moralischen Rang zu bestimmen.

Die Vielfalt von Verhaltensformen und Regeln, die an verschiedenen Orten (oder sogar an ein und demselben Ort) vorherrschen, ist nicht größer als die Vielfalt von Überzeugungen und Verfahren, zu Schlußfolgerungen zu gelangen. Nichts ist so phantastisch oder so unfundiert, als daß man nicht jemanden finden könnte, der es glaubt, und keine Beweisführung ist so grundlos, daß man nicht jemand finden könnte, der sie akzeptiert; vielleicht fände man sogar eine Gegend, wo es eine allgemeine Verhaltensform ist, das zu tun. Es ist erstaunlich, daß man nicht häufiger auf den Gedanken kam, das rechtfertige einen wissenschaftlichen oder logischen Relativismus.

Das könnte gar nicht ohne Widerspruch behauptet werden, denn die Theorie selbst wäre dann nicht mehr als »relativ«. Aber das Prinzip ist genau das gleiche, und wenn sich aus der

14 Aus einem Artikel von Robert Lewis Taylor, in: *The New Yorker*, Bd. XXV, Nr. 17 (18. Juni 1949), (1), S. 30.

Vielfalt von Überzeugungen nicht ergibt, daß die Logik »bloß relativ« sei, dann ergibt sich auch aus der Vielfalt von Moralsystemen nicht, daß die Ethik »bloß relativ« sei. Daß eine Gruppe von Leuten etwas glaubt, macht es nicht wahr, und daß eine Gruppe von Leuten etwas praktiziert, macht es nicht richtig.

Das ist gewiß ein äußerst komplexes Thema, und es wäre darüber noch viel mehr zu sagen, obgleich ich das nicht vorhabe. Ich möchte nur noch hinzufügen, daß die Beobachtung verschiedener und offensichtlich widersprüchlicher Codes und Verhaltensformen eine Hauptquelle *moralischer* Probleme ist, und nicht nur von Problemen der ethischen Theorie oder Moralphilosophie. Moralische Probleme sind nicht nur Probleme, was zu tun sei, sondern auch Probleme, was für Überzeugungen man haben soll. Jedenfalls kann im Bereich der Moral zwischen Theorie und Praxis keine strenge Trennungslinie gezogen werden.

§ 5

Ich habe bisher argumentiert, daß der ethische Relativismus sich als Trugschluß erweist, wenn man zwischen moralischen Regeln und Prinzipien unterscheidet. Regeln werden durch Bezug auf Prinzipien begründet oder gerechtfertigt, und dieselben Prinzipien können unter verschiedenen Umständen verschiedene Regeln und damit Regeln für verschiedene Gesellschaften begründen. Obwohl also Regeln und Verhaltensformen und in gewissem Sinn auch die von mir so genannten fundamentalen Regeln »relativ« sein mögen, so folgt daraus doch nicht, daß Prinzipien relativ sind. Aber im Hinblick auf ihren universellen Geltungsbereich sind fundamentale Regeln eher moralischen Prinzipien und nicht so sehr anderen moralischen Regeln verwandt – das gehört zu ihrer Definition als fundamentale Regeln. Der Sinn, in dem sie »relativ« sein können, ist folglich ganz verschieden von dem, in dem andere Regeln relativ sind; sie können nur in dem Sinn relativ sein, daß sie unter bestimmten Typen von Bedingungen nicht verbindlich sind.

Aber wie können nun moralische Prinzipien selbst begründet werden? Mit welchem Grund kann man die Gültigkeit eines moralischen Prinzips behaupten? Vielleicht sind sie letzten Endes selbst »bloß relativ« und folglich, letzten Endes, wirklich willkürlich.

Diese letzte Unterstellung ist unmöglich. Da moralische Prinzipien ihrer Definition nach die geographischen und zeitlichen Grenzen besonderer Gesellschaftssysteme und somit alle lediglich lokalen Erfordernisse und Bedingungen transzendieren, gibt es nichts, in bezug auf das sie »relativ« sein könnten, es sei denn die Moral selbst. Die Tatsache, daß an einem Ort oder bei einem Volk ein bestimmtes Prinzip vielleicht nicht anerkannt oder akzeptiert wird, ist irrelevant. Ebenso, daß es vielleicht jemanden gibt, der *überhaupt* keine moralischen Prinzipien akzeptiert oder befolgt. So jemand wäre unmoralisch (oder vielleicht amoralisch), aber das hat für die Gültigkeit moralischer Prinzipien nicht mehr Gewicht als das Vorkommen von Trugschlüssen für die Gültigkeit logischer Prinzipien. Darüber hinaus ist es nicht nötig, sich mit rein metaphysischen oder neurotischen oder selbstsüchtigen Zweifeln zu befassen. Man muß von Anfang an bestimmte moralische Vorstellungen und Überzeugungen haben, daß das eine oder andere richtig und das eine oder andere nicht richtig ist. Faktisch haben wir das alle.

Diese Bemerkungen sollten auf folgendes schon hinweisen: es gibt einen Sinn, in dem die Forderung nach einer Rechtfertigung moralischer Prinzipien eine echte Forderung ist, und einen anderen Sinn, in dem sie das nicht ist. Es ist z. B. sinnlos, für *alle zusammen* eine Rechtfertigung zugleich zu verlangen. Diese Forderung ist widersprüchlich, wenn nicht pervers, und die Art und Weise, in der sie gestellt ist, würde im Effekt jede Möglichkeit, sie zufriedenzustellen, von vornherein ausschließen. Denn wenn man das verlangt, so verlangt man einen moralischen Grund, überhaupt etwas als moralischen Grund zu akzeptieren, und das ist eine in sich widersprüchliche Forderung. Sie ist gleichbedeutend mit der Frage: »Warum sollte ich überhaupt irgendwelche moralischen Prinzipien akzeptieren?« und diese Frage haben wir schon oft behandelt. Aus denselben Gründen ist es sinnlos, eine Rechtfertigung für irgend*ein* Prinzip zu verlangen, wenn diese Forderung lediglich auf die Frage hinausläuft: »warum sollte ich moralisch sein?« Wo man das mit der Frage »warum sollte man sich dieses Prinzip zu eigen machen?« meint, braucht uns diese Frage nicht aufzuhalten (vergleiche: »warum sollte ich mir das Prinzip der Verallgemeinerung zu eigen machen?«). Einige relevante Standards müssen als Grundlage des Argumentierens angenommen werden, und wo nichts als eine Rechtfertigung gelten könnte, besteht kein Anlaß, eine zu versuchen. In solchen Fällen bedarf die Forderung selbst einer Rechtfertigung.

Nichts von alledem muß aber unbedingt mit der Forderung nach einer Rechtfertigung moralischer Prinzipien gemeint sein. Die Frage kann einfach lauten »was für einen Grund gibt es dafür, das und das Prinzip als ein moralisches Prinzip zu akzeptieren?« oder »Welches sind die Gründe, es für gültig und schlüssig zu halten?« Derartige Fragen sind sinnvoll und können zufriedenstellend und vernünftig beantwortet werden. Aber zu diesem Zweck brauchen wir uns nur das anzusehen, was bereits geleistet worden ist.

Dreierlei muß hier berücksichtigt werden. Erstens kann das relevante Verfahren aufgrund der vorhergehenden Charakterisierung moralischer Prinzipien bestimmt werden, die auf ihrer Funktion und ihrem Verhältnis moralischen Regeln gegenüber basierte. Wichtig ist hierbei das Kriterium, daß moralische Prinzipien nicht miteinander in Konflikt stehen dürfen. Was diese Qualifikationen nicht besitzt, kann nicht als moralisches Prinzip akzeptiert werden. Oder, wenn man es immer noch so nennen will, weil es als moralisches Prinzip angeführt wird, so kann es kein gültiges moralisches Prinzip sein.

Zweitens ist hier nicht so sehr eine Rechtfertigung im Sinn einer Demonstration oder einer Deduktion aus in sich einleuchtenden Prämissen als vielmehr eine *Verteidigung* relevant. Das impliziert, daß man Mißverständnisse ausräumt, auf Schwierigkeiten eingeht und Einwände beantwortet, und das ist ein Verfahren, das ich in der Tat selbst verfolgt habe. Aber das wird je nach dem zur Diskussion stehenden Prinzip verschieden sein, da, wie wir gesehen haben, einige moralische Prinzipien aus anderen abgeleitet werden können.

Drittens wird das genannte Verfahren sowohl (a) durch die Argumente veranschaulicht, die *für* bestimmte Prinzipien, wie z. B. das Prinzip der Verallgemeinerung, das Prinzip der Folgen, das Argument der Verallgemeinerung und den kategorischen Imperativ angeführt worden sind; als auch (b) durch die Argumente, die *gegen* bestimmte angebliche Prinzipien wie das Gegenstück zum Argument der Verallgemeinerung, das Gegenstück zum Prinzip der Folgen und das Prinzip der Nützlichkeit vorgebracht worden sind. Daher müssen die für die Rechtfertigung oder Verteidigung moralischer Prinzipien relevanten Überlegungen von den bereits angeführten Argumenten bestimmt sein. Das heißt, daß es unabhängig von der Rechtfertigung des einen oder anderen keine *separate* Frage der Rechtfertigung moralischer Prinzipien gibt. Was für das eine relevant ist, mag für das andere nicht relevant sein.

Wir wollen einige der angeführten Argumente kurz zusammenfassen. Meine Verteidigung des Prinzips der Verallgemeinerung ist hauptsächlich in den Kapiteln II und III enthalten. Ich habe dort versucht, es zu verdeutlichen, zu zeigen, wie es angewendet werden kann, verschiedenartige Einwände gegen es auszuräumen und aufzuweisen, inwiefern es in allem moralischen Argumentieren impliziert ist. Daher kann ich mir nicht denken, was man sonst noch braucht. Ich halte es nicht für unmöglich, daß mir das, was ich angestrebt habe, gar nicht gelungen ist, aber sollte es mir doch gelungen sein, dann wären alle noch verbleibenden Zweifel über die Gültigkeit dieses Prinzips unvernünftig.

Meine Argumente für das Prinzip der Folgen sind in Kapitel IV (§ 1) und Kapitel V (§ 2) enthalten. Ich habe argumentiert, daß dieses Prinzip, wie das Prinzip der Verallgemeinerung, eine Vorbedingung moralischen Argumentierens ist und daß man es, wenn man es erst einmal angemessen interpretiert hat, vernünftigerweise nicht mehr in Frage stellen kann. (Gibt es jemanden, der die Folgen einer Handlung nicht als relevant für ihre moralische Qualität betrachtet – nicht die tatsächlichen, sondern die vorhersehbaren Folgen –? und gibt es jemanden, der nicht der Auffassung ist, es sei ein Grund, eine bestimmte Handlung für nicht richtig zu halten, wenn ihre Folgen nicht wünschenswert wären? wie könnte er das begründen?) So habe ich mich darauf konzentriert, einige mögliche Mißverständnisse dieses Prinzips auszuräumen.

Was das Argument der Verallgemeinerung betrifft, so habe ich erstens seine Ableitung aus dem Prinzip der Folgen und dem Prinzip der Verallgemeinerung im ersten Paragraphen von

Kapitel IV durchgeführt. Meine Argumentation lief darauf hinaus, daß jeder, der das Prinzip der Verallgemeinerung und das Prinzip der Folgen akzeptiert, konsequenterweise auch das Argument der Verallgemeinerung akzeptieren müsse. Aber dieses Argument reicht für sich genommen für die Rechtfertigung dieses Prinzips nicht aus. Es gibt zu viele Einwände, Schwierigkeiten und Anomalien, die allem Anschein nach speziell auf es zutreffen. Meine Hauptargumente zur Verteidigung dieses Prinzips sind in den Kapiteln IV, V und VI enthalten. Auch hier muß ich sagen: wenn sie schlüssig sind, was braucht man mehr?

Die Diskussion des kategorischen Imperativs habe ich in den letzten Kapiteln erst abgeschlossen, so daß er hier wohl nicht besonders erwähnt werden muß. Zumindest kann ich den Argumenten, die ich in den Kapiteln VIII und IX für ihn angeführt habe, nichts mehr hinzufügen, ebensowenig wie zu den Argumenten, die ich im Hinblick auf seinen Zusammenhang mit dem Argument der Verallgemeinerung (vgl. Kapitel IX, § 2) an anderen Stellen dieses Buches gegeben habe.

Von diesen drei (oder vier) Prinzipien können alle anderen von mir noch erwähnten Prinzipien abgeleitet werden. Das Prinzip der Rechtfertigung folgt z. B. aus dem Argument der Verallgemeinerung und aus dem, was über moralische Regeln gesagt worden ist. Das Prinzip, wonach man niemals durch das Faktum gerechtfertigt ist, daß man es wünscht oder zuträglich fände, eine moralische Regel zu verletzen, oder das Prinzip, wonach man niemals gerechtfertigt ist, immer dann und einfach aus dem Grund eine moralische Regel zu verletzen, wenn das im eigenen Interesse läge, wird ebenfalls durch die Anwendung des Arguments der Verallgemeinerung begründet.[15] Die von mir so genannten korrelierten moralischen

15 Siehe oben, Kap. V, § 5, S. 121-122. Vgl. K. Baier, *The Point of View of Morality*, in: *The Australasian Journal of Philosophy*, Bd. XXXII, August 1954, S. 116: »Welche Prinzipien sind erforderlich, um Ausnahmen von einer moralischen Regel zu machen? Man hat behauptet, eines der Prinzipien sei, niemals eine Ausnahme zu seinen eigenen Gunsten zu machen. Das ist (ganz natürlich) so interpretiert worden«: »Mache nie eine Ausnahme von der Regel, wenn das in deinem eigenen Interesse wäre.« Aber das kann nicht stimmen, denn ich bin mindestens ebenso gerechtfertigt, jemanden aus Notwehr zur Verteidigung meines Lebens zu töten wie zur Verteidigung des Lebens eines anderen. Und häufig ist es ebenso unmoralisch, im Interesse eines anderen eine Ausnahme zu machen, nämlich wenn es sich z. B. um das Interesse meiner Frau, meines Sohnes oder

Prinzipien oder moralischen Gesetze können im großen Ganzen auf dieselbe Weise begründet werden. Da man niemals einfach dadurch, daß man es wünscht, gerechtfertigt ist, eine moralische Regel zu verletzen; und da es (nicht identisch, aber) ein Spezialfall dessen ist, etwas zu tun, weil man es wünscht, wenn man etwas bloß tut, um es zu tun (um seiner selbst willen), so folgt daraus, daß man niemals gerechtfertigt ist, etwas, das im allgemeinen nicht richtig ist (d. h. das eine moralische Regel verletzt), bloß zu tun, um es eben zu tun. Behaupten, daß man darin niemals gerechtfertigt sei, heißt natürlich behaupten, daß es immer nicht richtig sei. So ist es niemals richtig, um des Tötens willen zu töten, um des Lügens willen zu lügen usw.

Das Prinzip des Leidens, das ich in dem Satz formuliert habe: »Es ist immer nicht richtig, unnötiges Leid zu verursachen« (für das man aber noch eine Vielzahl anderer Formulierungen anführen könnte), kann ebenfalls auf diese Weise begründet werden. Sehen wir uns einmal die diesem Prinzip korrelierte moralische Regel an, derzufolge es im allgemeinen nicht richtig ist, anderen Leid zuzufügen oder ihnen Schmerz oder ernsthafte Unannehmlichkeiten zu bereiten oder ihre berechtigten Erwartungen und Pläne zu enttäuschen. Diese Regel kann sowohl durch das Argument der Verallgemeinerung als auch das Prinzip der Folgen begründet werden, und daraus folgt ganz eindeutig, daß eine jede derartige Handlung eine Rechtfertigung erfordert. Das wird uns, zusammen mit dem Prinzip, wonach »Ich wünsche es« nie eine Rechtfertigung ist, in die Lage versetzen, dieses Prinzip abzuleiten. Denn jede Handlung, die *unnötigerweise* jemandem Leid zufügt, oder irgendeines von den anderen Dingen bewirkt, die ich erwähnt habe, kann nicht gerechtfertigt werden. So muß z. B. gezeigt werden, daß die Handlung (oder ihre Folgen) unvermeidbar ist oder die Folgen der zur Wahl stehenden Handlung noch schlimmer (oder zumindest nicht besser) wären oder daß es

meines Neffen handelt. Es ist in der Tat an sich unwichtig, in wessen Interesse eine Ausnahme gemacht wird, solange sie nur legitimerweise gemacht wurde, und das wird sie im Fall der Selbstverteidigung. Die in dieser Meinung enthaltene Wahrheit ist einfach die, daß ich keine Ausnahmen von einer moralischen Regel *nach dem Prinzip* machen darf, von der Regel abzuweichen, *wann immer und einfach weil* es in meinem Interesse ist oder, wie in dem obigen Fall, im Interesse eines anderen, den ich begünstigen will.«

sich um eine Konkurrenzsituation im eigentlichen Sinn handelt und daß das darin enthaltene Risiko unvermeidlich damit verbunden sei. Was als nötig oder unnötig gilt, wird natürlich von den Umständen und der Eigenart des Falles abhängen. Aber dieses Prinzip ist darum nicht unbedeutend (vgl. Kapitel V, § 2, S. 107-108).

Weitere Argumente für diese verschiedenen untergeordneten Prinzipien ergeben sich natürlich aus ihrer Erklärung und ihrer Verteidigung gegen verschiedene Einwände. Aber davon abgesehen ist das nicht weiter nötig oder auch nur relevant. Wie ich gerade gesagt habe, kann man keine eigene Rechtfertigung moralischer Prinzipien verlangen, die über die Argumente und Überlegungen hinausgeht, die speziell für alle relevant sind, wenn man einmal verstanden hat, was hier mit einem moralischen Prinzip gemeint ist. Darüber hinaus ist die Rechtfertigung, die gegeben wurde, eine *moralische* Rechtfertigung und nicht eine irgendeiner anderen Art. Nichts anderes wäre angemessen. Also kann man nicht erwarten, daß irgendeines von ihnen rationales Gewicht oder auch nur Bedeutung hat für jemand, der keine moralischen Überzeugungen hat, von denen er ausgehen kann.

Wenn diese Argumente gültig sind, haben wir die rationale Basis der Moral begründet und brauchen zu diesem Punkt nichts mehr beizutragen.[16]

§ 6

Es gibt, wie ich zugegeben habe, verschiedene moralische Kodizes und verschiedene moralische Überzeugungen. Denn es gibt verschiedene Bräuche, Traditionen und Institutionen, ebenso wie es verschiedene Bedingungen, Bedürfnisse und Ziele gibt. Die Moral *mancher* Angelegenheiten kann also von Bräuchen und Traditionen oder selbst von Erlassen abhängig sein. Entsprechend ist es sinnvoll, von verschiedenen »Moralen« zu sprechen wie etwa Hottentotten-Moral oder Mittelschicht-Moral (obgleich anthropologische Diskussionen dieser Frage häufig Moral mit Sitten oder sogar Manieren verwech-

16 Es ist seltsam, daß niemand je fragen würde, was die rationale Basis der Klugheit sei. Warum hält man die entsprechende Frage im Hinblick auf Moral für wichtig? Kein Zweifel, weil Klugheit bereits als in sich rational gilt, während das für die Moral nicht zutrifft. Der Grund dafür kann nur ein Vorurteil zugunsten der Rationalität des Eigeninteresses sein.

seln). Aber alles dies erlaubt und berücksichtigt mein Konzept lokaler Regeln und neutraler Normen, und nichts davon ist auf fundamentale moralische Regeln oder moralische Prinzipien anwendbar.

Die große Schwierigkeit in Fragen der Moral ist wirklich keine Sache der Theorie. Sie liegt vielmehr in der Lösung konkreter Fälle. Es gibt so viele Entscheidungen, die so schwierig zu treffen sind, so viele Probleme, die schwer zu lösen sind, so viele Dispute, die man so schwer zu einem Ergebnis bringen kann, daß ein reflektierter Beobachter vielleicht dafür entschuldigt werden kann, wenn er an objektiven Lösungen verzweifelt. Die verschiedenen Faktoren, die wir gerade genannt haben, sind zweifellos zum Teil für diese Schwierigkeit verantwortlich. Ihre Hauptursache, davon bin ich überzeugt, ist aber die Schwierigkeit, präzise und mit Sicherheit die Fakten eines Falles zu bestimmen – was tatsächlich passierte, wie die Umstände sind und welches vermutlich die Folgen sein werden. Da das alles empirische Fragen sind, könnte man meinen, das ließe sich leicht feststellen und man könne Übereinstimmung darüber erzielen. Das stimmt nicht, und es ist nicht weise, das anzunehmen. Dispute über Fakten sind die Hauptquelle von Rechtsstreiten, die unsere Gerichte blockieren, und das ist nicht immer deshalb so, weil wir eine Tendenz haben, das zu glauben, von dem wir meinen, es sei in unserem Interesse. »Abhandlungen über Moral gehen immer davon aus, daß die Fakten feststehen; und nicht nur das, sondern sie nehmen auch an, daß die Intentionen jeder der Parteien klargestellt seien.«[17]

Im wirklichen Leben sind es – wie in Abhandlungen über Moral tatsächlich auch klar ist – gerade die Tatsachen, die am schwierigsten zu sichern sind, und es ist vergleichsweise einfach, hypothetische Urteile zu fällen, der Art: »Wenn die Fakten so und so sind, dann sollte dieses und jenes getan werden.«

Da es sich so verhält, kann man nur erwarten, daß im Hinblick auf Probleme der Moral wie im Hinblick auf Probleme des Rechts ein beachtlicher Spielraum für vernünftige Nicht-Übereinstimmung besteht. Einige würden das durch den Re-

17 William Paley, *The Principles of Moral and Political Philosophy*, London [7]1790, Bd. 2, 6. Buch, Kap. VIII, S. 251.

kurs auf die verschiedenen Hintergründe und Interessen der Parteien erklären. Ich wünsche ihnen dabei alles Gute, aber ganz erfolgreich können sie damit nicht sein. Dieser Standpunkt hebt sich, wenn man ihn bis zu seinem logischen Schluß verfolgt, selbst auf. In den Sozialwissenschaften gibt es ebenso viele Nicht-Übereinstimmungen, und zwar über Fakten, wie das in Ethik und Moral vorkommt. Es liegt in der Natur der Sache, daß vernünftige Menschen in Fragen der Moral gelegentlich vernünftigerweise nicht übereinstimmen können. Die Probleme sind häufig so komplex und schwierig, und es ist eben niemand allwissend. Selbst wenn die Prinzipien, die in diesem Buch entwickelt wurden, so klar und sicher sind, wie ich meine, wird ihre Anwendung häufig unklar und unsicher sein. Das ist aber kein Grund zur Verzweiflung oder für den Skeptizismus. In den vernünftigen Nicht-Übereinstimmungen vernünftiger Menschen können wir, sofern wir selbst vernünftig sind, Hoffnung und Klarheit finden. Denn nur in der Entwicklung der Vernünftigkeit, zu der dieser Prozeß beiträgt, liegt die Hoffnung auf eine bessere Welt.

Register

Bibliographische Hinweise

Ich nenne hier einige Bücher und Artikel, die für den Hauptgegenstand des Buches und einige Randgebiete, die ich im Verlauf der Abhandlung gestreift habe, besonders relevant sind. Es handelt sich also nicht um eine formal korrekte Bibliographie, für die ich kein Bedürfnis gesehen habe; auch beansprucht die Liste keine Vollständigkeit. Einige der hier genannten Titel sind schon im Text genannt worden, andere nicht; und wieder andere Titel, die bereits im Text vorkommen, werden hier nicht noch einmal aufgeführt. Das sollte aber keine weiteren Schwierigkeiten machen. Wenn diese Hinweise für den Leser, der sich weiter informieren möchte, nützlich sind, haben sie ihren Zweck erfüllt. Sie sind für Studenten gedacht, die sich ernsthaft mit dem Thema befassen, nicht für den nur allgemein interessierten Leser; folglich beziehen sich die meisten Hinweise auf Zeitschriften-Artikel und nicht auf Bücher, aber ich habe mich auf Titel beschränkt, die in englischer Sprache zugänglich sind.

Kapitel II
Das Prinzip der Verallgemeinerung

Das Wesentliche dieses Kapitels, das ich jetzt etwas modifiziert habe, ist (zusammen mit einigen Abschnitten aus Kapitel I) als Artikel in *Mind*, Vol. LXIV (Juli 1955), S. 361-375 erschienen.

Henry Sidgwick. Sidgwick diskutiert das Prinzip der Gerechtigkeit (das Prinzip der Verallgemeinerung) an den folgenden Stellen von *Methods of Ethics*, London 1907: Vorwort zur 6. Auflage, S. XVII; Buch III, Kap. I, Paragraph 3, S. 208-210; Kap. V, Paragraphen 1 und 2, S. 266-268; Kap. VII, Paragraph 3, S. 318-319; Kap. XIII, Paragraphen 3 und 4, S. 379-386; Buch IV, Kap. III, Paragraph 4, S. 441-442; Kap. V, Paragraph 3, S. 485-489. Die siebte Auflage dieses bedeutenden Buches ist ein praktisch unveränderter Nachdruck der sechsten (1901), unterscheidet sich aber erheblich von den anderen.

Eine umfassende Arbeit, die Sidgwicks wertvoll ergänzt, ist Hastings Rashdalls *The Theory of Good and Evil*, London ²1924, 2 Bde. Zum Thema des vorliegenden Kapitels siehe besonders Bd. II, Buch II, Kap. IV, S. 107-148. Siehe auch Bd. II, S. 428: »Keine zwei Fälle sind genau gleich, aber sie können in allen relevanten Einzelheiten gleich sein, und wenn sie nicht gleich sind, können die Unterschiede in der Behandlung dieses speziellen Falles berücksichtigt werden – eine Berücksichtigung, die ihrerseits nach einem mehr oder weniger definierbaren allgemeinen Prinzip erfolgt.«

Die Goldene Regel. Der Goldenen Regel ist bemerkenswert wenig philosophische Diskussion zuteil geworden. Im allgemeinen ist sie nur beiläufig erwähnt worden, wie es hier auch der Fall war. Wenn man sich überlegt, wie wichtig sie ist, ist das ein unglücklicher Umstand. Einige Abhandlungen, die ihr mehr als das übliche Interesse widmen, sind die folgenden: A. T. Cadoux, *The Implications of the Golden Rule,* in: *The International Journal of Ethics,* Bd. XXII (April 1912), S. 272-287. J. O. Hertzler, *On Golden Rules,* in: *The International Journal of Ethics,* Bd. XLIV (Juli 1934), S. 418-436; dieser Beitrag ist hauptsächlich historisch und soziologisch von Interesse, nicht so sehr philosophisch. Vieles von Hertzlers Papier ist aus dem Artikel *Golden Rule* von W. A. Spooner übernommen, in: *The Encyclopedia of Religion and Ethics,* hrsg. von James Hastings, New York 1914, Vol. VI.

Es gibt einige gründlichere Bemerkungen zur Goldenen Regel in Kap. IV von Richard Whateleys *Lessons on Morals,* Cambridge, Mass 1857; und einige provokative Bemerkungen in L. J. Russells Artikel *Ideals and Practice,* in: *Philosophy,* Vol. XVII (April 1942), auf den Seiten 109-110.

Kapitel III
Moralische Urteile und moralische Begründungen

Moralische Urteile und Allgemeinheit. Zum Thema der Allgemeinheit moralischer Urteile können die folgenden Titel, die im Text nicht genannt sind, von Interesse sein.

Duncan-Jones, Austin, *Butler's Moral Philosophy,* Harmondsworth 1952, S. 171-174.

Gellner, E. A., Ethics and Logic, in: *Aristotelian Society Proceedings,* Vol. LV (1954-55), S. 157-178.

Ders., *Morality and Je Ne Sais Quoi Concepts,* in *Analysis,* Vol. XVI (April 1956), S. 97-103.

Hare, R. M., *Universalisability,* in: *Aristotelian Society Proceedings,* Vol. LV (1954-55), S. 295-312. Diese letzten drei Titel sollten zusammen gelesen werden.

Laird, John, *An Enquiry into Moral Notions,* London 1935, S. 156-159.

Lucas, J. R., *The Lesbian Rule,* in: *Philosophy,* Vol. XXX (Juli 1955), S. 195-213. Ein merkwürdiger, aber sehr anregender Aufsatz.

Zur Kritik der Idee der Allgemeinheit moralischer Urteile kann man sich die folgenden Beiträge ansehen, obgleich sie nicht alle gleich gut und wichtig sind.

Brunton, J. A., *Egoism and Morality*, in: *The Philosophical Quarterly*, Vol. VI (Oktober 1956), S. 289-303. Kommentare zu den Beiträgen bei Gellner und Hare.

Durrant, R. G., *Moral Neutrality and the Analysis of Morality*, in: *The Australasian Journal of Philosophy*, Vol. XXXVI (Dezember 1958), S. 169-188. Kommentare zu den Beiträgen bei Gellner und Hare; zu dem Beitrag von MacIntyre (siehe unten) siehe besonders S. 176-184.

Frankena, William K., *MacIntyre on Defining Morality*, in: *Philosophy*, Vol. XXXIII (April 1958), S. 158-162.

Hepburn, R. W., *Vision and Choice in Morality*, in: *Dreams and Self-Knowledge, Aristotelian Society*, Ergänzungsband XXX (1956), S. 14-31.

MacIntyre, Alasdair, *What Morality is not* in: *Philosophy*, Vol. XXXII (Oktober 1957), S. 325-335.

Murdoch, Iris, *Vision and Choice in Morality*, in: *Dreams and Self-Knowledge, Aristotelian Society*, Ergänzungsband XXX (1956), S. 32-58. Siehe besonders S. 45: »... Wenn man Napoleon ist, denkt man nicht, daß jeder so handeln sollte, wie man selbst handelt ...«

Weiler, Gershon, *Universalizability By Me*, in: *The Philosophical Quarterly*, Vol. X (April 1960), S. 167-170.

Moralische Begründungen. Aus der Menge der Literatur, die zu diesem Thema verfügbar und zum größten Teil wertlos ist, nenne ich hier nur die folgenden Titel, weil sie die provokativsten und originellsten sind.

Brown, D. G., *Evaluative Inference*, in: *Philosophy*, Vol. XXX (Juli 1955), S. 214-228.

Foot, Philippa, *Moral Arguments*, in: *Mind*, Vol. LXVII (Oktober 1958), S. 502-513.

Lucas, J. R., *On Not Worshipping Facts*, in: *The Philosophical Quarterly*, Vol. VIII (April 1958), S. 144-156.

Rawls, John, *Outline of a Decision Procedure for Ethics*, in: *The Philosophical Review*, Vol. LX (April 1951), S. 177-197.

Analogie bei moralischen Begründungen. Das vielleicht berühmteste Beispiel für den Gebrauch von Analogie in der Moral ist dasjenige, das im zweiten Buch Samuel, 11-12 auftaucht, in dem Nathan zu David sagt: »Du bist der Mann«. Als interessanten Kommentar dazu siehe L. Susan Stebbing, *Thinking to Some Purpose*, Harmondsworth 1939, S. 114-116. Es gibt natürlich auch viele andere Kommentare zu dieser berühmten Stelle. Vgl. auch Stebbing, a.a.O., S. 50-53, wo kurz die »Trugschlüssigkeit spezieller Verteidigungen« diskutiert wird.

Wahrscheinlichkeit. Zu der Analogie zwischen moralischen Urteilen und

Urteilen über Wahrscheinlichkeit oder zwischen den Ausdrücken »richtig« und »wahrscheinlich« siehe den Diskussionsbeitrag von R. F. Atkinson mit dem Titel *›Good‹ and ›Right‹ and ›Probable‹* in: *Language, Truth and Logic*, in: *Mind*, Vol. LXIV (April 1955), S. 242-246; dort wird unter anderem die These vertreten, daß Fragen der Wahrscheinlichkeit zumindest teilweise normativ sind und nicht nur Fragen (beobachtbarer) Fakten. Ich habe mich parallel dazu in einer Rezension in *The Philosophical Review*, Vol. LXIII (Januar 1954), S. 138, geäußert.

Kapitel IV
Das Argument der Verallgemeinerung

Die meisten der folgenden Titel sind bereits genannt worden, entweder im Text oder in den Fußnoten. Sie sind hier in der Reihenfolge ihres Erscheinens geordnet und man sollte sie alle lesen.

Broad, C. D., *On the Function of False Hypotheses in Ethics*, in: *The International Journal of Ethics*, Vol. XXVI (April 1916), S. 377-397.

Harrod, R. F., *Utilitarianism Revised*, in: *Mind*, Vol. XLV (April 1936), S. 137-156, besonders S. 147-155.

Ewing, A. C., *What would Happen if Everybody Acted Like Me?*, in: *Philosophy*, Vol. XXVIII (Januar 1953), S. 16-29.

Harrison, J., *Utilitarianism, Universalisation, and Our Duty to be Just*, in: *Aristotelian Society Proceedings*, Vol. LIII (1952-53), S. 105-134.

Stout, A. K., *But Suppose Everyone Did the Same*, in: *The Australasian Journal of Philosophy*, Vol. XXXII (Mai 1954), S. 1-29.

Baier, Kurt, *The Point of View of Morality*, in: *The Australasian Journal of Philosophy*, Vol. XXXII (August 1954), S. 104-135; besonders S. 110-114, 127-130.

Ders., *The Moral Point of View: A Rational Basis of Ethics*, Ithaca 1958, Kap. VIII.

Einige Punkte dieses Kapitels habe ich kurz in einem Paper in *Mind* skizziert, Vol. LXIV (Juli 1955), S. 372-375.

Kapitel V
Moralische Regeln und Prinzipien

Das Wesentliche dieses Kapitels ist als Essay mit dem gleichen Titel erschienen in *Essays in Moral Philosophy*, hrsg. von A. I. Melden, Seattle 1958, S. 160-197. Eine kritische Diskussion findet sich in der Rezension von Kurt Baier in *The Philosophical Review*, Vol. LXIX (Juli 1960), S.

416-417. Es gibt eine weitere Rezension von Herbert W. Schneider in *The Journal of Philosophy*, Vol. LVI (13. August 1959), S. 708.

Regeln und Prinzipien. Alle folgenden Titel kann ich aus dem einen oder anderen Grund empfehlen. Man sollte jedoch daran denken, daß nicht alle folgenden Beiträge der in diesem Buch herausgearbeiteten Unterscheidung folgen. Einige scheinen vielmehr überhaupt keine solche Unterscheidung zu treffen.

Baier, Kurt, *The Point of View of Morality*, in: *The Australasian Journal of Philosophy*, Vol. XXXII (August 1954), S. 104-135.

Carritt, E. F., *The Theory of Morals*, London 1928, Kap. XIII. Scharfe Kritik am Begriff der moralischen Regel.

Mabbott, J. D., *Moral Rules*, in: *The Proceedings of the British Academy*, Vol. XXXIX, London 1953, S. 97-118; der Beitrag ist auch für die Kapitel IV, VII und VIII des vorliegenden Buches. Rezensiert von A. C. Ewing, in: *Philosophy*, Vol. XXXI (April 1956), S. 168-169.

Melden, A. I., *Rights and Right Conduct*, Oxford 1959.

Miller, Leonard G., *Rules and Exceptions*, in: *Ethics*, Vol. LXVI (Juli 1956), S. 262-270.

Rawls, John, *Two Concepts of Rules*, in: *The Philosophical Review*, Vol. LXIV (Januar 1955), S. 3-32.

Ders., *Justice as Fairness*, in: *The Philosophical Review*, Vol. LXVII (April 1958), S. 164-194.

Rees, W. J., *Moral Rules and the Analysis of ›Ought‹*, in: *The Philosophical Review*, Vol. LXII (Januar 1953), S. 23-40.

Shwayder, D. S., *Moral Rules and Moral Maxims*, in: *Ethics*, Vol. LXVII (Juli 1957), S. 269-285.

Siehe auch das Symposium *When is a Principle a Moral Principle?* von P. R. Foot und Jonathan Harrison, in: *Belief and Will, Aristotelian Society*, Ergänzungsband XXVIII (1954), S. 95-134.

Moralische Codes. Eine nützliche Zusammenfassung, die jetzt vielleicht etwas überholt ist, bietet Edgar L. Heermance, *Codes of Ethics*, Burlington 1924. Eine interessante Diskussion mit weiteren Hinweisen findet sich in *An Ethical Code for Scientists* von W. Pignan und E. B. Carmichael, in: *Science*, Vol. CXII (1950), S. 656. Für weitere Hinweise zu diesem Thema vgl. Harold H. Titus, *Ethics For Today*, New York ²1954, Kapitel XIX-XXI.

Wahrhaftigkeit. Ein nützliches Gegenstück zu Cabots *Honesty* (im Text zitiert) ist Friedrich Paulsens *A System of Ethics*, New York 1899, Buch III, Kapitel XI; dort wird in der Frage der Ausnahmen eine entgegengesetzte Position eingenommen, und das Thema wird mit Nachdruck und Charme diskutiert.

Kapitel VI
Die Anwendung des Arguments der Verallgemeinerung

Alle Titel, die ich im Zusammenhang mit Kapitel IV zitiert habe, sind hier ebenfalls relevant. Im Zusammenhang mit Situationen des Naturzustandes siehe besonders den Beitrag von Harrod, S. 151 ff, und den Beitrag von Harrison, S. 125-130. Ein Beitrag, den man besonders erwähnen sollte, ist das Symposium von Richard Wollheim und Isaiah Berlin *Equality*, in: *Aristotelian Society Proceedings*, Vol. LVI (1955-56), S. 281-326. Siehe auch Thomas Fowler, *Progressive Morality: An Essay in Ethics*, London, 1884, S. 75-80, 116-118 und 146-150. Eine interessante Abhandlung zu *Action* ist die von A. I. Melden, in: *The Philosophical Review*, Vol. LXV (Oktober 1956), S. 523-541. Zur Frage der Strafe möchte ich nur J. D. Mabbott nennen: *Punishment*, in: *Mind*, Vol. XLVIII (April 1939), S. 152-167, und C. W. K. Mundle, *Punishment and Desert*, in: *The Philosophical Quarterly*, Vol. IV (Juli 1954), S. 216-228.

Kapitel VII
Das Prinzip der Nützlichkeit und Verallgemeinerung

Außer denen von Paley, die ich hier im Text diskutiert habe, finden sich die klassischen Beiträge zu diesem Thema bei David Hume und John Austin. Siehe Humes *Treatise of Human Nature* (1740), hrsg. von L. A. Selby-Bigge, Oxford 1888, Buch III, 2. Teil, besonders die Paragraphen ii-iv, vi-ix; und *An Enquiry Concerning the Principles of Morals* (1751), hrsg. von L. A. Selby-Bigge, Oxford ²1902, Anhang iii *Some Farther Considerations with Regard to Justice* und Paragraph III, Teil ii, S. 203: »Even in common life we have every moment recourse to the principle of public utility, and ask, *What must become of the World, if such practices prevail? How could society subsist under such disorders?*« Zu Austin siehe *The Province of Jurisprudence Determined* (1832), hrsg. von H. L. A. Hart, London 1954.

Direkter und indirekter Utilitarismus. Zusätzlich zu den Beiträgen von Harrod, Stout und Harrison, die ich im Zusammenhang mit Kapitel IV, und dem Paper von Rawls, das ich im Zusammenhang mit Kapitel V zitiert habe, sind die folgenden Titel bemerkenswert, die in der Reihenfolge ihres Erscheinens genannt werden:

Laird, John, *An Enquiry into Moral Notions*, London 1953, Kapitel XVII, besonders S. 274-284.

Urmson, J. O., *The Interpretation of the Moral Philosophy of J. S. Mill*, in: *The Philosophical Quarterly*, Vol. III (Januar 1953) S. 33-39.

Mabbott, J. D., *Interpretation of Mill's Utilitarianism*, in: *The Philosophi-*

cal Quarterly, Vol. VI (April 1956), S. 115-120. Ein sehr guter Kommentar zu Urmsons Paper.

Stuart, J. J. G., *Extreme and Restricted Utilitarianism*, in: *The Philosophical Quarterly*, Vol. VI (Oktober 1956), S. 344-354.

Duncan-Jones, Austin, *Utilitarianism and Rules*, in: *The Philosophical Quarterly*, Vol. VII (Oktober 1957), S. 364-367.

John Stuart Mill. Als Ergänzung zu der Behandlung des Themas im Text siehe *The Letters of John Stuart Mill*, hrsg. von Hugh Elliot, London 1910, Vol. II, S. 73: »The duty of truth as a positive duty is ... to be considered on the ground of whether more good or harm would follow to mankind in general if it were generally disregarded, and not merely whether good or harm would follow in particular case.«

Kapitel VIII und IX
Der kategorische Imperativ

Ein größerer Teil von Kapitel VIII ist als Essay in *The Philosophical Review*, Vol. LXIII (Oktober 1954), S. 577-591, erschienen.

Zu Kants Ethik im allgemeinen ist der beste mir bekannte Kommentar der von Paton, *The Categorical Imperative*, Chicago 1948. Deutsch: *Der kategorische Imperativ*, Berlin 1962. Nicht übersehen sollte man die schätzenswerte Analyse des Arguments und die Kommentare zum Text, die Patons Übersetzung der *Grundlegung* mit dem Titel *The Moral Law*, Chicago 1948, enthält. Eine wertvolle Ergänzung dazu ist Lewis White Becks *A Commentary on Kant's Critique of Practical Reason*, Chicago 1960. Interessant ist auch A. R. C. Duncans *Practical Reason and Morality*, Edinburgh 1957, obgleich die Themen dieses Buches dort nicht im Vordergrund stehen; siehe S. 154: »That Kant did attempt to use his principle as a practical criterion cannot be questioned; his own words and the general consensus of opinion among his critics all point the same direction. There is also unanimity among his critics that Kant's attempt is unsuccessful in any form.« Diese letzte Bemerkung hat alle Kennzeichen einer verkleideten Tautologie.

Prinzip der Allgemeinheit. Ich nenne hier eine Reihe wertvoller und interessanter Artikel. Sie sind alle lesenswert.

Beck, Lewis White, *Apodictic Imperatives*, in: *Kant-Studien*, Vol. XLIX, Nr. 1 (1957), S. 7-24.
Duncan-Jones, Austin, *Kant and Universalisation*, in: *Analysis*, Vol. XVI (Oktober 1955), S. 12-14.

Ebbinghaus, Julius, *Interpretation and Misinterpretation of the Catego-*

rical Imperative, in: *The Philosophical Quarterly*, Vol. IV (April 1954), S. 97–108.

Deutsch: *Deutung und Mißdeutung des kategorischen Imperativs*, in: *Gesammelte Aufsätze, Vorträge und Reden*, Darmstadt 1968, S. 80.

Ewing, A. C., *The Paradoxes of Kant's Ethics*, in: *Philosophy*, Vol. XIII (Januar 1938), S. 40-56.

Harrison, Jonathan, *Kant's Examples on the First Formulation of the Categorical Imperative*, in: *The Philosophical Quarterly*, Vol. VII (Januar 1957), S. 50-62.

Ders., *The Categorical Imperative*, in: *The Philosophical Quarterly*, Vol. VIII (Oktober 1958), S. 360-364. Eine Antwort auf Kemp.

Kemp, J., *Kant's Examples of the Categorical Imperative*, in: *The Philosophical Quarterly*, Vol. VIII (Januar 1958), S. 63-71.

Kolenda, Konstantin, *Professor Ebbinghaus' Interpretation of the Categorical Imperative*, in: *The Philosophical Quarterly*, Vol. V (Januar 1955), S. 75-77.

Matson, W. I., *Kant as Casuist*, in: *The Journal of Philosophy*, Vol. LI (9. Dezember 1954), S. 855-860.

Paton, H. J., *Kantian Ethics*, in: *The Philosophical Quarterly*, Vol. II (Januar 1952), S. 53-58. Im Text findet sich eine Rezension von Teales Kommentar.

Ders., *An Alleged Right to Lie: A Problem in Kantian Ethics*, in: *Kant-Studien*, Vol. XLV (1953-54), S. 190-203.

Ders., *The Aim and Structure of Kant's Grundlegung*, in: *The Philosophical Quarterly*, Vol. VIII (April 1958), S. 112-130. Eine Rezension von Duncans Buch.

Kapitel X
Die Grundlage der Moral

Ich werde hier nur einige Titel nennen, die sich auf Randthemen des Kapitels beziehen. Zweifellos wird meine Art, sehr selektiv zu zitieren, für ziemlich willkürlich gehalten werden. Das ist sie sicher auch. Aber was würde passieren, wenn ich mich auf alles bezöge, was zu diesem Gegenstand geschrieben worden ist?

Klugheit. Zwei Titel sind hier besonders erwähnenswert: John Stuart Mill, *On Liberty* (1859), Kap. iv, und W. M. Sibley, *The Rational versus the Reasonable*, in: *The Philosophical Review*, Vol. LXII (Oktober 1953), S. 554-560.

Pflichten sich selbst gegenüber. Dieser Abschnitt ist mit nur kleinen Unterschieden in *Ethics*, Vol. LXIX (April 1959), S. 202-205, erschienen. Er ist von Daniel Kading diskutiert worden: *Are there Really No Duties to Oneself*, in: *Ethics*, Vol. LXIX (Januar 1960), S. 155-157 und von Warner Wick, *More About Duties to Oneself*, in: *Ethics*, a.a.O., S. 158-163. Es gibt einige interessante Parallelen und einige wichtige Unterschiede zwischen meiner Behandlung des Themas und der von Kurt Baier, *The Moral Point of View*, Ithaca 1958, Kap. IX.

Moral Motivation. Es gibt sehr viel Material zu dieser Frage, aber ich werde hier nur einige Titel nennen.

Baier, Kurt, *The Moral Point of View*, Kap. XI und XII.

Frankena, William K., *Obligation and Motivation in Recent Moral Philosophy*, in: *Essays in Moral Philosophy*, hrsg. von A. I. Melden, Seattle 1958, S. 40-81.

Prichard, H. A., *Does Moral Philosophy Rest on a Mistake?*, in: *Moral Obligation*, Oxford 1949.

Relativismus. Dieser Abschnitt, der jetzt etwas erweitert ist, erschien zuerst in *Moral Rules and Principles*, in: *Essays in Moral Philosophy*, hrsg. von A. I. Melden, S. 192-197.

Der Gebrauch moralischer Prinzipien. Ich benutze diesen Titel, weil ich meine, daß er am besten zu einem Buch paßt, das ich gerne noch nennen wollte: John Laird, *An Enquiry into Moral Notions*, London 1935, S. 159-162.

Bibliographische Ergänzungen

I. Ich nenne hier einige meiner späteren Schriften, die dieses Buch ausweiten, weiterentwickeln oder modifizieren.

1. Rezension von Lewis White Beck, *A Commentary of Kant's Critique of Practical Reason*, in: *The Journal of Philosophy*, Vol. LIX (1962), S. 235-42.
2. *Duties and Duties to Oneself*, in: *Ethics*, Vol. LXXIII (Januar 1963), S. 133-42.
3. *The Golden Rule*, in: *Philosophy*, Vol. XXXVIII (Oktober 1963), S. 293-314.
4. *Negative und Positive Duties*, in: *The Philosophical Quarterly*, Vol. XV (April 1965), S. 97-103.
5. *Golden Rule*, in: *The Encyclopedia of Philosophy*, hrsg. von Paul Edwards (New York 1967), Vol. 3, S. 365-7.
6. *Freedom From Reason*, in: *The Philosophical Review*, Vol. LXXIX (April 1970), S. 253-61.
7. *The Basis of Rights and Duties*, in: *Philosophical Studies*, Vol. 23 (1972), S. 48-57.
8. *Moral Skepticism*, in: *Skepticism and Moral Principles*, hrsg. von C. L. Carter (Evanston 1973), S. 77-108.
9. *Metaetyka a istota etyki*, in: *Etyka*, Vol. 11 (1973), S. 121-5
10. *The Many Methods of Sidgwick's Ethics, The Monist*, Vol. 58 (Juli 1974).

II. Eine Auswahl kritischer Kommentare, die zu dem Buch erschienen sind. Einige Beiträge beziehen sich nicht explizit darauf, aber sie entwickeln bestimmte Themen weiter, die von meinem Buch angeregt sind. Einige von diesen Kommentaren sind sehr technisch geraten und allein die Menge kann als entmutigend empfunden werden. Das sollte aber nicht so sein. Die Liste ist nur für diejenigen gedacht, die sich weiter mit dem Thema beschäftigen wollen.

Atwell, John: *A Note on Decisions, Judgments, and Universalizability*, in: *Ethics*, Vol. LXXVII (1967), S. 130-4.

Ders.: *Are Kant's First Two Moral Principles Equivalent?*, in: *The Journal of the History of Philosophy*, Vol. 7 (1969), S. 273-84.

Braybrooke, David: *Collective and Distributive Generalization in Ethics*, in: *Analysis*, Vol. 23 (Dezember 1962), S. 45-8. Eine Erwiderung auf Griffiths.

Dorman, Neil: *The Refutation of the Generalization Argument*, in: *Ethics*, Vol. LXXIV (1964), S. 150-4.

Ezorsky, Gertrude: Rezension, in: *The Journal of Philosophy*, Vol. 60 (6. Juni 1963), S. 323-33.

Flathman, Richard: *Equality and Generalization*, in: *Equality*, hrsg. von J. R. Pennock and J. W. Chapman (New York 1967), S. 38-60.

Garnett, A. C.: *Virtues, Rules, and Good Reasons*, in: *The Monist*, Vol. 47 (1963), S. 545-62.

Gerwith, Alan: *The Generalization Principle*, in: *The Philosophical Review*, Vol. LXXIII (1964), S. 229-42.

Griffiths, A. Phillips: Rezension, in: *Philosophical Books*, Vol. 3 (Januar 1962), S. 18-21. The first one out, and still being discussed.

Ders: *The Generalization Argument: A Reply to Mr. Braybrooke*, in: *Analysis*, Vol. 23 (April 1963), S. 113-15.

Keyt, David: *Singer's Generalization Argument*, in: *The Philosophical Review*, Vol. LXXII (1963), S. 466-76.

Lycan, W. G. and Oldenquist, A.: *Can the Generalization Argument Be Reinstated?*, in: *Analysis*, Vol. 32 (Januar 1972), S. 76-81.

Lyons, David: *Forms and Limits of Utilitarianism* (Oxford 1965), *passim*, und Appendix, S. 198-216.

Nakhnikian, George: *Generalization in Ethics*, in: *The Review of Metaphysics*, Vol. XVII (1964), S. 436-61.

Scott-Taggart, M. J.: *Recent Work in the Philosophy of Kant*, in: *American Philosophical Quarterly*, Vol. 3 (1966), auf S. 194-99.

Sesonske, Alexander: *Moral Rules and the Generalization Argument*, in: *American Philosophical Quarterly*, Vol. 3 (1966), S. 282-90.

Sobel, J. Howard: *Generalization Arguments*, in: *Theoria*, Vol. 31 (1965), S. 32-60.

Ders.: *›Everyone‹, Consequences, and Generalization Arguments*, in: *Inquiry*, Vol. 10 (1967), S. 367-404. Kommentiert u. a. Lyons.

Stocker, Michael: *Consistency in Ethics*, in: *Analysis*, Supplement, Vol. 25 (Januar 1965), S. 116-22.

Taylor, C. C. W.: Rezension, in: *Mind*, Vol. 73 (1964), S. 296-8. Enthält einen Kommentar zu Griffiths Argument.

Thomas, Sid B., Jr.: *The Status of the Generalization Principle*, in: *American Philosophical Quarterly*, Vol. 5 (1968), S. 174-82, Kommentar zu Gerwith.

Wick, Warner: *Generalization and the Basis of Ethics*, in: *Ethics*, Vol. LXXII (1962), S. 288-98.